DIREITO INDUSTRIAL

FACULDADE DE DIREITO DE LISBOA
APDI – ASSOCIAÇÃO PORTUGUESA DE DIREITO INTELECTUAL

DIREITO INDUSTRIAL

VOL. III

Prof. Doutor José de Oliveira Ascensão
Prof. Doutor André Bertrand
Prof. Doutor José de Faria Costa
Dr. Carlos Olavo
Dr. Américo Silva Carvalho
Dr. João Paulo Remédio Marques
Dr. Miguel Gorjão-Henriques da Cunha
Dr. Pedro Sousa e Silva
Dr. Miguel Moura e Silva
Dr. Alexandre Dias Pereira
Dr. Luís Silveira Rodrigues
Dr. Alberto Ribeiro de Almeida
Dr. Mário Castro Marques

ALMEDINA

TÍTULO:	DIREITO INDUSTRIAL – VOL. III
AUTOR:	ASSOCIAÇÃO PORTUGUESA DE DIREITO INTELECTUAL
EDITOR:	LIVRARIA ALMEDINA – COIMBRA www.almedina.net
LIVRARIAS:	LIVRARIA ALMEDINA ARCO DE ALMEDINA, 15 TELEF. 239 851900 FAX 239 851901 3004-509 COIMBRA – PORTUGAL livraria@almedina.net
	LIVRARIA ALMEDINA ARRÁBIDA SHOPPING, LOJA 158 PRACETA HENRIQUE MOREIRA AFURADA 4400-475 V. N. GAIA – PORTUGAL arrabida@almedina.net
	LIVRARIA ALMEDINA – PORTO R. DE CEUTA, 79 TELEF. 22 2059773 FAX 22 2039497 4050-191 PORTO – PORTUGAL porto@almedina.net
	EDIÇÕES GLOBO, LDA. R. S. FILIPE NERY, 37-A (AO RATO) TELEF. 21 3857619 FAX 21 3844661 1250-225 LISBOA – PORTUGAL globo@almedina.net
	LIVRARIA ALMEDINA ATRIUM SALDANHA LOJA 71 A 74 PRAÇA DUQUE DE SALDANHA, 1 TELEF. 21 3712690 atrium@almedina.net
	LIVRARIA ALMEDINA – BRAGA CAMPUS DE GUALTAR UNIVERSIDADE DO MINHO 4700-320 BRAGA TELEF. 25 3678822 braga@almedina.net
EXECUÇÃO GRÁFICA:	G.C. – GRÁFICA DE COIMBRA, LDA. PALHEIRA – ASSAFARGE 3001-453 COIMBRA Email: producao@graficadecoimbra.pt
	FEVEREIRO, 2003
DEPÓSITO LEGAL:	152945/00

Toda a reprodução desta obra, por fotocópia ou outro qualquer processo, sem prévia autorização escrita do Editor, é ilícita e passível de procedimento judicial contra o infractor.

NOTA PRÉVIA

Reunem-se neste III volume sobre "Direito Industrial" textos corres-
pondentes a lições proferidas nos Cursos de Pós-Graduação em Direito
Industrial, realizados conjuntamente pela Faculdade de Direito de Lisboa
e pela Associação Portuguesa de Direito Intelectual, bem como outros
escritos significativos para este ramo do Direito.
   Este volume continua uma série que é sistematicamente integrada
com novos trabalhos. Constitui assim uma colectânea sobre temas funda-
mentais neste domínio, que são objecto de permanente aprofundamento
científico e prático e de actualização.

Lisboa, 22 de Maio de 2002
A Associação Portuguesa de Direito Intelectual

AS FUNÇÕES DA MARCA E OS DESCRITORES (*METATAGS*) NA INTERNET

por Prof. Doutor J. OLIVEIRA ASCENSÃO

SUMÁRIO:

1. Os descritores ou palavras-chave (*metatags*); 2. Função da marca; 3. A extensão do âmbito da marca a partir da identidade das marcas e dos produtos e serviços; 4. Conteúdo do direito e propriedade; 5. A liberdade de referências e os descritores; 6. O uso da marca; 7. A marca de (grande) prestígio.

1. **Os descritores ou palavras-chave (*metatags*)**

Qual o conteúdo do direito à marca?

A tendência ampliativa que é característica hodierna do Direito Intelectual verifica-se também aqui, levando a um empolamento crescente deste direito. O limite estaria na outorga dum monopólio sobre um sinal. Mas os pontos duvidosos são muitos e estão longe de estar apaziguados.

Propomo-nos reexaminar o tema tomando como banco de ensaios o que chamamos os *descritores*. Com isto traduzimos os *metatags* da língua inglesa. A função destes é assinalar o conteúdo dum sítio na Internet, de maneira a atraírem os instrumentos de busca (ou navegadores).

Os instrumentos de busca estão programados para detectarem no texto as palavras que pesquisam. Mas os descritores oferecem-lhes uma via alternativa. Localizam-se num sector específico do código-fonte da linguagem HTML que é "invisível" para o internauta. O navegador reconhece-os porém e referencia consequentemente o sítio em questão como concernente a esse conteúdo.

Os descritores ou palavras-chave de cada sítio exprimirão tendencialmente o conteúdo desse sítio: é essa a sua função. Mas o titular do sítio, particularmente se este for comercial, procurará os descritores mais sugestivos, para incrementar a frequência ou acesso do sítio. E as próprias empresas que fornecem os instrumentos de busca fazem negócios com os titulares dos sítios, sobre a atribuição de palavras-chave, a ordem da apresentação de sítios com idêntico objecto e assim por diante.

As técnicas de atracção vão-se aperfeiçoando. Por exemplo: se se repetir muitas vezes o mesmo descritor, o instrumento de busca é particularmente atraído.

E entra-se mesmo na falácia. Podem-se usar descritores que nada tenham que ver com o conteúdo do sítio mas atraiam o internauta, que pode quedar-se por lá. Assim acontece com a palavra *sexo*.

Os descritores podem ser quaisquer palavras. Podem nomeadamente ser marcas ou palavras coincidentes com marcas. Essas marcas podem pertencer ao titular do sítio ou ser marcas alheias. E podem ter titulares diferentes conforme os países, embora todos estejam pela Internet igualmente sujeitos à acção do descritor.

Também com marcas se podem tecer enganos. O mais radical consiste em afixar marcas de concorrentes. Assim, quando um internauta busca esse concorrente – normalmente o líder do sector – irá parar a sítio alheio. Com o que se torna possível o desvio de clientela.

Os descritores suscitam múltiplos problemas. Mesmo a sua utilização indevida pode ser encarada por muitos pontos de vista – uso abusivo de nomes de pessoas, concorrência desleal, violação dos direitos do consumidor... Por exemplo, a hipótese referida do uso de marca de concorrentes para desvio de clientela suscita questões de concorrência desleal.

Só nos vai interessar porém o que respeita ao direito das marcas. Se o descritor corresponder a uma marca alheia, qual será a consequência? E isto abstraindo de haver ou não em concurso um ilícito de qualquer outra natureza.

Parece-nos um excelente banco de ensaios sobre o conteúdo da marca, como diremos a seguir. Mas há que não confundir com outras temáticas que, embora vizinhas, devam ser mantidas de todo distintas. Sobretudo da que respeita aos *nomes de domínio*. Embora se suscite também na Internet, obedece a pressupostos, orgânicas e regras de todo diferentes, pelo que a mistura das análises só prejudicaria.

2. **Função da marca**

É lícito usar como descritor ou *metatag* um nome correspondente a marca de que se não seja titular? Vamos supor imediatamente que se trata de marca registada por outrem.

Assim, por exemplo, pode o sítio que vende produtos de beleza ter como descritor as marcas por que são conhecidos esses produtos de beleza?

Recordemos que a questão é debatida mesmo fora da Internet e para outros sinais distintivos, além da marca. A agência de viagens pode ostentar na fachada a marca Varig? E a mediadora de seguros, no que respeita às denominações sociais das empresas cujos serviços medeia? [1]

Sem termos de examinar toda a problemática suscitada, situemo-nos perante a utilização de marcas em descritores.

Não podemos todavia deixar de relacionar o tema com a *magna quaestio* da função da marca.

I – Função de indicação da origem

É corrente colocar como função originária da marca a de indicar a origem do produto (que mais tarde, se estenderia ao serviço também). A marca asseguraria que os produtos a que se aplicava tinham a mesma origem.

Supomos que hoje este entendimento é insustentável.

Desde que se admite a *transmissão* da marca independentemente do estabelecimento (quebrando assim o princípio chamado da adesão) já a explicação deixava de servir, porque a origem passava a ser diferente e a marca continuava a mesma.

Mas sobretudo, se se admite que se concedam *licenças de utilização da marca* a várias entidades, que têm condições de exploração diversas, a marca deixou de dizer seja o que for sobre a origem do produto. Por isso sob a mesma marca circulam produtos bons e produtos maus [2].

As reformulações que têm sido tentadas não são convincentes. Entre nós, Couto Gonçalves procura encontrar, como sub-rogado da unidade de origem *empresarial*, uma unidade de origem *pessoal*: há sempre uma pessoa a quem se atribui o ónus do uso não enganoso dos produtos ou servi-

---

[1] Assim, o Tribunal do Benelux, em 20.XII.93, considerou uso ilícito fazer publicidade da marca Mercedes Benz um revendedor que legalmente podia vender esses carros, por dar a ideia de uma especial ligação. Na mesma data considerou também uso ilícito encher garrafas de Butagaz, a pedido de clientes, com outro gás. Cfr. GRUR Int, 7/94, 630.

[2] Curiosamente, as multinacionais que se opõem ao esgotamento internacional dos direitos de comercialização invocam essa diferença de qualidade como argumento em seu abono. Essa diferença de qualidade deveria antes ser demonstrativa do risco da indução do consumidor em erro que semelhante concessão de licenças representa.

ços marcados[3]. É não dizer nada: exprime-se apenas que a marca tem um titular, e que esse titular, como todos, tem poderes e deveres. Nada se diz ao público sobre a origem dos produtos ou serviços[4].

Na realidade, há que distinguir função de determinação de origem e função distintiva. Esgotada a função de determinação de origem, só resta a função distintiva[5].

II – Função distintiva

Não há que confundir a função de determinação da origem e a função distintiva.

Para nos entendermos quanto a esta, devemos ter presente o que caracteriza a marca, em relação a outros sinais distintivos.

A marca não é um sinal distintivo de indivíduos, como o nome de estabelecimento, a insígnia, o nome comercial, a recompensa... É um sinal distintivo duma série. Caracteriza uma série de produtos ou serviços, e não produtos ou serviços isolados. Ou seja, um produto ou serviços distingue-se pela integração naquela série.

O art. 167/1 CPI refere "aquele que adopta certa marca para distinguir os produtos ou serviços de uma actividade económica ou profissional..." Temos aqui a função distintiva, que é incontornável. Mas nem sequer pede que sejam os produtos ou serviços da **sua** actividade económica ou profissional.

---

[3] Luís M. Couto Gonçalves, *Direito de Marcas*, Almedina, 2000, 2.1.2.. O autor identifica esta determinação da origem com a função distintiva. Para apoio da "nova" função da marca invoca preceitos como o art. 12/2 *b* da Directriz sobre marcas e o art. 216/2 *b* do Código da Propriedade Industrial (CPI).

[4] De facto, a determinação de origem surge apenas como grandeza negativa, visto que todo o Direito Industrial, e muito principalmente o das marcas, assenta no pressuposto da *não indução do público em erro*. Assim, o art. 211/2 CPI admite a transmissão da marca ou do pedido desta independentemente do estabelecimento, mas acrescenta: "se isso não puder induzir o público em erro quanto à proveniência do produto ou do serviço ou dos caracteres essenciais para a sua apreciação". Nada se diz quanto à origem, apenas se exclui a marca que seja intrinsecamente enganosa como indicação de origem.

[5] Também nada salva a função de determinação da origem dizer que a marca pode provir de um conjunto de empresas que se associam para a usar em comunhão. Pode não haver nenhuma comunidade entre empresas diferentes que usam a mesma marca, mesmo quando há vínculos jurídicos entre elas; e até pode nem haver vínculos jurídicos, como entre vários licenciados para o uso da mesma marca. Cfr. Carlos Fernandez Novoa, *Fundamentos de Derecho de Marcas*, Montecorvo, 1984, § 106.

A que fica assim reduzida a função distintiva, se nenhuns traços caracterizadores dos produtos ou serviços são determinantes?

Ao mínimo, que chega a um nível quase tautológico: *distingue os produtos ou serviços integrados naquela série de todos os outros*, por definição nela não integrados.

Só isto. A função distintiva a tanto se resume. Os efeitos que o público possa retirar da marca e os estímulos que lhe provoca são extra--jurídicos. O direito apenas assegura o exclusivo dum sinal distintivo, regulando-o.

III – Função de garantia ou índice de qualidade

Daqui resulta já que não há que confundir a marca com um sinal de qualidade[6].

A marca não dá nenhuma garantia jurídica de qualidade. A qualidade do produto ou serviço pode aumentar ou diminuir sem que isso tenha reflexos jurídicos; só terá reflexos mercadológicos. Não há pois também uma função de garantia[7].

A proibição básica, que é fundamental neste domínio, de indução do público em erro – manifestação do princípio mais geral da proibição da concorrência fundada no engano do consumidor – não leva a permitir extrapolar uma função de garantia ou de qualidade da marca. Também a representação intelectual que os consumidores possam fazer de um nível de qualidade associado a uma marca, que é importantíssima nas decisões das empresas e dos consumidores, é uma ocorrência meramente de facto, a que não estão associados efeitos jurídicos.

Assim, se alguém adquirir marca de renome e fizer o cálculo de a aplicar a produtos ruins, escoando-os rapidamente graças ao apelo da marca e amortizando o investimento feito, não violou nenhum preceito jurídico. O art. 216/1 *b* prevê a caducidade do registo se a marca se tornar susceptível de induzir o público em erro sobre a natureza, qualidade e origem geográfica desses produtos ou serviços, com o consentimento do titular da marca. Manifesta o princípio, que domina todo o regime da

---

[6] Deixamos de fora a marca de certificação, que é estranha ao nosso estudo.

[7] O art. 260 *h* considera concorrência desleal a supressão, ocultação ou alteração de marca em produtos destinados à venda. Mas desta disciplina da concorrência desleal não se segue a atribuição duma função de garantia à marca, porque se não está aí a regular o direito de marca.

marca, que esta não deve ser enganosa[8]. Mas isto nada tem que ver com a manutenção do padrão de qualidade, que não constitui nenhuma obrigação jurídica.

IV – Função publicitária

A marca pode ser um poderosíssimo instrumento publicitário. Desde logo porque a marca, como sinal, está apta para ser veículo de comunicação.

Mas a marca não é concedida para desempenhar essa função[9]. Se a desempenha ou não é uma circunstância de facto que nada se repercute no domínio jurídico. Por isso, não se podem dela tirar nenhuns efeitos de direito.

A problemática particular da marca de (grande) prestígio será examinada adiante.

Concluímos assim que a única função da marca é a função distintiva.

3. A extensão do âmbito da marca a partir da identidade das marcas e dos produtos e serviços

A marca traz vantagens para o mercado em geral, para o concorrente e para o consumidor.

Ainda que o interesse do concorrente prime sobre o do consumidor, este afirma-se sempre como um limite ao interesse do operador económico: este não pode satisfazer-se à custa do interesse do consumidor.

O interesse do consumidor justifica também o âmbito de protecção atribuído à marca.

Justifica nomeadamente que não sejam admitidas marcas idênticas utilizadas por titulares diversos: o público seria induzido em erro por se não integrarem afinal na mesma série. Veremos depois mais precisamente em que condições.

Mas justifica também que idêntica restrição se estenda a marcas semelhantes, e à aplicação de marcas idênticas ou semelhantes a produtos

---

[8] Assim, não seria possível uma fábrica de produtos de latão registar a marca *gold*.

[9] Neste sentido Carlos Olavo, *Propriedade Industrial*, Almedina, 1997, n.º 12, que afirma que a protecção do poder sugestivo da marca deriva da disciplina da concorrência, e não da disciplina específica da marca.

ou serviços idênticos ou semelhantes. Da mesma maneira o consumidor comum poderia ser induzido em erro.

Há mesmo que admitir, na apreciação do grau de dissemelhança admissível, uma correlação inversa entre a identidade ou semelhança da marca e a identidade ou semelhança dos produtos ou serviços em causa. Se há identidade da marca, o grau de semelhança exigido nos produtos ou serviços a que a marca se aplica é menor. Mas se a semelhança das marcas é menos forte, aumenta proporcionalmente o grau de semelhança exigido nos produtos ou serviços a que se aplicam para que se possa falar de confusão.

Tudo isto cabe dentro do *princípio da especialidade*, fundamental neste domínio. A marca é atribuída para uma classe de produtos ou serviços. Mas a zona de defesa que lhe corresponde ultrapassa as utilizações da marca dentro da classe a que pertence, para evitar a indução do público em erro mesmo em relação a produtos ou serviços não compreendidos na mesma classe, mas cuja afinidade com aqueles a que a marca respeita teria a consequência de induzir o público em erro sobre a relação com a marca anterior.

Nem a *marca notoriamente conhecida*, tal como está prevista no art. 6 *bis* da Convenção da União de Paris (CUP), afecta o princípio da especialidade. Permite-se apenas a oposição a que seja registada marca que contrarie marca anterior não registada, mas notoriamente conhecida como pertencente a nacional doutro país da União. Faz-se excepção à necessidade de registo como condição de defesa da marca, mas não ao princípio da especialidade.

Os tempos recentes assistiram ao acento cada vez maior num outro aspecto: a susceptibilidade de a marca em causa sugerir uma *associação* entre ela e a marca alheia protegida. Neste sentido, o art. 193/1 *c* prevê expressamente como constitutivo do conceito de imitação da marca o "risco de associação com a marca anteriormente registada". Alarga-se assim o âmbito de defesa da marca registada.

É uma preocupação que tem a sua razão de ser: porque também através da sugestão duma ligação entre as empresas se pode induzir o público em erro. Mas há que observar que o risco de associação, previsto no art. 193/1, acresce à exigência de especialidade, contida na al. *b*: nada permite dispensá-la neste domínio.

O art. 16/3 ADPIC, ou TRIPS, dá um passo mais. Permite aplicar o art. 6 *bis* CUP mesmo em relação a produtos ou serviços que não sejam idênticos nem semelhantes àqueles para que uma marca foi registada, desde que se inculque uma relação entre esses produtos ou serviços e o titular da marca registada, e desde que isso prejudique os interesses do titular da marca registada.

Vai-se agora mais longe, porque já se abandona a exigência que os produtos ou serviços sejam idênticos ou semelhantes. Mas há que ser cuidadoso na demarcação do âmbito deste preceito. É claro que deste modo se abala o princípio da especialidade. Mas isto não significa que qualquer semelhança entre marcas baste para fundar a oposição, qualquer que seja o sector em que se situem: serviços de aviação em relação a herbicidas, por exemplo.

Não pode ser assim, porque há também um princípio da liberdade, fundado no interesse público e no interesse dos concorrentes, que conduz a afastar restrições injustificadas. O risco de associação tem de ser provado em concreto. Só quando houver circunstâncias que permitam afirmar que naquele caso se cria esse risco o preceito é invocável. E além disso, haverá ainda que demonstrar a lesão dos interesses do titular da marca registada, exigência que a lei não faz nos casos normais.

Haverá que ponderar devidamente estes aspectos, na transposição da regra para a ordem jurídica portuguesa.

Um último passo é dado com a recepção da **marca de prestígio**. Correspondeu-lhe na lei portuguesa a *marca de reputação ou prestígio internacional* (art. 193/2 CPI). É um acrescento infeliz que hoje perdeu todo o significado [10], pois deve considerar-se equivalente à *marca de grande prestígio*, introduzida em 1995 (art. 191 CPI).

Segundo este art. 191, trata-se de marca anterior que goze de grande prestígio em Portugal ou na Comunidade, embora a marca registanda seja destinada a produtos ou serviços não semelhantes. É necessário ainda que o uso da marca posterior procure, sem justo motivo, tirar partido indevido do carácter distintivo ou do prestígio daquela marca ou possa prejudicá-los.

Há agora duas diferenças. Por um lado, os pressupostos da marca de (grande) prestígio são bem mais exigentes que os da marca notória; por outro, além do requisito do prejuízo da marca de (grande) prestígio, admite-se ainda como requisito que o requerente tire partido indevido da marca de (grande) prestígio.

Este último elemento é pouco consentâneo com os princípios da marca. Esta protege o interesse geral, o público e o dos concorrentes; são-lhe indiferentes os merecimentos de quem a reclama. Aqui, parece que

---

[10] Fora introduzida no CPI de 1940.

pelo contrário se faz um julgamento de quem reclama a marca ("tirar partido indevido").

A marca de (grande) prestígio é uma excrescência, destinada a beneficiar apenas as grandes empresas. Acaba por dar a estas um acréscimo extraordinário de valor, porque lhes permite excluir todas as formas de uso daquela marca, mesmo que não estejam em concorrência com a marca de (grande) prestígio. O valor dessas marcas aumenta assim fabulosamente com a simples previsão legal. Ora, o mero facto de se trazer "prejuízo" à marca (quer dizer, restrição da vantagem possível) pode ser um argumento por si nos Estados Unidos da América, mas não o é nas ordens jurídicas do continente europeu.

Mas mesmo assim não se transforma a marca numa propriedade, como veremos de seguida. Nem um país como Portugal teria o menor interesse em fazê-lo.

Mas por agora, vamos limitar-nos a verificar quais são as consequências para a índole e regime da marca deste empolamento do âmbito.

4. Conteúdo do direito e propriedade

Que tipo de protecção confere a marca? Ou, o que será possivelmente a mesma coisa, qual o conteúdo do direito à marca, ou do direito do titular da marca?

O art. 167 CPI atribui-lhe "a propriedade e o exclusivo" da marca.

Sendo a marca seguramente um direito de exclusivo, há que saber o que acrescenta a referência à *propriedade*. Além de uma possível função enfática, exprimirá uma qualificação jurídica. Mas qualificar não é certamente função do legislador.

Achamos a qualificação errada, porque incompatível com a natureza dos direitos intelectuais. Não pretendemos porém revisitar o tema. Antes iremos mostrar que, no caso particular da marca, as faculdades atribuídas são incompatíveis já por si com esta qualificação.

O preceito nuclear neste domínio é o do art. 207 CPI, que confere ao titular o direito de impedir terceiros de usar, na sua actividade económica, qualquer sinal...

Parece claro que a primeira faculdade conferida, de carácter interno, é a de usar a marca: uma vez que este uso não é uma mera liberdade natural, é um direito. Para o exterior, surge a faculdade de impedir terceiros, que o preceito refere. A combinação destes dois elementos é própria dum direito de exclusivo. Ora, seguramente que a marca outorga um exclusivo.

Refere-se ainda no final do preceito o risco da associação, que já encontrámos.

Há todavia mais um elemento que não tem sido objecto de tanta atenção. Impede-se o uso de terceiros sem consentimento, *"na sua actividade económica..."*.

A frase surge em todos os instrumentos normativos internacionais, com as formulações próprias das várias línguas. Corresponde ao *im geschäftlichen Verkehr"* alemão e ao uso *dans la vie des affaires* francês. O art. 5/1 da Directriz sobre marcas, na versão portuguesa, fala em "uso na vida comercial". Portanto, a marca exclui a intervenção de terceiros no exercício de actividade económica. Mas isso significa também que fora da actividade económica já essa exclusão se não verifica.

Podemos dar logo exemplos. O meu bom gosto pode levar-me a decorar a minha moradia com a marca da McDonalds; ou a chamar à minha cadela Coca-Cola. Tudo isto está fora da actividade negocial. Consequentemente, tudo isto escapa do exclusivo outorgado pela marca.

E isto basta para demonstrar que não há nenhuma propriedade de marca. Se fosse propriedade, haveria uma atribuição exclusiva a um só; todos os outros ficariam de fora. Mas como só há um exclusivo de uso em certas actividades, a explicação tem de ser outra. Há um exclusivo, mas não há propriedade. Fora da zona de exclusivo, o uso continua a ser livre.

Mas há que ir muito mais longe.

A qualificação como propriedade é *incompatível com o princípio da especialidade.*

Se o titular apenas tem o exclusivo da designação de certos produtos ou serviços, tudo o resto continua livre.

Por isso, marcas exactamente idênticas podem caber a titulares diferentes, desde que destinadas a produtos ou serviços diferentes. Seria impossível isto na propriedade, pois *duo in solidum...* Dizer que haveria uma *propriedade* da marca para tintas e outra para alimentos seria uma enormidade, pois significaria admitir uma *propriedade relativa*. Não há tal: a propriedade atinge por natureza a totalidade do objecto, não deixando espaço para nada que não se conjugue com ela em termos de compropriedade. Propriedades conflitantes sobre o mesmo objecto não se admitem.

O princípio da especialidade vigora com um largo âmbito, como vimos. Abrange mesmo as marcas notórias e aquelas situações em que se tem em conta o risco de associação. É abalado pelo art. 16/3 do ADPIC e sofre rejeição, condicionada embora, no respeitante às marcas de (grande) prestígio.

Tudo isto é muito importante para assegurar o necessário espaço de liberdade na vida social.

Se admitíssemos uma propriedade de marcas, teríamos uma consequência inadmissível: como estas podem ser nominativas e constituídas por uma palavra só, estaríamos a admitir um *monopólio sobre palavras.* Uma palavra teria sido apropriada por um interessado.

Mas não há monopólios de palavras. Toda a palavra é de livre utilização por todos. Podem-se outorgar exclusivos para certos tipos de utilização – e neste sentido, direitos relativos, pois só existem para aquelas finalidades. Mas a palavra em si não está apropriada.

Isto é em extremo importante, até porque ultrapassaria a, aliás extensíssima, protecção conferida pelo direito de autor. Este dá um exclusivo temporário. Mas o monopólio outorgado pela marca poderia ser perpétuo, mediante sucessivas renovações.

Não há tal. Há exclusivos, referidos a certas actividades. Mas não há propriedade de marcas[11].

5. A liberdade de referências e os descritores

É tempo de regressar aos descritores ou *metatags.*

É ou não lícita a utilização de marcas alheias como descritores?

Já conhecemos grande parte da resposta. É possível, sempre que se não estiver no exercício de actividade económica.

Os sítios não comerciais ficam assim genericamente liberados na escolha dos descritores. Assim, uma fundação que não aja comercialmente pode fazê-lo com liberdade. Coincidam ou não com marcas conhecidas, pode recorrer a essas palavras. Fica sempre de fora o limite geral da chicana: mas, como limite geral, seria deslocado examiná-lo aqui.

Mas, mesmo na actividade comercial, que restrições há a esse uso?

Poderá um operador económico usar marcas alheias no próprio negócio, *se não trouxer indução em erro.*

---

[11] Versámos esta matéria, justamente com referência aos descritores, no nosso *Hyperlinks, frames, metatags – a segunda geração de referências na Internet,* n.° 12, *in* Estudos sobre Direito da Internet e da Sociedade da Informação, Almedina, 2001, 199--218; *in* Direito, Sociedade e Informática – Limites e perspectivas da vida digital, Colecção Fundação Boiteux, Florianópolis, Nov. 2000, 135-147; e na Revista da ABPI (São Paulo), n.° 49, Nov/Dez 2000, 22-30.

Se houver duas marcas nominativas idênticas, o titular do sítio que for titular duma das marcas pode usá-la livremente.

Mas há que indagar ainda mais.

Posso usar como descritor uma marca a que não tenho direito *para conduzir a navegação* para o meu sítio comercial? Posso colocar a palavra Dior, sem autorização, se vendo realmente produtos Dior?

A questão atinge agora a máxima complexidade.

Sem dúvida que estou a usar a marca na minha actividade económica. Mas a questão está em saber se isso é que *é o uso da marca que a lei reserva ao titular.*

Supomos que o não é, por duas razões fundamentais:

1 – pelo princípio da liberdade de referências

2 – porque usar a marca é aplicá-la a produtos ou serviços.

Comecemos pela primeira ordem de razões.

Há um princípio fundamental, que é o da manutenção da fluidez do diálogo social. Este deve ser preservado.

Ele engloba o *princípio da liberdade de referências.* Toda a referência verdadeira é em princípio livre, não havendo razão particular em contrário.

Os norte-americanos ancoram este princípio na liberdade de expressão, que assenta na 1.ª emenda à Constituição[12]. A restrição a essa liberdade é que tem de ser fundada.

Com este ou outro fundamento, devemos afirmar nas nossas ordens jurídicas o princípio da liberdade das referências verdadeiras. Estas são livres, salvo grave razão em contrário.

A questão é muito sentida na vida comercial. A defesa de posições estabelecidas levou a restringir a admissibilidade de afirmações alheias indesejadas, que nos respeitem, ainda que verdadeiras. É assim que o art. 260 *c* CPI considera constitutivas de concorrência desleal "as invocações ou referências não autorizadas de um nome, estabelecimento ou *marca* alheios".

Trata-se de matéria de concorrência desleal, e não de direito da marca. Mas mesmo aí foi imposto um recuo. É assim que se admite hoje a *publicidade comparativa,* que supõe por natureza a referência, não particularmente agradável, a empresa alheia. E a proibição de referências tem de ser cuidadosamente delimitada, pois só pode vigorar quando houver razões particulares que levem a considerar essa referência como contrária às normas e usos honestos.

---

[12] Veja-se a referência que fazemos a esta orientação em *Hyperlinks* cit., n.º 1.

Este princípio expande-se em múltiplas direcções. Não pode deixar de ser livre fazer a estatística das vendas de marcas de televisores, ainda que com finalidades de negócio. Não podem ser proibidos os testes de qualidade. E assim por diante.

Um ponto muito importante, que acabou por prevalecer contra grandes resistências, foi o relativo à chamada *cláusula de reparação*. Empresas que não as de origem fabricam sobressalentes, que se adaptam especificamente a determinados produtos de marca. Necessitam por isso de indicar quais as marcas com que são compatíveis. Mas as empresas de origem pretenderam proibir a referência. A questão acabou por ser resolvida na Comunidade Europeia de maneira a ficar preanunciada a liberdade da cláusula de reparação. A Directriz n.º 98/71/CE, de 13 de Outubro, contém uma disposição transitória, segundo a qual as disposições dos Estados-membros em matéria de cláusula de reparação apenas poderão ser modificadas quando o objectivo for a liberalização do mercado desses componentes (art. 14).

Voltemos aos *descritores*. Quando o titular do sítio comercial coloca descritores que mencionam as marcas que efectivamente comercializa, está exercendo uma liberdade natural, que aliás é útil aos internautas e ao funcionamento normal da Internet. Ele indica o que efectivamente é conteúdo do sítio. Nenhum ilícito lhe pode ser assacado, porque aquela utilização foi meramente referencial.

O que não pode é abusar da sua liberdade e chegar a qualquer dos muitos desvios gravosos que se podem verificar, e referimos já anteriormente. Não pode por exemplo apresentar-se como se fosse o titular da marca ou fazer-se passar por representante exclusivo. Não pode nomeadamente provocar confusão no público.

Resta ainda saber se, procedendo-se assim, violaria o direito à marca ou qualquer outro preceito. No caso acima apresentado, a situação seria de concorrência desleal. A confusão provocada caracterizaria esta.

Não haveria sequer cúmulo com violação do direito de marca, pelas razões que apresentamos a seguir.

6. **O uso da marca**

O outro aspecto fundamental consiste em saber o que é o "uso da marca", que é reservado ao titular.

É líquido que é uso da marca a aposição ou utilização desta em produtos ou serviços.

Mas qualquer outra referência à marca na vida comercial significa *uso*? A reprodução da marca em correspondência comercial é uso da marca? Os autores germânicos fazem outra distinção, que é elucidativa. Distinguem consoante a utilização, em qualquer caso *im geschäftlichen Verkehr*, é ou não *markenmässig*, portanto como marca [13] ou não. Se não for *markenmässig* a doutrina divide-se perante a nova lei de marcas, havendo quem admita que aquela exigência se mantém como no direito antecedente, e quem considere que qualquer utilização do sinal correspondente à marca representaria violação da marca [14].

Esta segunda orientação prolonga-se na relevância dada aos chamados *usos atípicos das marcas*. Seriam todos aqueles que se fizessem sem ser para caracterizar produtos ou serviços. A categoria é de encarar com grandes reservas. Pelo menos, sabemos já que não há qualquer monopólio duma invocação ou referência, porque o princípio é o da liberdade.

Assim, aquele que se declarar publicamente titular da marca e não a aplicar a produtos ou serviços não está a usar a marca.

Qual a posição da lei portuguesa sobre esta matéria?

Poderia pensar-se que as *previsões penais* acolhem um conceito alargado de uso da marca, como objecto de proibição [15].

Mas não é assim, e antes resulta dos arts. 264 a 266 CPI que o uso reprovável da marca é sempre um uso fáctico, ligado à própria manipulação dos sinais. Actividades meramente jurídicas não constituem uso penalmente ilícito da marca.

Mais do que isso: aqueles preceitos tipificam condutas que são proibidas, mas não são necessariamente de violação da marca. Incluem-se também formas de manipulação referentes a marcas que não têm já nada que ver com a infracção do direito. Assim, o art. 264/1 *f* tipifica o acto de "usar a sua marca registada em produtos alheios, de modo a iludir o consumidor sobre a origem dos mesmos produtos". Há um ilícito penal e não

---

[13] *Uso marcário*, se se admitisse o adjectivo, que se utiliza também em Espanha. No campo paralelo dos nomes de domínio Thomas Hoeren afasta completamente as referências a nomes da temática do direito de marcas e denominações, mesmo quando utilizadas como *Suchbegriffe*, se o uso não for "marcário": *Internetrecht*, Münster, 2002, § 4 II 2 *c*.

[14] Cfr. Hubmann/Götting, *Gewerblicher Rechtsschutz*, 6.ª ed., C.H. Beck, 1998, § 40 II 1 *b*. Sobre o carácter transbordante que a referência à utilização *dans la vie des affaires* toma no Benelux, cfr. M. Nogueira Serens, A *"vulgarização" da marca na Directiva 89/104/CEE*, separata Bol. Fac. Dir. Coimbra, Estudos em Homenagem a Ferrer Correia, 1984, nt. 13, págs. 44-46.

[15] O art. 264 CPI tem mesmo por epígrafe: "Contrafacção, imitação e *uso* ilegal da marca".

As Funções da Marca e os Descritores (Metatags) na Internet   19

há nenhuma violação de marca. O que também demonstra que não poderíamos inferir o conceito de uso da marca a partir das previsões penais que se referem à marca.

Pelo contrário, são numerosos os elementos legais dos quais resulta que o uso relevante de marca é mesmo o uso como marca, portanto para caracterizar produtos ou serviços.

O art. 195 CPI prevê a *"Declaração de intenção de uso"*, sem a qual a marca se presumirá não usada. O uso que aqui se tem em vista só poderá ser o uso económico efectivo da marca.

O art. 215 CPI prevê a *"Preclusão por tolerância"*, no caso de o titular de marca registada ter tolerado o uso de uma marca registada posterior que a contraria pelo período de cinco anos... O uso que releva é só o uso fáctico efectivo, pois é esse que merece ser preservado perante a omissão do titular.

O art. 216/1 *a* CPI prevê a *caducidade da marca que não tiver sido objecto de uso sério* durante cinco anos consecutivos. "Uso da marca" é seguramente apenas o uso económico efectivo, substancial [16].

Até o art. 193/2 CPI caracteriza como imitação ou usurpação parcial da marca o uso fáctico, apenas.

De tudo resulta que, para a lei, o uso da marca é a sua utilização efectiva, pois só esta satisfaz o objectivo de efectividade económica que a lei prossegue.

Que reacção é então permitida ao titular duma marca, se um terceiro falsamente se arrogar a titularidade desta?

Comecemos por referir o que respeita à *marca comum*, deixando a *marca de prestígio* para o número subsequente.

Além dos meios gerais, como a acção de simples apreciação, o titular tem os meios de reacção próprios do Direito Intelectual. Mas não há lesão da marca, consubstanciada no uso da marca alheia, porque a declaração não representa uso da marca.

O meio típico de reacção é a acção de *concorrência desleal*. Há um modo incorrecto de fazer concorrência, fundado no aproveitamento de elementos empresariais alheios: o enfeitar-se com penas alheias. Se o dissídio resultar de uma divergência de entendimento jurídico em que não há que reprovar a conduta do agente, em termos de não haver ilícito (subjectivo), não deixa de haver uma situação de desconformidade objectiva à

---

[16] Assim, reconhece Carlos Mercuriali, *Marcas e Internet*, www.abogaciaenlinea.com.ar/marcas.htm, n.º 5, que a situação da marca estar disponível em rede não é justificativa válida para evitar a caducidade.

20   *III Curso de Direito Industrial*

ordem jurídica que permite ao titular da marca fazer cessar aquele uso e eliminar o estado de coisas desconforme objectivamente criado.

Apliquemos à nossa matéria dos descritores ou *metatags*. A utilização de marca alheia como descritor representa violação da marca?

Não representa em qualquer caso, porque não há uso de marca em sentido técnico.

Desde logo porque, como dissemos, a marca designa *séries, e não indivíduos*. A utilização como descritor cifra-se numa referência individual, que nem sequer representa para esse sítio um nome, e muito menos é uma marca. O descritor não é uma marca dum sítio porque refere um indivíduo e não uma série. Por isso, apor um descritor nunca poderia equivaler a usar uma marca ou violar a função distintiva desta.

Mesmo esquecendo este aspecto, continuaria a não haver uso da marca, por se estar apenas a referenciar produtos ou serviços. Está-se a dar uma indicação aos instrumentos de busca. O que nos coloca fora do domínio da violação da marca.

Não se segue daqui que não possa haver ilícito na utilização de descritores. Mas esse ilícito deverá ser combatido por outras vias, e não como violação de direito de marca.

Em geral, estará em condições de ser combatido como concorrência desleal.

Pode acarretar responsabilidades das empresas que programam os instrumentos de busca, quando estes foram predispostos de maneira a chegar a resultados falaciosos [17].

Pode acarretar outras consequências próprias da Internet.

Mas não representa violação de marca.

7. A marca de (grande) prestígio

Há que ver se estes princípios sofrem desvio perante as marcas de (grande) prestígio.

---

[17] Parece-nos desajustado recorrer ao Direito da Publicidade, invocando-se quiçá a *publicidade oculta*. Não há uma mensagem promocional; a finalidade referencial é claramente prevalente. É verdade que os autores germânicos têm de publicidade uma noção amplíssima, que a faz abranger os rótulos e as bulas dos medicamentos, mas não cremos que deva ser acolhida entre nós. Se toda a informação dada no âmbito comercial fosse publicidade, então até o seria a advertência imposta nas embalagens de cigarros, de que o tabaco provoca o cancro!

Vimos que com a marca de grande prestígio se alarga o círculo de protecção da marca, porque o titular pode invocar violação da marca mesmo quando não usada em produtos idênticos ou semelhantes – em todo o caso, com a reserva de que tal representa benefício indevido do agente ou prejuízo possível do titular da marca (art. 191 CPI).

Transformou isso a marca em *propriedade*? Já vimos que não. A função da marca continua a ser distintiva. Permite-se a protecção para além do risco da indução em erro; permite-se mesmo para além da possível relação de concorrência entre titular de marca e agente. Mas continua a não haver propriedade da marca. O que ao titular da marca cabe ainda se compreende dentro da repercussão exterior do exclusivo.

Por isso, tudo o que dissemos das meras referências se aplica tal qual. Seja a marca de (grande) prestígio ou não, em nada fica atingido o princípio da liberdade de referências, emanação da liberdade do diálogo social. Toda a referência a marca de (grande) prestígio é tão livre como a qualquer outra marca.

Aliás, o art. 191 CPI, que é a sede desta matéria no ordenamento português, pressupõe expressamente que o uso da marca posterior procure... O *uso da marca* é no CPI, como já vimos, o uso como marca. Nada afasta neste caso o entendimento específico que foi dado em geral.

Onde se situa então a especificidade da marca de (grande) prestígio?

Antes de mais, na circunstância de poder surgir conflito com o titular da marca *fora de toda a relação de concorrência*.

Vimos que nas marcas comuns poderia surgir o conflito resultante de haver referências não autorizadas a marcas alheias, que violassem as normas e usos honestos. A pauta de solução encontrava-se na concorrência desleal, porque a afinidade dos produtos ou serviços permitiria supor sempre a relação de concorrência entre os operadores implicados.

Mas no caso da marca de (grande) prestígio já essa relação pode não existir. O titular pode em absoluto opor-se ao uso da marca, mesmo por operador não concorrente. *Quid iuris*, se há uma referência não autorizada a marca de (grande) prestígio por um não concorrente?

Na realidade, o problema surge também perante a situação prevista no art. 16/3 ADPIC, uma vez que do mesmo modo se admite que os produtos ou serviços não sejam semelhantes. Vamos porém concentrar-nos no caso da marca de (grande) prestígio porque, sendo mais caracterizado, permite abordar todos os aspectos que seriam relevantes no caso previsto no ADPIC.

Temos evidentemente de supor no caso concreto a existência de *circunstâncias qualificativas* que tornariam as referências inadmissíveis, se houvesse concorrência desleal. Como dissemos, a referência não autorizada só em casos particularmente graves é base para a concorrência desleal.

Tomemos uma referência publicitária que seja considerada desairosa para marca de (grande) prestígio. A marca de carro de luxo misturada com produtos de higiene, ou a marca de jóias em publicidade pornográfica.

Não há que falar então em regras de concorrência, pois não há nexo de concorrência entre estes operadores.

Só haverá um fundamento para a pretensão do titular da marca de (grande) prestígio: a defesa do bom nome (que não é defesa de direito industrial). E que será possivelmente de êxito duvidoso. Mas não tem em qualquer caso que ver com o direito à marca.

Pode supor-se também a *maledicência* sobre a marca de (grande) prestígio. Mas então, não havendo laço de concorrência, a situação é exactamente a mesma, quer provenha de um operador no mercado, quer de outra entidade qualquer [18].

Invoca-se em abono da protecção da marca de grande prestígio o perigo de *diluição* da marca, que resultaria da perda do seu prestígio pelo excesso de utilizações que fossem feitas. Ainda que o argumento fosse verdadeiro, não teria aqui relevância. A diluição explicaria o âmbito conferido ao poder de exclusão dos usos da marca, mas não colocaria o titular em posição diferente da do titular de marca comum, perante agressões de terceiros de que fosse vítima.

Em conclusão: não encontramos, pelo facto de a marca ser de grande prestígio, razão para a colocar numa posição diferente da que cabe ao comum das marcas em relação a referências de terceiros. Se não há uma relação de concorrência, o titular só poderá recorrer aos instrumentos jurídicos comuns. A previsão das marcas de grande prestígio, que pode ser considerada excepcional, só autoriza os efeitos jurídicos previstos no art. 191 CPI.

Nomeadamente, não altera em nada o que se disse sobre os chamados "usos atípicos das marcas".

Isto significa que a extensão de protecção da marca de (grande) prestígio operada pelo art. 191 CPI apenas tem os efeitos aí especificados.

---

[18] Note-se que em muitos casos a referência não autorizada representa ainda concorrência desleal; não porém em relação ao titular da marca de (grande) prestígio, mas aos concorrentes do ramo. O operador que se pretende apresentar recomendado por titular de marca de (grande) prestígio, sem o ser, faz concorrência desleal aos outros operadores do sector.

Permite, nas condições previstas, a oposição a marca posterior, mesmo que não referente a produtos idênticos ou semelhantes. Não tem nenhuns outros efeitos, porque nenhuns outros a lei contempla. Não permite, nomeadamente, a oposição a qualquer uso da marca célebre que não seja uso como marca; até porque a protecção fora do princípio da especialidade da marca célebre é excepcional, pelo que nunca sustentaria a produção doutros efeitos de direito além dos previstos.

Resta aplicar quanto dissemos à utilização de marca de (grande) prestígio como descritor ou *metatag*.

Se a mera referência não representa uso da marca, muito menos o representa a utilização como descritor. Neste caso nem há uma *manifestação perceptível para os sentidos*, mas uma instrução ditada à máquina, no caso, ao instrumento de busca.

O Direito das Marcas não permite atingir estas situações. E não há institutos próprios do Direito da Internet que as abranjam, porque os descritores nem sequer são objecto de contemplação legal.

Neste aspecto, a marca de (grande) prestígio está na mesma posição que qualquer outra, porque a sua relevância legal se limita ao uso como marca, e a nenhum aspecto mais.

Assim sendo, ou há instrumentos gerais do Direito que permitam considerar ilícita uma espécie de utilização da marca como descritor, ou ela terá de ser considerada genericamente admissível na ordem jurídica portuguesa.

DROIT EXCLUSIFS, CONCURRENCE DÉLOYALE ET DÉFENSE DE LA CONCURRENCE

ANDRÉ R. BERTRAND

Avocat au Barreau de Paris.
Chargé d'Enseignement à l'Université de Paris

«Droits exclusifs, concurrence déloyale et défense de la concurrence», nous sommes en présence d'un triptyque qui à l'analyse relève plus du *«ménage à trois»* du théâtre des grands boulevards parisiens, que du sujet d'agrégation.

Mais, ce *«ménage à trois»* est particulier dès lors qu'il apparaît différent selon que l'on se place sous l'angle du droit civil continental ou sous l'angle du droit américain. Il convient donc de tenir compte de ces deux approches divergentes.

En Europe le commerce fût pendant des siècles l'apanage des corporations, quelques privilégiés se voyant ici et là accordés des privilèges particuliers par les princes et les rois. La nuit du 4 août 1789 qui vit l'abolition des privilèges peut certainement être considérée comme le point culminant de la révolution française. Les privilèges abolis, il s'agissait alors de proclamer la liberté du commerce et de l'industrie, qui reste encore aujourd'hui le fondement de la majorité des économies libérales, et en tout état de cause de l'Union Européenne.

1. Des «droits exclusifs» destinés à encourager le progrès social

Néanmoins, quelques mois après avoir aboli les privilèges, et même avant d'avoir proclamé officiellement le principe de la liberté du commerce et de l'industrie les révolutionnaires français furent forcés de constater qu'en l'absence de droits exclusifs clairement délimités les inventeurs et les auters n'étaient guères encouragés à être productifs. Ce constat avait quelques années plus tôt été celui les pères fondateurs de la nation américaine, qui en votant l'alinéa 8 de l'article 1er de la Constitution américaine avaient prévu que *«le Congrès devait avoir, afin de promouvoir le progrès de sciences et des arts utiles, le pouvoir de conférer pour une période limitée aux auteurs et aux inventeurs le droit exclusif d'exploiter leurs écrits et leurs inventions».*

Dans tous les systèmes juridiques occidentaux, les *«droits exclusifs»* ou *«privatifs»* accordés pour quelques années aux inventeur et aux inventeurs ont pour objet essentiel de promouvoir le progrès social.

D'abord, l'existence de droits privatifs, donc d'un monopole d'exposition, peut être source de revenus et de profits [1]. En faisant miroiter ceux-ci, l'Etat encourage les personnes à investir dans la recherche et dans la création.

Mais, c'est effectivement par leurs inventions et leurs créations que les inventeurs et les auteurs vont contribuer effectivement au progrès technique et artistique de leurs concitoyens. Si les Etats-Unis sont aujourd'hui une grande nation c'est certainement parce que c'est le pays qui, depuis de nombreuses années, possèdent le plus grand nombre d'inventeurs, et parmi ceux-ci des personnages aussi célèbres que Morse, Grahan Bell, Thomas Edison et les frères Wright.

Tout les manuels de droit accréditent l'idée que le brevet est un pacte conclu entre l'inventeur et la société, par lequel l'inventeur se voit accordé un monopole d'exploitation temporaire en contrepartie de la divulgation publique de son invention. Aussi, selon l'article 83 de la Convention sur le brevet européen (CBE), retranscrit à l'article L.612-5 du Code de la propriété intellectuelle *«l'invention doit être exposée dans la demande de brevet de façon suffisamment claire et complète pour qu'un homme du métier puisse l'exécuter».* A défaut, le brevet est *«déclaré nul par décision de justice»* [2].

A l'origine l'approche était indentique en matière de droit d'auteur se voyait accorder le droit exclusif d'imprimer ses écrits. Mais, rapidement, le concept de droit moral a été dégagé par étapes successives par la jurisprudence française a modifié les fondements du droit d'auteur dans l'ensemble des pays de droit civil. Il en a résulté une confusion en ce sens que souvent les droits exclusifs accordés à l'auteur ont depuis

---

[1] Pour s'assurer que les chercheurs salariés «trouvent au lieu de simplement chercher» (selon l'expression du Général de Gaulle) de nombreux pays ont également mis en place des systèmes d'intéressements en matière d'inventions de salariés.

[2] Dans ce sens TGI Paris 3e ch. Naud c/ Charlier *PIBD* 188, III, 177.

été perçus comme le moyen de protéger l'œuvre donc la personnalité de l'auteur.

On ne peut parler de progrès social que lorsque les inventions ou les créations bénéficient à l'ensemble des citoyens et non à quelques privilégiés.

Ce stade ne peut donc être atteint que par diffusion massive des produits ou des créations ayant fait l'object des droits exclusifs, diffusion qui ne peut être achevée en pratique que par une multiplicité de fabricants ou d'éditeurs.

Dans un tel contexte le *«domaine public»* apparaît donc étant en réalité l'object essentiel des «droits exclusifs». Pour le législateur le monopole temporaire accordé à l'inventeur et à l'auteur n'ont pour seule finalité de permettre, après un certain délai, de mettre leurs inventions et leurs écrits à la libre disposition de tous. Les droits exclusifs sont en conséquence une simple étape vers ce but ultime. Sous cet angle l'object de la propriété intellectuelle n'est pas de protéger les inventeurs ou les auteurs mais d'encourager le progrès social en mettant leurs inventions et leurs création à la libre disposition de tous.

2. **Un principe fondamental la liberté du commerce et de l'industrie**

Pour mémoire la première loi française sur les brevets fut votée le 7 janvier 1991, soit une semaine avant la loi des 13/19 janvier relative aux spectacles, qui peut être considérée comme la première loi française sur le droit d'auteur, alors que ce n'est que près de deux mois plus tard, par la loi des 2/17 mars 1791, la célèbre loi «Le Chapelier» que fût consacrée le principe, reconnu aujourd'hui comme constitutionnel, de la liberté du commerce et de l'industrie. Mais, il est important de souligner qu'historiquement, il a paru nécessaire de reconnaître les droits exclusifs avant de consacrer le principe de la liberté du commerce et de l'industrie.

Depuis de nombreuses années, l'économie de la majorité des démocraties du monde occidental, et plus particulièrement les pays de l'Union européenne, repose sur le principe de la liberté du commerce et de l'industrie. Le principe même du Marché Commun, qui est à l'origine de l'Union Européenne, celui de la libre circulation des personnes et des biens est en réalité une application moderne du principe de la liberté du commerce et de l'industrie.

Même dans la réalité quotidienne ce principe est souvent battu en brèche par des bureaucrates tatillons, pour ne pas dire pas gouvernements

28   *III Curso de Direito Industrial*

qui n'admettent pas d'être dépossédés de certaines de leurs prérogatives, et il apparaît de ce fait souvent non pas comme le principe mais comme une exception[3], même s'il n'en demeure pas moins qu'il s'impose à tous. Pour les juristes, les exceptions à la liberté du commerce et de l'industrie, parmi lesquels figurent les droits exclusifs des inventeurs et des auteurs, doivent en principe être conférés et appliqués restrictivement.

3. Les droits exclusifs doivent être accordés et interprétés «restrictivement»

La société n'accorde en principe de droits exclusifs que sous condition d'un «apport social».

Pour prétendre à des droits exclusifs, l'invention doit être «nouvelle» et avoir un «caractère inventif», alors que l'œuvre de l'auteur doit être originale. Ces éléments sont impératifs: en leur absence, il n'y a pas d'invention ou de création, et donc pas de droits exclusifs.

Le principe vient d'être rappelé avec éclat en matière de bases de données. Pour beaucoup le droit des bases de données est apparu comme un palliatif à la protection accordée par le droit d'auteur. Mais, la protection accordée par la directive du 11 mars 1996, donc par la loi nationale est soumis à la condition «d'investissements financier, matériels ou humains substantiels». En conséquence en France, plusieurs décisions ont refusé à des bases de données la protection de la loi au motif qu'elles n'étaient pas le résultat de tels investissements[4].

Dans ce domaine le droit d'auteur présente de nombreuses dérives qu'il convient de critiquer. Sous prétexte qu'on ne doit tenir compte ni de la destination des œuvres pour apprécier leur originalité, la quasi-totalité des tribunaux admettent aujourd'hui le principe selon lequel même un apport créatif minime est susceptible d'être considéré comme suffisant pour bénéficier de la protection du droit d'auteur.

Ont ainsi été considérés comme des apports créatifs suffisants pour justifier de droits exclusifs le fait de mettre sur pull-over une vingtaine de boutons au lieu de la demi-douzaine employés habituellement[5], le fait de

---

[3] KDHIR M., Le principe de la liberté du commerce et de l'industrie: mythe ou réalité?, *D.* 1994 Chr. 30.

[4] Dans ce sens CA Paris 4e ch. 18 juin 1999, Groupe Moniteur c/ Observatoire des Marchés Publics, *Com. Com. Elect.* 1999 n.° 2 p. 15 note Ch. Caron.

[5] Dans ce sens à propos du cardigan AGNÈS B. CA Paris 4e ch. 22 oct. 1992, Sama c/ CMC, RDPI n.° 49 p. 71.

donner aux poches d'une chemise quelques centimètres de plus, etc... Dans cet ordre d'idée on peut citer un jugement rendu le 23 février 2000 par le TGI de Paris, qui a considéré qu'une adaptation en miniature de la Tour Eiffel bénéficiait de la protection du droit d'auteur alors que le modèle original est dans le domaine public depuis plusieurs décades[6]!

Ces dérives protent non seulement atteinte à la liberté du commerce et de l'industrie dans le domaine de la mode, mais elles sont la négation même de leur fondement, à savoir encourager le progrès social.

Une fois accordés, les droits exclusifs doivent en toutes circonstances être interprétés restrictivement.

Ainsi, le monopole conféré par un brevet doit en principe être strictement limité à ses revendications, alors que le monopole accordé à l'auteur doit, sauf cas exceptionnels, être limité à la reproduction de sonœuvre. Dans les ces deux domaines, les idées sont, en principe, de *«libre parcours»*. On peut donc étudier un brevet ou un livre afin d'en tirer des informations ou des enseignements, et mettre en œuvre ceux-ci sans être pour autant un contrefacteur.

En matière de propriété industrielle, ou le problème de la concurrence se pose d'une manière acerue, les droits exclusifs sont de surcroît précaires. Le breveté doit maintenir son brevet en vigueur en payant des annuités. S'il ne l'exploite pas, il peut être contraint par voie de justice de donner des licences d'exploitation. Dans le même ordre d'idée, le propriétaire d'une marque qui n'exploite pas celle-ci peut, après une période de cinq ans, être déchu de ses droits.

4. L'interférence de la concurrence déloyale: un danger?

En l'absence de droits exclusifs, les produits et les œuvres peuvent en principe être librement reproduits. Ce principe doit être appliqué avec encore plus de rigueur à la fin des droits exclusifs lorsque l'invention ou la création tombe dans le domaine public[7].

Malheureusement, la jurisprudence de l'Europe continentale a souvent eu des difficultés à admettre ces principes. Pour de nombreux magistrats, reprendre l'invention ou la création d'un tiers même lorsque celle-ci est tombée dans le domaine public, constitue un acte blâmable.

---

[6] *PIBD* 2000, III, 380.
[7] Dans ce sens CA Paris 4e ch. 13 fév. 1984 Ann. 1984, 86.

Le droit de la concurrence déloyale est souvent invoqué avec succès pour préserver un monopole en l'absence de droits exclusifs. Selon la Cour de cassation française *«la concurrence déloyale est un moyen qui peut être invoqué par celui qui ne peut se prévaloir d'un droit privatif»*[8]. Cette célèbre formule est source de bien des dangers car elle réduit notamment à néant la notion de domaine public.

Les raisons de cette dérive tiennent certainement au fait que dans certains pays, et notamment la France, le droit de la concurrence déloyale est une construction prétorienne qui a été l'apanage des tribunaux de commerce. Or, les magistrats consulaires qui sont souvent des hommes d'affaires élus par leurs pairs ont plus tendance à protéger les entreprises installées et connus de leurs jeunes concurrents.

Même si le droit de la concurrence déloyale a pour object de sanctionner *«les actes contraires aux usages loyaux du commerce»*, la loi reste le référentiel qui s'impose à tous.

En d'autres termes, le fait de reproduire ou d'imiter le produit ou le service d'un concurrent n'est pas en principe déloyal dès lors que ces produits ou services ne sont pas protégés par des droits privatifs. Seul peut être blâmable le fait de créer une confusion dans l'esprit du public sur l'origine et encore ce principe doit être pondéré selon les cas d'espèces. Ainsi, dans la mesure où le brevet relatif à la célèbre briquette LEGO est tombé depuis de nombreuses années dans le domaine public, rien n'interdit en principe à ses concurrents de fabriquer et de vendre des briquettes identiques. Mais la notoriété de cette briquette, le fait que les fabricants de ces clones font immanquablement référence à leur compatibilité avec le produit original, est souvent un argument retenu pour faire perdurer des droits exclusifs tombés dans le domaine public[9].

Un arrêt de principe, rendu le 18 Octobre 2001 par la 1re Chambre de la Cour d'appel de Paris a condammé ces dérives en rappelant d'une manière dépourvue d'ambiguïté que:

«Le simple fait de copier la prestation d'autrui ne constitue pas comme tel un acte de concurrence fautif, le principe étant qu'une prestation qui ne fait pas ou ne fait plus l'objet de droits de propriété intellectuelle peut être librement reproduit: une telle reprise procure nécessairement à celui qui la pratique des économies qui ne sauraient, à elles seules, être tenues pour fautives, sauf à vider de toute substance le prin-

---

[8] Cass. Com 6 déc. 1984 *D.* 1987 som. 42 note J-J Burst.

[9] Dans ce sens CA Versailles 26 sept. 1996, *PIBD* 1997, III, 187.

cipe ci-dessus rappelé, lui-même étroitement lié à la règle fondamentale de la liberté de la concurrence» [10].

En matière de marques la Cour de Justice des Communautés Européennes (CJCE) a rappelé à juste titre à plusieurs reprises [11] que la notion de «confusion dans l'esprit du public» devait être appréciée sur le fondement de «critères objectifs». Ce principe s'applique donc à fortiori aux magistrats en matière de concurrence déloyale. En d'autres termes, la simple existence de similitudes ou de ressemblences n'est pas en principe suffisante pour être de nature à créer une confusion dans l'esprit du public, il convient de tenir compte de tous les facteurs propes à chaque espèce (type de produits ou services, réseau de distribution, qualité de la clientèle, etc.). Si ces principes sont fidèlement appliqués, le champ de la concurrence déloyale risque de se réduire comme une peau de chagrin.

Dans les pays anglo-saxons, et plus particulièrement aux Etats-Unis, où le principe de la liberté du commerce et de l'industrie est un principe fondamental, le concept de concurrence déloyale est inconnu, même si la jurisprudence en reconnaît certaines applications concrètes comme le fait de créer une confusion dans l'esprit du public sur l'origine des produits ou services *(«passing off»).*

En conclusion

Après ce tour d'horizon un premier constat s'impose. On a trop tendance à sublimer les inventeurs et surtout les auteurs, et à considérer leurs droits exclusifs comme naturels, sans tenir compte de leur véritable contribution au progrès social.

La défense de la concurrence est à l'évidence l'objectif à préserver. Cet objectif ne peut être atteint que si les droits exclusifs sont interprétés restrictivement et si le droit de la concurrence déloyale n'est pas utilisé à titre supplétif pour faire perdurer ces droits. C'est en ce sens que le droit de la concurrence déloyale peut être assimilé à l'amant ou à la maîtresse, le personnage du théâtre de boulevard qui par sa présence tente de perturber ce couple complémentaire que constitue à l'évidence la liberté du commerce et de l'industrie et les droits exclusifs.

---

[10] CA Paris 1re ch. 18 Oct. 2000, D. 2001 J 850, note J. Passa.
[11] 11 nov. 1997, Sabel/Puma *PIBD* 1998, III, 247; 22 juin 1999, Lloyds/Loint's, *RDPI* n.° 102 p. 41.

O DIREITO PENAL E A TUTELA DOS DIREITOS DA PROPRIEDADE INDUSTRIAL E DA CONCORRÊNCIA

(ALGUMAS OBSERVAÇÕES A PARTIR DA CONCORRÊNCIA DESLEAL) *

por José de Faria Costa

1. Gostaríamos, em primeiro lugar, de enunciar alguns pressupostos que permitam compreender o horizonte jurídico-cultural onde se insere a nossa ideia de direito penal e, por consequência, onde se tem de perceber o seu fundamento mas, sobretudo, a sua função. Assim, neste quadro de arrumação teleológica e de clarificação de sentidos, urge que se diga que defendemos um direito penal cuja matriz essencial passa, necessaria-mente, por um forte segmento de *intervenção mínima*. Quer isto signifi-car que o chamamento do direito penal para tutelar bens, valores ou inte-resses que manifestamente não têm dignidade é atitude de rejeitar *in limine*, porquanto não há a sustentá-la qualquer fundamento doutrinal ou mesmo político-criminal. O desenho de um direito penal que se restrinja ao núcleo essencial dos valores que permitem a vida em comunidade é a única forma de perceber este específico direito estadual sancionatório,

---

* O presente texto que, ora, se publica constitui um apanhado, por certo que siste-mático e coerente e agora mais trabalhado, de um simples e despretensioso conjunto de ideias que nos serviu de base a uma exposição oral que, sobre tal matéria, levamos a cabo, na Faculdade de Direito de Lisboa (Clássica), no âmbito do Curso de Direito Industrial, promovido pela Associação Portuguesa de Direito Intelectual. Apresenta-se, por isso, como coisa modesta, pretende manter o tom coloquial da oralidade – afastando-se, por isso, qualquer veleidade de rodapé – e tem uma finalidade, também ela, comezinha. Visa trazer, o que então se disse, ao universo do público interessado e permitir, por sobre tudo, uma eventual crítica. Crítica que, é evidente, o texto escrito, de forma acentuada, mais efi-cazmente possibilita.

desde o momento em que o concebamos assente em uma matriz marcadamente liberal. Não naquela que quer fazer tábua rasa das dimensões ético-sociais do humano conviver e que, por consequência, tudo quer relativizar, mas, frisemo-lo sem rodeios, naqueloutra que, sem desdenhar essa particular dimensão do viver comunitário reafirma, com intransigência, o não iliberalismo político-ideológico.

2. O que tudo implica que vejamos a presente problemática através de uma rede ou filtro particularmente apertados ou estreitos. Julgamos que utilizar o direito penal para fins que manifestamente lhe não cabem é coisa que, em definitivo, devemos qualificar como má e, em muitas circunstâncias, até como perversa. Utilizando uma linguagem de entono coloquial – mas nem por isso menos rigorosa – poder-se-á afirmar que sempre que se chama o direito penal para tutelar bens jurídicos que mais bem tutelados estariam se o fossem por outros ramos do direito outra coisa se não está a fazer do que vestir o traje, às vezes até um pouco ridículo, da autoridade que só pode resolver a conflitualidade através de uma certa ideia de repressão. De uma autoridade que não percebe que a sua verdadeira força, intencionalidade e real valor simbólico está, precisamente, em tolher de si a vertigem de tudo querer criminalizar. Em não querer deixar espaço para que as outras áreas normativas respirem e se desenvolvam em perfeita normalidade. Esta obsessão, que parece não ter fim e para a qual se não encontrou ainda terapia, constitui, de maneira agravada, uma das características essenciais destes tempos que, à míngua de melhor expressão, se chamam elipticamente pós-modernos. Mas não se pense que se está perante um fenómeno de índole passageira ou de menor importância. Não. Bem ao contrário. Se desde sempre – ou, se quisermos ser mais rigorosos, desde a consagração da total identificação entre produção legislativa e *raison d'État* – o legislador teve dificuldade em frenar os seus impulsos legiferantes, sobretudo em matéria incriminadora, o que se nota, hoje, é a total desinibição para *à tort et à travers* empregar o direito penal. Com uma intenção ingénua e demasiado simplista. Com a finalidade de assim bloquear as situações de conflito e de, simultaneamente, estancar a criminalidade. Já era tempo, mais que tempo, para se saber que não é pela implantação de um direito penal mais acutilante e invasivo ou mesmo mais punitivo que se faz diminuir a criminalidade. As coordenadas de limitação da criminalidade, não obstante passarem também pelo direito penal, percorrem caminhos que estão muito longe da determinação jurídica – ou pior, do juridicismo – que o legislador carrega inexoravelmente para o direito penal.

O *Direito Penal e a Tutela dos Direitos da Prop. Indust. e da Concor.* 35

Mas porque se insiste em utilizar – e emprega-se aqui utilizar com o propósito de reforçar a ideia de nos movermos, quando assim se age, dentro de parâmetros manifestamente instrumentais – o direito penal para finalidades que lhe não cabem, é evidente, então, que este assume, exclusivamente ou quase exclusivamente, uma função simbólica. Ora, uma tal assunção implica duas consequências. Por um lado, a eficácia real da aplicação concreta da norma (incriminadora) é nula ou manifestamente irrelevante. Por outro, uma tal situação permite, de forma clara e indesmentível, o perverso aproveitamento do direito penal. Um aproveitamento em que este serve de meio para levar a cabo autênticas incursões de "justicialismo" com os inevitáveis "bodes expiatórios".

Bom é de ver que servem as considerações anteriores para, através desse quadro crítico, se melhor compreender a problemática que, nesta circunstância, se convoca. E servem também, digamo-lo, sem qualquer prurido argumentativo, para, desde já, reforçar a ideia do forte cepticismo com que vemos o presente quadro incriminador. Temos as mais fundadas dúvidas de que, ao fazer incidir o direito penal sobre os temas ou as questões da propriedade industrial e da concorrência, não caiam, para mais com fragor, sobre um tal modo de ver e valorar as coisas, as críticas que em momentos anteriores teceremos. Sobretudo se tivermos em atenção, como tentaremos mostrar, não só a multiplicidade de normas incriminadoras – não se compreendendo, assim, quais os bens jurídicos que estão em jogo – mas também a inexplicável tendência de tudo punir – os mais variados comportamentos penalmente proibidos – com igual moldura penal.

3. Desenhado o quadro – em total limpidez – onde nos vamos mover, urge que, de imediato, passemos à análise das normas incriminadoras que nos preocupam.

O chamado Código da Propriedade Industrial foi aprovado pelo DL n.° 16/95, de 24 de Janeiro, e contempla, no Título III, as infracções contra a propriedade industrial que se dividem em ilícitos criminais e em ilícitos contra-ordenacionais.

Poder-se-á afirmar, de forma breve, que o núcleo duro dos crimes – e só destes, ainda que de maneira perfunctória, nos vamos ocupar, deixando de lado todas as infracções contra-ordenacionais – se circunscreve às seguintes infracções: *concorrência desleal* (art. 260.°); *violação do exclusivo da invenção* (art. 261.°); *violação dos direitos exclusivos relativos a modelos e desenhos* (art. 263.°). Acrescente-se que todos estes crimes estão cobertos por uma moldura penal abstracta de pena de prisão até 3 anos ou com pena de multa até 360 dias. Como se sabe não ficam por aqui os comportamentos criminalmente punidos. Assim, e em termos gradativos, verificámos que é punida com pena de prisão até 2 anos ou com pena de multa até 240 dias a *contrafacção, imitação e uso ilegal da marca* (art. 264.º, n.º 1), enquanto são puníveis com pena de prisão até 1 ano e com pena de multa até 120 dias os seguintes comportamentos: *patente obtida de má fé* (art. 262.º, n.º 1 e n.º 3); *invocação ou uso ilegal de recompensa* (art. 267.º); *violação de direitos de nome e de insígnia* (art. 268.º).

3.1. Estamos, agora, habilitados a perguntarmo-nos pelas linhas de força dogmáticas que perpassam as normas incriminadoras que se acabam de enunciar. Olhemos, por conseguinte, para aquela que, indubitavelmente, assume uma maior ressonância, quer político-criminal, quer mesmo doutrinal: a concorrência desleal. Todavia, antes de, verdadeiramente, entrarmos no estudo hermenêutico, jurídico-penalmente empenhado, da norma que a norma-texto do art. 260.º cristaliza, permita-se-nos ainda tecer algumas considerações sobre o sentido da fragmentaridade em direito penal.

Como se sabe, o direito penal tem uma natureza fragmentária. Mas esta fragmentaridade, tal como a vimos entendendo desde há longos anos, desdobra-se em fragmentaridade de 1.º grau e em fragmentaridade de 2.º grau. Isto é: na fragmentaridade de 1.º grau o legislador escolhe o bem jurídico que quer proteger, passando, a partir de tal decisão, esse preciso bem a ter dignidade penal e sendo, por isso mesmo, um bem jurídico-penal, enquanto na fragmentaridade de 2.º grau nos confrontamos com o *modus aedificandi criminis*. Com a escolha da maneira tecnicamente legítima (v. g., *crime de resultado, de realização livre ou de realização vinculada; crime de perigo concreto; crime formal; crime de perigo abstracto, crime de intenção [Absichtsdelikt]* etc. etc.) de prosseguir a defesa do bem jurídico que se quer proteger. Porque uma coisa é proteger um determinado bem jurídico-penal por meio de um crime de resultado de realização livre e outra bem diversa será tutelá-lo através de um crime de perigo concreto. O que implica que fique sublinhado a traço grosso que a fragmentaridade de 2.º grau não é – como o não é, aliás, qualquer escolha – um fenómeno que se possa esconder debaixo do manto cinzento da chamada neutralidade. De modo acintosamente sintético: a fragmentaridade de 2.º grau é tudo menos um fenómeno neutral; ela baseia-se em estruturantes opções legislativas.

3.2. Levado a cabo o pequeníssimo – mas indispensável – excurso que se teceu em momento imediatamente anterior, passemos, então, primeiro, à rigorosa percepção do bem jurídico que ilumina o tipo legal de crime da concorrência desleal (fragmentaridade de 1.º grau) e, depois, à não menos espinhosa tarefa de enquadrar dogmaticamente a construção que o legislador empregou para tutelar o bem jurídico-penal em apreço (fragmentaridade de 2.º grau).

Assim, seguindo o pequeno guião que se deixou atrás desenhado, dever-se-á afirmar, em uma primeira análise, que o bem jurídico que se quer aqui proteger se prende com a ideia de mercado, do mercado enquanto valor em si mesmo e, sobretudo, com aquilo que é inerente à própria noção de mercado: a livre concorrência. Ora, é aqui que nos temos de demorar um pouco mais a estudar esta categoria. E a estudá-la através dos instrumentos de interpretação jurídico-penais, porquanto compete ao intérprete que trabalha com as coisas do direito penal empregar os utensílios teóricos que sejam património do próprio direito penal. Se se pode partir de uma ideia mercantilista ou mesmo economicista de livre concorrência – e essa atitude metódica é até, em certa medida, aconselhável – é, então, indubitável que o penalista tem inteira liberdade para "naturalizar" uma tal categoria. Vale por dizer: é metodicamente consequente e teleologicamente apropriado fazer com que conceitos já trabalhados em outras áreas normativas do direito sejam reinterpretados e reconformados – nesse sentido "naturalizados" – segundo os padrões normativos e intencionais pertencentes ao reino do direito penal. Daí que a livre concorrência deva ser vista não como um mero fenómeno de tonalidade económica ou mercantil mas antes como um manifesto valor pressuponente do bom funcionamento do mercado. Mais. E essa livre concorrência só pode ser percebida em toda a sua profundidade ou dimensão se se partir do pressuposto de que a liberdade do agir em concorrência se faz segundo as regras do jogo. Ou seja: a aceitação da liberdade da concorrência, em termos de mercado, implica que todos os que concorrem, que todos os que competem, o fazem dentro das regras que o próprio mercado em atitude auto-reflexiva definiu ou define. Nesta óptica o chamado mercado é, sem sombra de dúvida, um dos exemplos mais conseguidos de elemento autopoiético. De um elemento que é sistema que se autodefine promovendo, dentro do seu próprio seio, as regras, os princípios e as metódicas, não só para a sua específica manutenção, mas também inexoravelmente para o seu desenvolvimento enquanto variável necessária à sua preservação ou manutenção. E para a manutenção ou preservação do mercado é absolutamente essencial que a concorrência, entre os vários agentes, se faça de maneira a preservar a liberdade de cada um. O que implica, vendo agora as coisas de um outro ângulo, que também cada um desses agentes respeite ou preserve os princípios e as regras que o mercado à partida definira como úteis à sua persecução, enquanto sistema que se quer manter.

Assim, nesta óptica, o mercado tem de funcionar através de uma complexa ou simples – não nos compete a nós neste contexto valorar – teia de regras que permitam ao mais descuidado dos observadores poder dizer que há, entre os agentes que actuam dentro do mercado e por causa do mercado, uma total igualdade de tratamento. Que todos eles agem e interagem cumprindo as regras da chamada "convivência mercantil". Que entre eles se processa uma manifesta limpidez de processos. Que o comportamento de qualquer um desses agentes poderia ser tido como modelo para o comportamento dos restantes. Todos competem livremente. Mas precisamente porque se compete livremente – no preciso sentido que se deve atribuir à mecânica funcional de um tal agir – é evidente que não podem estar coarctadas a inventiva, o engenho e a criatividade que também no mercado se não podem deixar de considerar. De maneira propositadamente simples: a actividade concorrencial, o agir em concorrência é também e sempre um agir que não pode deixar de ter margens de criatividade e de engenho. Ou, agora de maneira negativa: não é pelo facto de se actuar em mercado e dentro dos mais estritos limites de uma leal concorrência que ficam coarctadas as capacidades do engenho e da arte de mercar. Quem assim pensasse estaria a destruir não só a própria ideia de *lealdade mercantil* como determinaria, do mesmo passo, a destruição daquilo que mais fundo caracteriza o mercado: a liberdade. Aliás, forma de ver e de valorar as coisas que pode encontrar arrimo na Lei Fundamental. Com efeito, se se fizer uma leitura cruzada dos arts. 61.° e 62.°, 82.° a 86.° e al. *f)* do art. 288.° da Constituição dúvidas não subsistem quanto à dignidade constitucional da afirmação do mercado e da sua consequente e implícita ideia de liberdade enquanto bem jurídico merecedor de tutela. Tutela, diga-se desde já, que não tem de ser necessariamente penal, pois, como se sabe, não há, salvo raríssimas excepções, imposições constitucionais de criminalização nem, por outro lado, a densidade axiológica resultante do valor que o mercado representa impõe, sem mais, que se devam criminalizar as condutas ofensivas do seu normal funcionamento.

O que tudo nos atira, em definitivo e em uma compreensão estritamente dogmática, para considerar que o *bem jurídico-penal* que sustenta a norma, que a norma-texto do art. 260.° cristaliza, outro não pode ser senão o da *lealdade mercantil*. É evidente que também se poderia dizer que o bem jurídico protegido mais não será do que o regular funcionamento do mercado ou, se se quiser ser maximalista, através de um aparente minimalismo, chegaremos sem dificuldade a afirmar que a defesa de tudo isto reside única e exclusivamente na própria ideia de mercado. Todavia, ninguém desconhece que ao chegar-se a um tal ponto de evanescência o bem jurídico deixa de ser um conceito operatório para se transformar, de modo rápido e inarrestável, no mais obscuro dos conceitos ou categorias vorazes. Isto é: transforma-se em um daqueles conceitos que tudo diz ou abarca porque, justamente, nada contém nem afirma. Daí a urgência de ir um pouco mais fundo e mais longe. Daí a necessidade de encontrar o mínimo de coesão, de consistência e de concretude. Tudo características ou qualidades que a lealdade concorrencial ou mercantil é capaz de transmitir. Ou seja: em nosso modo de ver, as disciplinas do espírito, tal como as chamadas ciências exactas, avançam sempre que se é capaz de dominar os conceitos, não pela sua extensão mas, por sobre tudo, quando se o faz – utilizando o ainda fortemente operatório *instrumentarium* da lógica aristotélica – por meio da sua intensão ou compreensão.

Saber se esse mesmo bem jurídico merece ou não tutela penal é todo um outro problema. É um problema de política criminal. Por isso, é, não só perfeitamente possível, como até curial, sustentar que as práticas de deslealdade concorrencial não devem ser punidas através do direito penal mas antes por meio do direito de mera ordenação social. Tal resulta de uma pura e simples opção de política legislativa. Por outras palavras ainda: o bem jurídico *lealdade mercantil ou concorrencial* não é, em nosso juízo, um daqueles bens jurídicos cuja densidade axiológica só por si imponha sem mais a sua tutela penal, como acontece com a vida, a integridade física, a honra e mesmo com certas manifestações do património enquanto este se puder ver ainda como um bem pessoal; logo ainda e sempre individual e não supra-individual. Bem ao contrário. Parece-nos ser este um caso – e não só este mas praticamente toda a zona normativa do chamado direito penal industrial e concorrencial – em que o desvio para o domínio do reino do direito penal é que tem de ser justificado, porquanto, como é fácil perceber, a realidade axiológica que se quer proteger, o pedaço da vida que importa tutelar, impõe-se-nos como bem jurídico supra-individual. Dir-se-ia que a atitude normal de tutela – perante o quadro que se acaba de traçar – se poderia encontrar nos outros ramos do direito manifestamente menos invasivos e limitadores de direitos fundamentais. No entanto, tudo isto implica, para já e de modo claro e inequívoco, que enquanto vigorar a presente lei, com o seu correspondente art. 260.º, a única coisa que nos compete é valorar o sentido dessa precisa norma e tentar perceber se ela viola ou não o princípio da ofensividade que mais não é, vistas as coisas agora de um outro ângulo, do que a expressão dogmática da validação da existência de um bem jurídico-penal a sustentar a norma incriminadora.

3.3. Tendo em vista cumprir as estritas finalidades de análise que nos propusemos urge, agora, passar a um outro momento do nosso estudo. Importa perceber qual a técnica, qual o *modus aedificandi criminis*, que o legislador empregou para proteger o bem jurídico que já circunscrevemos em momentos antecedentes.

Olhemos, em primeiro lugar, para o núcleo da norma-texto: «quem, com intenção de causar prejuízo a outrem ou de alcançar para si ou para terceiro um benefício ilegítimo, praticar qualquer acto de concorrência contrário às normas e usos honestos de qualquer ramo de actividade, nomeadamente: *a)*...».

A reflexão que, de imediato, assalta o espírito, mesmo ao mais desatento dos intérpretes, é a de que se está perante uma figura incriminadora complexa mas que apresenta linhas ou segmentos de diferenciação dogmática perfeitamente identificáveis. Para um trabalho mais consequente e articulado tentemos, desde já, enumerar esse mesmos segmentos ou linhas de diferenciação.

Assim, *a)* pode ver-se, claramente, que há uma componente que assenta no pressuposto de, ao nível do tipo, se exigir uma determinada intenção – *in casu*, intenção de causar prejuízo a outrem ou intenção de alcançar um benefício ilegítimo para si ou para terceiro – o que implica ter de se considerar, de particular relevo, o elemento intencional do tipo de ilícito.

No entanto, *b)* em uma outra lógica, podemos afirmar que o que é relevante é a prática de um qualquer acto de concorrência contrário às normas e usos honestos. Sem dúvida, mas esta percepção ainda nada nos diz dogmaticamente. Isto é: uma tal formulação atira-nos para um crime formal ou para um crime de resultado? Eis um outro problema de capital importância para a compreensão da arquitectura normativa da figura criminal em apreço.

Mas não ficam por aqui as nossas perplexidades. Com efeito, ainda temos que nos debater *c)* com uma outra linha de construção dogmática: aquela que resulta do facto de o legislador se ter sustentado na chamada técnica dos exemplos-padrão [*Regelbeispieltechnik*]. Vale por dizer: o legislador apresenta como comportamento ilícito uma cláusula geral – acto de concorrência contrário às normas e usos honestos – e, depois, através de uma enunciação exemplificativa, enumera um conjunto de comportamentos que mais não são, em seu juízo, do que exemplificação do conteúdo normativo que a cláusula geral em si mesma já comportaria. Forma, aliás, de construir um tipo legal de crime que pelo seu alto grau de elaboração técnica e de dificuldade interpretativa não deixa de suscitar, mesmo quando estão em jogo bens de natureza pessoalíssima – como é o caso do bem jurídico vida no momento em que é protegido através do homicídio qualificado (art. 132.º do CP) –, fortes dúvidas quanto à bondade da satisfação de todos os princípios que devem enformar a norma incriminadora, mormente no que toca ao cumprimento rigoroso do *princípio da tipicidade.*

Eis, por conseguinte, em termos assumidamente sintéticos, os três grandes traços característicos da actual construção do tipo legal de crime de concorrência desleal. É tempo de aprofundarmos um pouco mais as considerações que bordejámos relativamente a cada uma das características anteriores.

3.3.1. Nesta óptica poderemos começar por observar – e já estamos a analisar o primeiro ponto – que a construção de um tipo legal assente na tipificação de uma específica intenção nada tem de especial e é até coerente se tivermos como referentes as normas incriminadoras de diversos crimes contra o património consagrados no nosso Código Penal e em muita da legislação anti-económica. O legislador, ao fabricar um crime com este elemento, sabe que está manifestamente a estreitar as margens da punibilidade e que é essa a sua precisa finalidade legiferante, porquanto, se tal elemento não existisse, o alargamento da punibilidade seria intolerável, nomeadamente porque se está no âmbito de protecção de bens que têm uma raiz indesmentivelmente material. No entanto, aqui o legislador define, como se viu, dois tipos de intenção: ou a intenção de causar prejuízo a outrem, ou a intenção de alcançar para si ou para terceiro um benefício ilegítimo. Ora, ao consagrar esta solução teve-se em vista, é evidente, o propósito de cobrir, por meio de uma proposição disjuntiva de largo espectro, todas as possíveis intenções com relevo económico. Opção legislativa que, em nosso modo de valorar, é perfeitamente curial e que não pode ser olhada como violadora de qualquer princípio ou regra.

3.3.2. Passemos, de seguida, para o traço caracterizador seguinte. Vimos que para se praticar o crime de concorrência desleal mister é que se leve a cabo qualquer acto de concorrência contrário às normas e usos honestos de qualquer ramo de actividade. Isto é: temos para nós que se está perante um crime de resultado. E fazemos uma tal qualificação baseados em dois momentos precisos. Praticar um acto é, bem vistas as coisas, a expressão linguística de produzir um resultado. De praticar um resultado desvalioso. Para além disso, na lógica de construção que já vimos ter como pilar uma específica intenção, a necessidade de um resultado desvalioso é elemento essencial a que acresce, vendo as coisas agora a partir do outro pilar – daquele que ainda se não aprofundou mas que se equaciona como manifestação da técnica dos exemplos-padrão –, a que acresce, dizíamos, a fluidez e a complexidade da técnica dos exemplos-padrão que exige a concretude e a solidez da verificação de um resultado desvalioso. Assim, e em definitivo, tal como por exemplo, no furto, temos uma específica intenção de ilegítima apropriação, para si ou para terceiro, de coisa móvel alheia que se concretiza no acto de subtracção daquela precisa coisa móvel alheia, também aqui há – isto é, no corpo do art. 260.° –, indesmentivelmente uma determinada e bem precisa intenção que se consolida na prática de actos de concorrência contrários às normas e usos honestos de qualquer ramo de actividade.

3.3.3. A partir daqui estamos então habilitados a melhor perceber – e ao dizermos melhor perceber está-se, implicitamente, por meio de uma linguagem metafórica, a querer significar que se espera compreender a presente fenomenalidade normativa em toda a sua amplitude – o sentido do emprego da técnica dos exemplos-padrão no específico campo da concorrência desleal.

Todos sabemos que a forma de construir um tipo legal de crime por meio da técnica dos exemplos-padrão ganhou uma ressonância acrescida quando ela se concretizou na criação da actual norma incriminadora do chamado homicídio qualificado (art. 132.° do CP). E percebem-se perfeitamente as razões. Por meio desta forma de definir os comportamentos proibidos – os comportamentos proibidos causadores da morte de outrem e que devem ser punidos de maneira manifestamente mais grave porque objectivamente mais censuráveis – o legislador introduz uma cláusula geral e, de seguida, enuncia ou enumera exemplificativamente um conjunto alargado de circunstâncias que, em sua opinião, são indiciadoras, em compreensão, de pertencerem à cláusula geral anteriormente enunciada. Esta, pois, a mecânica que se detecta no jogo de interpretação e aplicação do caso concreto à norma que o homicídio qualificado representa. Há, como se não desconhece, casos em que se verifica formalmente o efeito indício mas depois não se concretiza o preenchimento do conteúdo previsto na cláusula geral, mas, agora de jeito inverso, situações há também em que não tem lugar sequer o formal efeito indício mas em que o crivo da cláusula geral, sustentado na analogia material de um específico exemplo, pode mostrar à saciedade que aquele comportamento cabe, por inteiro, enquanto clara exemplificação, dentro do âmbito que a cláusula geral representa. Fácil é de ver, por consequência, que se está em frente de um jogo extraordinariamente frágil e cuja intencionalidade é a de dar uma latíssima plasticidade interpretativa – e neste sentido incriminadora – aos comportamentos que se devem julgar como condutas capazes de caber no *Tatbestand* do homicídio qualificado. Digamo-lo de forma clara: existe um grau de indeterminação e até de imprecisão na definição do tipo legal. Tais indeterminação e imprecisão não ofendem, em nosso opinião e tendo em conta uma razoável atitude de não desconformidade com o texto constitucional, um correcto e bem compreendido princípio da tipicidade criminal. Porém, só somos sensíveis à conjunção interpretativa que se acabou de elaborar se se tiver como pano de fundo ou como horizonte crítico uma realidade que seja perpassada pela força de um bem jurídico de matriz claramente pessoalíssima. Ou seja: os eventuais desvios à determinação rigidíssima do princípio da tipicidade – que deve ser aquela, aliás, a nortear a correcta percepção do que seja o princípio da tipicidade –, para não inquinarem toda a construção da norma incriminadora, têm que ser compensados pela densidade axiológica de se querer proteger um bem jurídico com uma natureza de carácter manifestamente pessoal. De se querer proteger um bem jurídico pessoalíssimo. De se querer proteger, por exemplo, a vida ou a integridade física. Ora, esta forma de perceber as coisas torna manifesto ou exterioriza as dúvidas que nos assaltam quando nos defrontamos com uma construção incriminadora que visa proteger um bem jurídico que, queiramo-lo ou não, tem uma dimensão manifestamente patrimonial e que se posiciona, sem dificuldade, no campo muito mais fluido e difuso dos bens supra-individuais. Acresce que uma tónica essencial na construção dos crimes patrimoniais é a de sublinhar a vinculação para a produção do resultado proibido (*crimes de realização vinculada*). Tenha-se presente, ainda e só como ilustração, o que se passa com o crime de burla.

4. Assim, por tudo o que se acaba de ponderar, parece-nos que o crime de concorrência desleal (art. 260.°) se apresenta com uma claudicante legitimidade constitucional se olhado pelo critério do princípio da tipicidade.

Como se percebe de imediato, somos particularmente cautos no juízo que fazemos, porquanto pensamos que a delicadeza de uma tal matéria pode pressupor estudos mais aprofundados que, aqui e agora e tendo em vista a específica finalidade deste despretensioso estudo, se mostrariam descabidos ou deslocados. Porém, não nos sofre o ânimo em poder afirmar que é nossa firme convicção – e portanto vale o que vale enquanto dado do convencimento e não manifestação da pura racionalidade – que a matéria da propriedade industrial vai sofrer nos próximos tempos, como aliás já está a acontecer, transformações tais que muito daquilo que hoje se diz ou afirma pode já não valer amanhã. Mas não um amanhã metafórico. Antes um simples linear e corriqueiro amanhã correspondente ao dia cronologicamente posterior a hoje.

Na verdade – fugindo mesmo aos estereótipos da compreensão que se tem do tempo presente, repetidos até à exaustão –, não podemos, de modo algum, deixar de considerar a importância que os fenómenos da globalização e de uma mais do que possível vida comercial em rede vão trazer à tutela de determinados bens jurídicos. Ora, anda associada a este modo de realização do mundo e das coisas uma forma de perceber a vida que se não compagina – que se não compagina mesmo nada – com a força estática e pouco ágil ou menos leve que é e será sempre uma irrenunciável dimensão do direito e muito particularmente do direito penal. Pelo menos do tal direito penal que, ao início, tentamos mais compreender e defender do que definir. De um direito penal de matriz liberal e não de um direito penal de fundo ou transfundo securitário. De um direito penal que privilegie, sem limites, as coordenadas da eficácia e da segurança. E se se pensa que este tipo de direito penal está sobretudo virado para os problemas que afectam os bens pessoalíssimos da vida e da integridade física não se está a perceber a insinuação do fenómeno securitário. Com efeito, é ou pode ser através, precisamente, de bens jurídicos patrimoniais, enquanto maneira mais distanciada de tocar os crimes contra o ser (v. g., vida, integridade física, privacidade, honra, autodeterminação sexual positiva ou negativa), que bem se pode começar a ensaiar uma tal forma de perceber e de construir esse outro direito penal de tendência securitária. E, assim, tais crimes de natureza securitária, uma vez incrustados no nicho dos crimes contra o património ou contra a propriedade industrial ou contra a livre concorrência ou em uma outra qualquer zona normativa, deslizarem, por efeito de arrastamento, por efeito de unidade ou de coerência interna do sistema, para os crimes de tonalidade pessoalíssima.

Em definitivo e para terminar, porque longa já vai a prelecção, o direito penal é um instrumento poderosíssimo mas, em simultâneo, de enorme fragilidade. De uma fragilidade perversa, na medida em que, quando é chamado a desempenhar funções que lhe não competem, entra em disfunção metastática e tem tendência, então, para tudo corroer à sua volta. Compete a nós – e com este nós queremos sobretudo chamar a terreiro de forma responsabilizante o legislador – ter a sageza de só empregar o direito penal naquilo ou para aquilo que constitui a sua razão de ser: de o utilizar, única e exclusivamente, na resolução da conflitualidade social que tenha por fundo bens jurídicos de manifesto relevo ético-social.

DESENHOS E MODELOS: EVOLUÇÃO LEGISLATIVA

por CARLOS OLAVO

1. Introdução. 2. Os Desenhos e Modelos nas Convenções Internacionais. A) A Convenção da União de Paris. B) O Acordo TRIPS. C) Os Acordos da Haia. 3. A Evolução Legislativa Portuguesa sobre Desenhos e Modelos: A) A Lei de 24 de Maio de 1896; B) O Código da Propriedade Industrial de 1940. 4. O actual Código da Propriedade Industrial: A) O Objecto da Protecção; B) A Titularidade do Direito ao Modelo ou ao Desenho; C) Processo de Registo dos Modelos e Desenhos; D) Conteúdo do Direito ao Modelo ou ao Desenho. 5. A Directiva n.º 98/71/CE, do Parlamento Europeu e do Conselho. 6. O Regulamento (CE) n.º 6/2002 relativo a Desenhos e Modelos Comunitários. 7. As Relações entre a Protecção dos Desenhos e Modelos e a Protecção da Marca de Forma. 8. As Relações entre a Protecção dos Desenhos e Modelos e a Protecção do "Trade Dress". 9. As Relações entre a Protecção dos Desenhos e Modelos e o Direito de Autor. 10. Conclusões sobre a Evolução da Protecção dos Desenhos e Modelos.

1. INTRODUÇÃO

De há muito que se reconhece que o aspecto exterior do produto pode representar um significativo valor acrescentado que confere ao respectivo produtor uma vantagem competitiva.

Os motivos ornamentais que definem ou caracterizam os produtos, quer pelas respectivas qualidades estéticas, quer pela sua originalidade, constituem elementos de atracção de clientela, cuja protecção se impõe numa economia de mercado.

Essa protecção tem-se tornado mais premente à medida que a utilização dos elementos ornamentais se expande dos respectivos mercados originários, tais como o vestuário e o mobiliário, para novos mercados, como é o caso das máquinas e equipamentos.

É no âmbito da protecção dos motivos ornamentais dos objectos que se inserem os desenhos e modelos.

Quer o desenho, quer o modelo são elementos de decoração figurativos.

Distinguem-se, porém, por o desenho ser meramente gráfico e bidimensional, e o modelo ser tridimensional.

Não é, porém, unívoca a terminologia utilizada.

Se, actualmente, a referência costuma ser feita apenas a «desenhos e modelos», a mesma realidade é referida, por vezes, como «desenhos e modelos de fábrica», «desenhos e modelos industriais», «desenhos e modelos ornamentais», ou, em língua inglesa, simplesmente «designs».

A diferença terminológica não esconde, porém, a identidade substancial da realidade em causa.

2. OS DESENHOS E MODELOS NAS CONVENÇÕES INTERNACIONAIS

A) A Convenção da União de Paris

A Convenção da União de Paris para a Protecção da Propriedade Industrial, de 20 de Março de 1883, integrava já, na sua redacção inicial, os desenhos e modelos industriais, no âmbito da protecção da propriedade industrial.

Era, no entanto, omissa, quanto à concretização de semelhante protecção, para além da possibilidade de invocação da prioridade unionista.

Só através da revisão de Estocolmo de 14 de Julho de 1967 foi introduzido o actual artigo 5.°-quinquies, que determina que os desenhos e modelos industriais serão protegidos em todos os países da União, explicitando o artigo 5.° B) que a protecção dos desenhos e modelos industriais não caducará por falta de exploração nem por introdução de objectos semelhantes àqueles que se encontram protegidos.

B) O Acordo TRIPS

O TRIPS refere os desenhos e modelos industriais nos artigos 25.° e 26.°.

Diz o primeiro desses artigos:

"1. Os Membros assegurarão uma protecção dos desenhos ou modelos industriais criados de forma independente que sejam novos ou originais. Os Membros podem estabelecer que os desenhos ou modelos não são novos ou originais se não diferirem significativamente de desenhos ou modelos concebidos ou de combinações de características de desenhos ou modelos conhecidas. Os Membros podem estabelecer que essa protecção não abrangerá os desenhos ou modelos ditados essencialmente por considerações de carácter técnico ou funcional.

2. Cada Membro assegurará que os requisitos para obtenção da protecção de desenhos ou modelos de têxteis, nomeadamente no que se refere a eventuais custos, exames ou publicações, não comprometam indevidamente a possibilidade de requerer e obter essa protecção. Os Membros serão livres de dar cumprimento a esta obrigação através da legislação em matéria de desenhos ou modelos industriais ou através da legislação em matéria de direitos de autor."

E preceitua o artigo 26.°:

"1. O titular de um desenho ou modelo industrial protegido poderá impedir que terceiros, sem o seu consentimento, fabriquem, vendam ou importem artigos a que seja aplicado, ou que incorporem, um desenho ou modelo que seja, na totalidade ou numa parte substancial, uma cópia do desenho ou modelo protegido, quando esses actos sejam realizados com finalidade comercial.

2. Os Membros podem prever excepções limitadas à protecção dos desenhos ou modelos industriais, desde que essas excepções não colidam de modo injustificável com a exploração normal dos desenhos ou modelos industriais protegidos e não prejudiquem de forma injustificável os legítimos interesses do titular do desenho ou modelo protegido, tendo em conta os legítimos interesses de terceiros.

3. A duração da protecção oferecida será de pelo menos 10 anos."

C) Os Acordos da Haia

Pelo Acordo da Haia de 1925, foi criado um registo internacional de desenhos e modelos, que permite a respectiva protecção em todos os países signatários desse Acordo através de um único depósito junto da Secretaria Internacional de Genebra[1].

---

[1] Cfr. Pierre Greffe et François Greffe, Traité des Dessins et des Modèles, 6.ª ed., 2000, págs. 596 e segs..

O registo internacional simplifica as inerentes formalidades, substituindo os vários pedidos de registos nacionais por um único pedido, mas não altera as condições de protecção atribuídas em cada país signatário pela respectiva lei nacional, excepto quanto às regras comuns estabelecidas no próprio Acordo.

O Acordo da Haia de 1925 foi objecto de revisão pelo Acto de Londres de 2 de Junho de 1934, tendo sofrido posteriormente várias revisões, que deram origem ao Novo Acordo da Haia assinado em 28 de Novembro de 1960, já modificado pelo Protocolo de Genebra de 29 de Agosto de 1975.

Os Acordos da Haia abrangem 3 grupos de Estados, uma vez que há Estados vinculados ao Acto de Londres de 1934 e ao Acto da Haia de 1960, outros vinculados apenas ao primeiro, mas não ao segundo, e outros vinculados ao Acto da Haia de 1960, mas não ao Acto Londres de 1934.

Portugal, no entanto, não é parte em qualquer das versões dos Acordos em causa.

3. A EVOLUÇÃO LEGISLATIVA PORTUGUESA SOBRE DESENHOS E MODELOS

A) A Lei de 24 de Maio de 1896

Em Portugal, a Lei de 24 de Maio de 1896 tratava, no respectivo Título VII, do depósito dos desenhos e modelos.

Estabelecia o respectivo artigo 157.°:

"Qualquer fabricante português ou estrangeiro, que tenha domicílio ou estabelecimento em Portugal e suas colónias, ou em algum dos países da União para a protecção da propriedade industrial, pode fazer depositar os seus desenhos ou modelos de fábrica, recebendo um título de depósito que lhes garante a propriedade desse desenho ou modelo, quando satisfaça os preceitos exigidos nesta lei."

Por seu turno, preceituava o artigo 158.°:

"Consideram-se "desenhos de fábrica" os desenhos, figuras, gravuras, estampas, pinturas e quaisquer padrões ou disposições de linhas e cores susceptíveis de se imprimir, pintar, tocar [2], bordar, gravar e cunhar na superfície dos objectos fabricados de uma maneira distinta.

---

[2] Trata-se de erro tipográfico, sendo a palavra correcta "tecer", tal como constava do Decreto ditatorial de 15 de Dezembro de 1894, que a Lei veio substituir apenas com ligeiras diferenças.

§ único. Exceptuam-se as gravuras, pinturas, esmaltes, bordados, fotografias e quaisquer desenhos, quando tenham puramente o carácter artístico, e não devam considerar-se meros acessórios dos produtos industriais".

E acrescentava o artigo 159.º:

"Consideram-se "modelos de fábrica" : moldes, formas, objectos em relevo e as formas que apresentam os produtos industriais, ou que são susceptíveis de se aplicar aos mesmos produtos.

§ único Exceptuam-se as estátuas, obras de talha e esculturas de carácter artístico".

Dizia ainda o artigo 160.º:

"As matrizes tipográficas, obtidas por qualquer processo, são consideradas como desenhos".

De acordo com o artigo 161.º, o mesmo objecto pode ser depositado pelos desenhos que o ornem e pelo modelo que realiza.

A protecção dependia de registo, ou depósito, como então se denominava esse registo, que era concedido após se proceder a exame sumário, e cuja duração era de 5 anos, indefinidamente renovável por iguais períodos (artigo 173.º).

Só se concedia ou reservava o título de depósito aos desenhos e modelos novos, ou aos que, não o sendo inteiramente, realizavam combinações novas de elementos antigos ou conhecidos, ou disposições de elementos já usados, diversas das empregues habitualmente e bastante vulgarizadas, mas que apresentavam um aspecto geralmente distinto (artigo 174.º).

De acordo com o artigo 166.º, a concessão do título de depósito não importava que o desenho ou modelo depositado fosse novo, ou seja, implicava mera presunção de novidade.

B) O Código da Propriedade Industrial de 1940

A Lei de 24 de Maio de 1896 foi substituída pelo Código da Propriedade Industrial aprovado pelo Decreto n.º 30.679, ao abrigo da Lei n.º 1972, de 21 de Junho de 1938.

Esse Código dedicava o Capítulo II do Título II aos modelos de utilidade e modelos e desenhos industriais.

Nos termos do respectivo artigo 37.º, consideram-se modelos de utilidade e são como tais protegidos os modelos de ferramentas, utensílios, vasilhame e demais objectos destinados a uso prático, ou os de qualquer parte dos mesmos, que, por nova forma, disposição, ou novo meca-

50 *III Curso de Direito Industrial*

nismo, aumentem ou melhorem as condições de aproveitamento de tais objectos.

Explicita o § único desse artigo que, nestes modelos, é protegida a forma específica e nova que torna possível o aumento da sua utilidade ou a melhoria do seu aproveitamento.

Os modelos de utilidade protegem, pois, as pequenas invenções destinadas a uso prático, e consistentes numa nova configuração, disposição ou mecanismo.

São criações engenhosas que tornam os objectos corpóreos mais úteis ou aproveitáveis por uma simples modificação na forma ou disposição, sendo este o elemento específico [3].

Os modelos industriais são definidos no artigo 40.°, nos seguintes termos:

"Consideram-se modelos industriais os moldes, formas, padrões, relevos e demais objectos que sirvam de tipo na fabricação de um produto industrial, definindo-lhe a forma, as dimensões, a estrutura ou a ornamentação.

§ único – Nestes modelos é protegida apenas a forma sob o ponto de vista geométrico ou ornamental".

Os modelos de utilidade distinguem-se claramente dos modelos industriais.

Nos primeiros, a forma é essencialmente funcional – visa aumentar a utilidade do objecto ou melhorar o seu aproveitamento.

Nos modelos industriais, a forma é puramente estética, sem influência na função para que foi criada.

A par dos modelos industriais, que constituem a forma do objecto, a lei contempla também os desenhos industriais, que constituem a respectiva decoração.

Diz o artigo 41.°:

"Consideram-se desenhos industriais as figuras, pinturas, fotografias, gravuras ou qualquer combinação de linhas ou cores, aplicadas com fim comercial à ornamentação de um produto, por qualquer processo manual, mecânico ou químico".

O artigo 42.° exceptua, da susceptibilidade de protecção como modelo ou desenho industrial, as obras de escultura, arquitectura e pintura, as gravuras, esmaltes, bordados, fotografias e quaisquer desenhos com caracter puramente artístico, mas não as suas reproduções feitas com fim

---

[3] Cfr. Parecer da Câmara Corporativa sobre a Proposta que deu origem à Lei n.° 1972, Lisboa, 1937, pág. 198.

industrial por quaisquer processos que permitam a sua fácil multiplicação, de modo a perderem a individualidade característica de obras de arte.

A protecção dos modelos e desenhos industriais depende do respectivo registo, denominado "depósito" (artigo 44.°), o qual produz efeitos durante o período de 5 anos a contar da data da sua concessão, indefinidamente renovável (artigo 45.°).

O depósito é efectuado após um processo que inclui, previamente ao correspondente despacho, publicações, estudo e informação, bem como eventual oposição (artigos 59.° a 61.°).

A lei exige, para que goze de semelhante protecção, a novidade absoluta do modelo ou desenho, ou, pelo menos, a sua singularidade.

Determina o artigo 43.°:

"Só gozam de protecção legal os modelos ou desenhos novos e os que, não o sendo inteiramente, realizem combinações novas de elementos conhecidos, ou disposições diferentes de elementos já usados, que dêem aos respectivos objectos aspecto geral distinto".

E, nos termos do artigo 51.°, é novo o desenho ou modelo que, antes do pedido do respectivo depósito, ainda não foi divulgado dentro ou fora do País, de modo a poder ser conhecido e explorado por peritos na especialidade.

Não importam modificação do modelo ou desenho depositado simples alterações de dimensão, cores ou material empregue, como decorre dos artigos 57.° e 58.°.

O modelo e o desenho industrial devem, pois, corresponder a uma criação do seu autor.

4. O ACTUAL CÓDIGO DA PROPRIEDADE INDUSTRIAL

A) O Objecto da Protecção

O Código da Propriedade Industrial de 1940 foi substituído pelo Código aprovado pelo Decreto-Lei n.° 16/95, de 24 de Janeiro[4], para entrar em vigor a 1 de Junho de 1995.

O actual Código da Propriedade Industrial reporta-se aos modelos e desenhos industriais no respectivo Capítulo III do Título I, distinguindo--os assim claramente dos modelos de utilidade, previstos no Capítulo II.

---

[4] É a este Código que se reportam os artigos mencionados sem indicação do diploma.

Quanto aos modelos industriais, bem como aos desenhos industriais, a actual lei segue de perto a anterior.

Assim, o artigo 139.° contem idêntica definição de modelo industrial[5], do seguinte teor:

"1. Podem ser protegidos como modelos industriais os moldes, formas, padrões, relevos, matrizes e demais objectos que sirvam de tipo na fabricação de um produto industrial, definindo-lhe a forma, as dimensões, a estrutura ou a ornamentação.

2. Nestes modelos é protegida apenas a forma sob o ponto de vista geométrico ou ornamental".

A definição de desenho industrial constante do artigo 140.°, embora mais extensa, não diverge substancialmente da constante do artigo 41.° do Código de 1940.

Diz esse artigo 140.°:

"Podem ser protegidos como desenhos industriais:

a) As figuras, pinturas, fotografias, gravuras ou qualquer combinação de linhas ou cores ou de linhas e cores ornamentais ou não, aplicadas a um produto com fim comercial, por qualquer processo manual, mecânico ou químico;

b) Os caracteres, tipos, matrizes tipográficas de qualquer espécie, chapas estereotípicas de cartão, metais destinado à impressão tipográfica de letras, algarismos, notas musicais ou outros quaisquer sinais, símbolos, monogramas, emblemas, tarjas e filetes".

O artigo 142.° exclui do conceito de modelo ou desenho industrial as obras de arte, nos seguintes termos:

"1. Não se consideram modelos ou desenhos industriais as obras de escultura, arquitectura e pintura, as gravuras, esmaltes, bordados, fotografias e quaisquer desenhos com carácter puramente artístico.

2. O disposto no número anterior não se aplica às reproduções feitas com fim industrial por quaisquer processos que permitam a sua fácil multiplicação, de modo a perderem a individualidade característica de obras de arte".

A novidade absoluta ou singularidade continua a ser uma exigência da lei, desta feita no artigo 141.°, cuja redacção, idêntica à do artigo 43.° do Código de 1940, é a seguinte:

"Só gozam de protecção legal os modelos ou desenhos novos e os que, não o sendo inteiramente, realizem combinações novas de elementos

---

[5] Apenas se acrescenta a referência a "matrizes".

conhecidos, ou disposições diferentes de elementos já usados, que dêem aos respectivos objectos aspecto geral distinto".

Determina, porém, o artigo 143.°:

"Não podem ser objecto de registo:

a) Os modelos ou desenhos destituídos de realidade prática ou insusceptíveis de ser industrializados;

b) Os modelos ou desenhos cuja utilização for contrária à lei, ou à ordem pública, ou ofensiva dos bons costumes;

c) Os modelos ou desenhos desprovidos de novidade."

E, de acordo com o artigo 144.°, é novo o modelo ou desenho que, antes do pedido do respectivo registo, ainda não foi divulgado dentro ou fora do país, de modo a poder ser conhecido e explorado por peritos na especialidade.

Explicita o n.° 2 desse artigo 144.°:

"Não se considera novo:

a) O modelo ou desenho que, dentro ou fora do País, já foi objecto de registo anterior, embora nulo ou caduco;

b) O que tenha sido descrito em publicações de modo a poder ser conhecido e explorado por peritos na especialidade;

c) O utilizado de modo notório ou por qualquer forma caído no domínio público."

Objecto da protecção é assim a criação de espírito que permite dar forma nova, ou pelo menos singular, a um produto.

B) A Titularidade do Direito ao Modelo ou ao Desenho

O modelo e o desenho representam criação do espírito humano que decorre da actividade intelectual de uma ou mais pessoas.

A regra é a de que o direito ao registo pertence ao autor do modelo ou desenho, nos termos do artigo 146.°.

Mas pode o autor da criação aplicar a sua própria actividade por conta de outrem, que fica sendo, portanto, o sujeito originário do direito sobre o modelo ou o desenho, como já se ponderava, relativamente às patentes de invenção, no Parecer da Câmara Corporativa sobre a Proposta de Lei que deu origem à Lei n.° 1972, de 21 de Junho de 1938, que definiu as bases do Código da Propriedade Industrial de 1940[6].

---

[6] A questão tem sido analisada sobretudo a respeito das chamadas "invenções laborais"; cfr. Parecer cit., pág. 210, Paul Roubier, Le Droit de La Propriété Industrielle, Vol. 1, 1954, pág. 189; J.M. Mousseron, Traité des Brevets, 1984, pág. 481; Justino Cruz, Código da Propriedade Industrial, 2.ª ed., 1985, pág. 73.

Pode-se assim distinguir entre o direito ao registo e o direito à autoria do modelo ou desenho[7].

A lei não exige que quem requeira o registo do modelo ou desenho seja o efectivo criador.

Ao invés, o artigo 148.° expressamente prevê que o registo seja pedido em nome diverso do do seu autor, o qual, no entanto, tem o direito de ser designado como tal no requerimento de registo e no título respectivo.

Acresce que os direitos emergentes dos registos de modelos e desenhos, bem como os emergentes dos respectivos pedidos, podem ser livremente cedidos (artigo 29.°, n.° 1 e n.° 2).

Nada obsta, pois, a que o direito de requerer o registo seja atribuído a terceiro[8].

Desta sorte, se o direito à autoria pertence sempre ao criador, o direito ao registo do modelo ou do desenho pertence a quem ele for atribuído, por força da lei ou de contrato.

Se o criador declarar, geral ou especialmente, que deseja conceder a outra pessoa as suas próprias criações, aproveitam a essa pessoa as consequências jurídicas de tais criações.

É frequente que o modelo ou o desenho seja criado no âmbito de um contrato entre o respectivo autor e terceiro, através do qual se pode regular a atribuição do correspondente direito privativo.

Sendo, muitas vezes, esse contrato um contrato de trabalho, a lei determina regras específicas para o efeito no artigo 147.°, do seguinte teor:

"1. Os modelos e desenhos industriais criados por assalariados ou empregados, particulares ou do Estado, no exercício das suas funções, reputam-se propriedade da entidade patronal e pagos com o respectivo salário, não podendo, salvo estipulação em contrário, ser depositados nem produzidos pelos mesmos em seu nome, sob pena de serem havidos como usurpadores ou contrafactores, tendo, porém, direito a serem reconhecidos como autores dos modelos e desenhos industriais e a fazerem inscrever os seus nomes no respectivo título.

2. Fora dos casos previstos no número anterior, sempre que o modelo ou desenho se integrar na actividade da empresa, terá esta direito a assumir a propriedade do registo ou a reservar-se o direito à exploração

---

[7] O direito à autoria constitui um direito eminentemente de ordem moral, que reveste várias faculdades, nomeadamente o direito a ser mencionado como tal no requerimento e no título do registo.

[8] Cfr. Pierre Greffe e François Greffe, Traité, pág. 137 e segs..

exclusiva do modelo ou desenho, à aquisição do registo ou à faculdade de pedir ou adquirir registo estrangeiro.

3. No caso previsto no número anterior o autor terá direito a remuneração equitativa, deduzida a importância correspondente a qualquer auxilio prestado pela empresa para realizar o modelo ou desenho.

4. O autor deverá informar a empresa dos pedidos de registo que tiver apresentado no prazo máximo de três meses a partir da data em que o modelo ou desenho é considerado concluído.

5. O não cumprimento da obrigação prevista no número anterior por parte do autor acarretará a perda dos direitos que se reconhecem a esse título.

6. A empresa poderá exercer os seus direitos no prazo de três meses a contar do recebimento da notificação do autor.

7. A aquisição do direito da empresa a que se referem os números anteriores fica sem efeito se a remuneração não for integralmente paga no prazo estabelecido.

8. Se na hipótese dos n.ᵒˢ 2 e 3 as partes não chegarem a acordo, será a questão resolvida, nos termos do Decreto-Lei n.º 31/86, de 25 de Agosto, por juízo arbitral, constituído por um árbitro nomeado pela empresa, outro pelo autor do modelo ou desenho e o terceiro por acordo e, na falta deste, pelo presidente do tribunal da relação do distrito judicial em cuja área o trabalhador exercer habitualmente as suas funções.

9. Para efeito dos números precedentes serão considerados como feitos durante a execução do contrato os modelos ou desenhos cujo registo tiver sido pedido durante o ano seguinte à data em que o autor deixar a empresa."

Prevê-se nesta disposição legal a existência, entre o criador do modelo ou do desenho e uma empresa, de um contrato de trabalho[9].

De facto, é no âmbito do contrato de trabalho que o problema da titularidade do registo se coloca com maior acuidade, dadas as condições de direcção e subordinação em que a actividade do trabalhador é exercida.

No entanto, nada impede que alguém estabeleça com outrem um contrato – de prestação de serviços por exemplo – mediante o qual se proponha realizar, a favor deste, a criação de obras de arte aplicada, exercendo essa actividade sem a subordinação que o contrato de trabalho implica.

---

[9] É a posição pacificamente defendida perante disposições paralelas relativas a patentes de invenção; cfr. Parecer cit., pág. 159, Justino Cruz, Código, pág. 73; J.M. Mousseron, Traité, pág. 504; Alberto Bercovitz, Anotaciones a la Regulacion Legal Espanõla sobre Invenciones Laborales, 1976, pág. 12.

São múltiplas as modalidades de contratos que podem conter cláusulas que prevêem a cessão do direito ao registo.

A atribuição do direito ao registo dos modelos e desenhos dá-se então por força de contrato.

C) Processo de Registo dos Modelos e Desenhos

O actual Código deixou de utilizar, para designar a protecção concedida, a expressão "depósito", pouco precisa e com diferentes acepções, preferindo a palavra "registo".

O processo de registo de modelos e de desenhos vem regulado nos artigos 150.º e seguintes.

O processo começa com um requerimento, ao qual se aplica o artigo 57.º com as alterações naquele referidas.

Desta sorte, o pedido de registo do modelo ou desenho será feito em requerimento formulado em impresso próprio, redigido em língua portuguesa, que indique:

a) O nome, firma ou denominação social do requerente, sua nacionalidade e domicílio ou lugar em que está estabelecido;

b) A epígrafe ou título que designe o objecto que se pretende registar ou o fim a que se destina, segundo os casos;

c) O nome e país de residência do autor;

d) A novidade atribuída ao modelo ou desenho industrial;

e) O país onde se tenha apresentado o primeiro pedido e a data e o número dessa apresentação, no caso de o requerente pretender reivindicar o direito de prioridade.

O requerimento deve ser assinado pelo requerente ou pelo seu mandatário, sendo obrigatória, neste caso, a junção de procuração (artigo 57.º, n.º 2).

As expressões de fantasia utilizadas para designar o objecto do registo não constituem objecto de reivindicação, mas poderão registar-se como marca (artigo 57.º, n.º 3).

Acrescenta o artigo 152.º, sob a epígrafe "Unidade de requerimento".

"1. No mesmo requerimento não se pode pedir mais de um registo e a cada modelo ou desenho corresponde um registo diferente.

2. Os modelos ou desenhos constituídos por várias partes indispensáveis para formar um todo serão incluídos num único registo.

3. Poderão ainda ser incluídos num único registo os modelos ou desenhos, num número máximo de 10, sempre que a aplicação seja a mesma, embora os objectos sejam diferentes.

Desenhos e Modelos: Evolução Legislativa 57

4. Poderão ser registados o modelo de um objecto e o desenho que eventualmente lhe esteja aplicado.
5. Não depende de novo registo a ampliação ou redução à escala dos modelos ou desenhos já registados.
6. As diferenças de cor ou de material não implicam registos distintos."

Apresentado o pedido ao Instituto Nacional da Propriedade Industrial, os serviços promoverão o respectivo exame e classificação, sendo feito desse exame um relatório com o parecer do examinador (artigo 153.°, n.ºs 1 e 2).

Quando o registo do modelo ou desenho industrial estiver em condições de ser aprovado, são publicados os correspondentes avisos [10], com a reprodução desse modelo ou desenho, no *Boletim da Propriedade Industrial* para o efeito de reclamação de quem julgar prejudicado, reclamação a ser apresentada no prazo de 2 meses a contar da publicação (artigo 156.°).

Nos termos do artigo 67.°, aplicável por força do artigo 157.°:

a) Não havendo reclamações, será publicado o aviso de concessão do registo;

b) Havendo reclamações, será o requerente notificado para contestar, nos termos do artigo 17.°;

c) Finda a discussão, será o pedido novamente examinado e submetido a despacho, que será publicado no Boletim da Propriedade Industrial.

Esse despacho pode ser de concessão ou de recusa.

Se o sinal obedecer aos princípios que enformam a composição do modelo ou do desenho, o registo deverá ser concedido.

De acordo com o artigo 158.°, n.° 1, será recusado o registo:

a) Se se tratar de objectos expressamente declarados insusceptíveis de protecção;

b) Se se reconhecer que existe registo anterior de modelo ou desenho confundível com o pedido;

c) Se por meio dele se pretender obter o privilégio atribuído à marca registada, na impossibilidade de se conseguir o respectivo registo

---

[10] Este aviso não será publicado antes de decorridos 12 meses a contar da data da apresentação do pedido no Instituto Nacional da Propriedade Industrial, ou da propriedade reivindicada, salvo se a publicação for antecipada a pedido expresso do requerente (artigo 153.°, n.°s 4 e 5).

em razão das proibições estabelecidas para essa categoria, ou se o modelo ou desenho já estiver incluído em marca registada a favor de outrem para produto idêntico ou similar;

d) Se pela descrição os modelos forem considerados patentes de invenção ou modelos de utilidade;

e) Se se verificar que houve infracção ao disposto no artigo 147.°.

Acrescenta o n.° 2 do mesmo artigo que, no caso previsto na alínea *e)* do número anterior, em vez da recusa do registo pode ser concedida a transmissão total ou parcial em favor do interessado, se este a tiver pedido.

Das decisões do Instituto Nacional da Propriedade Industrial que concedam ou recusem protecção em Portugal a determinado registo de modelo ou de desenho cabe recurso para o Tribunal de Comércio de Lisboa [11], seguindo-se o processo estabelecido nos artigos 38.° a 44.°.

D) Conteúdo do Direito ao Modelo ou ao Desenho

Através do registo, adquire o interessado o direito privativo da propriedade industrial que é o direito ao modelo ou ao desenho [12].

O direito ao modelo ou ao desenho, tal como os outros direitos privativos da propriedade industrial, está sujeito a um sistema de registo constitutivo ou atributivo.

Por conseguinte, não haverá direito exclusivo sobre um determinado bem se este não estiver registado; o bem imaterial que é objecto desse direito apenas se reconduz em termos directos e imediatos ao seu titular desde que tal conste do registo.

Neste sentido, corrobora o artigo 162.°, n.° 1, do seguinte teor:

"O registo dá o direito ao uso exclusivo em todo o território português, produzindo, fabricando, vendendo ou explorando o objecto do registo, com a obrigação de o fazer de modo efectivo e em harmonia com as necessidades da economia nacional".

Por força da remissão constante do n.° 2 do artigo 162.°, e adaptando os n.os 2 e 3 do artigo 96.°, o artigo 97.°, as alíneas *b)* a *d)* do artigo 98.°, e os artigos 99.° e 100.°, o conteúdo do direito ao modelo ou ao desenho obedece ainda a várias regras.

---

[11] Cfr. artigo 2.° do Decreto-Lei n.° 16/95, de 24 de Janeiro, conjugado com o artigo 89.°, n.° 2, alínea *a)* da Lei n.° 3/99, de 13 de Janeiro.

[12] Por comodidade de linguagem, falo de "direito ao modelo" e de "direito ao desenho", embora o direito possa incidir simultaneamente sobre o modelo e sobre o desenho, como decorre do artigo 152.°, n.° 4.

Assim, o registo confere ao seu titular o direito de impedir a terceiros, sem o seu consentimento, o fabrico, a oferta, a armazenagem, a introdução no comércio ou a utilização de um produto objecto de modelo ou desenho, ou a importação ou posse do mesmo para algum dos fins mencionados (artigo 96.°, n.° 2).

O titular do registo pode opor-se a todos os actos que constituam violação do seu modelo ou desenho, mesmo que se fundem noutro registo com data de prioridade posterior, sem necessidade de impugnar os títulos ou pedir a anulação dos registos dos modelos ou desenhos em que esse exercício se funde (artigo 96.°, n.° 3).

A lei antecipa a protecção inerente ao registo a partir da data da publicação do pedido.

De facto, a partir dessa publicação, goza o modelo ou desenho da protecção que seria conferida pela atribuição do direito, de acordo com o artigo 62.°, n.° 6, aplicável por força do artigo 153.°, n.° 7.

A mesma protecção provisória será aplicável, ainda antes da data da publicação, em relação a qualquer pessoa que tenha sido notificada da apresentação do pedido (artigo 66.°, n.° 7).

No entanto, as sentenças judiciais relativas a acções propostas na base da protecção provisória não poderão ser proferidas antes da concessão ou recusa definitiva do registo (artigo 66.°, n.° 8).

Mas as mencionadas regras contêm também limitações ao conteúdo do direito.

Assim, a tutela conferida pelo registo não abrange o uso privado, sem finalidade comercial (artigo 97.°).

Os direitos conferidos pelo registo tampouco abrangem (artigo 98.°, alíneas *b*) a *d*)):

– Os actos realizados exclusivamente para fins de ensaio ou experimentais;

– A utilização a bordo dos navios dos outros países da União de Paris para a Protecção da Propriedade Industrial do objecto do modelo ou desenho registado no corpo do navio, nas máquinas, na mastreação, aprestos e outros acessórios, quando esses navios entrarem temporária ou acidentalmente nas águas do país, desde que o referido objecto seja exclusivamente utilizado para as necessidades do navio;

– A utilização do objecto do modelo ou desenho registado na construção ou no funcionamento de veículos de locomoção aérea ou terrestre dos outros países da União de Paris para a Protecção da Propriedade Industrial ou de acessórios desses veículos, quando esses entrarem temporária ou acidentalmente no território dos Estados Contratantes.

Os direitos conferidos pelo registo não abrangem os actos relativos aos produtos protegidos por esse registo após a colocação desses produtos na Comunidade pelo titular do registo ou com o seu consentimento expresso (artigo 99.°), situação que se reconduz ao chamado "esgotamento do direito".

Por força do artigo 100.°, aplicável "ex vi" artigo 162.°, n.° 2, os direitos conferidos pelo registo não são oponíveis a quem, de boa-fé no território nacional e antes da data do pedido ou da data da prioridade, quando esta é reivindicada, chegou por seus próprios meios ao conhecimento do objecto do registo, ou o utilizava ou fazia preparativos efectivos e sérios com vista a tal utilização, excepto quando o conhecimento resulta de actos ilícitos ou contra os bons costumes praticados contra o titular do modelo ou desenho.

O registo tem a duração de 25 anos a contar da data do respectivo pedido (artigo 160.°), que representam o limite temporal do correspondente direito.

5. A DIRECTIVA N.° 98/71/CE, DO PARLAMENTO EUROPEU E DO CONSELHO

Com vista à harmonização das várias legislações dos Estados-membros da União Europeia sobre desenhos e modelos, o Parlamento Europeu e o Conselho adoptaram a Directiva n.° 98/71/CE, de 13 de Outubro de 1998, a ser transposta o mais tardar até 28 de Outubro de 2001.

Nessa Directiva, contêm-se regras precisas sobre:

- A definição de modelos e desenhos;
- Os requisitos de protecção em geral e em especial para as partes componentes de produtos complexos;
- O âmbito e conteúdo da protecção;
- O período de protecção;
- Os limites aos direitos conferidos pelo registo;
- As relações com outras formas de protecção em geral, e, em especial, com o direito de autor.

No que toca à definição de modelos e desenhos, estabelece o artigo 1.° que "desenho ou modelo" designa a aparência da totalidade ou de uma parte de um produto, resultante das características, nomeadamente de linhas, contornos, cores, forma, textura e/ou materiais do próprio produto e/ou da sua ornamentação.

Explicita ainda esse artigo que "produto" designa qualquer artigo industrial ou de artesanato, incluindo, entre outros, os componentes para montagem de um produto complexo, as embalagens, os elementos de apresentação, os símbolos gráficos e os caracteres tipográficos, mas excluindo os programas de computador, e "produto complexo" designa qualquer produto composto por componentes múltiplos susceptíveis de serem dele retirados para o desmontar e nele recolocados para o montar novamente.

A definição de desenho e modelo é, pois, mais ampla do que a da lei portuguesa, porquanto abrange a totalidade dos aspectos exteriores de um produto.

No entanto, a referência a "produto" mantém fora da respectiva definição os desenhos, figuras e combinações luminosas e de movimento.

Os requisitos de protecção constam dos artigos 3.º, 4.º e 5.º, do seguinte teor:

"Artigo 3.º
Condições de protecção

1. Os Estados-membros protegerão desenhos e modelos mediante registo, conferindo aos seus titulares direitos exclusivos nos termos da presente directiva.

2. Um desenho ou modelo será protegido pelo registo na medida em que seja novo e possua carácter singular.

3. Considera-se que o desenho ou modelo que se aplica ou está incorporado num produto que constitua um componente de um produto complexo é novo e possui carácter singular:

a) Se o componente, depois de incorporado no produto complexo, continuar visível durante a utilização normal deste último;

b) Na medida em que as próprias características visíveis desse componente preencham os requisitos de novidade e de carácter singular.

4. Para efeitos do disposto na alínea a) do n.º 3, entende-se por "utilização normal" a utilização pelo consumidor final, sem incluir as medidas de conservação, manutenção ou reparação."

"Artigo 4.º
Novidade

Um desenho ou modelo será considerado novo se nenhum desenho ou modelo idêntico tiver sido divulgado ao público antes da data do pedido de registo ou, se for reivindicada uma prioridade, antes da data de prioridade. Consideram-se idênticos os desenhos e

*modelos cujas características específicas difiram apenas em porme-
nores sem importância.*

"Artigo 5.°
Carácter singular
*1. Considera-se que um desenho ou modelo possui carácter
singular se a impressão global que suscita no utilizador informado
diferir da impressão global suscitada nesse utilizador por qualquer
desenho ou modelo divulgado ao público antes da data do pedido de
registo ou, se for reivindicada uma prioridade, antes da data de prioridade.*
*2. Na apreciação do carácter singular, será tomado em consi-
deração o grau de liberdade do criador na realização do desenho ou
modelo."*

O artigo 7.° exclui a protecção de desenhos e modelos ditados pela
sua função técnica, mas permite os desenhos e modelos de interconexões.
Diz esse artigo:

*"1. As características da aparência de um produto determinadas
exclusivamente pela sua função técnica não são protegidas pelo registo de
desenhos e modelos.*
*2. Não são protegidas pelo direito sobre desenhos e modelos as
características da aparência de um produto que devam necessariamente
ser reproduzidas na sua forma e dimensões exactas para permitir que o
produto a que o desenho ou modelo se aplica ou em que é incorporado
seja ligado mecanicamente a outro produto, ou colocado dentro, à volta
ou contra esse outro produto, de modo a que ambos possam desempenhar
a sua função.*
*3. Em derrogação do disposto no n.° 2, os desenhos e modelos serão
protegidos por registo, nas condições dos artigos 4.° e 5.°, desde que a sua
finalidade seja permitir uma montagem múltipla de produtos intermutá-
veis ou a sua ligação num sistema modular."*

E o artigo 8.° exclui da protecção os desenhos e modelos contrários
à ordem pública ou ofensivos dos bons costumes.

O âmbito da protecção é definido no artigo 9.°, e abrange todos os
desenhos e modelos que não suscitem uma impressão global diferente no
utilizador informado, devendo ser tomado em consideração, na apreciação
do âmbito de protecção, o grau de liberdade de que o criador dispôs na realização do seu desenho ou modelo.

O período da protecção, tal como estabelece o artigo 10.°, é de um
ou vários períodos de cinco anos a contar da data do pedido, podendo ser

Desenhos e Modelos: Evolução Legislativa 63

renovado por um ou vários períodos de cinco anos, até um máximo de 25 anos a contar da data do pedido.

Quanto aos direitos conferidos pelo registo, preceitua o artigo 12.°:

"1. O registo de um desenho ou modelo confere ao seu titular o direito exclusivo de o utilizar e de proibir a sua utilização por terceiros, sem o seu consentimento. Essa utilização abrange, em especial, o fabrico, a oferta, a colocação no mercado, a importação, a exportação ou a utilização de um produto em que esse desenho ou modelo foi incorporado, ou a que foi aplicado, bem como a armazenagem desse produto para os mesmos fins.

2. Quando, nos termos da legislação de um Estado-membro, os actos referidos no n.° 1 não possam ser impedidos antes da data de entrada em vigor das disposições necessárias para dar cumprimento à presente directiva, os direitos conferidos pelo direito sobre o desenho ou modelo não podem ser invocados para proibir a prossecução desses actos por quem lhes tenha dado início antes da referida data."

Os direitos conferidos pelo registo têm as limitações estabelecidas no artigo 13.°, segundo o qual os direitos conferidos pelo registo de um desenho ou modelo não poderão ser exercidos em relação a:

a) Actos do domínio privado e sem finalidade comercial;

b) Actos para fins experimentais;

c) Actos de reprodução para efeitos de referência ou para fins didácticos, desde que sejam compatíveis com a lealdade das práticas comerciais, não prejudiquem indevidamente a exploração normal do desenho ou modelo e seja mencionada a fonte;

d) O equipamento a bordo de navios e aeronaves registados noutro país, quando estes transitem temporariamente pelo território do Estado-membro em questão;

e) A importação pelo Estado-membro em questão de peças sobresselentes e acessórios para reparação desses navios e aeronaves;

f) A execução de reparações nesses navios e aeronaves.

Além disso, e de acordo com o artigo 15.°, o direito está sujeito a "esgotamento" quando o produto tenha sido colocado no mercado comunitário pelo titular do registo do desenho ou modelo ou com o seu consentimento.

As relações com outras formas de protecção constam do artigo 16.°, que tem a seguinte redacção:

"O disposto na presente directiva não prejudica as disposições de direito comunitário ou do direito do Estado-membro em questão em maté-

ria de direitos não registados sobre desenhos e modelos, marcas ou outros sinais distintivos, patentes e modelos de utilidade, caracteres tipográficos, responsabilidade civil ou concorrência desleal."

O artigo 17.° regula em especial as relações com o direito de autor. Assim, qualquer desenho ou modelo protegido por um registo num Estado-membro de acordo com a presente directiva beneficia igualmente da protecção conferida pelo direito de autor desse Estado a partir da data em que o desenho ou modelo foi criado ou definido sob qualquer forma. Cada Estado-membro determinará o âmbito dessa protecção e as condições em que é conferida, incluindo o grau de originalidade exigido.

6. O REGULAMENTO (CE) N.° 6/2002 RELATIVO A DESENHOS E MODELOS COMUNITÁRIOS

No Jornal Oficial das Comunidades Europeias foi publicado, para entrar em vigor no 60.° dia seguinte a essa publicação, o Regulamento (CE) n.° 6/2002, do Conselho, de 12 de Dezembro de 2001, relativo a Desenhos e Modelos Comunitários.

Os desenhos e modelos comunitários são direitos privativos supranacionais que, à semelhança da marca comunitária, produzem efeitos idênticos em todos os Estados-membros da União Europeia (artigo 1.°, n.° 3).

Em termos substanciais, o Regulamento n.° 6/2002 segue de perto a Directiva n.° 98/71/CE.

As regras sobre a definição de modelos e desenhos, os requisitos de protecção em geral e em especial para as partes componentes de produtos complexos, o âmbito e conteúdo da protecção e os limites aos direitos, constantes dos artigos 1.°, 3.°, 4.°, 5.°, 6.°, 7.°, 8.°, 9.°, 12.°, 13.° e 15.° da Directiva estão vertidas, respectivamente, nos artigos 3.°, 4.°, 5.°, 6.°, 7.°, 8.°, 9.°, 10.°, 20.° e 21.° do Regulamento.

Este contém, no entanto, importantes diferenças no que toca ao processo de protecção.

Assim, prevê-se a protecção de desenhos e modelos independentemente de registo (artigo 11.°), embora tal protecção só confira ao seu titular o direito de proibir que um terceiro utilize o desenho ou modelo protegido sem o seu consentimento se o uso em litígio resultar de uma cópia (artigo 19.°, n.° 2).

Desenhos e Modelos: Evolução Legislativa 65

Essa protecção é de 3 anos a contar da sua divulgação pública na Comunidade; a protecção dos desenhos e modelos registados é de 5 anos a contar da data do respectivo pedido, renovável por iguais períodos até ao máximo de 25 anos (artigo 11.°, n.° 1, e artigo 12.°).

Outra diferença consiste em o processo de registo ser muito simplificado, havendo apenas um exame formal com vista a determinar que o objecto requerido é passível de protecção, e que não é contrário à ordem pública e aos bons costumes (artigo 47.°).

Não existe, pois, exame substancial do pedido, nem oposição no processo administrativo, só sendo tal oposição possível depois de concedido o registo (artigos 52.° e 53.°).

A estrutura para dar execução a este Regulamento é o Instituto para a Harmonização no Mercado Interno (Marcas e Desenhos e Modelos), criado pelo Regulamento n.° 40/94/CE, do Conselho, de 20 de Dezembro de 1993, relativo à Marca Comunitária.

7. AS RELAÇÕES ENTRE A PROTECÇÃO DOS DESENHOS E MODELOS E A PROTECÇÃO DA MARCA DE FORMA

O artigo 165.° , n.° 1, consagra a admissibilidade da chamada marca de forma ao permitir que a marca seja constituída pela forma do produto ou da respectiva embalagem, desde que se trate de sinal adequado a distinguir os produtos de uma empresa dos de outras empresas.

A forma do produto ou da sua embalagem pode assim ser protegida através do correspondente registo como marca.

Exclui-se, porém, dessa possibilidade os sinais constituídos exclusivamente pela forma imposta pela própria natureza do produto, pela forma do produto necessária à obtenção de um resultado técnico ou pela forma que confira um valor substancial ao produto (Código da Propriedade Industrial, artigo 166.°, n.°1, alínea *a*)).

O registo de uma marca não pressupõe novidade absoluta nem originalidade – basta a simples novidade relativa, isto é, que o sinal não se encontre já registado por outrem para produtos ou serviços idênticos ou de manifesta afinidade.

Além disso, a duração do registo de marca é de 10 anos a contar da respectiva concessão, indefinidamente renovável por períodos iguais (Código da Propriedade Industrial, artigo 205.°).

Ora, nada justifica que uma figura que, por falta de originalidade, é insusceptível de ser protegida, por prazo máximo de 25 anos, como desenho de modelo, ou tenha caído no domínio público, possa ser monopolizada indefinidamente como marca.

A questão não se coloca relativamente a patentes ou modelos de utilidade, uma vez que o carácter funcional que a correspondente forma necessariamente reveste, afasta a possibilidade de essa forma poder ser registada como marca, de acordo com alínea *a*), do n.° 1 do artigo 166.° do Código da Propriedade Industrial, pois trata-se de forma necessária à obtenção de um resultado técnico.

Já no caso dos desenhos e modelos industriais, em que a forma é meramente estética, o mesmo não se sucede.

Mas isso não significa que formas meramente estéticas possam sempre ser adoptadas como marcas.

Se tais formas conferirem, pelas suas características estéticas, um valor substancial ao produto, são, por isso e de acordo com a mesma disposição legal, insusceptíveis de serem protegidas como marca.

Além disso, há que ter em atenção que a marca deve ter caracter distintivo, isto é, ser idónea para distinguir os produtos de uma empresa dos de outras empresas.

Ora, o caracter ornamental dos desenhos e modelos industriais dificilmente permite que tenham a indispensável eficácia distintiva para constituir uma marca.

8. AS RELAÇÕES ENTRE A PROTECÇÃO DOS DESENHOS E MODELOS E A PROTECÇÃO DO "TRADE DRESS"

Chama-se "trade dress" ao aspecto exterior característico de um produto, isto é, ao aspecto visual como ele é apresentado ao público.

Esse aspecto exterior pode ser protegido através do registo como modelo ou desenho, se para tanto reunir os correspondentes requisitos.

Mas, se não gozar da protecção do inerente direito privativo, nem por isso pode ser livremente imitado.

É pacífico, na doutrina e na jurisprudência, nacionais e estrangeiras, que a imitação, por um agente económico, dos invólucros característicos dos produtos fabricados ou comercializados por um concorrente, constitui concorrência desleal.

Trata-se, com efeito, do parasitismo da imagem comercial de um concorrente, em termos de poder criar confusão no espírito do público, o qual compara a imagem de um produto com a memória que tem da imagem do outro.

Ora, seria contrário à lealdade do comércio que fosse lícito, por meio de engano do público e para aumentar o valor da mercadoria própria, imitar ou usurpar a característica exterior de produtos alheios, conhecida pela clientela e sob a qual um produtor ou comerciante comercializa os seus produtos, e assim sem mais disfrutá-la, criando confusão.

Por isso, em Itália, a reprodução ou imitação da apresentação exterior de um produto, nomeadamente da respectiva embalagem, é um dos exemplos dados de acto de confusão, e consequentemente de concorrência desleal[13].

Em França, também se entende que pratica um acto de concorrência desleal quem utilizar embalagens ou apresentações de produtos idênticos aos de um concorrente, desde que daí possa resultar risco de confusão[14].

A lei alemã consagra uma especial protecção à apresentação exterior dos produtos.

A apresentação exterior que seja considerada como um sinal distintivo das mercadorias pelos sectores comerciais interessados (Ausstaltung), incluindo a forma do produto e a sua embalagem, goza da mesma protecção do que uma marca, isto é, constitui objecto de um direito absoluto de exclusivo[15].

O simples acondicionamento das mercadorias (Aufmachung), incluindo forma e cor dos produtos, das suas embalagens ou invólucros, goza de protecção pela repressão da concorrência desleal, desde que a respectiva imitação seja susceptível de induzir em erro ou confusão o consumidor[16].

Idêntico regime é consagrado no direito suíço[17].

Em Portugal, a imitação do invólucro ou embalagem dos produtos está expressamente prevista no n.º 2 do artigo 193.º.

---

[13] Cfr. A. Ramella, Tratado de la Propriedad Industrial (tradução espanhola), Tomo II, 1913, pág. 348; G. Auletta e V. Mangini, Della Concorrenza, in Commentario del Codice Civile a cura di A. Scialoja e G. Branca, 2.ª ed., 1973, pág. 156, e jurisprudência e doutrina citadas em (1).

[14] Cfr. André Bertrand, Droit Français de la Concurrence Déloyale, 1998, pág. 57.

[15] Cfr. Dietrich Reimer, La Repression de la Concurrence Déloyale en Allemagne, 1978, págs. 238 e segs..

[16] Cfr. Eugen Ulmer, La Repression de la Concurrence Déloyale dans les Etats Membres de la Communauté Economique Européenne, Tome I, Droit Comparé, 1967, pág. 86.

[17] Cfr. A. Troller, Précis du Droit de la Propriété Immatérielle, 1978, págs. 118 e 179.

68 III Curso de Direito Industrial

Diz essa disposição legal:

"Constitui imitação ou usurpação parcial de marca o uso de certa denominação de fantasia que faça parte de marca alheia anteriormente registada, ou somente o aspecto exterior do pacote ou invólucro com as respectivas cor e disposições de dizeres, medalhas e recompensas, de modo que pessoas que os não interpretem os não possam distinguir de outros adoptados por possuidor de marcas legitimamente usadas, mormente as de reputação ou prestígio internacional".

Como da mesma disposição se alcança, contêm-se nela duas previsões distintas.

Uma, a da 1.ª parte, preceitua que constitui imitação ou usurpação parcial da marca o uso de certa denominação de fantasia que faça parte de marca alheia anteriormente registada.

A outra, na 2.ª parte, determina que constitui imitação ou usurpação parcial de marca o aspecto exterior do pacote com as respectivas cor e disposições de dizeres, medalhas e recompensas, de modo que pessoas que os não interpretem os não possam distinguir de outros adoptados por possuidor de marcas legitimamente usadas, mormente as de reputação ou prestígio internacional.

Por aspecto exterior do pacote ou invólucro deve entender-se a aparência visual do produto, tal como é apresentado ao público consumidor.

O artigo 193.°, n.° 2, reproduz, com ligeiríssimas alterações [18], o disposto no § único do artigo 94.° do Código de 1940.

Já em face deste artigo, a doutrina era unânime em considerar que, na parte final do § único do artigo 94.°, havia manifesta confusão de conceitos, pois o que nele se previa era um acto concorrência desleal, destinado a criar confusão com os produtos de um concorrente, e que cabia no tipo de actos abrangidos pelo artigo 212.°, n.° 1, do Código de 1940 (idêntico ao actual artigo 260.°, alínea *a*)) [19].

Era, pois, pacífico que a confusão entre produtos, obtida pela imitação das suas características ou das suas embalagens e invólucros, proibida pelo § único do artigo 94.° a propósito das marcas, era também abrangida pelo n.° 1 do artigo 212.° do Código de 1940.

---

[18] Tais alterações consistem na substituição da expressão "pessoas analfabetas", constante do Código de 1940, pela expressão "pessoas que os não interpretem", e na adição da referência às marcas de prestígio internacional.

[19] Cfr. J.G. Pinto Coelho, Lições de Direito Comercial, 1.° vol., 3.ª ed., 1957, pág. 438; A. Ferrer Correia, Lições de Direito Comercial, vol. I, 1973, pág. 353, nota (1); Patrício Paúl, Concorrência Desleal, 1965, pág. 58; José de Oliveira Ascensão, Concorrência Desleal, 1994, pág. 117; Justino Cruz, Código, pág. 380.

Em face do actual Código, pode-se também concluir que a imitação do pacote ou invólucro de um produto pelo pacote ou invólucro de outro produto idêntico ou semelhante, em termos de permitir a confusão entre ambos, constitui acto de concorrência desleal, na modalidade de acto de confusão, proibido actualmente quer pelo artigo 193.º, n.º 2, quer pela alínea a) do artigo 260.º [20].

A protecção do "trade dress" através da repressão da concorrência desleal pode aplicar-se cumulativa ou alternativamente à protecção conferida pelo registo do modelo ou desenho.

Há, no entanto, que ter presente que os interesses protegidos por lei não são os mesmos num e noutro caso.

Na protecção do "trade dress" através da repressão da concorrência desleal, a lei visa evitar a confusão entre a aparência visual de produtos idênticos ou semelhantes, mas provenientes de origem diferente, ainda que essa aparência não goze da protecção inerente a direito privativo.

Na protecção conferida pelo registo do modelo ou desenho, o respectivo objecto é a criação de espírito assim concretizada, e consequentemente a originalidade ou singularidade da forma protegida.

9. AS RELAÇÕES ENTRE A PROTECÇÃO DOS DESENHOS E MODELOS E O DIREITO DE AUTOR

As criações intelectuais do domínio literário, científico e artístico, por qualquer modo exteriorizadas, representam obras que, como tais, são protegidas nos termos do artigo 1.º do Código do Direito de Autor e dos Direitos Conexos (CDADC), aprovado pelo Decreto-Lei n.º 63/85, de 14 de Março.

Os produtos denominados desenhos industriais e modelos industriais constituem criações da arte industrial ou arte decorativa, porque resultam da arte aplicada à indústria para a produção de objectos usuais e próprios para despertar o sentimento do belo.

Não é porém, fácil encontrar um critério exacto de distinção entre modelos e desenhos industriais, por um lado, e, por outro, produtos artísticos, embora seja diferente o regime jurídico da protecção do respectivo autor, nomeadamente no que toca à função do registo, à duração e à determinação da titularidade do direito.

---

[20] Cfr. Oliveira Ascensão, o Princípio da Prestação: Um Novo Fundamento para a Concorrência Desleal?, in Concorrência Desleal (Curso Promovido pela Faculdade de Direito de Lisboa), 1997, pág. 15.

Ao passo que a protecção inerente aos modelos e desenhos em sede de propriedade industrial depende de registo, o reconhecimento do direito de autor é independente de registo, depósito ou qualquer outra formalidade, como dispõe o artigo 9.° do CDADC.

Nos termos do artigo 58.° do Decreto n.° 4114, de 17 de Abril de 1918, cuja vigência foi ressalvada pelo artigo 2.° do Decreto-Lei n.° 63/85, de 14 de Março, que aprovou o CDADC, o registo definitivo de qualquer direito a favor de uma pessoa constitui presunção jurídica de que o mesmo direito lhe pertence. Trata-se assim de registo não constitutivo, mas meramente declarativo [21].

A protecção dos modelos e desenhos registados é de 25 anos a contar do respectivo pedido de registo.

A protecção das obras de arte tem a duração de 70 anos, contados desde a morte do criador intelectual, caso este esteja identificado (artigo 32.°), ou desde a divulgação da obra, caso este não esteja identificado (artigo 34.°), de acordo com o Decreto-Lei n.° 334/97, de 27 de Novembro.

Também a determinação da titularidade do direito obedece a regras que podem não coincidir, consoante se trate de registo de modelo ou desenho ou de direito de autor.

De facto, a titularidade do direito de autor relativo a obra feita por encomenda ou por conta de outrem, quer em cumprimento de dever funcional quer de contrato de trabalho, determina-se de acordo com o que tiver sido convencionado, presumindo-se, na falta de convenção, que a titularidade do direito de autor relativo a obra feita por conta de outrem pertence ao seu criador intelectual, nos termos dos n.ºs 1 e 2 do artigo 14.° do CDADC.

No caso dos modelos e desenhos, semelhante presunção não existe, aplicando-se ainda o artigo 147.° do Código da Propriedade Industrial.

Vários têm sido os critérios apontados para diferenciar o objecto da protecção através da propriedade industrial e da protecção através do direito de autor [22].

Para uns, a diferença radicar-se-ia no fim que animou a concepção do autor. Sendo esse fim industrial, a protecção cingir-se-ia à propriedade industrial; se não o fosse, tratar-se-ia de obra protegida pelo direito de autor.

---

[21] Cfr. Luiz Francisco Rebello, Introdução ao Direito de Autor, vol. I, 1994, pág. 93.
[22] Cfr. Pierre Greffe e François Greffe, Traité, págs. 41 e segs..

Desenhos e Modelos: Evolução Legislativa 71

Para outros, o que estaria em causa seria o modo de reprodução. Sendo este mecânico, estar-se-ia perante propriedade industrial; não o sendo, de obra de arte.

Para outros ainda, o elemento determinante seria a qualidade do autor. As obras criadas por fabricantes inserir-se-iam na propriedade industrial, ao passo que as criadas por profissionais liberais beneficiariam da protecção do direito de autor.

Há também quem procure encontrar o elemento determinante da distinção no próprio caracter da obra. Se falar à inteligência ou sentimento, seria obra de arte; senão, seria simples desenho ou modelo.

Nenhum dos mencionados critérios se revela justificado.

De qualquer forma, não é possível afirmar-se que a lei quis arredar do direito de autor as obras de mero caracter utilitário, que seriam suficientemente tuteladas pelo direito industrial, com as suas valorações próprias.

Mas tampouco é possível afirmar-se não haver distinção entre arte pura e todas as manifestações de arte aplicada, por à unidade da concepção se impor a unidade da protecção.

De facto, o CDADC considera criações intelectuais do domínio literário, científico e artístico, quaisquer que sejam o género, a forma de expressão, o mérito, o modo de comunicação e o objectivo, as obras de artes aplicadas, desenhos ou modelos industriais e obras de design que constituam criação artística, independentemente da protecção relativa à propriedade industrial (artigo 2.º, n.º 1, alínea *l*).

No entanto, o CDADC expressamente requer que os desenhos ou modelos industriais, para beneficiarem da protecção do direito de autor, constituam criação artística.

Qualquer obra, para ser protegida pelo direito de autor, tem de ter um mínimo de criatividade, pois sendo uma criação de espírito, o carácter criativo não pode deixar de estar presente[23].

Nem sempre os autores coincidem na terminologia e conteúdo dos conceitos utilizados, como se verifica nas referências a originalidade da obra.

Para uns autores, originalidade deve entender-se como sinónimo de criatividade[24].

---

[23] Cfr. José de Oliveira Ascensão, Direito de Autor e Direitos Conexos, 1992, pág. 88, e Luiz Francisco Rebello, Introdução, pág. 87.

[24] Neste sentido, Luiz Francisco Rebello, Introdução, pág. 87.

Para outros, originalidade deve ser entendida como novidade subjectiva, ainda que possa também identificar o requisito de uma particular valia[25].

É apodíctico poder considerar-se como original a obra que não seja banal.

Assim sendo, a originalidade reconduz-se à não-banalidade, isto é, à existência, na obra criada, do contributo do espírito do seu autor ou autores.

A originalidade pode não coincidir com a novidade[26].

Só a originalidade merece a protecção do direito de autor, e não a simples novidade[27], como se refere no Acórdão do Supremo Tribunal de Justiça de 5 de Dezembro de 1990[28].

A originalidade tampouco se confunde com mérito ou valor artístico[29].

De facto, o direito de autor não tutela o valor da obra, mas a criação.

Acresce que é impossível um juízo de mérito que represente uma apreciação estética ou literária da obra, tanto mais que os juristas não têm nenhuma superioridade relativamente aos outros quando se trata de determinar quais as obras que valem ou não valem.

No caso das obras de arte aplicadas e semelhantes, bem como noutros casos como as fotografias, a lei exprime uma exigência reforçada para a respectiva protecção, que é o deverem constituir criação artística (CDADC, artigo 2.°, n.° 1, alínea *i*).

Tem sido discutido se essa exigência representa apenas a afirmação, para aquele caso particular e dada a sua específica natureza, da necessidade de se verificar o indispensável caracter criativo da obra[30], ou se exprime uma exigência reforçada de caracter estético no que respeita às obras de arte aplicadas[31].

Para uns, as obras de arte aplicada estariam sujeitas ao regime geral do direito de autor, ao passo que, para outros, a lei só permitiria a entrada,

---

[25] Neste sentido, Oliveira Ascensão, Direito de Autor, pág. 96 e 99.

[26] Neste sentido, Luiz Francisco Rebello, Introdução, pág. 87.

[27] Aliás, a expressão "novidade", em sede de direitos privativos, é equívoca, pois nada tem a ver a novidade exigida para patentear uma invenção – não estar compreendida no estado da técnica (CPI, artigo 50.°, n.° 1) – com a novidade necessária para registar uma marca – que o sinal não esteja já registado para produtos ou serviços idênticos ou semelhantes (CPI, artigo 193.°).

[28] Bol. Min. Just., n.° 402, pág. 567.

[29] Cfr. Oliveira Ascensão, Direito de Autor, págs. 66 e 92.

[30] Neste sentido, Luiz Francisco Rebello, Introdução, pág. 88.

[31] Neste sentido, Oliveira Ascensão, Direito de Autor, pág. 94.

Desenhos e Modelos: Evolução Legislativa

nesse ramo de direito, das obras de arte aplicada quando o seu caracter artístico prevalecesse claramente sobre o destino industrial do objecto.

Aquela exigência reforçada é formulada, não só relativamente a obras de arte aplicada, mas também a obras que podem ser puramente estéticas, como as fotografias [32].

As exigências peculiares da lei não decorrem, pois, do caracter utilitário da obra, mas sim da respectiva simplicidade objectiva e concisão.

Todos os casos em que a lei exprime uma exigência reforçada consistem em obras de grande simplicidade objectiva, relativamente às quais o contributo do espírito do seu autor pode não ser evidente.

Desta sorte, o CDADC não abrange os desenhos e modelos que não constituam criação artística, isto é, não sejam dotados da originalidade que justifica a protecção do direito de autor [33].

Por outro lado, o Código da Propriedade Industrial não abrange, na protecção dos modelos e desenhos, todas as obras de arte.

Assim, o artigo 142.º exclui dessa protecção dos modelos e desenhos as obras com caracter puramente artístico, caracterizadas pela individualidade.

E a alínea a) do artigo 143.º determina não poderem ser objecto de registo os modelos ou desenhos destituídos de realidade prática ou insusceptíveis de ser industrializados.

A lei portuguesa prevê, pois, que as manifestações de arte aplicada possam gozar de um cúmulo de protecção através da propriedade industrial e através do direito de autor, ainda que estabeleça limites a esse cúmulo, por nem todas as manifestações dele beneficiarem.

10. CONCLUSÕES SOBRE A EVOLUÇÃO DA PROTECÇÃO DOS DESENHOS E MODELOS

A evolução do regime dos desenhos e modelos permite tirar algumas conclusões.

A primeira dessas conclusões é a de que os conceitos de desenho e de modelo tendem a unificar-se.

---

[32] Pense-se no caso de artistas de renome como Man Ray, cuja obra é constituída quase exclusivamente por fotografias.

[33] Será o caso dos modelos e desenhos que apenas realizem disposições diferentes de elementos já usados, que dêem aos respectivos objectos aspecto geral distinto (artigo 141.º).

Trata-se de proteger a aparência exterior da totalidade ou de uma parte do produto, independentemente de os motivos ornamentais serem bidimensionais ou tridimensionais.

A segunda conclusão é a de que, no tratamento legislativo da correspondente protecção, mantêm-se ainda algumas questões em aberto.

Algumas dessas questões são de índole marcadamente económica, como o caso da protecção a conceder, ou não, às partes componentes, sobretudo as peças sobresselentes dos automóveis.

A Directiva n.° 98/71/CE, depois de, numa primeira versão, admitir a protecção desses produtos, mas sujeitando-a à eventualidade de licença obrigatória, acabou por rejeitá-la, no artigo 7.°.

Tal rejeição, no entanto, tem pouca eficácia prática, tendo em atenção a disposição transitória constante do respectivo artigo 14.°, do seguinte teor:

"Enquanto não tiverem sido adoptadas alterações à presente directiva, sob proposta da Comissão, nos termos do artigo 18.°, os Estados--membros manterão em vigor as respectivas disposições jurídicas existentes em matéria de utilização do desenho ou modelo de componentes utilizados com vista à reparação dos produtos complexos por forma a restituir-lhes a aparência original, e apenas introduzirão alterações a essas disposições quando o objectivo das mesmas for a liberalização do mercado desses componentes."

Outras questões são de índole mais marcadamente jurídica, ainda que tenham em vista corresponder às exigências do mercado.

É o caso das relações entre a protecção dos direitos e modelos e a protecção do direito de autor, que não encontrou ainda solução satisfatória.

Mas é sobretudo o caso da simplificação do processo de protecção dos desenhos e modelos.

Grande parte dos modelos e desenhos industriais têm uma vida efémera, limitada à moda ou gosto de ocasião.[34]

Esta constatação tem especial relevância no que toca às indústrias ligadas à indústria da moda, nomeadamente os têxteis.

Ora, todo o processo de registo indicado nos artigos 150.° a 157.° do Código da Propriedade Industrial é extremamente lento e não há possibilidade de se obter a publicação de um pedido de concessão antes de decor-

---

[34] Cfr. Jorge Cruz, Comentários ao Código da Propriedade Industrial, 1995, pág. 113.

ridos 26 meses – se não houver quaisquer observações ao relatório de exame, nem reclamações, como salienta Jorge Cruz[35].

Daí os esforços dos sectores interessados com vista à criação de uma protecção quase imediata, de curta duração e com formalidades de registo simplificadas.

Em sintonia com essa perspectiva, o artigo 26.º, n.º 2, do TRIPS expressamente refere a necessidade de cada Estado assegurar que os requisitos para obtenção da protecção de desenhos ou modelos de têxteis não comprometam indevidamente a possibilidade de requerer e obter essa protecção.

Trata-se, antes de mais, de tornar mais expedito o processo de protecção dos desenhos e modelos.

Para tanto, têm sido defendidas duas perspectivas:

– permitir a protecção independentemente de registo, como se faz no Regulamento relativo a Desenhos e Modelos Comunitários,
– ou facilitar as formalidades para registo, prescindindo, em certos casos, de exame prévio.

A 1.ª perspectiva reconduz-se à criação de um novo tipo de direito privativo, cuja protecção é independente de registo e goza de duração limitada.

Trata-se de uma perspectiva radical, que põe em causa a própria noção do objecto da protecção a que corresponde o direito privativo. Pretende-se proteger uma criação ou tão somente as características exteriores dos produtos (aproximando assim os desenhos e modelos dos sinais distintivos de comércio)?

A 2.ª perspectiva integra-se mais facilmente numa apreciação clássica do problema.

É esta 2.ª perspectiva que informa a Directiva n.º 98/71/CE, ao determinar a necessidade do registo para a protecção dos desenhos e modelos.

A Directiva é, porém, omissa quanto às formalidades necessárias para obter esse registo.

Alguns países, como o Reino Unido da Grã-Bretanha e Irlanda do Norte, aboliram já o exame prévio da novidade do desenho ou modelo.

Entre nós, os trabalhos preparatórios da alteração em curso do Código da Propriedade Industrial vão no sentido de consagrar haver

---

[35] Aut. cit., Comentários, pág. 113.

exame substancial apenas no caso de reclamações à concessão do registo ou litígio sobre o direito concedido, ou se algum interessado o requerer.

Isto significa que o exame de novidade apenas teria lugar em caso de haver oposição; não havendo, a concessão provisória seria automática, a seguir à publicação do pedido no Boletim da Propriedade Industrial (previamente submetido a exame formal) [36].

A protecção dos desenhos e modelos constitui uma realidade ainda em mutação, na sempre difícil tarefa de definir elementos de monopólio numa estrutura de mercado que se pretende livre.

---

[36] Cfr. Jorge Cruz, Sugestões para a Revisão do Código da Propriedade Industrial, 1996, págs. 122 e segs..

USOS ATÍPICOS DAS MARCAS
(FUNÇÃO DA MARCA)

por Américo Silva Carvalho

1. PRELIMINARES

A) Já alguém [1] escreveu, a propósito dos contratos atípicos que «os contratos atípicos são os que não são típicos», afirmação que parecerá descabida pela sua evidência, mas pelo contrário merece que sobre ela se medite e que se tire as consequências que contém. Na verdade, o autor poderia querer dizer que os contratos atípicos somente poderiam ser determinados «por exclusão de partes».

Dizendo doutro modo, indicar-se-iam a qualificação, fins, conteúdo, (etc.) dos contratos típicos e todos os que não forem abarcados por este condicionalismo seriam atípicos. Como não foi o que o mesmo quis significar com tal frase, o que comprova bem pela obra em que aprecia a atipicidade dos contratos, afigura-se-nos que o que pretendeu dizer foi que a distinção entre uns e outros era difícil (porventura não existiriam contratos atípicos – o que também não foi) ou que haveria barreira nítida nalguns casos entre uns e outros, sendo difícil, mas não impossível a sua distinção, como o demonstra no seu trabalho. A questão pode ser transposta para o problema de uso atípico das marcas. E aqui, tal como nos contratos atípicos, a função económica individual concreta, deverá ser comparada com a função económica típica [2]. E as considerações feitas são aplicáveis ao uso atípico da marca, o qual é bem difícil de determinar. E assim podemos afirmar que o uso atípico é diferente do típico mas as fronteiras entre eles são difíceis de encontrar, dando nalguns casos lugar a dúvidas.

---

[1] Pais de Vasconcelos, Contratos Atípicos (dissertação de Doutoramento, pág. 207).
[2] Pais de Vasconcelos, ob. cit., pág. 125.

Vejamos.

Quanto à primeira questão, se a marca tivesse que desempenhar simultaneamente todas as suas funções essenciais, parece-nos que nem sequer se poderia falar de uso atípico. A verdade é que quando se está a fazer da marca um uso atípico, isto é, quando a marca está a desempenhar merceologicamente as funções (ou a função) que a lei e a doutrina exigem relativamente à mesma, não quer dizer que estejam a desempenhar simultaneamente tais funções. Por exemplo, um maço de cigarros, com determinada marca, está a desempenhar simultaneamente a função distintiva e a função publicitária? Quando um automóvel que tem determinada marca, está a desempenhar simultaneamente as duas funções ou três funções?

B) Ghiron, já em 1915, afirmava que a função da marca «juridicamente» protegida é a função juridicamente diferenciadora, ou distintiva, acrescentamos nós, e que se a marca de facto pode prestar ao titular serviços de natureza heterogénea, «Estes serviços não são juridicamente protegidos» [3].

Ferdinando Cionti [4], refere um exemplo, que vamos utilizar, pois este facilita e introduz-nos no assunto em análise.

O exemplo é o seguinte: um livro tem uma função, um fim e um uso próprio – para não dizer desde já típicos – destinando-se ou servindo a ser usado, dizendo doutro modo, mas que é o mesmo, para ser lido. Mas é absolutamente possível usar o livro para outro fim. Se se tratar de um livro com uma boa encadernação, ou outras qualidades, que o tornam próprio para tal, pode ser utilizado com um fim ornamental, pondo-o em cima duma mesa. Se se quiser tirar um livro duma estante e não se conseguir chegar ao sítio desejado, é possível pormo-nos em cima do livro e assim alcançar o livro que desejamos da estante.

Numa palavra, um livro tem uma função e uso próprio (ou típico), mas tem também funções ou usos não próprios que se poderiam chamar atípicos, aspecto que será desenvolvido adiante.

Nas marcas passa-se o mesmo. Isto já nos dá uma panorâmica do objecto que nos ocupa, embora muito primária. Deve ainda salientar-se que para tratar ou indicar o uso da marca torna-se necessário recorrer a conceitos naturalmente já conhecidos.

---

[3] Citado por Ferdinando Cionti, La Funzione del Marchio, pág. 1, Milão, 1988.
[4] Autor citado na nota anterior, págs. 8 a 10.

2. DELIMITAÇÃO DA QUESTÃO ENUNCIADA E O USO ATÍPICO

A questão da atipicidade foi profunda e desenvolvidamente tratada por Oliveira Ascensão[5], sobre o qual, por falta de tempo, não nos podemos debruçar.

Somente que a nossa exposição sobre casos atípicos está circunscrita ou deve ser enquadrada nas funções da marca. Portanto, apenas nos interessa a atipicidade ou tipicidade dos usos que correspondam a funções atípicas ou típicas das marcas[6].

Hoje em dia é comum e usual o negócio jurídico mediante o qual o titular da marca submete esta a uma garantia do cumprimento de determinado negócio jurídico.

Obviamente que se trata de um uso atípico da marca – aliás pode haver outros usos atípicos desde que não contrariem a lei –, mas que não nos compete apreciar, já que não se trata duma função (típica ou atípica de marcas). Todavia, se assim nos podemos exprimir deveria criar-se uma terminologia para os casos, como o indicado, que é "tipicamente atípico", para casos em que a atipicidade não é típica. Sirvam de exemplos os usos e funções da marca de garantia e publicitária, como veremos.

Para nós poder-se-á dizer que estamos perante um negócio jurídico inominado[7].

3. A FUNÇÃO DA MARCA

Vejamos algumas opiniões.

Fernández-Novoa[8] defende que as funções da marca são:

A função indicadora de procedência empresarial dos produtos ou serviços.

A função indicadora de qualidade.

A função condensadora do goodwill (boa forma ou reputação dos produtos ou serviços distinguidos pela marca).

A função publicitária.

---

[5] *In* A tipicidade dos Direitos Reais. Em especial as págs. 37 e segs., 40 e segs., 44 e segs., 168 e segs., embora por vezes citemos directamente outras págs.

[6] Conforme nota Oliveira Ascensão, tipicidade e tipos não são conceitos idênticos, ob. cit., págs. 30 a 40.

[7] Cfr. Pais de Vasconcelos, ob. cit., pág. 207, quanto ao sentido desta expressão.

[8] Fundamentos de Derecho de Marcas, págs. 45 a 46.

Franceschelli (Remo) escreve que a marca tem:

Uma função distintiva, função que se destina a distinguir os produtos ou mercadorias no mercado ou a impedir um engano na escolha das mesmas[9].

Este autor escreve que outros indicam as funções de garantia de qualidade e a função publicitária.

E outros acrescentam ainda a função atractiva da marca, isto é, colector de clientela.

Sousa e Silva[10-11] indica como funções juridicamente tuteladas:

a) indicação de bens ou serviços e sua diferenciação de outros da mesma espécie;
b) indicação de procedência ou proveniência de bens ou serviços;
c) garantia ou indicação de qualidade;
d) fixação de clientela;
e) instrumento publicitário.

Mas acrescenta que a suposta função da marca de garantia de qualidade não pode ter um papel autónomo[12].

E na verdade, o art. 216.º n.º 2, alínea *b*) do Cód. Prop. Ind. estatui que caduca «a marca que se tornar susceptível de induzir o público em erro, nomeadamente acerca da natureza, qualidade e origem geográfica da marca ...»[13].

O titular da marca não está portanto obrigado a manter a qualidade dos produtos – diz – mas a assumir o ónus de se alterar os produtos ou serviços se tais alterações não forem de modo a enganar o público. Se estas puderem enganar o público, a marca é passível de caducidade.

Os argumentos são muito pertinentes e de peso.

---

[9] *In* Sui Marchi de Impresa, 4.ª edição, pág. 228 e segs., o qual a pág. 236 diz que a função publicitária não pode considerar-se juridicamente tutelada por lei.

[10] O Princípio da especialidade das marcas. A regra e a excepção: As marcas de grande prestígio. Separata da Revista da Ordem dos Advogados, Ano 58 I, Lisboa, Janeiro de 1998, págs. 383 e 384.

[11] Este autor explicita quanto à alínea *a*), que a marca funciona como referencial de proveniência. Cfr. o excelente trabalho Direito Comunitário e Propriedade Industrial, pág. 70.

[12] O Princípio da especialidade cit., pág. 387.

[13] O aspecto da origem geográfica, merecia um tratamento mais desenvolvido. Para tal efeito cfr. o excelente trabalho de Ribeiro de Almeida. Denominação de origem e marca. Não desenvolvemos o assunto não só pelo que se diz, mas também por ele ir ser objecto de prelecção pelo citado autor.

Couto Gonçalves [14] escreve que a marca tem, em síntese, as seguintes funções:

Uma Função Essencial – Função Distintiva

A marca distingue e garante que os produtos ou serviços se reportam a uma pessoa que assume em relação aos mesmos, o ónus pelo seu uso não enganoso.

Uma Função Derivada – de Garantia dos Produtos e Serviços

A marca, diz, não garante directamente a qualidade dos produtos marcados, mas garante indirectamente essa qualidade por referência aos produtos ou serviços a uma origem não enganosa.

Uma Função Complementar – Função Publicitária

A marca, em complemento da função distintiva, pode cumprir, nalguns casos, a função de contribuir, por si mesma, para a promoção de produtos ou serviços que assinala.

Cionti entende que a função própria da marca [15] é a distintiva, acrescentando, no entanto, que existem outras eventuais funções da marca, designadamente a função de garantia de qualidade, a função de indicação de proveniência, a função de escolha e de colector de clientela, a função publicitária, que por sua vez dá lugar à função de sugestão e à função de atracção como função de derivada.

4. A NOSSA OPINIÃO

Expostas que foram as considerações atrás feitas, parece que delas resultam as seguintes consequências quanto às funções da marca.

5. AINDA A FUNÇÃO DISTINTIVA

(A) A primeira é a que a marca tem uma função distintiva. Já o dissemos.

---

[14] Cfr. Couto Gonçalves, Direito de Marcas, Janeiro de 2000, pág. 23 a 27.
[15] Ob. cit., pág. 135.

A distinção tem por fim distinguir os produtos ou serviços de uma empresa dos de outras empresas de modo que a marca criada não se possa confundir com a marca de outras empresas. Se se puder confundir os bens ou serviços não podem ser semelhantes aos distinguidos por aquela marca com que a mesma se confunde.

Naturalmente que se os sinais não se puderem confundir, os produtos ou serviços podem ser semelhantes, da mesma forma que se o sinal se destinar a produtos ou serviços não semelhantes, o sinal poderá ser semelhante a outros. A razão é simples, é que em tal caso, não há perigo de o público cair em confusão ou erro quanto à origem das marcas.

a) Daqui se vê que a confundibilidade entre duas marcas é condicionada pelo (maior ou menor) grau de semelhança entre os produtos ou serviços. Duas marcas podem ser confundíveis (só) porque os produtos ou serviços são idênticos ou semelhantes.

b) Que por sua vez a semelhança dos produtos é condicionada pelo (maior ou menor) grau de semelhança entre as marcas em conflito, se estas são idênticas ou semelhantes (só) por isso os produtos ou serviços podem sê-lo.

Compreende-se que, se as marcas são semelhantes, a tendência é para se ser mais rigoroso na apreciação de semelhança dos produtos ou serviços.

Se não são semelhantes, a tendência é para se ser mais «benévolo» na apreciação dos produtos ou serviços.

Por outro lado, se os produtos ou serviços são semelhantes, a tendência é para se ser mais rigoroso na apreciação de semelhança das marcas. Se os produtos ou serviços não são semelhantes, a tendência é para se ser mais «benévolo» na apreciação das marcas.

Nogueira Serens [16] aborda com maior profundidade estas questões, apreciando o direito americano, mas cujas considerações são inteiramente aplicáveis no nosso direito.

Quanto à importância da função distintiva, que foi a primeira que referimos, cremos que atrás já dissemos o suficiente.

---

[16] A Vulgarização da Marca na Directiva 89/104 CEE de 21 de Dezembro de 1988 (Id Est no nosso direito futuro), págs. 17 e 18, onde se faz a melhor e mais completa síntese que conhecemos sobre o assunto.

6. INDICAÇÃO DAS TRÊS GRANDES CONCEPÇÕES SOBRE A AFINIDADE DE PRODUTOS

A) Não vamos referir as opiniões dos vários autores, cada um de per si, pois tal não teria interesse, visto que, a nosso ver, podem ser agrupadas em três grupos, por um lado e por outro estaríamos (sem qualquer interesse) a estender escusadamente a exposição.

Afigura-se-nos que as concepções defendidas se podem englobar em três grandes grupos, abstraindo das «nuances» que eventualmente os autores que as perfilham adoptam.

1. Para uma primeira tese haverá afinidade de produtos ou serviços quando estes forem concorrenciais no mercado por terem a mesma utilidade e fim, ou, dizendo doutra forma, tiverem idêntica utilidade e aplicação, ou dizendo doutra forma ainda, mas que é o mesmo, puderem satisfazer ou suprir as mesmas necessidades ou forem sucedâneas ou complementares [17];

2. Para uma segunda, há afinidade de produtos ou serviços quando estes puderem ser atribuídos à mesma origem ou fonte produtora [18-19].

Para determinar se os produtos podem ser atribuídos à mesma origem é necessário colocarmo-nos no ponto de vista da clientela. E os padrões que devem ser retidos pela apreciação são, dum lado a natureza e destino do objecto, por outro lado, as necessidades de utilização, os locais de fabrico e de venda e os circuitos comerciais.

---

[17] B.M.J. n.º 184, pág. 420. Decisões posteriores da nossa jurisprudência continuam a perfilhar a mesma doutrina. Por exemplo, Ac. S.T.J. de 21 de Maio de 1981, no B.M.J. n.º 307, pág. 291 e de 12 de Março de 1995, B.M.J. 405, pág. 492.

[18] O risco de associação, que está ínsito nesta doutrina, será apreciado adiante.

[19] Neste sentido, entre outros, Nogueira Serens A Vulgarização da Marca na Directiva 89/104/CEE, de 21 de Dezembro de 1988 (Id Est, no nosso direito futuro), pág. 9 e Adriano Vanzetti e Vincenzo di Cataldo, in Manuale di Diritto Industrialle, pág. 191; Giuseppe Sena, Il Nuovo Diritto Dei Marchi. Marchio Nazionale e Marchio Comunitario, pág. 59; Américo da Silva Carvalho, Concorrência Desleal, Princípios Fundamentais, pág. 2 e 5 e Marca Comunitária: Os Motivos absolutos e relativos de recusa, pág. 86 e segs.; Paul Mathély, in Le Droit Français des Signes Distinctifs, pág. 602 a 604 e Le Nouveau Droit Français des Marques, pág. 316. Couto Gonçalves parece também inclinar-se para esta opinião, mas acrescenta que «... é óbvio que quando todos os critérios puderem concorrer num caso concreto, o conceito de afinidade sai claramente reforçado», Direito de Marcas, Janeiro de 2000, pág. 135; Albert Chavanne e Jean-Jacques Burst, Droit de la Propriété Industrielle, 5.ª edição, pág. 580.

84 III Curso de Direito Industrial

3. Há finalmente uma corrente que se socorre dos elementos das duas concepções anteriormente expostas: Há afinidade de produtos ou serviços quando estes puderem ser atribuídos à mesma origem e/ou tiverem o mesmo fim ou utilidade, ou que embora defendendo a 2.ª opinião [20]: diz que o ideal é que coexistam ambas as concepções.

Finalmente gostaríamos de deixar aqui a seguinte pergunta: Caramelos e Marmelada são produtos para satisfação das mesmas necessidades? É duvidoso, mas parece óbvio que o público pode atribuir tais produtos à mesma origem.

A Jurisprudência tem privilegiado a primeira opinião mas ultimamente tem-se inclinado, ou pelo menos existem algumas decisões neste sentido, de o produto ser determinado por referência à sua origem.

Assim, esta corrente integra-se na segunda opinião defendida.

7. PARA QUE SERVE A MARCA?

A) Ora o art. 165.° do Cód. Prop. Ind. ao indicar como a marca pode ser constituída, diz que é por um sinal ou as demais indicações constantes do mesmo artigo. Mas o artigo termina dizendo «que sejam adequados a distinguir os produtos ou serviços de uma empresa dos de outras empresas".

Afigura-se-nos assim que não é possível perfilhar qualquer das outras concepções, excepto da exposta em segundo lugar, que antes se defendiam e que, apesar da doutrina do artigo, ainda hoje defendem que, para determinar quando os produtos ou serviços devem ser considerados similares, não distinguindo portanto os produtos ou serviços de uma empresa dos das outras empresas. Ora neste caso, como é essencial (art. 165) que essa distinção se faça, a marca não pode ser concedida [21]. É esta distinção – antecipando-nos ao que diremos adiante – que constitui uma das funções da marca.

---

[20] Quanto à opinião de Carlos Olavo, cfr. Direito Industrial, pág. 60 e segs. e apreciação de Sousa e Silva *in* O Princípio da Especialidade das Marcas. A regra e a excepção: As marcas de grande prestígio, separada da Revista da Ordem dos Advogados, Ano 58, I, Lisboa 1998, pág. 414.

[21] Este artigo é completado ou explicado nos arts. 189.° alínea *m*) e 193.° do actual Cód. Prop. Ind..

B) Mas distinguir que produtos ou serviços em que condições?

O citado art. 165.° diz que a marca deve distinguir os produtos ou serviços de uma empresa dos de outras empresas. Mas como é feita a distinção entre os produtos ou serviços de uma empresa dos de outra empresa? A resposta é de modo que o consumidor possa distinguir os produtos ou serviços atribuindo-os a empresas diferentes.

Devemos acrescentar que a designação que não reúne tais requisitos ou tal sinal não reúne *qualidades para poder ser considerada uma marca no sentido técnico jurídico, o que obviamente impede que se perfilhe a «concepção da utilidade ou finalidade» de produtos, pois esta não pode responder às perguntas que são próprias das marcas no sentido rigoroso técnico jurídico: Donde vens? Quem és? Quem responde por ti?* [22]

A conclusão a tirar parece portanto que só pode ser esta: A opinião que indicámos em 2.° lugar é a única que nos permite dizer quando os produtos ou serviços são ou não similares.

E como é feita a atribuição à mesma origem?

A resposta parece que não é difícil.

A marca destina-se a distinguir os produtos de uma empresa dos de outras empresas.

Logo se a marca se pode atribuir a empresas ou relacioná-las com outro grupo de empresas, por terem laços económicos, de administração ou de organização, a marca poder ser atribuída pelos consumidores à mesma fonte ou origem.

8. DEFESA DO TITULAR DA MARCA

Também não é difícil saber como pode o titular da marca defender-se que um terceiro registe uma marca que possa ser atribuída a essa empresa. Sem recorrer à concorrência desleal, que aqui não nos compete apreciar, mas apenas no campo do Direito Industrial, será proibindo que o titular registe e obviamente use (tendo ou não registado), uma marca que os consumidores possam atribuir à empresa do titular da primeira marca, dizendo doutra forma, que um terceiro imite a marca do titular da marca.

---

[22] Cfr. Nogueira Serens, ob. cit., pág. 27.

Esse desiderato é alcançado através da proibição da imitação da marca.

Na verdade, diz o proémio do art. 189.° do Código da Propriedade Industrial que «será ainda recusado o registo de marcas que contrariem o disposto nos artigos 165.°, 168.° e 183.°, em todos ou alguns dos seus elementos contenham «alínea m): reprodução ou imitação no todo ou em parte de marca anteriormente registada por outrem, para o mesmo produto ou serviço, ou produto ou serviço similar ou semelhante, que possa induzir em erro ou confusão o consumidor».

E o art. 193.° do citado Código dá o conceito de imitação. Na verdade, estabelece este artigo:

«1 – A marca registada considera-se imitada ou usurpada, no todo ou em parte, por outra quando, cumulativamente:

a) A marca registada tiver prioridade;
b) Sejam ambas destinadas a assinalar produtos ou serviços idênticos ou de afinidade manifesta;
c) Tenham tal semelhança gráfica, figurativa ou fonética que induza facilmente o consumidor em erro ou confusão, ou que compreenda um risco de associação com a marca anteriormente registada, de forma a que o consumidor não possa distinguir as duas marcas senão depois de exame atento ou confronto.

2 – Constitui imitação ou usurpação parcial da marca o uso de certa denominação de fantasia que faça parte da marca alheia anteriormente registada, ou somente o aspecto exterior do pacote ou invólucro com as respectivas cor e disposição de dizeres, medalhas e recompensas, de modo que pessoas que os não interpretem os não possam distinguir de outros adoptados por possuidor de marcas legitimamente usadas, mormente as de reputação ou prestígio internacional (art. 193.°, n.° 2 C.P.I.)»[23].

É certo que o Código, na parte respeitante ao Direito Industrial, não diz expressamente que o uso da marca imitada que não foi objecto de pedido de registo não pode ter lugar.

Mas, parece-nos, esta conclusão resulta obviamente que não faria sentido que, não admitindo a lei o registo de marca imitada, permitisse o seu uso sem registo!

---

[23] Em nossa opinião, a redacção deste número é confusa. Cremos que a intenção do legislador seria referir-se às pessoas que os interpretam.

No entanto, o legislador, seguindo o velho brocardo latino, *quod abundat non nocet*, estabeleceu que o uso de uma marca em tais condições não será permitido.

E na verdade, diz o art. 207.°: «*O registo da marca confere ao seu titular o direito de impedir a terceiros, sem o seu consentimento, o uso, na sua actividade económica, de qualquer sinal idêntico ou confundível com essa marca para produtos ou serviços idênticos ou afins àqueles para os quais aquela foi registada, ou que, em consequência da identidade ou semelhança entre os sinais ou da afinidade dos produtos ou serviços, cria, no espírito do consumidor, um risco de confusão que compreenda o risco de associação entre o sinal e a marca*».

9. A IMITAÇÃO: EM QUE CONSISTE?

A resposta é-nos dada pelo art. 193.° que já transcrevemos, ao dar o conceito de imitação bem como pelos arts. 4.° *b*) e 8.° *b*) das Directivas comunitárias.

A primeira Directiva do Conselho da E.E.E. (antes CEE ou União Europeia) de 21 de Dezembro de 1988, que harmoniza as legislações dos Estados-membros em matéria de marcas (89/104/CEE) e o Regulamento (CE) n.° 40/90 também do Conselho de 20 de Dezembro de 1993 sobre a marca comunitária, referem-se à identidade ou semelhança dos produtos e serviços [respectivamente arts. 4.° *b*) e 8.° *b*)].

Não se referem (nunca) estas Directivas à afinidade dos produtos mas apenas à semelhança.

Porém, gostaríamos de, sobre este aspecto, deixar aqui uma breve nota, ou melhor, uma breve chamada de atenção.

I – O legislador português entende ou parece ter entendido, que afinidade e semelhança são conceitos idênticos. E que seja do nosso conhecimento não sabemos que alguém tenha combatido ou discordado deste entendimento. Concepção que parece reforçada, não só pelo facto de que qualquer dicionário nos aponta a afinidade como sinónimo desta e esta como sinónimo daquela.

Acresce que o art. 189.° estabelece que será ainda recusado o registo de marcas que contrariem o disposto nos arts. 165.°, 168.° e 183.° ou que em toda ou alguns dos seus elementos, contenham: alínea *m*) «reprodução ou imitação no todo ou em parte de marca anteriormente registada por outrem, para o mesmo produto ou serviço, ou produto ou serviço similar ou semelhante, que possa induzir em erro ou confusão o consumidor».

Também este artigo, como se vê, não se refere a afinidade mas somente a produtos similares ou semelhantes. Daí, parecer que não há dúvida que os conceitos de analogia e semelhança além de terem precisamente o mesmo significado, não só no aspecto léxico, também o têm no aspecto jurídico. E se não tiverem?

Vejamos.

10. SEMELHANÇA OU IDENTIDADE

A doutrina alemã (Baumbach/Hefermehl)[24] diz que são afins os serviços de um dentista e dos técnicos dentários (R.G.J.W. 07, 86)2. Perguntamos, também serão semelhantes?

São afins os serviços de dentistas e médicos. E serão semelhantes?

São afins os serviços de um negociante de vinhos e dos caixeiros (de vinho) que trabalham para outra empresa (R.G.W. 39, 44). E serão semelhantes?

São afins camiões e aviões. (R.G.J.W., 28, 591). E serão semelhantes?

Como se viu, o art. 193.° indica que as marcas devem ser destinadas a assinalar produtos idênticos ou de afinidade manifesta, e que tenham tal semelhança que induzam facilmente em erro ou confusão ou que compreenda o risco de associação com a marca anteriormente registada.

Ora, as Directivas citadas (89/104/CEE) e N.° 40/94 (R.M.C.) referem que o risco de confusão, compreende o risco de associação, o que devia constar expressamente da nossa lei e não a alternativa que figura no art. 193.°.

Mas o nosso legislador terá de facto entendido que semelhança e analogia eram conceitos idênticos?

Ora bem. No art. 193.° do C.P.I. onde se dá o conceito de imitação, fala-se em «produtos ou serviços idênticos ou de afinidade manifesta».

Se semelhança e afinidade fossem conceitos idênticos, bastaria referir apenas a afinidade (se se pretendesse dar o conceito de semelhança mais amplo) ou só da semelhança (se se pretendesse dar um conceito mais restrito).

---

[24] Baumbach/Hefermehl, Wettbewerbsrecht 21.ª edição, novamente elaborada, Munique 1999, pág. 265.

Ter-se-ia feito como na alínea *m*) do art. 189.°, que se refere aos impedimentos absolutos de registo, onde se alude apenas a produtos ou serviços similares ou semelhantes, nunca se falando de afinidade

Em nossa opinião, se assim nos podemos exprimir, o conceito de semelhança exige que os produtos se pareçam mais que o conceito de afinidade exige.

E não deve esquecer-se que por força do art. 8.° n.° 3 da Constituição o Direito Comunitário é de aplicação directa e prima sobre o Direito Interno.

Ora, dado o desenvolvimento e a importância crescente da marca na vida económica, afigura-se que o direito se deve ajustar a ela e quanto menor for a exigência relativamente à semelhança dos produtos, mais potencialidades têm as marcas no campo merceológico. E não só isso, todo o regime jurídico relativo a marcas (funções e usos – típicos ou atípicos) depende da concepção que destas se tiver.

11 – O ACÓRDÃO SABEL/PUMA

Diz o Acórdão do Tribunal de Justiça das Comunidades Europeias de 11 de Novembro de 1997 (conhecido por SABEL/PUMA)[25], nas conclusões, que:

O critério de *«risco de confusão que compreende o risco de associação com a marca anterior» constante do art. 4.°, n.° 1.°, alínea b) da Primeira Directiva 89/104/CEE do Conselho de 21 de Dezembro de 1988, que harmoniza as legislações dos Estados-Membros em matéria de marcas deve ser interpretado no sentido de que a mera associação entre duas marcas que o público pode fazer pela concordância do seu conteúdo semântico, não basta, por si, para concluir pelo risco de confusão na acepção do referido preceito».*

E no considerando n.° 19 refere-se que «esta interpretação resulta igualmente do décimo considerando da directiva, do qual se infere «que o risco de confusão ... constitui a condição específica da protecção». (As aspas e as reticências constam do Acórdão).

---

[25] *In* Colectânea da Jurisprudência do Tribunal de Justiça, Parte I, 1997-11, pág. 6214 e segs.

90 *III Curso de Direito Industrial*

E no considerando n.° 18 pode ler-se que «... o risco de associação não é uma alternativa ao conceito de risco de confusão mas serve para precisar o seu alcance». A própria redacção deste preceito exclui portanto que possa ser aplicado, se não existir no espírito do público, o risco de confusão[26].

Na verdade, seria inconcebível que o risco de associação (só por si) não havendo risco de confusão por parte do consumidor, pudesse levar a recusar uma marca.

Por outro lado, como ficou dito no Acórdão, o risco de associação não é uma alternativa ao risco de confusão, mas serve para precisar o alcance deste. Daí que o art. 193.° tenha de ser alterado por forma a ser devidamente esclarecido.

12. ORIENTAÇÃO A SEGUIR

Em face do exposto, cremos que podemos adoptar uma de duas soluções:

a) Ou deixar intocável o art. 193.°, caso se entenda que os produtos ou serviços afins são sinónimos de produtos e serviços semelhantes e admitindo que o "ou" (ou compreenda) constante da alínea *c*) não deve ser interpretado como alternativa ao risco de confusão.

Ou envereda-se pelo caminho de alterar o art. 193.°, substituindo na alínea *b*) deste artigo a palavra afinidade (bem como manifesta), por semelhantes.

Simultaneamente a alínea *e*) seria redigida de acordo com o art. 4.°, alínea *b*) da Directiva 89/104/CEE.

Igualmente se substituiria no Código, em qualquer artigo que contivesse referência a afinidade ou produtos ou serviços afins, por semelhança ou semelhantes.

Em nossa opinião, mas é apenas uma opinião nossa, juridicamente há produtos que são afins mas não são semelhantes.

Com efeito, e para apreciar tão só um exemplo dos apontados, afigura-se-nos que camiões e aviões não são semelhantes (embora se possa entender que são afins), dado que embora a correspondente marca possa pertencer a empresas diferentes, os locais de fabrico e de venda e sobre-

---

[26] Ver ainda Pupo Correia Direito Comercial, 6.ª edição, 1999, pág. 344 e Coutinho de Abreu, Curso de Direito Comercial, Vol. I, 1999, págs. 342-343.

Usos Atípicos das Marcas (Função da Marca)   91

tudo os circuitos comerciais são completamente diferentes, quer os que utiliza o titular da marca quer, sobretudo, e o que é decisivo, os que os consumidores utilizam são completamente distintos.

Para determinar se há semelhança entre marcas, é conveniente analisar também as «proximidades» dos nomes das empresas em causa.

É que note-se que a concorrência aparece assim mais ligada às empresas ou fontes produtoras do que aos produtos em si. A concorrência verifica-se, em última análise, entre empresas ou pessoas individuais.

Ora se o consumidor puder atribuir os produtos de uma empresa a outra, confundindo portanto a origem ou fonte dos bens, deve entender-se que há imitação de marca.

Naturalmente que para tanto é necessário que se verifiquem os requisitos legais para se chegar a tal conclusão[27].

Mas como vamos determinar se as marcas e os serviços são semelhantes? Colocando-nos na posição do consumidor.

13. O CONSUMIDOR

O conceito de consumidor tem evoluído, acompanhando a crescente importância da marca.

Hoje, como é o caso de Sousa e Silva[28], já se afirma que: «... *não deverá qualificar-se de contrafacção ou imitação os casos em que, como dizia Cornish, só um idiota com pressa ficaria confundido ...». Há pois que avaliar o risco de confusão em concreto, tomando em consideração o consumidor médio dos produtos ou serviços em causa, e não o cidadão médio. Isto porque a confusão relevante, que importa prevenir, é apenas a que ocorre no universo específico da clientela desses produtos ou serviços. E os tipos de consumidor variam consideravelmente de produto para produto».*

Há pois que avaliar o risco de confusão em concreto, tomando em consideração o consumidor médio dos produtos em causa e não o cidadão médio

---

[27] Sobre este aspecto cfr., por todos, Concorrência Desleal, Oliveira Ascensão e Concorrência Desleal e o Princípio da Protecção: um novo fundamento para a concorrência desleal?, *in* publicação «Concorrência Desleal, 1997», curso promovido pela Faculdade de Direito de Lisboa, coordenado e orientado por este Professor.

[28] O Princípio da especialidade da marca (cit. separada da Rev. Ord. Adv.), pág. 407-408, nota 62.

14. OPINIÃO DEFENDIDA

Com a evolução que tem havido no campo do direito de marcas, afigura-se de seguir a opinião de Sousa e Silva: O que importa não é o público em geral, *mas o consumidor que está dentro do ramo dos produtos em causa* e os próprios produtos mais caros ou mais baratos, mais sofisticados ou mais simples.

Presentemente, dada a evolução da vida, os meios de comunicação que levam a que se tome conhecimento dos acontecimentos com uma rapidez enorme, deve entender-se que o consumidor médio é o consumidor capaz mas não absolutamente atento, que no entanto está dentro ou percebe do sector económico para que a marca foi requerida. Se este tipo de consumidor entende que há confusão entre as marcas e os produtos ou serviços deve entender-se que há confusão. Caso contrário não haverá confusão.

E não só isso. Há que atender para determinar o tipo de consumidor ao tipo de produtos ou serviços de que trata.

Naturalmente que não se poderá exigir e pretender que o consumidor de artigos de luxo ou de serviços altamente especializados, preste a mesma atenção que o consumidor de produtos baratos e de pouca ou quase nenhuma utilidade ou interesse que presta grande atenção a serviços de segunda categoria. Pelo contrário, é de exigir que o primeiro preste muito maior atenção ao que pretende consumir.

Com certeza que não se vai exigir a mesma atenção a um consumidor dum negócio de jóias (requintadas) caríssimas, que se exige àquele que quer adquirir cigarros.

Como já notava Roubier [29] "..... se os produtos são dirigidos a uma classe muito humilde de clientela a confusão será mais fácil».

Também Fernández-Novoa [30] escreve:

«Há que assinalar, finalmente, um último factor determinante do grau de atenção do consumidor; a saber: o preço do produto diferenciado pela marca correspondente. Este factor é acertadamente destacado pelo doutrina, e a jurisprudência norte-americana, cujas conclusões são, a meu ver, plenamente admissíveis. Vistas assim as coisas, pode afirmar-se que se o preço do produto é alto, cabe esperar que o consumidor médio prestará um elevado grau de atenção ao exame do produto e da marca, o que faz com que diminua a possibilidade de risco de confusão. Pelo con-

---

[29] Le Droit de la Propriété Industrielle, Vol. I, pág. 361 e 362.
[30] Fundamentos de Derecho de Marcas, pág. 263 e 264.

trário, se o preço do produto é baixo, diminuirá correlativamente o grau de atenção com que o consumidor contemplará as marcas e, por isso mesmo, aumentará a possibilidade do risco de confusão».

Presentemente, dada a evolução da economia, os vários sectores económicos que existem, a forma, por vezes duma maneira incrível, como chega ao conhecimento do consumidor, através dos meios de comercialização actuais, alguns altamente sofisticados, o consumidor médio tem de se entender como o consumidor capaz, mas não absolutamente atento[31], que no entanto está dentro ou percebe do sector económico para que a marca foi requerida.

Note-se que o comerciante ou industrial quando lança uma marca pensa no sector da população a quem é dirigida. Se por exemplo se tratar de cigarros, nos fumadores – pois estes serão os consumidores de tais produtos – escolhe a expressão (caso de marca nominativa) que se lhe afigura mais adequada para atingir o «seu público». Ora em face da economia actual não se pode dizer que um fumador é distraído em relação a marcas para os cigarros. Quando muito pode afirmar-se, como fizemos, que é um consumidor não absolutamente atento.

E Oliveira Ascensão diz que: «... o consumidor é o consumidor médio dos produtos em questão». Cremos que com isto a questão fica definida[32].

15. FUNÇÃO PUBLICITÁRIA

(B) A segunda é que a marca tem uma função Publicitária

Na verdade, a marca é um excelente meio de penetração no mercado de dar a conhecer os produtos ou serviços, sobretudo através dos meios de comunicação de anúncios expostos em toda a parte, televisão, jornais, internet, campos de desporto. Neste aspecto de exposição das marcas em campos de jogos, televisão, jornais e demais locais, poder-se-ia dizer que o uso da marca não está a ser feito cumprindo uma das funções típicas da marca. Será um uso atípico. Será assim? Veremos adiante.

---

[31] No nosso trabalho: A Marca Comunitária: Os motivos absolutos e relativos de recusa, pág. 110, utilizámos a expressão distraído, em lugar de "não absolutamente atento". Esta parece-nos mais adequado.

[32] Direito Comercial – Direito Industrial, II, pág. 155.

As restantes funções indicadas por Cionti, no que respeita à publicidade, este autor indica algumas que nada têm a ver com esta, como a função atractiva e de sugestão . Na realidade não são funções que sejam inerentes ao instituto da marca mas consequência das funções de distinção, de publicidade e de garantia. Não só destas como também as demais formas de fazer publicidade, como por exemplo o apelo ao inconsciente, de que falaremos adiante. Mas devemos esclarecer que empregamos a expressão função publicitária nos termos do art. 3.° do Código da Publicidade.

Como diz Ferreira de Almeida [33], o conceito de publicidade pode ser entendido de várias maneiras, que indica, sendo uma delas a mensagem publicitária (totalidade de informação transmitida e/ou recebida).

É neste sentido que nos referimos à função publicitária.

16. FUNÇÃO DE GARANTIA

(C) A terceira que a marca tem uma função de garantia, no sentido que o público não pode ser induzido em erro quanto à qualidade dos produtos ou serviços ou origem dos mesmos

O conceito de marca e das suas funções tem sido ultimamente objecto de apreciações que alteram a qualificação ou conceitos sobre as funções da marca, dando-se por hoje mais importância ao aspecto económico que ao aspecto jurídico [34].

Assim diz Couto Gonçalves «*A função distintiva vinha sendo considerada, maioritariamente, das funções económicas normalmente atribuídas à marca, a única função directamente protegida. A mesma doutrina considerava a função de garantia de qualidade uma função derivada da função distintiva (é porque o produto marcado provém de uma mesma origem que o consumidor pode atender à garantia de uma certa qualidade) e a função publicitária uma função secundária, complementar ou eventual".*

No direito anterior à DM, a tutela jurídica da função publicitária não era muito consistente. Em três figuras legais era possível, porém, descortinar uma aproximação a essa função: na transmissão da marca não

---

[33] Conceito de Publicidade in B.M.J. n.° 349, pág. 115 e segs., em especial, pág. 118.

[34] Cfr. Couto Gonçalves, A Função Distintiva da Marca (Tese de Doutoramento em Ciências Jurídicas na Universidade do Minho, 1999), pág. 116.

conexa com o estabelecimento, na licença de marca e na protecção conferida à marca notoriamente conhecida prevista no art. 6.º bis da CUP».

Devemos dizer que em nossa opinião assim era de facto. Como veremos já não se pode hoje dizer o mesmo. A verdade, é que o actual direito de marcas permite, na nossa opinião, uma nova concepção de origem, um novo modo de encarar a função distintiva, baseada num critério diferente e que justifica uma resposta igualmente diferente.

Segundo o mesmo autor[35], «Esta nova concepção emerge de um novo princípio geral do direito de marcas, plasmado no art. 216.º, n.º 2 al. *b*): a proibição do uso enganoso da marca, seja esse uso efectuado pelo titular ou por terceiro com o seu consentimento»[36].

O 50.º, n.º 1 al. *c*) do R.M.C. estatue que:

«... a caducidade do registo se a marca, em consequência do seu uso se tornar susceptível de induzir o público em erro, nomeadamente acerca da natureza, qualidade e origem geográfica desses produtos ou serviços, no seguimento do uso feito pelo titular da marca, ou por terceiro com o seu consentimento, para os produtos ou serviços para que foi registada.

E o mesmo autor acrescenta[37] que a função distintiva, pelas razões que indica, tem que ser redefinida dado que, segundo entende, *«a função distintiva da marca já não significa, necessariamente, a garantia de uma origem empresarial, (empresa única, sucessiva ou controlada, à qual se ligam os produtos ou serviços marcados), mas significa, sempre, a garantia de uma origem pessoal (pessoa à qual se atribui o ónus pelo uso não enganoso dos produtos ou serviços marcados)».*

E diz, a função distintiva pode ser redefinida assim:

«A marca, para além de indicar, em grande parte dos casos, que os produtos ou serviços provêm sempre de uma empresa ou de uma empresa sucessiva que tenha elementos consideráveis de continuidade com a primeira (no caso da transmissão desvinculada) ou ainda que mantenha com ela relações actuais de natureza contratual e económica (nas hipóteses da licença de marca registada usada ou da marca de grupo, respectivamente), também indica, sempre, que os produtos ou serviços se reportam a um sujeito que assume em relação aos mesmos o ónus pelo seu uso não enganoso».

---

[35] Ob. cit., pág. 220.
[36] Cfr. no entanto Sousa e Silva, O Princípio da especialidade, cit. pág. 387.
[37] Ob. cit. (Função Distintiva da Marca), pág. 224.

Nada temos a opor a esta redefinição.

No entanto, como a função distintiva é ainda a principal (e a única típica da marca), não nos parece necessária.

Quanto à garantia de qualidade da publicidade, deve admitir-se que o produto ou serviço pode ser alterado, mais que não seja, em função da evolução da tecnologia, desde que daí o público não seja enganado.

No entanto, devemos acrescentar que se esta definição constasse da lei ou, embora não constando, fosse socialmente aceite, ou melhor, fosse aceite na vida real, poderíamos eventualmente considerar que as funções e os usos publicitários e de garantia como típicos [38-39].

Porém, não nos parece que se possa aceitar este princípio, que é aplicável aos contratos, pois em Direito Industrial os interessados não podem criar conceitos de marcas nem determinar as funções.

Para nós, sem esquecer o forte contributo de Couto Gonçalves em matéria de marcas, só as funções que se encontram regulamentadas correspondem a uma função e uso típico [40].

17. CONCLUSÃO

Em suma, aderimos à opinião de Couto Gonçalves, apenas pondo a ressalva quanto à redefinição da marca, pois afigura-se de aguardar mais algum tempo, No entanto, é nossa convicção que tal redefinição virá a ser necessária. E as funções de garantia e publicidade virão a ficar protegidas, não só pelo Código da Propriedade Industrial como dissemos, mas também pelo Código da Publicidade.

No entanto, dada a evolução a que já fizemos referência, admitimos que possa ter que vir a ser redefinida, melhor, estamos de acordo em que venha a ser redefinida.

Podemos ainda perguntar, para reforçar o alcance e a importância da função publicitária, que os casos em que um programa de televisão, seja patrocinado por ... e na indicação do patrocinador aparecer o nome da empresa patrocinadora ou a indicação da marca do patrocinador de tal pro-

---

[38] Quanto ao que se passa no contratos atípicos, ver Pais de Vasconcelos, ob. cit., pág. 321.

[39] Quanto ao tipo, cfr. Oliveira Ascensão, a tipicidade referida, págs. 24 a 37, da ob. cit. sobre a atipicidade dos Direitos Reais.

[40] É aqui que, como dissemos, se nos afigura que a distinção entre os usos tipicamente atípicos e os outros usos atípicos deveriam ter cada um uma terminologia própria.

grama se se trata de um uso atípico. Há uns anos atrás, antes da evolução que ocorreu e está ainda a ocorrer em matéria de marcas, tal uso poder--se-ia qualificar como atípico. Dada porém a evolução da função económica como função própria da marca afigura-se-nos que embora se trate de um uso próprio da marca, continua a ser um uso atípico.

18. O USO

Quando a marca está a desempenhar apenas a função publicitária, ou apenas a função de garantia, o uso será atípico?

Tomemos como exemplo os jogadores de futebol que usam nas suas camisolas uma marca. Tomemos outro exemplo, os anúncios que são expostos em recintos desportivos. A marca ao ser usada de tal forma não está a desempenhar a função principal para que foi concedida. Não diremos para que foi concebida, pois a sua concepção pode ter sido levada a cabo, pensando-se mais na função publicitária do que na função distintiva, embora obviamente esta não possa ter sido posta de parte.

Mas a função típica da marca não é a função publicitária, embora esta seja reconhecida por lei (arts. 3.º e 11.º do Código da Publicidade).

19. O USO E A FUNÇÃO DA MARCA

A marca destina-se a ser usada, devendo este uso ser sério (art. 216 alínea *a*) Cód. Prop. Ind.) atribuindo-lhe a lei uma função de obrigatoriedade caducando quando não for usada, nos termos e prazos prescritos no art. 215.º e 216.º do Cód. Prop. Ind.

Ora para sabermos se o uso é típico ou atípico, temos que nos reportar à função que o seu uso está a desempenhar. Assim será da função que resultará a espécie de uso.

20. RAZÃO DO MÉTODO SEGUIDO

Esta forma de determinar, quando se trata de uso típico ou atípico, afigura-se-nos a mais consentânea com as instituições jurídicas que estamos a abordar, pois de outra forma teríamos que recorrer a um método casuístico, que dificilmente seria exaustivo. Sem pretender que não haja meios mais perfeitos de determinar quando estamos perante usos típicos

98 *III Curso de Direito Industrial*

ou atípicos, parece-nos também o mais lógico e adequado pois permite-nos, teorizando as questões, distinguir os usos. Na verdade, se a marca desempenha determinada função (ou funções) será ela (ou elas) que determinam as espécies de uso.

Seguimos, assim, uma concepção (leia-se interpretação) teleológica.

21. O USO TÍPICO E ATÍPICO

O primeiro é o que corresponde à função distintiva.

O uso atípico é o que corresponde às funções publicitária e de garantia. Porém, com isto, não está tudo dito[41].

Afigura-se, na verdade, que a função distintiva é a função que é a típica da marca, dizendo doutra maneira, a função publicitária será uma função da marca mas a sua função atípica e o seu uso embora da maior importância será atípico. Com a função de garantia passa-se o mesmo.

As outras formas são atípicas, sendo, segundo a lógica seguida, atípicos ou típicos os usos em relação da função a que correspondem.

Na questão da marca como resulta da lei não poderia ser doutra maneira, dado que as marcas conferem um direito de monopólio[42], não poderiam os usos atípicos gozar da protecção que gozam os usos típicos[43]

Oliveira Ascensão pergunta «o que significa verdadeiramente afirmar-se que certas figuras são típicas». E responde: «Podemos verificar, em todos estes casos, que o que quer dizer é que há uma <u>tipologia taxativa</u> (sublinhado nosso) não há a possibilidade de nomear novas formas das especificadas por lei[44].

A publicidade nos nossos dias tomou uma forma de tal maneira sofisticada, de que se podem apresentar alguns exemplos: fazer publicidade da marca em sectores estranhos ao ramo a que a marca se destina (que por hipótese é o café) – e o facto de se pôr a marca destinada a café em livros,

---

[41] Escreve Couto Gonçalves ao afirmar (*in* A Função da Marca cit., pág. 127, nota de rodapé, in fine): «O direito exclusivo do titular da marca quanto ao desfrute económico do respectivo valor evocativo abrangia o direito de utilização da marca em produtos diferentes dos assinalados tanto na função distintiva (função típica) como, enquanto elemento sugestivo, nas funções publicitária e ornamental (funções atípicas)».

[42] Cfr. Oliveira Ascensão, Direito Civil, Teoria Geral, Vol. I, pág. 325.

[43] Quanto ao que são figuras típicas, cfr. Oliveira Ascensão, A tipicidade cit., pág. 50.

[44] Oliveira Ascensão, A tipicidade cit., págs. 52 e 53.

relógios de pulso, máquinas fotográficas e vendidos a preços abaixo do custo, não dão prejuízos mas dão lucro![45]

Naturalmente que esta prática não é permitida por lei, já por infringir o princípio da especialidade, já por ser uma publicidade enganosa, já por constituir concorrência desleal[46].

Mas na realidade, na prática é impossível impedir todas estas formas de publicidade, na qual se inclui o apelo ao inconsciente.

Já não estamos dentro do uso atípico da marca, mas no campo da ilegalidade do seu uso

22. A IMPORTÂNCIA DO USO PUBLICITÁRIO E A FUNÇÃO DE GARANTIA – O APELO AO INCONSCIENTE

1. Ainda a importância da função e uso publicitário

Das várias espécies de publicidade de que se pode fazer uso da marca, e que já indicámos, nem todas podem ter protecção legal. Mas para mostrar bem a enorme influência da publicidade, não resistimos a transcrever um exemplo, referido por Baumbach e Hefermehl)[47]

«... Assim, foi exibido de forma intercalar num cinema americano o anúncio de um gelado tão rapidamente (1/3000 segundos), que os espectadores só o viram opticamente, mas não deram por ele conscientemente; não obstante, venderam-se no intervalo quase 60% mais gelados do que antes. Se se atribuir a razão do elevado consumo, de facto à «projecção subliminar» e não a factores como por ex. ter estado muito calor neste dia seria de objectar a este método de publicidade, que procura «manipular» o solicitado. Tem de se saber pelo menos o que se passa, para não ser «seduzido», mas sim a tomar uma decisão controlada pelo consciente. A exibição intercalar rápida de textos publicitários, slogans, marcas e produtos, que já não são captadas conscientemente e que se destina assim a actuar no subconsciente do solicitado e desta forma manipulá-lo, é contrário aos bons usos devido ao desprezo da sua personalidade».

---

[45] Quanto à concorrência desleal, por falsas afirmações com o fim de denegrir referências não autorizadas sobre os produtos ou mercadorias, falsas indicações de proveniência, ver, por todos, Oliveira Ascensão, Concorrência Desleal, pág. 174 e segs.

[46] Também Patrício Paul, Concorrência Desleal, quanto a actos de confusão, actos de descrédito, actos de apropriação, actos de desorganização, pág. 160 e segs.

[47] Wettbewerbsrecht, 21.ª edição cit., 1999, pág. 595.

Naturalmente que é impressionante o apelo ao inconsciente.

Somente que este tipo de publicidade não pode considerar-se como sendo legalmente possível.

Como notam os citados autores, no inconsciente ou mesmo no consciente, trata-se de uma manipulação do consumidor, sendo portanto contrário aos usos devidos – ou dizendo doutra forma – nos termos do nosso C.P.I. (proémio do art. 260.° – são contrários às normas e usos honestos de qualquer ramo de actividade), constituindo concorrência desleal. É também contrário ao art. 9.° do Cód. da Publicidade.

Na verdade, dispõe o art. 9.° n.° 1 do mesmo diploma que é vedado o uso de imagens subliminares ou outros meios dissimulados que explorem a possibilidade de transmitir publicidade sem que os destinatários se apercebam da natureza publicitária da imagem.

E no n.° 3.° do referido art. 9.° presume-se que se considera publicidade subliminar, para efeitos do presente diploma a publicidade que, mediante recurso a qualquer técnica, possa provocar no destinatário percepções sensoriais de que ele não chega a tomar consciência e também do art. 216.° do Código Ind. relativo à função de garantia abrange tal situação.

Os mesmos autores (Baumbach e Hefermehl)[48] notam que:

...»O aproveitamento da inexperiência comercial pode ser muitas vezes contrária aos bons usos sob o ponto de vista da indução em erro. Contudo, não precisa de ser este o caso. Por este motivo é necessário uma compreensão especial deste facto, que se pode caracterizar por o solicitado, tal como disso tem conhecimento o publicitário, não ter os conhecimentos comerciais necessários, a experiência e a maturidade, para tomar uma decisão apropriada». (É igualmente aplicável o art. 9.° antes citado)".

E notam que se o consumidor não tiver os conhecimentos comerciais necessários, a experiência e a maturidade necessária para tomar uma decisão apropriada, está a ser induzido em erro, raciocínios que se nos afiguram absolutamente aplicáveis em face do nosso direito.

É certo que toda a publicidade compreende necessariamente elementos emocionais. A publicidade é sugestiva.

E, como nota Carlos Olavo[49], «o poder sugestivo da marca representa indubitavelmente a sua principal função de um ponto de vista económico». Mas naturalmente subordinada aos preceitos legais antes citados (Cód. da Publicidade e Cód. Prop. Ind.).

---

[48] Ob. e pág. cit.
[49] Propriedade Industrial, pág. 40.

23. DIFERENÇAS ENTRE USO TÍPICO E ATÍPICO

Indicadas as funções e os usos das marcas, poder-se-á, porventura dizer que é indiferente o uso ser típico ou atípico. O que importa é que a marca se possa usar, sendo portanto a questão meramente teórica.

Não é porém assim; é que o regime de um e outro é diferente. O uso típico – corresponde à função típica – conduz a que a marca possa beneficiar dos direitos que a este compete, designadamente do direito de monopólio. O uso atípico goza portanto do Direito Industrial apenas da protecção do art. 216.º do Cód. Prop. Ind. (uso enganoso), gozando também da protecção no campo do Direito de Publicidade.

Note-se que, «o registo da marca confere ao seu titular o direito de impedir a terceiros, sem o seu consentimento, o uso, na sua actividade económica, de qualquer sinal idêntico ou confundível com essa marca para produtos ou serviços idênticos ou afins àqueles para os quais aquela foi registada, ou que, em consequência da identidade ou semelhança entre os sinais ou da afinidade dos produtos ou serviços, cria, no espírito do consumidor, um risco de confusão que compreenda o risco de associação entre o sinal e a marca».

Trata-se de protecção da função distintiva.

Igualmente a marca está protegida pelo art. 264.º que diz:

«1 – Quem, com a intenção de causar prejuízo a outrem ou alcançar um benefício ilegítimo:

a) Contrafizer, total ou parcialmente, ou reproduzir por qualquer meio uma marca registada sem consentimento do proprietário;

b) Imitar, no todo ou nalgumas das suas partes características, uma marca registada;

c) Usar as marcas contrafeitas ou imitadas;

d) Usar, contrafizer ou imitar as marcas notórias ou de grande prestígio e cujos pedidos de registo já tenham sido requeridos em Portugal;

e) Usar nos seus produtos uma marca registada pertencente a outrem;

f) Usar a sua marca registada em produtos alheios, de modo a iludir o consumidor sobre a origem dos mesmos produtos, será punido com pena de prisão até dois anos ou com pena de multa até 240 dias».

Trata-se igualmente de protecção da função distintiva ou, dizendo doutra forma, do uso típico.

A protecção do uso atípico está fundamentalmente protegida pelo art. 9.° do Código da Publicidade já mencionado.

Fernandez-Novoa[50] nota que em Direito Europeu existem duas concepções do risco de confusão que são «em certo modo antagónicas». A concepção que propugna uma interpretação restritiva do risco de confusão, em que se «apoiava inequivocamente a Proposta de Regulamento da Marca Comunitária, elaborada em 1980 pela Comissão das Comunidades».

E diz mais: que se nota que a Oficina de marca comunitária se inclinará para acolher a concepção restritiva do risco de confusão. Acrescenta que esta tese é mantida por G. Heil[51], o qual sublinha que a maioria dos Examinadores procedem em boa medida, de países em que prevalece uma concepção restrita do risco de confusão.

Esta é também a orientação que defendemos, como já dissemos, a qual aumenta a possibilidade de registo do maior número de marcas, o que só contribui para o desenvolvimento da economia.

Gostaríamos desde já observar que se nos afigura que a dopção de um critério estrito, para apreciar a semelhança das marcas, nos parece aconselhável em vários aspectos designadamente no económico, pois de outro modo o âmbito merceológico das marcas ficava diminuído, o que não iria além disso contra o interesse do consumidor e de terceiros.

Partidário também desta evolução de maior protecção do uso publicitário e também de dar um maior relevo à função publicitária, parece ser Fernández Novoa[52].

24. DIREITO DO TITULAR DO USO ATÍPICO

Finalmente, é bom que se note que, se como dissemos, o titular de marca registada (ou pedida) goza do exclusivo do uso, como dissemos (art. 207.° Cód. Prop. Ind.) aquele que usa uma marca livre ou não registada, apenas com fins publicitários goza de uma prioridade de 6 meses para registar a sua marca (art. 171.° Cód. Prop. Ind.).

---

[50] El Sistema Comunitario de Marcas, pág. 148.

[51] Die Gemerischaftsmarke für den deutschen Anmerder, publicado no Livro em Homenagem a Walter Oppenhoff (Münich, 1985), pág. 127 e segs.

[52] Cfr. este autor in «O uso obrigatório da marca registada», Actas de Derecho Industrial, 3, 1976, 13, pág. 29, citando doutrina alemã no mesmo sentido.

Tal direito resulta pura e simplesmente do seu uso (que naturalmente é atípico) por força do disposto no art. 207.º do Cód. Prop. Ind. que estabelece:

"O registo da marca confere ao seu titular o direito de impedir a terceiros, sem o seu consentimento, o uso, na sua actividade económica, de qualquer sinal idêntico ou confundível com essa marca para produtos ou serviços idênticos ou afins àqueles para os quais aquela foi registada, ou que, em consequência da identidade ou semelhança entre os sinais ou da afinidade dos produtos ou serviços, cria, no espírito do consumidor, um risco de confusão que compreenda o risco de associação entre o sinal e a marca".

Trata-se naturalmente de um uso atípico, dado que a marca é usada – se o for – apenas para tais fins.

25. O USO ATÍPICO E AS RESTRIÇÕES À PUBLICIDADE

Finalmente, é de notar que a publicidade está sujeita a restrições nos termos do Código da Publicidade[53].

Assim, **a)** cfr. art. 17.º, Bebidas alcoólicas; **b)** art. 18.º, Tabaco; **c)** art. 21.º Jogos de fortuna ou azar; **d)** art. 19.º Tratamentos e Medicamentos, **e)** art. 23.º Publicidade Domiciliária e por correspondência; **f)** art. 22.º-A Veículos automóveis; **g)** art. 22.º-B Produtos e serviços milagrosos.

Em nossa opinião não só em relação às restrições o Código deveria ser revisto, mas também quanto ao seu conteúdo em geral.

26. DETERMINAÇÃO NA PRÁTICA DO TIPO DE USO E DE FUNÇÃO

A indicação de quando se deve considerar o uso atípico ou típico, parece que ficou perfeitamente definido sem que haja qualquer problema.

---

[53] Quanto aos interesses protegidos pelas marcas e os da Publicidade, ver Adelaide Menezes Leite, A Concorrência Desleal e o Direito de Publicidade in Curso atrás citado, págs. 148 e segs. em especial pág. 151. Ver ainda da mesma autora quanto ao reclame doloso, pág. 155. Patrício Paúl, Concorrência Desleal, págs. 173-174 e Oliveira Ascensão, Concorrência Desleal, págs. 147-149.

Porém, na prática aparentemente (pode ou não ser fácil) determinar quando a marca está a desempenhar somente a função publicitária ou a função de garantia.

Como já vimos a marca desempenha um papel de colector de clientela, tem uma «função» sugestiva e atractiva.

Ora bem. Estes atributos podem ser desempenhados apenas pela função distintiva. Só que o facto de uma caixa de charutos ter aposta na mesma a marca **X** esta está a desempenhar a função publicitária. Mas como está também a desempenhar a função distintiva, obviamente trata-se de uso típico e o seu utente goza de todos os direitos atribuídos à função distintiva.

Quando a marca estiver a desempenhar somente a função publicitária (nos termos do art. 3.º do Código da Publicidade), é que se trata de uso atípico. O art. 3.º citado dispõe

"1. Considera-se publicidade, para efeitos do presente diploma, qualquer forma de comunicação feita por entidades de natureza pública ou privada, no âmbito de uma actividade comercial, industrial, artesanal ou liberal, com o objectivo directo ou indirecto ...".

Mas apenas a função publicitária pode estar a ser exercida como nos casos vulgares do registo da marca, precedido de simples campanhas de publicidade.

Mas naturalmente se estiver registada desempenha também a função distintiva.

O seu utente goza portanto dos direitos inerentes à função distintiva[54].

Daí que consideramos muito feliz o facto de se indicar a função publicitária como função complementar e a função de garantia como função derivada, como faz Couto Gonçalves[55].

27. PERSPECTIVAS

A marca detém actualmente uma função importantíssima no mercado.

Só quem não se aperceber desta realidade é que não deixará de se interessar pela marca, pelo mercado e pelo depósito da mesma. E isto é assim, porque, como vimos, a função publicitária da marca é um elemento duma importância transcendente no mundo económico.

---

[54] Quanto ao conceito de publicidade, veja-se Ferreira de Almeida in Bol. Min. Just. n.º 349, pág. 115 e segs., em especial pág. 121 e segs. e 126 e segs.

[55] Direito de Marcas, pág. 30.

Daí que em nossa opinião só haverá interesse ao comparar as marcas e produtos e serviços, fazer-se uma interpretação restritiva, pois quanto mais restritiva ela for maior número de marcas existem, alargando-se consequentemente o âmbito merceológico das marcas.

Por outro lado, dada a evolução da função publicitária, embora ainda não nos pareça necessário uma redefinição da marca, como dissemos, é bom que se vá pensando nela, de modo ao seu uso passar a ser típico. Constituindo, portanto, uma função similar à distintiva, pois a função publicitária é tão importante como aquela e as marcas representam, sem dúvida, um aspecto imprescindível para o desenvolvimento da economia dum país.

Mas também a função de garantia deve ter o mesmo tratamento, vindo a constituir uma função típica de marca para segurança do mercado.

Para terminar, cremos que nada melhor, para sustentar esta opinião, do que transcrever as palavras de Ferreira de Almeida[56]:

"... A referência repetida pode ser a denominação do anunciante, do seu estabelecimento ou do objecto, mas actualmente é a marca que serve, por excelência, como veículo de interacção negocial, porque pela marca passam quase todos os elos de conexão entre a designação dos produtos e a publicidade e portanto entre os nomes e a imagem pública que lhes fica associada".

---

[56] Texto e Enunciado na teoria do Negócio Jurídico, Vol. II, pág. 945 (Dissertação de Doutoramento), 1992.

PATENTES DE GENES HUMANOS?

por J. P. REMÉDIO MARQUES
Assistente da Fac. de Direito de Coimbra
Professor Auxiliar
da Universidade Lusíada do Porto

SUMÁRIO:

§ 1. Nota introdutória; interesse do problema; delimitação do estudo.

§ 2. A tutela da matéria biológica pelo direito de patente; referência sumária.

§ 3. A posição do problema das patentes sobre genes humanos.

§ 4. A retórica argumentativa.

    4.1. A descoberta / invenção de genes; os conflitos interpretativos entre a CPE e a Directiva n.º 98/44/CE.

        4.1.1. Crítica; a patenteabilidade dos elementos (genes) «isolados» do corpo humano.

        4.1.2. Conclusões.

    4.2. A novidade.

    4.3. A industrialidade; a descrição da invenção; a indicação da concreta aplicação industrial.

    4.4. A actividade inventiva.

§ 5. A patenteabilidade do genoma e o problema da ofensa aos bons costumes e À ordem pública.

SIGLAS E ABREVIATURAS

CPE	– Convenção sobre a Patente Europeia (1973)
CPI	– Código da Propriedade Industrial de 1995
CRP	– Constituição da República Portuguesa
EIPR	– European Intellectual Property Review
EPOR	– European Patent Office Reports
GRUR	– Gewerblicher Rechtsschutz und Urheberrecht
GRUR Int.	– Gewerblicher Rechtsschutz und Urheberrecht – Internationaler Teil
Guidelines	– Guidelines for Examination in the EPO
IDEA	– IDEA. The Journal of Law and Technology
IIC	– International Journal of Industrial Property and Copyright Law
I.P.L.R.	– Intellectual Property Law Review
Mitt.	– Mitteilungen der deutschen Patentanwälte
OJ EPO	– Oficial Journal of European patent Office
RDI	– Rivista di Diritto Industriale
Rdn	– anotação aos comentários legislativos
tb.	– também
U.S.C.	– United States Codes
USPQ	– United States Patent Quarterly
=	– igual a, igual em

§ 1. NOTA INTRODUTÓRIA; INTERESSE DO PROBLEMA; DELIMITAÇÃO DO ESTUDO

a. Os programas de investigação científica sobre os *Genomas*[1] animais e vegetais têm por escopo o conhecimento e a sequenciação do material genético de diferentes espécies, aí incluída a *espécie humana*. Ou seja: visam desvelar a natureza e as características dos *programas genéticos* por cujo respeito as células, os tecidos e o restante *material biológico* dos seres vivos são responsáveis pela expressão das mais variegadas *propriedades* e *funções*.

Esta pesquisa reveste-se de um inabarcável interesse científico, médico, e *pour cause* – ou sobretudo – económico[2]. É que a praticabili-

---

[1] O *genoma* consiste no *conjunto de genes* de um organismo, existentes em cada um dos cromossomas *de todas* as células desse organismo.

[2] Cfr., no tocante às aplicações ou resultados desta pesquisa, João Paulo F. REMÉDIO MARQUES, "A comercialização de organismos geneticamente modificados e os direitos dos consumidores: alguns aspectos substantivos, procedimentais e processuais", in *Estudos de*

dade desta investigação científica (seja ela *primária* ou *aplicada*) repousa na utensilagem propiciada pela *engenharia genética*, a qual, por sua vez, está dependente do conhecimento da *estrutura* e das *funções* dos *genes*.

Não se estranhe, pois, que a *biotecnologia moderna* – que possibilita a *manipulação genética* da matéria biológica para além das *barreiras biológicas* que separam as diferentes espécies animais e vegetais, através da *transferência* e *introdução* de genes em organismos que originariamente os não contêm – faça de alguns *direitos de propriedade industrial* – *maxime*, o direito de patente – o arrimo para a remuneração dos *resultados* obtidos pela referida *investigação científica aplicada*. De facto, o montante dos investimentos financeiros emprestados à pesquisa e ao desenvolvimento de organismos geneticamente modificados somente pode ser caucionado e assegurado pela correspondente e adequada tutela jurídica.

b. Vale isto por dizer que as *invenções biotecnológicas*, posto que mobilizam os métodos da engenharia genética, têm sempre como ponto de partida os *genes* [3], as *sequências parciais* de genes (*EST: Expressed*

---

direito do Consumidor, n.º 1, 1999, pág. 215 e ss., espec. págs. 216-218; João Paulo F. REMÉDIO MARQUES, "Introdução às patentes biotecnológicas – Alguns problemas", in *Direito Industrial*, Vol. I, Almedina, Coimbra, 2001, § 1.a.; João Paulo F. REMÉDIO MARQUES, "Algumas notas sobre a patenteabilidade de animais e vegetais", in *Lusíada, Revista de Ciência e Cultura,* Série Direito, n.os 1 e 2, 1998, pág. 341 e ss., espec. págs. 343--346; STRAUSS, J., *Genpatante – recthliche, ethische, wissenschafts- und entwicklungspolitische Fragen*, Helbing & Lichtenhahn, Basel und Frankfurt am Main, 1997, págs. 10-15.

[3] Em termos simplificados, o *gene* é um segmento do ácido desoxiribonucleico (*ADN*), que compreende uma sequência ou sequências (*exões*) que codifica(m) para uma determina *proteína*, ou a sequência que permite a regulação da expressão de outro ou de outros *genes* (sequências *promotoras*). Isto dito, sem que se olvide que a molécula do *ADN*, presente em cada um dos *cromossomas* dos organismos *eucarióticos* (cujas células possuem um *núcleo* bem individualizado e são compostas por *vários cromossomas*; ao invés das células dos organismos *procarióticos*, cujas células só possuem *um cromossoma*), compreende também sequências *não codificantes* (*intrões*), cuja função parece residir, em parte, na regulação *estrutural* das sequências codificantes (*exões*). Temos, assim, que na macromolécula do ADN são surpreendidas diversas *regiões* ou *sequências* – cada uma delas apta a desempenhar determinadas funções. Distingue-se, em primeiro lugar, as regiões *promotoras*, aí onde se inicia a *replicação* do ADN; *regiões reguladoras* da replicação (o *ADN polimerase*), uma região ou sequência *codificante* – que se apresenta como um mosaico formado por pequenos segmentos codificantes (os *exões*), interpolados por outros segmentos não codificantes (os *intrões*) – e *regiões de terminação* (*ADN ligases, codões de terminação, chain termination* ou *stop codons*, os quais, em invés de serem lidos pelo ARN, são descodificados por outras proteínas, commumente designadas por *release factors*), como tal reconhecidas pelas célula na medida em que provocam a

110   *III Curso de Direito Industrial*

Sequences Tags[4]; *SNPs*: *Single Nucleotid Polymorfims*; *Open Reading Frames*[5]; em suma, aquilo que recentemente se tem designado por

cessão da transcrição da região codificante em *ARN mensageiro*. A região codificante é, por definição, aquela que confere aos genes a sua verdadeira identidade – posto que é ela que determina a *natureza* e a *função* da proteína ulteriormente sintetizada, conquanto esse influência seja indirecta, já que as estruturas *secundárias* e *terciárias* que dão forma *tridimensional* às moléculas das proteínas são determinadas, pelo menos em parte, pelo rearranjo das cadeias de amino-ácidos. As células humanas, animais e vegetais dispõem de enzimas que permitem transformar o *ADN genómico* – que se apresenta, como é bem de ver, em forma *descontínua*, interpolado pelos *intrões* – em moléculas de *ARN mensageiro* nas quais se surpreende a *informação genética* disposta continuamente a partir dos *exões*, dada a subtracção dos *intrões*. Posto que esta característica não está presente nos organismos *procariotas* (bactérias, algas unicelulares), a inserção de um gene proveniente de um organismo *eucariota* (*v.g.*, vegetal, animal, gene humano) nas células dos microrganismos *procariotas* impede que o primeiro se forme e expresse em mosaico, através, como se viu, de segmentos codificante e não segmentos não codificantes. Daí que, mediante a utilização de certas enzimas, é possível obter uma *cópia artificial* do *ARN mensageiro* de um gene de um organismo *eucariota*. Esta *cópia* designa-se por *ADN complementar* (*cDNA*) e é, por isso mesmo, desprovida de segmentos não codificantes (*intrões*). Uma vez transferida para as células de bactérias – que, em cultura se multiplicam vários milhões de vezes num curto espaço de tempo —, é possível obter milhões de outras cópias de *ADN complementar* que codifique para uma *proteína* com interesse terapêutico, alimentar, ou outro.

Como se pode ver, o *ADN* é o suporte molecular da *informação genética*. A sua função é a de fornecer as *instruções* (*código genético*) mediante as quais as células produzem outras moléculas, as quais, por seu turno, são responsáveis e determinam o crescimento, a estrutura e a função de cada célula. Se o *ADN* sofre alterações (*maxime*, através de uma *intervenção humana*, que jamais ocorreria mediante o simples jogo e interacção das forças e *reacções químicas* naturais), as moléculas produzidas pelas células também se modificam. Desta sorte, uma vez alteradas, *por acção humana*, as *instruções* fornecidas pelo *ADN* – as quais são veiculadas e *transportadas* pelas moléculas do *ácido ribonucleico* (*ARN*: *ARN mensageiro* e *ARN transportador*) para a área das células onde se *fabricam* as proteínas (os *ribossomas*) – através, designadamente, da inserção de um *gene* pertencente a um organismo de outra espécie, ou da alteração da cadeia de *nucleótidos* que estão na génese da formação dos *amino-ácidos*, é possível obter *proteínas* (*v.g.*, *enzimas*, *anticorpos monoclonais*, *anticorpos policlonais*) com *características* ou *propriedades* diversas das que ocorrem na Natureza por via do normal funcionamento dos *processos biológicos* ou *essencialmente biológicos*.

[4] As *EST* são partes do código genético, meros *cordões* ou *segmentos* de uma sequência da molécula do *ARN mensageiro* sintetizada por *cópia* da sequência do *ADN genómico* que lhe serve de *molde* e que constitui o *gene*. Dado que se situam no *início* da sequência *total* do gene, caracterizam-se, destarte, por serem sequências de *nucleótidos* cuja estrutura determina a *função iniciadora* da *replicação* do *ADN genómico*, mediante o auxílio de *enzimas* (que são um certo tipo de *proteínas*) de iniciação (*promoters*). Constituem, por isso, uma espécie de *etiquetas* ou *marcadores* (genéticos) aptas para a

identificação das regiões do ADN *reguladoras* (exões) – e respectivos *codões* de iniciação da *transcrição* do ADN – que codificam para a produção das proteínas. Assim, também as *EST* – posto que são, por assim dizer, as *extremidades* dos genes (orientação 3' → 5' e 5' → 3') – permitem a identificação das demais sequências reguladoras do gene, designadamente as demais sequências promotoras. Estas, por sua vez, habilitam os biólogos moleculares e geneticistas a controlar a expressão de certos genes, *maxime* a sua alteração por ocasião da prevenção de certas doenças genéticas que não sejam multifactoriais, através da terapia genética (germinal ou somática). Uma outra aplicação poderá consistir no emprego das *EST* para fins de obtenção de fármacos (insulina, eritropoeitina, interferões), mediante as técnicas do *ADN recombinante*, utilizados no combate a múltiplas doenças ou síndromes: enfarte do miocárdio, anemia, diabetes, esclerose das placas, etc.

As *SNP* constituem, igualmente, marcadores genéticos, apresentado, tal-qualmente as *EST*, *sequências parciais* de genes. Porém, e ao invés, encontram-se essencialmente localizados no exterior dos genes, ou seja, na porção do *ADN* não codificante – cuja função é, também, pouco conhecida – correspondente a 90% da totalidade dos genomas (humano, animal ou vegetal). Não codificam para a produção de proteínas, mas servem para identificar genes. Estas zonas não codificantes revelam um grau de variabilidade muito elevado. Se bem que na maior parte dos casos estas *variações* são inconsequentes, noutros provocam efeitos fisiológicos (*in casu*, no ser humano). A disposição e o comprimento destas *repetições* revela certos caracteres polimorfos, transmitidos hereditariamente. Pelo que, se cada pessoa possui uma combinação pessoal e única destas *repetições* herdadas dos ascendentes, é possível, nomeadamente, identificar genes responsáveis pela predisposição à causação de futuras doenças, isolar novos compostos químicos, que estejam na génese de fármacos (*maxime*, adequados à *estrutura genética* do *concreto* paciente), ou obter melhores métodos de diagnóstico e despistagem de doenças.

A escolha e utilização de múltiplas *SNPs* (por vezes 60.000) como *marcadores genéticos* (bi-alélicos), balizando a sua localização no genoma (*v.g.*, no cromossoma 7), permite detectar divergências ou semelhanças significativas nos concretos genomas em análise (*v.g.*, para efeitos de estabelecimento da filiação, identificação do agente da prática do crime, etc.). Doutra sorte, a utilização destas *SNPs* permite identificar uma eventual *mutação* no gene(s) responsável(eis) por uma doença *multifactorial* (cancro da próstata, esquizofrenia, hipertensão, obesidade, etc.), pois, essa alteração ocorrerá, por via de regra, numa porção de um determinado cromossoma já identificada através da presença próxima de um determinado marcador genético. Por último, se um *gene* é responsável por uma determinada marca, a sua sequência será diferente de forma estatisticamente significativa em relação a uma população de genes atingidos por referência a uma população de controlo. Cfr., sobre isto e *inter alia*, Maria Celeste LECHNER / Vera RIBEIRO, "Replicação do DNA", in *Biologia Celular Molecular*, coord. por Carlos AZEVEDO, 3.ª edição, Lidel, Lisboa, 1999, pág. 131 e ss., espec. págs. 138-140; GUÉRIN-MARCHAND, C., *Les manipulations génétiques*, 2.ª edição, P.U.F., Paris, 1999, pág. 20 e ss.; STRYER, L., *Biochemistry*, 4.ª edição, W. H. Freeman and Company, New York, 1995, págs. 110, 901; AUSTIN, C. P. / TRIBBLE, J. L., "Gene patents and drug development", in *Human DNA: Law and Policy, International and Comparative Perspectives*, ed. por BARTHA MARIA KNOPPERS, Kluwer

Informative Genomic Sequences: IGS) e a respectiva utilização, tendo em vista a obtenção de novos *processos*, *usos* e *produtos biotecnológicos*. Não iremos tratar, neste pequeno excurso, da patenteabilidade de outros constituintes *infra-celulares* humanos, a despeito de conterem *informações genéticas*, tais como os *amino-ácidos*, os *conjuntos de amino- -ácidos*, com maior ou menor extensão (*péptidos* e *oligopéptidos*), e as pro-

---

International, The Hague, London, Boston, 1997, pág. 379 e ss., espec. pág. 380; SUDBERY, P., *Human molecular genetics*, Addison Wesly Longman Limited, 1998, págs. 55-57, 69, 81, 89; HICKS, G. G. / CHEN, J. / RULEY, H. E., "Production and use of retroviruses", in *DNA Transfer to Cultured Cells*, ed. por RATYA RAVID / R. IAN FRESHNEY, Wiley-Liss, New York, etc., 1998, pág. 1 e ss.; THAURAUD, "Les problemes liés a la brevetabilité", in *Les Inventions biotechnologiques, Protection et Explotation*, Litec, Paris, 1999, pág. 43 e ss.

Detectam-se, pois, não só várias *noções operativas* dos *genes* – em função do contexto em que se analisam –, mas também a percepção dos genes em *estados funcionais diferentes*, consoante o respectivo teor de purificação ou alterações de que tenham sido objecto (*v.g.*, promotores, maior ou menor integridade da região codificante, presença ou ausência de intrões, etc.) e, por último, a constatação de que embora, no momento actual, se desconheça a *função última* (qual seja a codificar para uma determinada proteína) da maioria dos genes já *identificados* e *isolados*, eles podem ser caracterizados através de certas características químicas ou físicas, permitindo, *ab initio*, a descrição da sequência de *nucleótidos* de uma parte ou da sua totalidade, o que por razões óbvias confere um novo interesse ao problema da *novidade*, da *industrialidade* e da *descrição* das ideias inventivas que tomam como objecto os *genes* ou *sequências parciais* de genes.

Apesar de todas estas sequências *parciais* de *genes* ou do *genoma* implicarem a mobilização de vastos meios empresariais – *v.g.*, a identificação de cada um dos marcadores genéticos, de jeito a ser integrado numa carta genómica —, pois são múltiplas e complexas as diferentes etapas técnicas requeridas para a identificação de um marcador bi-alélico ou de uma *EST*, é, apesar de tudo e a todas as luzes, controverso afirmar, *sic et simpliciter*, a sua susceptibilidade de patenteação.

[5] Dado que os genes de regulação podem encontrar-se a montante e a jusante dos genes estruturais como também em sequências de *intrões*, mostra-se, por vezes, necessário sequenciar a *totalidade* de um dado genoma (*v.g.*, de bactérias, animais ou de seres humanos). A sequenciação destes organismos modelo permitiu confirmar a presença de inúmeros genes até aí desconhecidos. Os *Open Reading Frames* são, portanto, partes do genoma (*cDNA*, resultante de *ARN mensageiro*) onde podem ser identificados *sítios* que codificam para certas proteínas. Procurando, nessas sequências de ADN, as sequências dos *codões de terminação*, os geneticistas medem as distâncias entre estes codões. Se forem detectada a uma distância de, por exemplo, 300 nucleótidos, é bem possível que a sequência que os une codifique (total ou parcialmente) para uma proteína. A esta sequência *mistério* é se que chama *Open Reading Frame*. Após o que se estuda a sequência dos *amino-ácidos* que nela se encontram, de maneira a compará-la com outras sequências já conhecidas de diversos polipéptidos, capazes de sintetizar proteínas. Cfr. MOTULSKY, V., *Human Genetics, Problemas and Approaches*, 3.ª edição, Springer, Berlin, etc, 1997, pág. 728; MANGE, E. J. / MANGE, A. P. *Basic Human Genetics*, Sinauer Associates, Inc., Sunderland, Massachustts, 1994, págs. 303-304.

teínas (*v.g.*, *de defesa*: os anticorpos ou imoglobulinas; *controladoras*: hormonas; *de catálise*: as enzimas; *de transporte e armazenamento*: ferritina)[6].

§ 2. A TUTELA DA MATÉRIA BIOLÓGICA PELO DIREITO DE PATENTE; REFERÊNCIA SUMÁRIA

Tradicionalmente, a outorga de direitos de patente tão-só respeitava a ideias inventivas industriais *corporizadas* em objectos inanimados, quais fossem os métodos e os produtos obtidos através da *intervenção humana técnica* no domínio das forças físicas. Porventura devido a concepções *vitalistas* de inspiração aristotélica, os organismos vivos – *rectius*, a matéria biológica[7] – foram sempre e invariavelmente excluídos do elenco dos

---

[6] Isto para além dos *plasmídeos*, que são moléculas de ADN circular de duas cadeias (bicatenário), fechadas de forma covalente, existentes nas células bacterianas independentemente do cromossoma. São, no fundo, mini-cromossomas, existentes nas células de bactérias. Os *plasmídeos* são vulgarmente utilizados como *vectores de clonagem* de genes humanos, uma vez reitroduzidos (com o *ADN* humano) nas células das bactérias. WEIL, J. H., *Bioquímica Geral*, 4.ª edição, trad. portuguesa por MARIA CELESTE LECHNER, Fundação Calouste Gulbenkian, Lisboa, 1983; WATSON, J. / WITKOWSKI, J. / GILMAN, M. / / ZOLLER, M., *Recombinant DNA*, 2.ª edição, W. H. Freeman and Company, New York, 1992, págs. 27-28;

[7] Nos termos do artigo 2.°/1, alínea *a*), da Directiva n.°. 98/44/CE, de 6/7/1998 (in JOCE, n.° L, 213, de 30/7/1998, pág. 13 e ss.), relativa à protecção jurídica das invenções biotecnológicas, matéria biológica é *qualquer matéria que contenha informações genéticas e seja auto-replicável ou replicável num sistema biológico*. Esta é uma noção que nos parece ultrapassada, visto que já é possível replicar matérias biológicas (*v.g.*, vírus) em sistemas não biológicos. Não desenvolveremos, porém, este ponto.

Esta matéria biológica, uma vez geneticamente modificada, dá origem a *organismos geneticamente modificados* (OGM). De facto, de harmonia com a 2.ª versão da Proposta de Directiva (in JOCE n.° C, n.° 139, 19/5/1999, pág. 7 e ss.), que visa alterar a Directiva n.°. 90/220/CEE, sobre a comercialização de organismos geneticamente modificados e o Decreto-Lei n.° 126/93, de 20 de Abril, um *organismo geneticamente modificado* é uma entidade biológica, celular ou não celular, dotada de capacidade reprodutora ou de transferência de material genético, em que este tenha sido alterado de uma forma que não ocorra naturalmente, por meio de cruzamento e/ou de recombinação natural. Cfr. João Paulo F. REMÉDIO MARQUES, "A comercialização", (...), cit., pág. 219 e nota 12. A citada proposta de Directiva foi transformada na Directiva n.° 2001/18/CE, com início de vigência em 17/04/2001; e deveria ela ter sido transposta para o direito inteno português até 17/10/2002, facto que ainda não ocorreu na data em que ultimamos a correcção deste estudo (finais de Outubro de 2002). Cfr., ainda, LAWRENCE, D. / KENNEDY, J. / HATTAN, E., "New controls on the deliberate release of GMOs", in *European Environmental Law Review*, Fevereiro 2002, pág. 51 e ss.

candidatos positivos à patenteabilidade. No que aos objectos inanimados dizia respeito – esses sim – eram susceptíveis de pertencerem, de um lado, ao mundo das *coisas naturais* e, do outro, ao mundo dos *artefactos*. Razão pela qual somente estes últimos poderiam ser *inventados* e, *uno actu*, lograr tornarem-se objecto de *direito de patente*, já que os primeiros seriam degradados a meras *descobertas*.

A breve trecho, a partir de meados do século XIX, com o amadurecimento da revolução industrial e o alargamento dos conhecimentos científicos aplicados no domínio da *química*, assistiu-se à *colonização* de certas matéria biológicas microbiológicas pelo direito de patente. O *imperialismo* do direito de patente estava, então, já em marcha.

São famosas as patentes outorgadas a Pasteur, em 1873, em sede de *processos* químicos de fermentação e respectivos *produtos microbiológicos*. Desde o *Plant Patent Act* estadunidense, de 1930, até aos nossos dias assistiu-se à generalização da outorga de patentes a *microrganismos* – pelo menos, desde a década de quarenta do século XX[8] –, incluindo microrganismos *geneticamente modificados*, obtidos mediantes técnicas de *ADN recombinante*, acima sumariamente referidas[9]. Isto quanto aos microrganismos. Pois no tocante a *plantas* (e partes de plantas) *transgénicas*, a atribuição de direitos de patente já ocorre desde meados da década de oitenta do século XX, o mesmo sucedendo com os animais – ostras e ratos geneticamente modificados, desde 1987 e 1988, respectivamente. Quanto às sequências de *genes humanos*, a questão já foi, em várias ocasiões, discutida jurisprudencialmente, em especial no que tange ao binómio *descoberta / invenção*, ao preenchimento das cláusulas gerais da ofensa da *ordem pública* e dos *bons costumes* (art. 49.º/1, alínea *a*), do CPI; art. 50.º/1, do Projecto de alteração do CPI; art. 53.º/a, da CPC) e à satisfação do requisito da *industrialidade*[10].

---

[8] Se bem que haja, nos E. U. A, inúmeras patentes concedidas desde os finais do século XIX a ideias inventivas industriais cujo objecto eram microrganismos. Cfr. BIGGART, W. A., "Patentability in the United States of Microorganisms, Process Utilizing Microorganisms, Products Produced by Microorganisms and Microorganisms Mutational and Genetic Modification Techniques", in *IDEA*, 1981, pág. 114 e ss.; MOUFANG., R., *Genetische Erfindungen im gewerblichen Rechtsschutz*, Carl Heymanns Verlag, Köln, Berlin, Bonn, München, 1988, pág. 109 e ss.

[9] Desde o caso *Chakrabarty*, decidido favoravelmente pelo *Supreme Court*, em 1980 (bactéria geneticamente modificada capaz de degradar (e, por isso, eliminar) hidrocarbonetos – 206 *USPQ* 193, 197 = *GRUR Int.*, 1980, pág. 627 e ss.

[10] Cfr. entre outros, os casos T 301/87, *Alpha Interferon / Biogen I*, de 1987, in *OJ EPO*, 1990, pág. 335 = *GRUR Int.*, 1991, pág. 121; T 500/91, *Biogen / Alpha Interefon II*, in *EPOR*, 1995, pág. 69; T 886/91, *Hepatitis B virus / BIOGEN INC.*, in GOLBACH, K. /

§ 3. A POSIÇÃO DO PROBLEMA DAS PATENTES SOBRE GENES HUMANOS

a. Hodiernamente, o problema das *patentes de biotecnologia* não se joga tanto no plano da admissibilidade da tutela das ideias inventivas industriais – que se materializam em *processos*, *usos* ou *produtos* que sejam ou consistem em *matéria biológica* geneticamente modificada – quanto no enfoque do *tipo* ou da *espécie* de matéria biológica por cujo respeito possam ser concedidos direitos de patente.

Assim, a mais dos problemas suscitados pela patenteabilidade das *raças animais* e das *variedades vegetais* – atenta a norma proibitiva constante do artigo 53.°/b, da CPE (*idem*, no artigo 49.°/1, alínea *b*), do CPI e no artigo 50.°/3, alínea *b*), do Projecto de alteração do CPI) [11] –, a polémica doutrinal e jurisprudencial mais acesa situa-se, actualmente, em sede de patenteabilidade das *sequências parciais* e *totais* de *genes humanos* e dos demais *elementos* (orgãos, células, tecidos, gâmetas) e *produtos* (v.g., cabelos, sangue, leite materno, dentes, unhas, cabelos e outras secreções) do *corpo humano*.

b. Surpreendem-se quatro possíveis enquadramentos quanto à patenteabilidade dos genes humanos:

(1) O que propugna a recusa, pura e simples, da patenteabilidade, ainda quando seja conhecida a sua *aplicação industrial* por excelência, que o mesmo é dizer, ainda que, nas reivindicações, seja indicada a *concreta proteína* para que codificam;

(2) O que aceita a patenteabilidade dos genes humanos, cujas sequências estejam completamente identificadas, contanto que também sejam conhecidas e indicadas as proteínas para que

---

/ VOGELSANG-WENKE, H. / ZIMMER, F.-J., *Protection of Biotechnological Matter under European and German Law*, VCH-Law Books, 1997, pág. 88; T 923/92, *Human t-PA / /GENETECH*, in *OJ EPO*, 1996, pág. 564; T 386/94, in *OJ EPO*, 1996, pág. 658; T 207/94, in *OJ EPO*, 1999, pág. 273; e por último, o caso *Howard Florey Institute / Fraktion der Grünen im Europäischen parlament et alii*, de 8/12/1994, in *Dalloz*, 1996, Jurisprudence, pág. 44, com anotação de J.-C. GALLOUX, pág. 46 e ss. (sequências de *ADN* humano que codificam para a proteína *relaxina H2* humana e respectivos precursores *prepolaxina H2* e *prerelaxina H2*).

[11] Cfr. João Paulo F. REMÉDIO MARQUES, "A patenteabilidade de animais", (...), cit., pág. 367 e ss.; João Paulo F. REMÉDIO MARQUES, "Introdução ao problema", (...), cit., §§ 6.3. e 6.4.

codificam e se demonstre, no plano técnico, a causação de efectivas vantagens na utilização dessas substâncias químicas;

(3) O que faz depender a concessão de direitos de patente da descrição da *sequência completa do gene*, desde que se trate de um *gene funcional*, independentemente de, à data do depósito, ser conhecida a função que desempenha nos mecanismos de regulação da *replicação* do ADN ou da codificação para proteínas;

(4) O que propugna a patenteabilidade das *sequências parciais* (*EST, SNP*) de genes, na medida em se mostrem aptas a caracterizar o gene enquanto entidade molecular até aí desconhecida. Razão pela qual aquelas *sequências parciais* sempre desfrutariam de uma *aplicação industrial*: exactamente na descoberta do gene a que pertençam, como sondas de nucleótidos (no diagnóstico de doenças) e no mapeamento do genoma completo do ser humano.

§ 4. A RETÓRICA ARGUMENTATIVA

Efectuado este breve excurso sobre a patenteabilidade da matéria biológica, especialmente sobre a matéria microbiológica de origem humana – os *genes* – e as diversas posições de princípio no que à tutela por direito de patente do *ADN* humano diz respeito, segue-se a análise da constelação dos principais problemas que este sector da *investigação científica aplicada* coloca ao Direito. Análise que será efectuada à luz do arrimo normativo trazido ao direito português pela incorporação da Directiva n.º 98/44/CE, de 6 de Julho de 1998, sobre a protecção jurídica das *invenções biotecnológicas*.

Iremos tentar demonstrar a natureza tendencialmente *sui generis* das soluções ora cogentes no espaço jurídico da União Europeia – que não, necessariamente aplicáveis, *qua tale*, no espaço jurídico da Convenção sobre a Patente Europeia – a heterogeneidade e a *fragmentariedade* das invenções biotecnológicas, especialmente no que diz respeito à articulação entre a conformação do *conteúdo* dos vários *requisitos substanciais* de patenteabilidade e o alargado *âmbito de protecção* adrede conferido ao direito de patente.

De entre os principais problemas técnicos e éticos postos ao direito de patente, salientam-se os que seguem: **(1)** as aporias suscitadas pelo problema da patenteabilidade das *descobertas*; **(2)** o problema da satisfação dos requisitos da *novidade*, da *actividade inventiva* e especialmente, da *industrialidade*; **(3)** a questão do *âmbito de protecção*, da extensão ou do *círculo de proibição* (NOGUEIRA SERÉNS) das patentes sobre sequências (*parciais* e *completas*) de *ADN* humano; (**4**) a limitação da patenteabilidade de genes humanos à luz da *cláusula ética* do direito de patente (*Ethik-Klausel des Patenterechts*) [12] existente nos ordenamentos jurídicos de tradição europeia continental.

4.1. A descoberta / invenção de genes; os conflitos interpretativos entre a CPE e a Directiva n.° 98/44/CE

a. A conformação da disciplina do direito de patente às especificidades do sector da biotecnologia do *ADN recombinante* postula diversos problemas de *interpretação*, os quais somente em pequena medida são removidos. Os resultados da aplicação da directriz n.° 98/44/CE no julgamento dos casos concretos nos tribunais dos Estados membros da União e aderentes à CPE decerto que poderá confirmar esta desconfiança.

Decorre do artigo 3.°/2 da citada directriz sobre invenções biotecnológicas, a distinção, em geral – quer se trate de *sequências de genes humanos*, quer se cure de *outras* substâncias biológicas – de três *fontes* (ou *estados*) de matéria biológica: (**1**) a matéria biológica pré-existente no seu estado natural; (**2**) a matéria biológica *isolada* do seu ambiente natural (e, *pour cause*, caracterizada); e (**3**) a matéria biológica produzida com base num processo técnico [13].

---

[12] Cfr. STRAUSS, J., *Genpatente, rechtliche, ethische*, (…), cit., págs. 24-27.

[13] DI CATALDO, V., "La brevettabilità delle biotecnologie, novità, attività inventiva, industrialità", in *RDI*, I, 1999, pág. 177 e ss., espec. pág. 181. Não concordamos, contudo, com a afirmação do autor, segundo a qual a forma verbal *isolada* quadraria à matéria biológica extraída e separada do meio biológico envolvente mediante técnicas tradicionais, enquanto que a expressão *produzida com base num processo técnico* respeitaria, outrossim, às técnicas da *biotecnologia moderna, maxime* as que recorrem ao *ADN recombinante* (*transgénese*).

Cremos, de facto, que ambos os *estados* de matéria biológica acima descrita supõem uma *intervenção humana de natureza técnica* que não exclui (antes pressupõe) a utilização de uma qualquer destas (bio)tecnologias. Só que o último dos estados (matéria *produzida com base num processo técnico*) inculca que essa matéria pode, igualmente, ser o produto de técnicas de *engenharia genética* que permitam construir organismos vivos mais complexos a partir de moléculas de ADN e de ARN *totalmente sintéticas*, ou seja, moléculas cuja génese resida na construção de átomos e moléculas de *ácidos nucleicos* efectuada *in vitro*, com a recriação (que não necessariamente uma *mimetização*) *puramente artificial* dos constituintes biológicos animais ou vegetais existentes na Natureza. Não se trataria de *produzir* matéria biológica a partir de outras matérias biológicas *in vivo*, devidamente *isoladas* e *destacadas* do seu meio biológico envolvente mais complexo, mas de

b. Pois bem. Uma primeira observação resulta à evidência. A *matéria biológica pré-existente no seu estado natural* é insusceptível de direito de patente, por não constituir, tão-pouco, uma *invenção.*

Um *produto biotecnológico* – produto que é formado por matéria biológica – ainda quando *pré-exista* no seu *estado natural* pode ser objecto de uma invenção, contanto que seja *isolado* do seu ambiente natural ou *produzido* com base num processo técnico (art. 3.°/2, da Directiva n.° 98/44/CE). Ainda conforme o dizer da citada directriz, os elementos *isolados* ou destacados do *corpo humano* – nos vários estádios do seu desenvolvimento e constituição —, incluindo a *sequência* (total) ou a *sequência parcial de um gene*, podem constituir uma invenção patenteável, mesmo que a *estrutura* desse elemento seja *idêntica* à de um *elemento natural* (art. 5.°/1 e 2).

Quer isto dizer, no contexto da directriz, que, tal como a matéria biológica meramente *isolada* do seu ambiente natural, ainda quando pré--exista no estado natural, pode constituir objecto de uma *invenção*, assim também – e por consequência – um *gene* ou uma *sequência parcial de um gene* tão-só *isolada* do corpo humano pode aceder à categoria de *invenção* patenteável, mesmo que a *estrutura* dessa *substância química* – que contém *instruções moleculares* encriptadas mas *inteligíveis* de acordo com determinadas *convenções de notação* – seja idêntica à do *ADN genómico* existente, em forma natural – e salva de qualquer *intervenção humana de natureza técnica* por processos que não ocorrem através da mera interacção das forças químicas e físicas naturais – em todas as células do *corpo humano* ou do corpo do *nascituro já concebido.*

Vale isto por confrontar o teor desta directriz com o regime vigente no quadro da CPE e perquirir acerca da possibilidade de concatenar a regra acima enunciada com as normas – da CPE e do CPI – que proíbem a patenteabilidade das *descobertas* (arts. 52.°/2, alínea *a*), da CPE e 48.°/1, alínea *a*), do CPI. Isto dito, ainda que o legislador da União haja (de forma ambígua?) ressalvado o *princípio da compatibilidade do cumprimento* das obri-

---

recriar totalmente in *vitro* esses constituintes biológicos. Os resultados práticos desta tecnologia são, porém, ainda escassos, dadas as actuais dificuldades técnicas em criar, *de novo*, organismos *unicelulares* com várias centenas ou milhares de pares de bases de nucleótidos. Cfr. Sampson, T., "Rewriting the genetic code: the impact of novel nucleotides on biotechnology patents", in *EIPR*, 2002, pág. 409 e ss.

Diga-se, também, que o último dos estados da matéria biológica acima referido parece abarcar a produção totalmente *in vitro* de *matéria biológica híbrida* resultante da *fusão* com *matéria não biológicas*, de que são exemplo, os nano-organismos, obtidos através da *nanotecnologia.*

Patentes de Genes Humanos

gações da directiva pelos Estados-membros em face da prévia assunção de outras obrigações decorrentes de convenções internacionais [14].

Em suma, no domínio da CPE fica a constatação – ou, no mínimo, a suspeita – de que os *genes* ou as sequências *parciais* de genes, ainda que *removidos* do corpo humano – uma vez precedidos do *consentimento esclarecido* do dador –, deverão, e ao invés, ser qualificados como meras *descobertas* , autorizando-se, no limite, que o *quid* patenteável abranja somente os *processos técnicos* de *isolamento* e/ou *purificação* daquelas substâncias.

E nem se diga que os problemas de compatibilização entre estes dois *blocos normativos* se acham, doravante, resolvidos mediante a simples alteração do Regulamento de Execução da CPE, ocorrida em 16/1/1999 [15], por decisão do Conselho de Administração da CPE, ao abrigo do disposto no artigo 33.º/2.º, da CPE. Decisão, esta, que, ao introduzir *novas* regras interpretativas dos pedidos de *patentes biotecnológicas*, se limitou a transpor, *ipsis verbis*, algumas das estatuições mais importantes previstas nos artigos 2.º, 3.º/2, 4.º/2, 5.º e 6.º, da Directiva n.º 98/44/CE [16]. Isto porque – dado que não foi alterado o texto da CPE – as eventuais divergências entre o texto da Convenção sobre a Patente Europeia e o texto do respectivo regulamento de execução, serão resolvidas pela prevalência da primeira (art. 164.º/2, da CPE).

Ora, dispondo o artigo 138.º/1, alínea *a*), da CPE, que a patente europeia só pode ser declarada *nula*, em consequência da legislação de um Estado contratante se o objecto da patente europeia não for patenteável, nos termos dos artigos 52.º a 57.º, da CPE e o artigo 139.º/1, do mesmo normativo, e que um pedido de patente europeia é tratado como se fosse um pedido de patente nacional – para mais quando somente o *âmbito de protecção* da patente europeia é apreciado à luz da legislação dos Estados contratantes (art. 64.º/3, CPE), mas as questões atinentes à *nulidade* da patente, apesar de deverem ser decidas à luz da legislação nacional dos Estados aderentes, devem observar as determinações condicionantes constantes do artigo 138.º, da CPE [17] –, é bem de ver a potencial *desarmonia vertical* entre a novel legislação dos Estados-membros da União Europeia,

---

[14] Art. 1.º/1, da Directiva n.º 98/44/CE.
[15] Com início de vigência a partir de1/1/1999.
[16] Cfr. os novos arts. 23-B, 23-D e 23-E, do Regulamento de Execução da CPE.
[17] Cfr., sobre isto, SINGER, R. / SINGER, M., *The European Patent Convention*, Revised english edition por R. LUNZER, Sweet & Maxwell, London, 1997 (reimpressão de 1997), pág. 830 e ss.

fruto da incorporação no direito interno das disposições da Directiva n.° 98/44/CE, e o teor dos artigos 52.° a 57.°, da versão ainda inalterada do texto da CPE [18], cuja observância igualmente cabe aos referidos Estados-membros.

Esta *desarmonia vertical* é, ademais, consequência do *conflito interpretativo*, surgido a montante, entre os dois textos de valor supra-legislativo: a CPE e a Directiva n.° 98/44/CE. Conflito que não nos parece ser passível de solução através dos consabidos mecanismos inscritos na Convenção de Viena sobre o direito dos Tratados, de 23/5/1969, já que nem todos os países membros da CPE e da União Europeia ratificaram a referida convenção, como é o caso da República portuguesa, da França, da Irlanda e do Luxemburgo [19].

b. Seja como for, parece-nos oportuno indagar acerca da delimitação do *limiar mínimo* de não confundibilidade entre as *descobertas* (não patenteáveis) e as *invenções biotecnológicas* patenteáveis, de harmonia com o disposto na Directiva n.° 98/44/CE.

Observe-se, desde já, o quanto o preceituado na citada directriz desfaz a tendencial harmonia doutrinal e jurisprudencial vigente ao derredor de uma noção unívoca de *invenção* contraposta à de *descoberta* [20].

---

[18] Esta desarmonia vertical

[19] GALLOUX, J.-C., "La directive dans l'ordre international", in *Les Inventions Biotechnologiques, Protection et explotation,* (…), cit., pág. 17 e ss., espec. págs. 24-25; FUCHS, A., "Patentrecht und Humangenetik", in *Mitt.*, 2000, pág. 1 e ss.,espec. pág. 6.

[20] No ordenamento estadunidense as coisas não se passam desta maneira. De facto, nos termos do art. 1.°, secção 8, n.° 8, da Constituição norte-americana: *The Congress shall have the power* (…) *To promote the progress of Science and useful arts, by securing for limited times to* (…) *Inventors the exclusive Right to their* (.) *Discoveries.* No mesmo sentido dispõe o *Patent Act*, de 1952 que (35 U.S.C., § 101): *Whoever invents or discovers any new and useful process, machine, manufacture, or composition of matter, or any new and useful improvement thereof, may obtain a patent therefor, subject to the conditions and requirements of this title.* Neste ordenamento, há muitos anos (provavelmente desde 1840: cf. o caso *Wyeth v. Stone*, 30 Fed. Cases, 723, C.C.D. Massachussets, *apud* SCHLICHER, J., *Patent Law: Legal and Economic Principles*, Clark Boardman Callaghan, Deerfield, New York, Rochester, 1997-2000, § 3.03[3][a] e nota 17; HARMON, R. L., *Patents and the Federal Circuit*, 4.ª edição, The Bureau of National Affairs, Inc., BNA Books, Washington DC, 1998, pág. 40 e ss.) encontra-se estabelecida a dicotomia entre os princípios, as teorias e (a revelação ou descoberta) (d)as leis da Natureza – insusceptíveis de patenteabilidade – e as coisas (e processos), que, apesar identificadas na Natureza, são objecto de intervenção humana (são *manufactured*) capaz de os tornar industrialmente *úteis* e, por conseguinte, patenteáveis. Daí que seja patenteável *anything under the sun that is made by man.*

Na verdade, é mais ou menos pacífico que as *descobertas* consistem no *reconhecimento* ou *desvelamento* de relações causais, fenómenos ou propriedades até aí ignorados, apesar de na Natureza[21], revestindo, dessa maneira, uma *natureza teórica* e *abstracta*[22]. Já as *ideias inventivas industriais* (*invenções*) são *soluções* (*técnicas*), que utilizam *meios técnicos*, para resolver *problemas técnicos* e, por isso, também *práticos*, tendo em vista a satisfação, directa ou indirecta, de *necessidades humanas*[23].

Este binómio *descoberta / invenção* acha-se parcialmente subvertido no actual quadro da Directiva n.º 98/44/CE – apesar da intenção aparentemente contrária deste legislador[24].

Na verdade, embora as *descobertas* sejam o *prius* das *invenções* e o referido binómio seja mais evanescente do que, à primeira aparência, possa ser sugerido[25], o certo é que o normativo comunitário contribui para o acentuar dessa erosão jurídico-dogmática. Precisamente por isso, há quem[26], perante a nova disciplina da Directiva – tentando *salvar o que resta* do referido binómio – pretenda interpretar *restritivamente* o disposto no artigo 52.º/2, alínea *a*), da CPE.

Haveria, pois, que considerar uma *noção complexa* de *descoberta*: as *descobertas não patenteáveis* e as *descobertas patenteáveis*. Donde, de um lado, caberia individualizar os princípios, os métodos matemáticos, as teorias científicas, as propriedades e os fenómenos naturais e, de outro, as *matérias inorgânicas* (*v.g.*, minerais) e as *matérias biológicas* (*v.g.*, microrganismos, vírus, bactérias, genes, etc.). Somente no que toca a este último grupo de coisas é que se faria mister fazê-lo aceder ao domínio do

---

[21] CAHVANNE, / BURST, J.-J., *Droit de la propriété industrielle*, 5.ª edição, Dalloz, 1998, pág. 65; João Paulo F. REMÉDIO MARQUES, "Introdução ao problema das invenções biotecnológicas", (…), cit., § 4.1.*b*.

[22] DI CATALDO, V., *I brevetti per invenzione e per modelo*, Giufré, Milano, 1988, pág. 65; DI CATALDO, V., *Le invenzione e I modelli*, Giufré, Milano, 1990, pág. 32.

[23] João Paulo F. REMÉDIO MARQUES, "Introdução ao problema das patentes biotecnológicas", (…), cit., § 4.1.*b*.

[24] Cfr. o considerando n.º 34: (…) *a presente directiva não afecta os conceitos de invenção e de descoberta, tal como estabelecidos pelo direito de patentes, a nível nacional, europeu ou internacional.*

[25] KRESBACH, G., *Patentschutz in der Gentechnologie*, Springer Verlag, Wien, New York, 1994, pág. 2, 37-38; UTERMANN, J., "Naturstoffe-Überlegungen zum Stoffschutz", in *GRUR*, 1977, pág. 1 e ss.; MOUFANG, R., "La patenteabilidad de los descubrimientos genéticos", in *El Derecho ante el Proyecto Genoma Humano*, Vol. II, Fundación BBV, Madrid, 1994, pág. 273

[26] SENA, G., "L'importanza della protezione giuridica delle invenzione biotecnologiche", in *RDI*, I, 2000, pág. 65 e ss., espec. pág. 70 e ss.

patenteável. Que o mesmo é afirmar que as *descobertas de per se*, consideradas *enquanto tal* e desprovidas de uma imediata *utilidade industrial*, não serão patenteáveis. Pelo contrário, as *descobertas* materializadas em objectos (*biológicos* ou *não biológicos*), uma vez despidas da *roupagem abstractizante* e teorizante de que, *ab initio*, se revestiriam, poderiam aceder ao estalão de *invenções*, contanto que o seu *objecto* fosse, *por si só* e por influência de uma *intervenção humana técnica*, um produto susceptível de *aplicação industrial*[27].

Assim, o poderem as matérias biológicas, meramente *isoladas* do seu *ambiente natural*, possuir uma *concreta utilidade* e/ou *industrialidade* constataria a veracidade daquela última proposição: a *patenteabilidade das descobertas aplicadas industrialmente*. Sendo que a derradeira confirmação desta interpretação se encontraria no preceituado do artigo 5.°/1, da mesma Directiva, de harmonia com o qual a *simples descoberta* de um dos elementos do corpo humano, incluindo a *sequência* ou a *sequência parcial* de um gene, não podem constituir invenções patenteáveis. Este modo de ver as coisas não nos nos parece o mais correcto do ponto de vista jurídico dogmático.

Ao cabo e ao resto, dá-se uma curiosa e preocupante *inversão metodológica*. Isto é: a dilucidação do que deva entender-se por *quid* patenteável implica, como *prius*, a análise e verificação, *em concreto* (tratando-se de genes humanos) da susceptibilidade de *aplicação industrial* da invenção, ou seja, faz-se mister que *haja a possibilidade* de o objecto da invenção poder ser *fabricado* ou *utilizado* em qualquer espécie de indústria. Assim, da circunstância de o *quid* poder ser fabricado *industrialmente* derivaria a transformação desse *quid* numa *ideia inventiva* patenteável; em suma, a *aplicação industrial* é que lograria transformá-lo numa *invenção*.

---

[27] SENA, G., *L'importanza della protezione*, (…), cit., págs. 70-71. Cfr., hoje, esta estranha possibilidade de patenteação de descobertas (*rectius*, na forma de *patente de produto*, que não, como seria aceitável, na forma de *patente de processo* ou *patente de uso*) nas directrizes do Instituto Europeu de Patentes, a partir da revisão de 2001 (*Guidelines*, Cap. IV, 2.3, de Fevereiro de 2001), de harmonia com as quais: "*To find a previously unrecognised substance occuring in nature is also a mere discovery and therefore unpatentable. However, if a substance found in nature can be shown to produce a technical effect it may be patentable. An example of such a case is that of a substance occuring in nature which is found to have an antibiotic effect (...) Similarly, a gene which is discovered to exist in nature may be patentable if a techical effect is revealed, e.g. its use in making a certain polypeptide or in gene therapy*".

4.1.1. *Crítica; a patenteabilidade dos elementos (genes) «isolados» do corpo humano*

a. O regime jurídico instituído a partir da Directiva n.º 98/44/CE, ao desvelar-nos a referida *inversão metodológica*, contraria os postulados básicos do nascimento do direito de patente. Com efeito, o que cumpre averiguar é se, *prima facie*, há *invenção* ou uma simples *descoberta*. *Secundum*, pressuposta a existência de uma *invenção*, é que se torna possível imaginar *invenções não patenteáveis* e *invenções patenteáveis*.

Assim, o intérprete deve, em primeiro lugar, procurar indagar se está perante uma *invenção*, vale dizer, se tem perante si uma *solução técnica*, que fazendo uso de *efeitos técnicos* (que não somente *efeitos estéticos* ou *artísticos*), resolve um *problema técnico*. Só depois procurará perscrutar se essa invenção é *nova*, se desfruta de *actividade inventiva* e de *industrialidade*[28].

A regime instituído pela directiva não respeita este percurso metodológico. De facto, no dizer deste normativo, ao passo que a *mera descoberta* de um gene ou da *sequência parcial* de um gene não é patenteável, já estas matérias biológicas serão patenteáveis contanto que tenham sido *isoladas* ou *destacadas* do corpo humano e dos constituintes biológicos que as envolvem e o peticionante haja indicado uma *concreta aplicação industrial* (art. 5.º).

b. Não pode negar-se que inúmeras matérias biológicas *isoladas* e *destacadas* do corpo humano – incluindo genes e sequências parciais de genes – têm permitido o desenvolvimento e a comercialização de fármacos de imensa utilidade, aumentando a qualidade de vida dos pacientes, pelo que ninguém discorda que, também, neste particular, o direito de patente se predispõe a promover o progresso e o bem-estar humanos. Todavia, daqui não segue que as referidas matérias biológicas sejam, por si só, patenteáveis, enquanto tenham sido meramente *isoladas* e *caracterizadas*, de tal maneira que esse *isolamento* e *caracterização* haja transmudado a sua intrínseca fisionomia: outrora *descobertas não patenteáveis* – ou, até, *apresentação de informações* –, volver-se-iam, doravante, em *invenções* susceptíveis de patenteabilidade.

---

[28] No mesmo sentido afirma-se nas *Guidelines* do Instituto Europeu de Patentes (Cap. C-IV, 2.2., *in fine*) que: *It must also be borne in mind that the basic test of whether there is an invention within the meaning of Art. 52(1), is separate and distinct from the question whether the subject matter is susceptible of industrial application, is new and involves an inventive step.*

É que, se bem repararmos, é a *natureza do processo de isolamento* ou de *destaque* que, no pensamento do legislador da União, determina a patenteabilidade *do produto* (*in casu*, genético) destacado. Na verdade, no considerando n.° 21 fica clara a ideia segundo a qual o elemento *isolado* do corpo humano ou produzido de outra forma é sempre o resultado de *processos técnicos* – inexecutáveis através do simples jogo das forças da Natureza – que o *identificaram, purificaram, caracterizaram* e *multiplicaram* fora desse corpo.

De resto, de acordo com a jurisprudência do Tribunal Federal de Patentes alemão (*BPatG*) – jurisprudência tirada em matéria de *invenções químicas*, cujo enquadramento dogmático e regime não é, no essencial, distinto do das *invenções biotecnológicas* –, os *produtos naturais* não devem ser tratados de forma diversa relativamente aos demais.

O facto de a *descoberta* ter sido precedida de muitos anos de pesquisa não a transforma, *sic et simpliciter*, numa *invenção* patenteável [29]. Pois que, patenteável é, ao invés, o esforço do inventor traduzido na solução de um *problema técnico*, *in casu*, a preparação de um novo composto químico com uma composição *mais pura*, embora já existisse na Natureza. Não basta, destarte, que ao requerente da patente seja, tão-só, exigida a remoção ou a colheita de uma substância do respectivo meio biológico envolvente. É preciso mais; faz-se mister que, para além do mero *isolamento*, ele proceda à *alteração* dessa mesma matéria biológica [30].

Daqui resulta que a não patenteação dos *processos* de isolamento, extracção, isolamento, caracterização e multiplicação impede a patenteação daqueles *produtos*: os *elementos isolados* do corpo humano ou *produzidos por qualquer forma*. E impede a patenteação mesmo quando se reconheça uma qualquer *aplicação industrial específica*.

c. Concede-se que, quando *isoladas* do corpo humano, as sequências completas (ou parciais) de um gene, podem ser usadas, directa ou indirectamente, na produção de fármacos e no desenvolvimento de outras terapias. São, por isso, usadas, *a jusante*, como soluções para resolver determinados problemas técnicos (*v.g.*, a terapia de uma particular doença ou síndrome).

---

[29] Assim, no caso *Antanamid*, de 28/7/1987, in *IIC*, 1979, pág. 494.

[30] Cfr., *inter alia*, na jurisprudência estadunidense: *Kiren-amgen Inc. v. Board of Regents of University of Washington* (in *Intellectual Property Review*, 1995, pág. 557 e ss.)*; Merk & Co. v. Olin Mathieson Chemical Corporation*, in Federal Reporter, Second series, 1958, pág. 156; *Amgen Inc. v. Chugai Pharmaceuticals Co. Ltd*, in *U.S.P.Q.*, 2d., 1989, 1737. Cfr. SHEINES, D., "Patenting Gene Sequences", in *JPTOS*, 1996, pág. 121 e ss.; cfr., tb., na jurisprudência do Instituto Europeu de Patentes, o caso *Howard Florey v. Relaxin*, in *OJ EPO*, 1995, pág. 388 = *IIC*, 1996, pág. 704.

Não nos parece, porém, que a mera *identificação* e *isolamento* destas substâncias – através de processo técnicos que não poderia ser executados senão através da intervenção humana – transforme, como que num *passe de mágica*, a *actividade de isolamento* numa *ideia inventiva industrial*, cujo *quid* se materializa *no mesmo* produto outrora pré-existente na Natureza, com a mesma estrutura, embora aí estivesse *misturado* noutros *sistemas biológicos continentes* mais complexos (*in casu*, no corpo humano).

O argumento que nos parece decisivo para afastar a patenteabilidade dos *genes* e das *sequências parciais* de genes que somente são *isoladas* do corpo humano reside, antes, na ausência de *efeito técnico*[31] para as alçar a *invenções de produtos*, já que o cientista se limita a sequenciar a *totalidade* ou o *segmento* do gene, tal-qualmente sucede quando uma empresa que pesquisa recursos geológicos *encontra*, a partir de certa profundidade, mediante a mobilização de complexa maquinaria e fazendo uso de *processos técnicos*, o mineral ou os hidrocarbonetos. A existir o *efeito técnico mínimo* requerido pelo direito de patente, ele somente se surpreende nos *processos* que propiciam a sequenciação, o *isolamento* e a *caracterização* das referidas substâncias biológicas. Razão pela qual esses *processos de sequenciação, isolamento* e *caracterização* serão, sem dúvida, patenteáveis, desde que satisfaçam os demais requisitos: *novidade*, actividade inventiva e industrialidade[32].

Quanto especificamente às *sequências parciais de genes*, parece clara a intenção de o legislador não incentivar a sua patenteabilidade, a despeito de a conceber com larga bonomia e larguez de critérios. De facto, apercebendo-se de que *a um gene* podem corresponder *várias sequências parciais desse gene*, cuja função concreta consista, tão-só, em *instrumento de pesquisa* (sondas, marcadores genéticos) com vista à identificação *completa* do gene (e/ou da sequência de amino-ácidos ou da proteína para que este codifica) – cada uma das quais tutelada por direitos de patente outorgados, no limite, a outras tantas sociedades –, não será invulgar que os Institutos Europeu e nacionais de patentes apenas aceitem o depósito de tantos pedidos quantas as *sequências parciais* reivindicadas

---

[31] Tb. GOEBEL, F. P., "Ist der Mensch Patentierbar? Zur Frage der Patentfähigkeit von Humangenen", in *Mitt.*, 1995, pág. 153 e ss., espec. pág. 157; MOUFANG, R., *Genetische Erfindungen*, (...), cit., pág. 161 e ss., Cfr., tb., FUCHS, A., "Patentrecht und Humangenetik", (...), cit., pág. 1 e ss., espec. págs. 3-4.

[32] FUCHS, A., "Patenterecht und Humangenetik", (...), cit., págs. 4-5; OSER, A., "Patenting (Partial) Gene Sequences Taking Particular Account of the EST Issue", in *IIC*, 1999, pág. 1 e ss. = *GRUR Int.*, 1998, págs. 648, 650.

(do mesmo gene) [33]. O que – a mais de tornar quase incomportável o montante de taxas devidas – significa que o *depósito* conjunto de várias *sequências parciais do mesmo gene* violará, nestes casos, o princípio da *unidade da invenção* (arts. 61.°, do CPI e 82.°, da CPE). Nem, tão-pouco, se poderá considerar que as *várias invenções* estão entre si ligadas, de modo a formarem um *único conceito inventivo geral* – hipótese, esta, em que, apesar de tudo, poderiam ser objecto de *um único* depósito. Daqui decorrerá o pagamento de taxas adicionais – pois, por exemplo, o depósito de 2000 sequências parciais de um gene, é tratado como depósito de 2000 *invenções independentes* –, tornando pouco ou nada atractivos os pedidos de patentes de *sequências parciais de genes* cuja única *aplicação concreta* seja a de servir de *marcador genético* para a identificação da sequência completa.

d. A admissão da patenteabilidade de genes ou de *sequências parciais* de genes somente *identificados* e, consequentemente, *isolados* do corpo humano – enquanto *patentes de produtos* – poderá, entre nós, conflituar com o *direito de liberdade* de *criação intelectual*, plasmada no *direito à invenção*, de estalão constitucional (art. 42.°/2, da CRP), pois não se descortina que os *produtos biológicos* assim *destacados* dos demais constituintes biológicos onde se encontravam emersos sejam o *resultado* ou a *forma externa* de uma *forma mental* [34] que não esteve ao serviço da simples *descrição* de *formas naturais*. Bem pelo contrário, se assim for o *intelecto humano* e os *efeitos técnicos*, que dele se espera que venham a produzir-se, limitam-se a operar sobre as *particularidades do objecto* (*biológico*) visado, separando-o, não só *idealmente*, mas também *materialmente* do outros objectos (*biológicos*). A *forma mental intelectiva* reside, desta maneira, nos *processos técnicos* de *identificação, isolamento* e *caracterização* dessas matérias biológicas. Mas isto é insuficiente. É estultícia dizer-se que o cientista *inventou* o *produto biológico* na medida em que, uma vez *descoberto*, o tenha *simplesmente destacado* ou *isolado* do ambiente biológico que o circundava.

Já no que concerne à *purificação* daquelas substâncias biológicas de origem humana, não temos dúvidas em admitir, ao invés, que o *resultado*

---

[33] A mesma previsão decorre do considerando n.° 25 da Directiva n.° 98/44/CE, segundo o qual cada sequência é considerada uma *sequência autónoma* para efeito do direito de patentes, sempre que seja necessário indagar o âmbito dos direitos em casos de sobreposição de sequências nas partes que não são essenciais à invenção.

[34] Cfr., sobre a *estrutura formal* das obras do espírito e as criações intelectuais, GAUDRAT, P., "Réfléxions sur la forme des oeuvres de l'esprit", in *Propriétés Intellectuelles, Mélanges en l'honneur de André FRANÇON*, Dalloz, Paris, 1995, pág. 195 e ss.

dessa *purificação* – a matéria biológica *purificada* (*v.g.*, fragmentos de *ARN polimerase* ou proteínas com uma actividade mais intensa, relativamente à função que normalmente desempenham nas células onde se localizam) – não constitui uma simples *descoberta* ou *apresentação de informação*.

Vale isto por dizer que, a mais do *isolamento* e *caracterização* da matéria biológica, é necessário que se proceda à sua *purificação*, designadamente obtendo *ADN complementar* (*cDNA*) *excisado* dos *intrões*; modificando a sequência de amino-ácidos; *apagando* ou *adicionado* genes ao *código genético* das diversas substâncias que intervêm nos processo biológicos intra-celulares (*ARN transportador*; *ARN das mitocôndrias*, etc.); *fundindo* sequências de ARN mensageiro de origem (animal/vegetal) diversa. Tudo isto de maneira a que se possa dizer que a matéria biológica adrede obtida *jamais existiu, como tal*, na Natureza. Ora isto pressupõe a prática de uma actividade humana de *natureza técnica*, dirigida não só à *identificação*, isolamento e *caracterização* daquelas substâncias, mas também à *modificação, fusão, cisão* ou *rearranjo* das *sequências parciais* ou *completas dos genes*.

Todas estas actividades humanas podem, à partida, alçar-se a *invenções de produtos biotecnológicos*, pois a *intervenção humana* induz que esses *produtos* sejam objecto de um *efeito técnico*, mediante o qual é possível *controlar* as forças da Natureza ou os *fenómenos naturais*, com vista à obtenção determinados resultados, que doutra maneira não ocorreriam [35]. Aqui, não só o *processo de purificação* pode ser patenteável como, igualmente, o próprio *produto purificado*.

4.1.2. *Conclusões*

Do exposto é legítimo concluir que somente deverão ser, neste particular, *candidatos positivos* à patenteabilidade, as *invenções* relativas: **(1)** aos *processos* de identificação, isolamento e caracterização de genes ou de sequências parciais de genes [36]; **(2)** aos *processos* que apliquem a sequência *completa* ou *parcial* de cDNA ou de *ADN genómico* (seja utili-

---

[35] Cfr., por todos, Busse, R., *Patentgesetz, Kommentar*, 5.ª edição, Walter de Gruyter, Berlin, New York, 1999, pág. 29 e ss., § 1., Rdn. 19 e ss.; Moufang, R., *Genetische Erfindungen*, (…), cit., pág. 137 e ss.

[36] E, a jusante, os processos de construção, selecção e identificação de marcadores genéticos (*ESTs, SPNs*), susceptíveis de serem utilizados como *instrumentos de pesquisa* em ulteriores investigações – constituindo, portanto, *produtos intermédios* – tendo em vista a obtenção de melhores *métodos e aparelhos (Kits) de diagnóstico*, de melhores *mapas* do genoma humano, etc.

zando as *ESTs*, as *Open Reading Frames* ou, em geral, os *SNPs*); (**3**) aos *usos* destas sequências para a expressão de genes noutros organismos, para transformar células de organismos *procariotas* ou *eucariotas*; para a obtenção de uma vacina ou como *screening agents* para a identificação de *ADN genómico* ou *ARN mensageiro* que codifiquem para uma determinada proteína[37]; (**4**) aos *genes* e às *sequências parciais* de genes *isolados* e, de alguma forma, *purificados*, seja por métodos tradicionais, seja por meio de técnicas de *ADN recombinante*; (**5**) às sequências de *ADN complementar* (*cDNA*), fabricadas por técnicas de *ADN recombinante*, por isso mesmo que são *cópias* de *ARN mensageiro*, aí onde os *intrões* se acham *excisados* ou removidos, relativamente ao *gene natural* que, como vimos[38], os incorpora; (**6**) às sequências de *ARN transportador* e de *ARN ribossomal*, que, enquanto implicadas no controlo da transcrição podem ser alteradas através da modificação das *proteínas* que com elas interagem (*partículas ribonucleoproteicas*)[39] (**7**) aos demais *produtos biológicos* obtidos a partir da alteração da sequência dos genes (*v.g.*, da alteração dos *codões* de terminação), tais como os *amino-ácidos* não existentes, *como tal*, na Natureza (*v.g.*, através do controlo dos fenómenos de *metilação*, de amputação), as cadeias de *péptidos* ou de *oligopéptidos*) e as proteínas, bem como os *processos químicos* adrede criados para a obtenção desses produtos.

4.2. A novidade

a. Assente que esteja o juízo sobre a existência, *in concreto*, de uma *invenção*, é preciso, depois, averiguar o preenchimento dos restantes requisitos substantivos de patenteabilidade. Um deles é, como se sabe, o da *novidade*.

A invenção será *nova* acaso não esteja compreendida no *estado da técnica*, sendo que o *estado da técnica* compreende tudo o que se tornado *acessível ao público* – por escrito, oralmente ou por uso de facto da invenção – antes da data do depósito (art. 54.°, CPE), de jeito a poder ser conhecido e explorado pelo perito (*médio*) na especialidade (art. 51.°/1, CPI), pois a informação pré-existente à data do depósito, capaz de *destruir* a *novidade* depende daquilo que ao perito da especialidade seja exigido que

---

[37] GOLDBACH, K. / VOGELSANG-HENKE, H. / ZIMMER, F.-J., *Protecting of Biotechnological Matter*, (…), cit., pág. 120-121.

[38] Cfr., *supra*, nota n.° 3.

[39] V.g., aumento da capacidade de o *ARN transportador* ser activado.

compreenda[40], sem que para tal deva ser exigido a realização de um esforço desproporcionado em relação aos conhecimentos que deve possuir.

b. No que tange à *novidade* dos genes ou das sequências *parciais* de genes, embora a consideração da circunstância de a estrutura dessas substâncias ser idêntica à que exista na Natureza, do simples facto do seu *isolamento* e *caracterização* (através de parâmetros estruturais ou funcionais) – desse *quid* até aí desconhecido – deriva a sua *novidade*[41], ainda quando o perito na especialidade pudesse implícita e teoricamente conhecer a sua existência (ou esta lhe não fosse incognoscível). Faz-se, porém, mister que esse perito não pudesse, em concreto, reconhecer ou prever a sua existência[42].

Assim, a *sequência parcial* de um gene não se encontra compreendida no *estado da técnica* somente pelo facto de a sequência de nucleótidos que a formam se encontrar armazenada numa *biblioteca de genes*, dado que aí ainda não fora *isolada* e *caracterizada*[43].

Do mesmo passo se pode afirmar que, se a mesma *sequência parcial* se achar compreendida no *estado da técnica*, tal não implica que essa publicidade se *comunique* à *sequência completa* do gene, posteriormente depositada por outro inventor. A despeito disto, a *sequência completa* do gene será *nova*. O mesmo se dirá nas eventualidades em que a *sequência completa* do gene (ou uma *sequência parcial* mais extensa) pertence(m) ao *estado da técnica*: uma parte dessa sequência pode ser *nova*, dado que se trata sempre de duas substâncias químicas diferentes – isto dito, sem prejuízo de se poder colocar o problema da ausência de *actividade inventiva*.

Enfim, a constatação da presença de pequenas diferenças na *estrutura química* da sequência de nucleótidos (no *cDNA*) pode infirmar, apesar de tudo, a *novidade* do pedido depositado posteriormente, visto que essa pequena alteração pode bem conduzir a uma dramática alteração da

---

[40] Cfr., *inter alia*, a decisão T 290/86, no caso *Imperial Chemical Industries v. Blendax Gmbh*, in *OJ EPO*, 1992, pág. 414.

[41] No mesmo sentido, cfr. *Guidelines*, Cap. C-IV, 2.3.; Fuchs., A., *Patentrecht und Humangenetik*, (...), cit., pág. 5.

[42] Rauh, P. A. / Jaenichen, H.-R., "Neuheit und erfinderische Tätigkeit bei Erfindungen daren Gegenstand Protein oder DNA-sequenzen sind", in *GRUR*, 1987, pág. 753 e ss., espec. pág. 755; tb. a decisão T 301/87, no já citado caso *Alpha Interferons / /BIOGEN*: as *sequências parciais* de genes (*EST*) existentes numa biblioteca de genes são novas, desde que as sondas de hibridização, capazes de permitir o seu isolamento e caracterização, não seja conhecidas.

[43] Assim, decisão T 412/93, no caso *KIRIN-AMGEN / ERYTHROPOEITIN*, in *EPOR*, 1995, pág. 629 =

130 *III Curso de Direito Industrial*

cadeia de amino-ácidos e, logo, da *estrutura* e das *funções* da proteína para que codifica[44].

4.3. A industrialidade; a descrição da invenção; a indicação da concreta aplicação industrial

a. A patenteabilidade uma invenção está, também, condicionada pela verificação da circunstância de a ideia inventiva ser susceptível de *aplicação industrial*, que o mesmo é dizer, que a ideia inventiva deve-se mostrar idónea a ser *utilizada* ou *fabricada* em qualquer género de indústria ou na agricultura (arts. 47.°/1, in fine e 50.°/3, ambos do CPI; art. 57.°, CPE) – por isso mesmo que o direito de patente tutela as *ideias inventivas industriais*.

O requisito da *industrialidade* encontra-se estritamente ligado ao cumprimento de uma outra obrigação, exactamente a que reclama que o inventor *descreva* a invenção, de forma suficientemente *clara* e *completa* para que um perito na matéria a possa executar (art. 83.°, CPE; art. 69.°/1, alínea *c*), CPI)[45].

Dado que a invenção deve ser publicitada – de jeito a que, de um lado, os conhecimentos científicos aplicados destarte *publicamente revelados* possam ser utilizados por outros inventores, por outro lado, que possa ser apreciada a *distância* entre a *solução técnica* reivindicada e as *soluções técnicas* que, à data do pedido, estavam disponíveis no domínio público e eram cognoscíveis pelo perito médio na especialidade (*actividade inventiva*) e, por último, que o *âmbito de protecção* do direito de patente seja razoavelmente delimitado em função da valia ou *contribuição técnica* e científica da ideia inventiva ora tutelada para o coetâneo estado da técnica[46] –, o inventor deve demonstrar a forma como a invenção pode *funcionar*.

---

[44] Em sentido análogo, cfr. a decisão T 886/91, de 16/6/1994, no caso *Hepatitis B virus / BIOGEN INC* (o tribunal decidiu, todavia, que à *nova variante* da sequência de *ADN complementar* – que codificava para uma proteína capaz de reconhecer os anticorpos da hepatite B, útil, portanto, para a fabricação de *vacinas* e *kits* de diagnóstico – faltava *actividade inventiva*).

[45] SINGER, R. / SINGER, M., *The European Patent Convention*, (…), cit., págs. 213-214; BUSSE, R., *Patentgesetz, Kommentar*, (…), 5.ª edição, cit., págs. 170-171, § 5, Rdn. 4 e ss.

[46] Deve evitar-se que as *reivindicações* sejam interpretadas de maneira tão *ampla* a ponto de o direito de patente abranger o exercício de actividades industriais, cujos processos que mobilizam ou produtos que fabricam ou comercializam não devem depender da invenção patenteada. Cfr., sobre o artigo 69.°, da CPE, e o respectivo protocolo interpretativo, aprovado em 5/10/1973, em resultado da Conferência Diplomática de Munique para a instituição de um Sistema Europeu de Concessão de Patentes, PAGENBERG, J., "The

b. Em sede de *invenções biotecnológicas*, este requisito assume um relevo particular, exactamente porque, quer o *resultado dos processos biotecnológicos*, quer os próprios *produtos biotecnológicos* têm uma capacidade *replicativa* ou *auto-replicativa*, pelo que se faz mister que o inventor possa assegurar a repetição *constante* dos resultados por si previstos e anunciados (o efeito técnico reivindicado) – seja no que diz respeito à *estrutura*, seja, sobretudo, no que concerne às *funções* que desempenham –, nas futuras linhas de *ácidos nucleicos* ou de *organismos vivos* mais complexos; ou que possa presumir-se que os referidos resultados poderão ser logrados com uma suficiente probabilidade. Mas não lhe é requerido que explique a *melhor maneira* (*best mode*) de comercializar ou fabricar o objecto ou o processo reivindicados.

Seja como for, parece-nos que o estalão da *industrialidade* das invenções biotecnológicas que incidem sobre *sequências completas* genes e sobre *sequências parciais* de genes, sendo mais *fraco* sempre que o *estado da técnica* da biologia molecular e da genética não permita reduzir a margem de imponderabilidade dos resultados, aumentará na proporção do aumento do acervo de conhecimentos científicos que, nestes domínios, permitem prever e assegurar a *reproductibilidade constante* destas substâncias[47].

Sem pretendermos, por ora, tomar posição definitiva sobre o tema, no que toca às *invenções biotecnológicas*, que tenham como objecto *sequências completas* ou *parciais* de genes, cumpre destacar os problemas atinentes:

(1) ao *depósito da matéria biológica* em instituições acreditada, posto que a *descrição* corre o risco de ser insuficiente, se o material reivindicado não é acessível ao público e não pode ser descrito no pedido, de maneira a permitir a sua realização por um perito na especialidade[48]. Os artigos 13.° e 14.°, da Directiva n.° 98/44/CE adoptaram as regras já plasmadas nos artigos 28 e 28a do Regulamento de Execução da CPE[49].

Scope of Article 69 European Patent Convention: Should Sub-combinations be Protected? A Comparative Analysis on the Basis of French and German law", in *Intellectual International Property Law & Policy*, Vol. 1, ed. por H. C. HAWSEN, Sweet & Maxwell, London, 1996, pág. 221 e ss.

[47] Aproximadamente, cfr. BRANDI-DOHRN, M., "The Unduly Broad Claim", in *IIC*, 1994, pág. 648 e ss., espec. pág. 652

[48] Cfr. STRAUSS, J. / MOUFANG, R., *Deposit and Release of Biological Material for the Purposes of Patent Procedure*, Nomos Verlagsgesellschaft, Baden-Baden, 1990, pág. 95 e ss., 141 e ss.; João Paulo F. REMÉDIO MARQUES, "Introdução ao problema", (…), cit. § 7.1.

[49] Por sua vez, o Projecto de alteração do CPI (1999) também reproduz, no seu artigo 60.°, o disposto nos artigos 13.° e 14.°, da citada directriz.

Curando-se de reivindicar sequências de genes, é exigido, a partir da decisão do presidente do Instituto Europeu de Patentes, 11/12/1992, a apresentação uniformizada (e em suporte digital) da *sequência de nucleótidos*[50] e de *amino-ácidos*, de acordo com as normas WIPO Standard ST.32., *ex vi* do artigo 27a, do Regulamento de execução da CPE.

(2) à possibilidade de, à face da descrição, estes ácidos nucleicos serem insusceptíveis de reprodução, atento o material biológico de que o inventor parte.

(3) ao risco de o *sentido* e o *alcance* das reivindicações (ainda que com o auxílio dos desenhos e do material biológico *depositado*) abranger coisas ou processos (biológicos) que ainda não existem[51], atribuindo-se, irrazoavelmente, ao inventor, um *âmbito de protecção* mais alargado. Isto porque no sector da biotecnologia detecta-se uma maior *impredictibilidade* de resultados do que em qualquer outro sector[52]. Razão pela qual o problema do *âmbito de protecção* das patentes reveste uma singular importância[53].

(4) à identificação clara da invenção, seja através da indicação dos *parâmetros químicos* e *físicos* (peso molecular, variações *alélicas*, localização, *dimensão* da sequência de nucleótidos, ou até os *efeitos biológicos*) dos ácidos nucleicos reivindicados, seja através da *descrição* da forma como são obtidos (*product-by-process claim*), seja através de uma *fórmula estrutural* – tal como nas *invenções químicas* em geral[54] – ou da apresentação da sequência de nucleótidos e/ou de amino-ácidos.

---

[50] A sequência de nucleótidos e de amino-ácidos significa uma sequência contínua de dez ou mais nucleótidos e uma cadeia de quatro ou mais amino-ácidos.

[51] *V.g.*, reivindicando resultados que não são cobertos pela descrição fornecida, seja quando esta

[52] *V.g.*, uma simples alteração da sequência de nucleótidos pode conduzir à formação de amino-ácidos diferentes; a supressão de um amino-ácido (trazido pelo *ARN transportador*) na cadeia de amino-ácidos pode conduzir à síntese de uma proteína estruturalmente idêntica a outra já anteriormente sintetizada ou pré-existente na Natureza, mas com propriedades diferentes (maior concentração, pureza, facilidade de obtenção, etc.).

[53] BARTON, J. H., "Patent scope in biotechnology", in *IIC*, 1995, pág. 605 e ss.

[54] São as chamadas reivindicações do tipo *Markush Claim*. Cfr. as *Guidelines*, Cap. C-II, 4.9.; DEHLINGER, P. J., "A Not-so-Radical Proposal for Selecting Radical Substitutions in Markush-Type Claims", in *JPTOS,* 1992, pág. 463 e ss., espec. pág. 464. Embora ao inventor seja requerido que demonstre (ou essa demonstração decorra da

c. Uma das singularidades da Directiva n.° 98/44/CE reside na exigência, posta no artigo 5.°/3, nos termos da qual as reivindicações que tenham por objecto sequências *completas* ou *parciais* de genes (patentes de produto) devem indicar a *concreta aplicação industrial* das matérias[55].

Dado que a indicação da *concreta aplicação industrial* pode efectuar-se mediante uma *descrição* que utilize *linguagem funcional* – ao ser precipuamente referida a *função* da sequência parcial do gene –, aí onde é suficiente que o inventor exponha, pelo menos, *um exemplo* com vista ao desempenho da referida função[56], o problema do (excessivo) âmbito de protecção assim sugerido, revela contornos insuspeitos.

Embora esta exigência pareça relacionar-se com a preocupação de prevenir, no quadro da CPE, o surgimento de reivindicações idênticas às que foram apresentadas em 1992, pelo Instituto Nacional de Saúde norte--americano (NIH), sobre *sequências parciais* de genes (*ESTs*), cuja proteína para que codificavam era (e ainda é) desconhecida, já houve quem sugerisse que a referida exigência mais não significaria senão o afloramento de uma regra geral, segundo a qual nas invenções químicas e biotecnológicas de *produtos* haverá sempre uma *limitação do âmbito de protecção* à *concreta aplicação* do invento[57].

Cremos, tão-sómente, que esta norma vem colocar um freio na *regra geral* oposta: a da *protecção absoluta* nas patentes de produto[58]. A revelação de, pelo menos, *uma maneira* de alcançar a solução técnica não deve permitir o alargamento do *âmbito de protecção* do direito de patente a todas as (ulteriores) ideias inventivas que alcancem o mesmo resultado[59]. Quer dizer: nas invenções cujo objecto consista em sequências *completas*

---

descrição, tal como o perito da especialidade a deverá apreender), com pelo menos um exemplo (*one-way rule*), o funcionamento da invenção, não raro essa demonstração será insuficiente, especialmente se a invenção cobrir várias alternativas ou variantes.

[55] Cfr., FUCHS, A., "Patentrecht und Humangenetik", (…), cit., págs. 5-6.

[56] Cfr. *Guidelines*, Cap. III, 6.5.. Tendo em vista o problema da *clareza* e *suficiência* da descrição (art. 69.°/1, alínea c), do CPI; art. 83.°, da CPE), as reivindicações deste jaez subordinam-se à designada *one-way-rule*, nos termos da qual uma maior *amplitude* do âmbito de protecção das reivindicações é aceitável na medida em que o perito na especialidade conheça, pelo menos, *uma maneira* de executar o invento mediante a leitura daquela descrição. Cfr. a Decisão T 292/85, no caso *Genetech Inc.*, in *OJ EPO*, 1989, pág. 275.

[57] DI CATALDO, V., "La brevettabilità delle biotecnologie", (…), cit., págs. 189-190.

[58] O conteúdo desta regra mostra-nos que o *âmbito de protecção* não se restringe a um *qualquer uso* do produto patenteado, mas antes que a protecção se estende a qualquer uso, incluindo as utilizações que dele se façam fora do sector industrial onde fora patenteado.

[59] BARTON, J. H., "Patent Scope", (…), cit., pág. 605.

ou *parciais* de genes (*v.g.*, *ESTs*, *SNPs*), o *pioneirismo* da ideia inventiva – e das inerentes faculdades jurídicas – numa fase da *investigação aplicada* tão próxima da *investigação básica* poderá bloquear as ulteriores pesquisas tendentes à obtenção de produtos biológicos *intermédios* (*v.g.*, enzimas, anticorpos, hormonas geneticamente modificados) e *finais* (*v.g.*, vacinas, fármacos, testes de diagnóstico), com uma inegável utilidade (*v.g.*, terapêutica)[60]. Isto significa que não é razoável, em muitos casos, fazer estender os direitos de patente a efeitos técnicos *desconhecidos*, que somente ocorrerão muito a *jusante*[61] do teor literal do *objecto do invento*, especialmente se há razões para supor que a limitação do *círculo de proibição* do direito de patente poderá contribuir para o aumento das vantagens competitivas daqueles que concorrem com o inventor no mesmo sector, salvo se a *extensão* ou o alargamento dessas fronteiras puder incrementar os incentivos colocados ao dispor do inventor e levá-lo a criar *novas soluções* técnicas a partir da primeira invenção de cuja patente seja titular.

Isto vale por significar que, provavelmente, a patente de uma *sequência parcial* de um gene só deverá abranger o *círculo* delimitado pelas utilizações *concretamente* expostas no pedido e as que possam ser imaginadas pelo perito na especialidade, na data do depósito, salvo se uma nova *solução técnica*, não obstante esteja incluída no referido *círculo de proibição*, revista um superior valor acrescentado em relação às outras soluções que o perito na especialidade poderia prever (*reverse doctrine of equivalents*)[62],

---

[60] Sobre isto, cfr. EISENBERG, R. S., "Proprietary Rights and the Norms of science in biotechnology Research", in *The Yale Law Journal*, 1987, pág. 177 e ss.

[61] Cfr., neste sentido, a decisão T 435/91, no caso *Unilever*, in OJ EPO, 1995, pág. 188, nos termos do qual não deve ser admitida a linguagem funcional se esta somente constituir um convite para a pesquisa de soluções técnicas alternativas daquelas que são mencionadas na descrição

[62] MAEBIUS, P. B., "Novel DNA Sequences and the Utility Requirement", in *JPTOS*, 1992, pág. 651 e ss., espec. pág. 653. A *reverse doctrine of equivalents*, tal-qualmente fora formulada no caso *Graver Tank & Mfg. Co. v. Linde Air Products, Inc.*, 339 U.S. 605 (1949), permite, destarte, limitar o *âmbito de protecção* do direito de patente, especialmente quando as *reivindicações*, ao definirem o objecto da protecção requerida, forem para além do que, para o perito da especialidade, resulta da *descrição* do invento. Assim, se o objecto da invenção, cuja anulação é peticionada, desempenhar a mesma função mas de forma *substancialmente diversa*, inexistirá ofensa do direito de patente anterior, a despeito de existir uma aparente *contrafacção literal* dessa patente. Cfr. CHISUM, D. / NARD, C. A. / SCHWARTZ, H. F. / NEWMAN, P. / KIEFF, F. C., *Principles of Patent Law, Cases and Materials*, Foundation Press, New York, 1998, págs. 1224, 1372; HARMON, R. L., *Patents and the Federal Circuit*, 4.ª edição, (…), cit., págs. 248-249. O objectivo desta doutrina – que pode revestir potencialidades expansivas no direito europeu con-

Patentes de Genes Humanos

ou se o depositante limitou *expressamente* a invenção a um determinado *uso* (*maxime*, terapêutico)[63].

De qualquer modo, é preciso saber como se logra satisfazer a referida exigência da industrialidade.

A este propósito – e no que respeita às *patentes de produto* – não nos parece que a *lacónica* indicação de que as *sequências parciais* podem ser utilizadas como *sondas* para a *hibridização* de outras sequências (parciais) do mesmo gene, ou para *futura pesquisa* em matéria de marcadores genéticos, respeite esta específica exigência posta quanto ao preenchimento do requisito da industrialidade, por isso mesmo que é excessivamente *vaga* e *genérica*.

Já nos parecem admissíveis, designadamente, as indicações:

(a) de formas isoladas de polinucleótidos, que contenham sequências de nucleótidos, capazes de *hibridizar* selectivamente ao genoma de um determinado vírus (*v.g.*, hepatite C)

(b) das sequências de *cDNA* (*ARN mensageiro* clonado e livre de *intrões*) que codificam para um *péptido* (cuja referência é expressamente efectuada), cuja *cadeia de amino-ácidos* tenha sido alterada (o amino-ácido cistina tenha sido substituído pelos amino-ácidos alanina ou serina);

(b) das sequências de *ADN* humano, com uma região de iniciação, ou o gene estrutural e uma região de terminação (codões de terminação) capazes de serem inseridos em células animais ou vegetais e induzirem a produção de proteínas (humanas)[64].

(c) das sequências de *ADN* humano que, sem a presença de intrões, codificam para a síntese de uma específica proteína.

(d) da molécula de *ADN recombinante* usadas para clonar uma sequência de *ADN* humano numa bactéria ou em células animais[65].

Não nos parece, pois, que seja determinante a afirmação plasmada no Considerando n.° (24) da Directiva n.° 98/44/CE, segundo o qual o cri-

---

tinental, especialmente no sector das novas tecnologias e, *pour cause*, das invenções pioneiras – apesar do disposto no artigo no Protocolo interpretativo do artigo 69.°, da CPE –, também parece consistir na limitação proporcionada do âmbito de protecção do invento ao respectivo mérito intrínseco.

[63] Decisão *Antivirusmittel*, do BGH, de 16/6/1987, in *GRUR*, 1987, pág. 794

[64] *V.g.*, interferões, eritropoeitina, etc.

[65] Após o que se deve descrever a forma e o *locus* de inserção da sequência de ADN humano no microrganismo e reivindicar, igualmente, o ADN que *hibridiza* em contacto com o primeiro e o tipo de péptido para que codifica

III Curso de Direito Industrial

tério da *aplicação industrial* é respeitado se e quando for especificada a *proteína* ou a *proteína parcial* produzida [66]. Esta condição de protecção é respeitada, contanto que as menções relativas à aplicação industrial sejam *específicas*, *credíveis* e *substanciais*, talqualmente se prevê nas directrizes do *U. S. Patent and Trademark Office Utility Examination*, em vigor desde 5/01/2001, cujo sentido e alcance não deve ser desconsiderado no direito europeu, pese embora constituam regras jurídicas que apenas vinculam os examinadores do referido Instituto estadunidense.

4.4. A actividade inventiva

a. A *actividade inventiva* é um outro requisito substantivo de patenteabilidade, previsto no artigo 50.°/2, do CPI (*idem*, art. 56.°, CPE), de harmonia com o qual *só é invenção patenteável aquela que não resulta de uma maneira evidente do estado da técnica*. Atentemos no mais divulgado *teste* para a apreciação da *actividade inventiva*, no quadro da CPE (*problem and solution approach*) [67].

Uma vez identificado o *problema técnico* que na reivindicação se afirma resolvido e o respectivo *estado da arte* contemporâneo à data do depósito do pedido – *id est*, aquele conjunto de conhecimentos com que o perito na especialidade se teria instruído para resolver o *problema técnico* proposto (e resolvido pelo inventor) [68] –, é preciso comparar a utilidade e as vantagens práticas da *solução técnica* oferecida pelo *estado da arte* coetâneo da data do depósito e as que o inventor reivindica [69]. Finalmente, cum-

---

[66] Tb., assim, BALDOCK, C., / COOK, T. / KARET, I. / ROLLINS, T. / WOOD, I., "Report Q 150: Patentability Requirements and scope of Protection of Expressed Sequence Tags (ESTs), Single Nucleotide Polymorphisms (SNPs) and Entire Genomes", in *EIPR*, 2000, págs. 39-42, espec. pág. 40.

[67] SZABO, G. S. A., "The Problem and Solution Approach in the European Patent Office",. In *IIC*, 1995, pág. 457 e ss., espec. pág. 457, espec. pág. 460 e ss.; BUSSE, R., *Patentgesetz, Kommentar*, (…), cit., págs. 130-131, Rdn. 22 e 23.

[68] O propósito desta abordagem inicial consiste em evitar, tanto quanto possível, que a solução reivindicada seja precipitadamente considerada óbvia para o perito da especialidade, exactamente porque há uma invariável propensão para considerar *óbvio* o que é objecto de reivindicação, atenta a tendência natural do ser humano em aprender uma distorcida imagem (retrospectiva) do desenvolvimento tecnológico anterior – *maxime*, numa época (que já remonta ao século XIX) de constante e acelerada renovação científica,

[69] Desta maneira, presta-se atenção aos *novos efeitos práticos* trazidos ao *estado da técnica* pela invenção reivindicada, em suma, ao *valor acrescentado* da invenção relativamente ao estado da arte.

pre avaliar se a *solução técnica* reivindicada resulta de maneira evidente do *estado da técnica*, ou seja, se esse perito, confrontada com o mesmo problema *deveria*[70] ter obtido a mesma solução que fora expressamente reivindicada?[71]

A dilucidação desta questão passa, em geral pela convocação de certos *índices* de *actividade inventiva*, tais como as *vantagens inesperadas*, os *efeitos* e *resultados surpreendentes*, a sentida *necessidade* do produto ou do processo, a superação de complexos problemas técnicos, etc.[72].

b. A dilucidação da *actividade inventiva* encontra-se estreitamente relacionada com a *aplicação industrial* das sequências *completas* ou *parciais* de genes, *concretamente* indicada na *reivindicação*.

Haverá, por exemplo, *indícios* de actividade inventiva das *SNPs* e *ESTs* nas eventualidades em que estas *sequências parciais* de *genes* estejam associadas a certas doenças ou predisposições genéticas.

A questão pode revelar-se mais controversa se estes *marcadores genéticos* somente forem reivindicados como *sondas*, com vista à obtenção e identificação de outras *porções* ou *fragmentos* do gene, dado que inexistirá, por regra, qualquer *vantagem* específica, substancial ou *efeito técnico inesperado* que não pudesse ser intuído pelo perito na especialidade. Nestes casos, a *actividade inventiva* será provavelmente estabelecida se o inventor se limitar a reivindicar uma *patente de uso*[73] – a qual, no quadro da CPR, é tratada como *patente de processo*, *maxime*, se o *estado da técnica* apenas incluir a sequência mas não for conhecida a *função*; neste caso, a reivindicação será dirigida ao *uso* dessa sequência no desempenho da *função* que seja expressamente indicada (*v.g.*, codificar para certos amino-ácidos com uma *função enzimática* específica).

---

[70] Não se trata de saber se o perito *poderia* ter chegado a essa solução, de acordo com o estado da arte devidamente documentado, já que *post factum finitum*, pode parecer-nos tecnicamente possível que o perito na especialidade pudesse obter a mesma solução. Porém, esta *expectativa teórica* de *sucesso* não é suficiente para estabelecer a ausência de *actividade inventiva*. Neste sentido, cfr. as *Guidelines*, Cap. IV, 9.5. (onde se faz a distinção *could/would*); tb. na decisão T 683/90, de 5/5/1992.

[71] Isto por dizer que, quanto mais *densificada* se apresentar a reivindicação mais difícil será concluir que o perito na especialidade poderia ter obtido a mesma solução.

[72] Busse, R., *Patentgesetz, Kommentar*, § 4, Rdn. 101 e ss., pág. 147 e ss., 163--164; Moufang. R., *Genetische Erfindungen*, (…), cit., pág. 278 e ss.; Chisum, D., Nard, C. A. / Newman, P. / Kief, F. S., *Principles of Patent Law*, (…), cit., pág. 535 e ss., 632 e ss.

[73] Baldock, C. / Cook, T. / Karet, I. / Rollins, T. / Wood, I., "Report Q 150: Patentability Requirements", (…), cit., pág. 41.

Quanto à actividade inventiva das reivindicações de *ADN complementar* (*cDNA*), não raras vezes, a utilização de um diferente *processo de isolamento* e de *clonagem* e *expressão* do *ARN mensageiro* (e, logo, de *excisão* ou *remoção* dos *intrões*) num *vector de expressão* (*v.g.*, num plasmídeo) constituirá um índice de actividade inventiva. Noutros casos, a obtenção deste *ARN mensageiro* em maiores quantidades (ou em maior *pureza*) do que pelas respectivas fontes naturais pode, também, inculcar a presença de actividade inventiva[74]. Noutros ainda, procurar-se-á surpreender diferenças ou semelhantes *estruturais*, os obstáculos técnicos inesperados com que o inventor se confrontara, o modo pelo qual seriam, ou não, ultrapassados pelo perito na especialidade e os efeitos técnicos *inesperados, surpreendentes* ou *imprevisíveis*[75].

Poderá obtemperar-se dizendo que inúmeras invenções biotecnológicas mobilizam técnicas (*maxime*, do *ADN recombinante*) que, hoje, se tornaram rotineiras e usualmente mobilizadas pelos técnicos do sector. Técnicas que, não raras vezes, implicam o uso de pertinácia, diligência, paciência, aí onde as soluções técnicas são precedidas de inúmeros erros, devidos a estratégias de pesquisa insuficientemente delineadas, ou são atingidas por mero *acaso*, após a realização em série de inúmeras operações técnicas abundantemente conhecidas pelos especialidades do sector.

Será lícito, nestas eventualidades, predicar, não obstante, a existência de *actividade inventiva*? Parece-nos que sim. Com efeito, nestas hipóteses, deve também perquirir-se se o perito médio na especialidade, atento o coetâneo *estado da arte* e a *descrição* do concreto invento, *deveria* obter a solução técnica reivindicada, acaso dispusesse de idênticos meios empresariais e recursos financeiros.

A *actividade inventiva* – em sectores de *tecnologias de ponta*, como o das biotecnologias – não reside tanto em averiguar o *flash do génio*, a *intuição* do inventor relativamente ao *especialista médio* do sector, quanto também em recompensar, com a outorga do direito de patente, os *resultados* da investigação e desenvolvimento obtidos por grandes *equipas de*

---

[74] Cfr. a decisão T 386/94, no caso *UNILEVER NV and Others*, in *OJ EPO*, 1996, pág. 658.

[75] Notar-se-á, porém, que no campo da biotecnologia, serão raros os casos em que se constata uma absoluta ou elevada *impredictibilidade* dos resultados técnicos alcançados. Isso não deve indiciar falta de actividade inventiva – já, porém, a simples necessidade de confirmar experimentalmente um resultado técnico razoavelmente *predictível*, poderá fazer presumir a falta de *actividade inventiva* – assim, CRESPI, R. S., "Inventivness in Biological Chemistry: an International Perspective", in *JPTOS*, 1991, pág. 351 e ss., espec. págs. 367-368.

cientistas e precedidos de uma actividade material e intelectual *paciente*, diligente e repetitiva[76], em que haja mais *suor* do que *inspiração*. A dilucidação do *nível de organização* de *meios empresariais* postos à disposição da pesquisa e desenvolvimento científicos – *v.g.*, dotações financeiras precipuamente orçamentadas, duração da investigação, máquinas e maquinismos postos à disposição, o grau de integração das equipas de investigação[77] – passa, deste modo, a ser tão importante quanto as *características intelectuais* e a formação profissional do perito na especialidade.

§5. A PATENTEABILIDADE DO GENOMA HUMANO E O PROBLEMA DA OFENSA AOS BONS COSTUMES E À ORDEM PÚBLICA

a. Não estamos seguros em afirmar que o *direito de patente* é um direito essencialmente *amoral*[78].

Sempre diremos que, apesar de a generalidade das leis sobre direitos de patente preverem a recusa da outorga destes direitos nos casos em que a invenção, cuja *publicação* ou *exploração*, for contrária aos *bons costumes*

---

[76] DI CATALDO, V., "La brevettabilità delle biotecnologie", (…), cit., págs. 185-186 (desvalorizando, no sector das invenções biotecnológicas) o arquétipo do inventor pessoa humana e da invenção enquanto fruto espontâneo da sua capacidade intelectiva); VANZETTI, A., "Presentazione", in *I nuovi brevetti, Biotecnologie e invenzioni chimiche*, Giufré, Milano, 1995, págs. VI-VII: *È così accaduto che invenzioni chimiche, validamente brevettate in tutto il mondo e corrispondenti a prodoti di enorme sucesso planetario venissero da noi dichiarate prive del requisito dell'originalità, in quanto strutturalmente vicine a formule già note, senza minimamente avvertire il problema delle distanze chimiche, dei rapporti fra struttura chimica e attività biologica, dei modi della ricerca chimica e della differenza fra ricerca di base e ricerca applicata; o che il tradizionale principio dell'unità dell'invenzioni venisse applicato per ridurre arbitrariamente l'ambito di tutela brevettuale, senza porsi il problema di un concetto più ampio di unità, idoneo a rispecchiare la complessità di ricerca e dei risultati in campo chimico* (…); tb. AULETTA, G., "Considerazioni sull'originalita dell'invenzione. Nota a Cass. 20 maggio 1950", in *Foro Italiano*, 1951, I, c, pág. 48 e ss. (no sentido da necessidade de averiguar acerca da possibilidade de o perito da especialidade, a despeito da incerteza dos resultados, ser capaz de resolver o problema técnico, cuja solução é reivindicada, com um custo de tal modo comportável, susceptível de tornar atractiva a actividade de pesquisa).

[77] DI CATALDO, V., "La brevettabilità delle biotecnologie", (…), cit., pág. 186.

[78] Esta *amoralidade* do direito de patente era, no entanto, sugerida pelo Prof. ORLANDO DE CARVALHO, no seu ensino oral nos cursos de mestrado. Cfr., tb., LE TORNEAU, Ph, "Exist-t-il une morale des affairs?", in *La morale et le droit des affaires*, Montchrestien, Paris, 1996, pág. 7 e ss.

ou à *ordem pública* (art. 49.°/1, alínea *a*), CPI; art. 53.°/a, CPE), nunca como nos últimos 15 anos o debate acerca do alcance deste limite do *contra legem* foi tão acesso [79]. O que ficou a dever-se às possibilidades técnicas que permitem da alteração das sequências genéticas humanas, a modificação dos demais *elementos do corpo humano* e a utilização de *processos de clonagem* e de modificação da *identidade génica germinal* de seres humanos.

b. A Directiva n.° 98/44/CE tentou enfrentar e resolver o problema destes limites do *contra legem*.

Desde logo, deixou cair a sindicação da eventual ofensa aos *bons costumes* e à *ordem pública* nos casos em que somente esteja em causa a mera *publicação* da invenção, já que tão-só um *juízo de prognose* acerca da (futura e eventual) exploração comercial do invento é que autoriza se julgue a invenção contrária à lei ou aos bons costumes, e já não há, hoje, ponderoso motivo para entender que a mera publicitação da ideia inventiva possa causar dano à colectividade.

Depois, tentou *concretizar*, em jeito meramente exemplificativo, um acervo de processos que, à partida, considera atentatórios da *ordem pública* e dos *bons costumes*. Precisamente os *processos* e as *utilizações* previstas nas várias alíneas do n.° 2 do artigo 6.°

c. A patenteabilidade das sequências *completas* ou *parciais* de genes, bem como os *elementos isolados* do corpo humano e os processos

---

[79] Cfr. João Paulo F. REMÉDIO MARQUES, "Introdução ao problemas", (…), cit., § 5; STRAUSS, J., *Genpatente, ethische*, (…), cit., pág. 34-35, 62 e ss.; ZIMMERLI, W. Ch., *Patenting of Human Genes and Living Organisms: An Ethical Point of View*, in «Patenting of Human Genes and Living Organisms», coord. de F. VOGEL / R. GRUNWALD, Springer, Berlin, Heidelberg, New York, pág. 133 e ss., espec. pág. 136 e ss.; Paula MARTINHO DA SILVA, "Genes y Patentes. Estará desfasado el Derecho Tradicional?", in *Revista de Derecho Y Genoma Humano*, n.°. 3, 1995, pág. 149 e ss., espec. págs. 153-154; IGLESIAS PRADA, J. L., *La Proteccion Juridica de los Descubrimientos Geneticos e el Proyecto Genoma Humano*, Editorial Civitas, Madrid, 1995, pág. 79 e ss.; ROGGE, R., "Patent auf genetische Informationem im Lichte der öffentlichen Ordnung und der guten Sitten", in *GRUR*, 1998, pág. 303 e ss.; FUCHS, A., "Patentrecht und Humangenetik", (…), cit., pág. 6; BEYLEVELD, D. / BROWNSWORD, R. / LLEWELYN, M., "'The morality clause of the Directive on the legal protection of Biotechnological Inventions: Conflict, compromise and the patent community", in GOLDBERG, R. / LONBAY, J., (eds.), *Pharmaceutical Medicine, Biotechnology and European Law,* Cambridge University Press, 2000, pág. 157 e ss., espec. pág. 161 e ss. (recentrando as questões morais da patenteabilidade das matérias biológicas, ao arrepio da tendência que sobrevaloriza uma retórica argumentativa eminentemente técnica e moralmente asséptica propugnada pela maioria dos cultores do direito de patente).

Patentes de Genes Humanos 141

de clonagem e alteração genética germinal é, enquanto *problema jurídico*, também um *problema ético* – ou não fosse o *problema do direito* um problema da construção e manutenção de uma juridicidade *axiologicamente fundada* perante o actual *totalitarismo técnico e económico* [80].

Pode, de facto, sustentar-se que a patenteabilidade de genes humanos e dos demais elementos e processos acima descritos reduz as *pessoas* ao universo das *coisas*, susceptíveis de serem vendidas, permutadas ou modificadas. Em suma, uma novel *coisificação dos seres humanos*, claramente atentatória do princípio da *dignidade da pessoa humana* (art. 2.°, da CRP), enquanto ser conformador *de si próprio* e da sua vida de acordo com o seu próprio projecto espiritual. Isto dito, para além de propiciar a verificação de outros efeitos científica e moralmente perversos, tais como: a programação genética das gerações futuras; a perda da diversidade genética; o aumento das desigualdades sociais; a erosão do que resta do *direito à reserva sobre a intimidade da vida privada*; a discriminação genética; o acentuar da *exploração dos recursos genéticos* dos países subdesenvolvidos.

d. Embora reconheçamos que a questão deva ser circunstancialmente decidida num horizonte de *incerteza científica*, que o *princípio da precaução* [81] pode constituir, nesta sede, um arrimo metodológico e que mais nos preocupam as objecções formuladas ao derredor de retóricas argumentativas seculares, que não religiosas, sempre diremos que:

(1) A proibição da patenteabilidade não preclude, apesar de tudo, a possibilidade de a experimentação científica aplicada dos referidos *produtos* e *processos* ser não raras vezes mantida ou incrementada, para mais e doravante num *horizonte de segredo*, apesar de tudo susceptível de constituir um bem jurídico transaccionável (*Know How*).

(2) Alguns daqueles produtos e processos (*v.g.*, clonagem de embriões humanos, terapia genética germinal) podem vir a ser, no

---

[80] António CASTANHEIRA NEVES, "A imagem do homem no universo prático", *in Digesta, Escritos acerca do Direito, do Pensamento Jurídico, da sua Metodologia e Outros*, Vol. 1.°, Coimbra Editora, Coimbra, 1995, pág. 311 e ss., espec. pág. 333.

[81] João Paulo F. REMÉDIO MARQUES, "A comercialização de organismos geneticamente modificados", (…), cit., págs. 224-236 (sobre a relevância e o conteúdo do *princípio da precaução* na biotecnologia); RESNIK, D. B., "The morality of Human Gene Patents", in *Kennedy Institute of Ethics Journal*, Vol. 7, n.° 1, 1997, pág. 41 e ss., espec. pág. 53.

142 *III Curso de Direito Industrial*

futuro, utilizados noutras áreas da biotecnologia (ou fora dela) com inegáveis vantagens para a saúde e bem-estar da Humanidade, pelo que a modulação dos *critérios éticos* deve ligar-se incidivelmente à *aplicação industrial* da invenção, isto é, deve ficar dependente da *ulterior utilização* da ideia inventiva[82], que, na fase do *exame prévio* tendente à prolação do acto administrativo de concessão da patente, aqueles limites do *contra legem* somente devem ser cha-mados à colação se e quando a outorga do direito de patente se revelar *repugnante*[83]; se *entrar pelos olhos dentro* que a concessão da patente é *aberrante*[84] à luz do padrão comum de valores geralmente aceite na comunidade cultural considerada – *in casu*, a comunidade cultural europeia ocidental.

(3) Os Institutos de Nacionais e Europeu de Patentes – enquanto *entidades administrativas,* e dada a escassa preparação e vocação, que, neste particular, é detida pelos seus funcionários e agentes – não são as instâncias mais apropriadas para sindicar as cláusulas da *ordem pública* e dos *bons costumes*[85].

O leva a supor que o *controlo jurídico da inovação científica* deva posicionar-se a *montante* – ao nível da regulamentação jurídica da própria pesquisa científica (*v.g.*, nas políticas de outorga de subsídios à investigação) – e a *jusante*[86] – em sede de comercialização de substâncias que sejam ou contenham organismos geneticamente modificados ou dos processos mencionados no artigo 6.º/2, da Directiva n.º 98/44/CE – por ocasião dos procedimentos administrativos de que depende a concessão de direitos de patente e das acções judiciais onde seja apreciada a validade ou a subsistência dos direitos de patente.

(4) O conteúdo da *dignidade* da pessoa humana não parece colidir com a patenteabilidade dos genes enquanto *substâncias químicas retiradas* ou *removidas* do corpo humano (e que nele

---

[82] LLWELYN, M., "Industrial Applicability / Utility and Genetic Engineering: Current Practises in Europe and in the United States", in *EIPR*, 1994, pág. 473 e ss.; WARREN, A., "A Mouse in Sheep's Clothin: The Challenge to the Morality Criterion Posed by Dolly", in *EIPR*, 1998, pág. 445 e ss.

[83] As *Guidelines* (Cap. C-IV, 3.1.) indicam um caminho análogo.

[84] Já assim, cfr. João Paulo F. REMÉDIO MARQUES, "Introdução ao Problema", (...), cit. § 5.c.

[85] Cfr. a decisão relaxina (ponto 6.5.), supra citada

[86] GALOUX, J.-C., in *Dalloz*, 1996, cit., pág. 48, n.º 12.

não voltem a ser implantadas *qua tale*)[87] – contanto que sejam objecto de *alteração* ou *modificação* –, pois o ser *Pessoa Humana* depende mais das *auto-representações* espirituais e culturais – da *irredutível transcendência* que nos separou dos outros seres que habitam neste planeta –, das ideias, dos valores, das emoções e da personalidade de cada ser humano do que dos *caracteres fisiológicos* do corpo humano ou dos *genes* que (também e em larguíssima medida) partilhamos com as outras espécies de seres vivos, animais, vegetais e microrganismos.

(5) O *pluralismo ético* das sociedades hodiernas ocidentais preclude a obtenção de *consensos* completos sobre o que deva considerar-se abrangido no *sector normativo* daquelas *clásulas gerais*. Esses *consensos* serão, invariavelmente e nos domínios agora em discussão, *efémeros*, sujeitos à mesma *revisibilidade* por cujo respeito os paradigmas científicos (e respectivos conhecimentos e meios científicos) são revistos e actualizados.

Em conclusão, tal como não devemos fechar a *caixa de Pandora* do genoma humano e a sua patenteabilidade, assim também não podemos subtrairmo-nos a analisar o mérito de algumas das suas *pragas* e *maldições*[88], sempre que o direito de patente pretende colocar-se ao serviço da *remuneração* (individual e social) dos *resultados* da investigação científica e da inovação tecnológica.

---

[87] Dado que a Directiva permite a patenteabilidade de elementos isolados ou destacados do corpo humano, há razão para perguntar se, tendo ocorrido *manipulação genética* das sequências de *cDNA* (*ARN mensageiro* clonado) humano, a subsequente *inserção* dessas sequências no corpo humano de outras pessoas (v.g., por ocasião de transplantes de orgãos geneticamente modificados, através da presença de *ADN* patenteado de um anterior dador), a titularidade do direito de patente é *oponível* às pessoas em cujo genoma esteja presente uma sequência de ADN patenteado. A resposta é negativa, pois dessa forma é que a dimensão transcendente do ser humano seria *coisificada*, reduzindo-se as pessoas a meros objectos instrumentos. Daí que, embora o direito de patente continue válido e existente, se o *elemento isolado* do corpo humano é reintroduzido noutro corpo humano, o *licere* desse direito será, obviamente e nestes casos, limitado às utilizações comerciais ou industriais da *ideia inventiva* patenteada (e, logo, do *produto* em que ela se materializa) que ocorram *fora* do *corpo humano*, dos gâmetas, dos embriões e dos fetos humanos. O âmbito de protecção do direito de patente não abrange o gene ou a sequência parcial do gene que operem *in situ*.

[88] RESNIK, D. B., "The Morality of Human Gene Patents", (…), cit., pág. 58.

144   *III Curso de Direito Industrial*

BIBLIOGRAFIA GERAL

AULETTA, G.
— "Considerazioni sull'originalità dell'invenzione. Nota a Cass. 20 maggio 1950", in *Foro Italiano*, 1951, I, c, pág. 48 e ss.

AUSTIN, C. P. / TRIBBLE, J. L.,
— "Gene Patents and drug development", in *Human DNA: Law and Policy, International and Comparative Perspectives*, ed. por BARTHA MARIA KNOPPERS, Kluwer International Law, The Hague, London, 1997, pág.379 e ss.

BALDOCK, C. / COOK, T. / KARET, I. / ROLLINS, T. / WOOD, I
— "Report Q 150: Patentability Requirements and Scope of Protection of Expressed Sequences Tags (ESTs), Single Nucleotide Polymorphisms (SNPs) and entire Genomes", in *EIPR*, 2000, pág. 39 e ss.

BARTON, J. H.
— "Patent Scope in Biotechnology", in *IIC*, 1995, pág. 605 e ss.

BEYLEVELD, D. / BROWSWORD, R. / LLEWELYN, M.,
— "'The morality clause of the Directive on the Legal Protection of Biotechnological Inventions: Conflict, compromise and the patent community", in GOLDBERG, R. / LONBAY, J., (eds.), *Pharmaceutical Medicine, Biotechnology, and European Law, Cambridge University Press*, 2000, pág. 157 e ss.

BIGGART, W. A.
— "Patentability in the United States of Microorganism, Process Utilizing Microorganism, Products Produced by Microorganisms and Microorganisms Mutational and Genetic Modification Techniques", in *IDEA*, 1981, pág. 114 e ss.

BRANI-DOHRN, M.
— "The Unduly Broad Claim", in *IIC*, 1994, pág. 648 e ss.

BUSSE, R.
— *Patentgesetz, Kommentar*, 5.ª edição, Walter de Gruyter, Berlin, New York, 1999.

CHAVANNE, A / BURST, J.-J.
— *Droit de la propriété industrielle*, 5.ª edição, Dalloz, Paris, 1998.

CHISUM, D. / NARD, C. A. / SCHWARTZ, H. F. / NEWMAN, P. / KIEFF, F. C.
— *Principles of Patent Law, Cases and Materials*, Foundation Press, New York, 1998.

COOK, T. – cfr. BALDOCK, C.

CRESPI, R. S.
— "Inventivness in Biological Chemistry: an International Perspective", in *JPTOS*, 1991, pág. 351 e ss.

DEHLINGER, P. J.
— "Not-so-Radical Proposal for Selecting Radical Substitutions in Markush-Type Claims", in *JPTOS*, 1992, pág. 463 e ss.

DI CATALDO, V.
— *I brevetti per invenzione e per modelo*, Giufré, Milano, 1988.
— *Le invenzione e I modelli*, Giufré, Milano, 1990.

Patentes de Genes Humanos

- "La brevettabilità delle biotecnologie, novità, attività inventiva, industrialità", in *RDI*, I, 1999, pág. 177 e ss.

EISENBERG, R.
- "Proprietary Rights and the Norms of Science in Biotechnology Research", in *The Yale Law Journal*, 1987, pág. 177 e ss.

FUCHS. A.
- "Patentrechts und Humangenetik", in *Mitt.*, 2000, pág. 1 e ss.

GALLOUX, J.-C.
- in *Dalloz*, Jurisprudence, 1996, pág. 46 e ss.
- "La directive dans l'ordre international", in *Les Inventions biotechnologiques, Protection et Explotation,* Litec, Paris, 1999, pág. 17 e ss.

GAUDRAT, Ph.
- "Réfléxions sur la forme des oeuvres de l'esprit", in *Propriétés Intellectuelles Mélanges en l'honneur de André FRANÇON*, Dalloz, Paris, 1995, pág. 195 e ss.

GOEBEL, F. P.
- "Ist der Mensch Patentierbar? Zur Frage der Patentfähigkeit von Humangenen", in *Mitt.*, 1995, pág. 153 e ss.

GOLDBACH, K. / VOGELSANG-WENKE, H. / ZIMMER, F.-J.
- *Protection of Biotechnological Matter under European and German Law*, VCH-Books, 1997.

GUÉRIN-MARCHAND, C.
- *Les manipulations génétiques*, 2.ª edição, P.U.F., Paris, 1999.

HARMON, R. L.
- *Patents and the Federal Circuit*, 4.ª edição, the Bureau of National Affairs, Inc., BNA Books, Washington DC, 1998.

HICKS, G. G. / CHEN, J. / RULEY, H. E.
- "Production and use of retroviruses", in *DNA Transfer to Cultured Cells,* ed. por RATYA RAVID / R. IAN FRESHNEY, Wiley-Liss, New York, etc., 1998.

IGLESIAS PRADA, J. L.
- *La Protección Juridica de los Descubrimientos Geneticos e el Proyecto Genoma Humano*, Editorial Civitas, Madrid, 1995.

KARET, I. – cfr. BALDOCK, C.
KIEFF, F. S. – cfr. CHISUM, D.
KRESBACH, G.
- *Patentschutz in der Gentechnologie*, Springer Verlag, Wien, New York, 1994.

LAWRENCE, D. / KENNEDY, J. / HATTAN, E.
- "New controls on the deliberate release of GMOs" in *European Environmental Law Review*, Fevereiro 2002, pág. 51 e ss.

LECHNER, Maria Celeste / RIBEIRO, Vera,
- *Replicação do DNA*, in «Biologia Celular», coord. por Carlos AZEVEDO, 3.ª edição, Lidel, Lisboa, 1999, pág. 131 e ss.

146   *III Curso de Direito Industrial*

LE TORNEAU, Ph.
- "Exist-t-il une morale des affairs?", in *La morale et le droit des affaires,* Montchrestien, Paris, 1996, pág. 7 e ss.

LLWELYN, M.
- "Industrial Applicability / Utility and Genetic Engineering: Current Practises in Europe and in the United States", in *EIPR*, 1994, pág. 473 e ss.

MAEBIUS, P. B.
- "Novel DNA Sequences and the Utility Requirement", in *JPTOS*, 1992, pág. 651 e ss.

MANGE, E. J. / MANGE, A. P.
- *Basic Human Genetics,* Sinauder Associates, Inc., Sunderland, Massachusetts, 1994.

MARQUES, João Paulo F. REMÉDIO
- "Algumas notas sobre a patenteabilidade de animais e vegetais", in *Lusíada, Revista de Ciência e Cultura,* n.º 1 e 2, 1998, págs. 341-434.
- "A comercialização de organismos geneticamente modificados e os direitos dos consumidores: alguns aspectos substantivos, procedimentais e processuais", in *Estudos de Direito do Consumo,* n.º 1, 1999, págs. 215-300.
- "Introdução às patentes biotecnológicas – Alguns problemas", in *Direito Industrial,* Vol. I, coord. do Prof. OLIVEIRA ASCENSÃO, Almedina, Coimbra, 2001.

MOTULSKY, V.
- *Human Genetics, Problems and Approaches,* 3.ª edição, Springer, Berlin, etc., 1997.

MOUFANG, R.
- *Genetische Erfindungen im gewerblichen Rechtsschutz,* Carl Heymanns Verlag, Köln, Berlin, Bonn, München, 1988.
- "La patenteabilidad de los descubrimientos geneticos", in *El Derecho ante el Proyecto Genoma Humano,* Vol. II; Fundación BBV, Madrid, 1994.

NARD, C. A. – cfr. CHISUM, D.

NEVES, António Castanheira
- *Digesta, Escritos acerca do Direito, do Pensamento Jurídico, da sua Metodologia e Outros,* Vol. I, Coimbra Editora, Coimbra, 1995.

NEWMAN, P. – cfr. CHISUM

OSER, A.
- "Patenting (Partial) Gene Sequences Taking Particular Account of the EST Issue", in *IIC*, 1999, pág. 1 e ss.

PAGENBERG, J.
- "The Scope of article 69 European Patent Convention: Should Sub-combinations be Protected? A Comparative Analysis on the Basis of French and German Law", in *Intellectual International Property Law & Policy,* Vol. I, ed. por H. C. HAWSEN, Sweet & Maxwell, London, 1996, pág. 221 e ss.

RAUH, P. A. / JAENICHEN, H.-R.
— "Neuheit und erfinderische Tätigkeit bei Erfindungen daren Gegenstand Protein oder DNA-sequenze sind", in *GRUR*, 1987, pág. 753 e ss.
RESNIK, D. B.
— "The morality of Human Gene Patents", in *Kennedy Institute of Ethics Journal*, Vol. 7, n.° 1, 1997, pág. 41 e ss.
ROGGE, R.
— "Patent auf genetische Informationem im Lichte der öffentlichen Ordnung und der guten Sitten", in *GRUR*, 1998, pág. 303 e ss.
ROLLINS, T. – cfr. BALDOCK, C.

SAMPSON, T.
— "Rewriting the genetic code: The Impact of Novel Nucleotides on Biotechnology Patents", in *EIPR*, 2002, pág. 409 e ss.
SCHLICHER, J.
— *Patent Law: Legal and Economic Principles*, Clark Boardman Callaghan, Deerfield, New York, Rochester, 1997-2000.
SCHWARTZ, H. F. – cfr. CHISUM, D.
SENA, G.
— "L'importanza della protezione giuridica delle invenzione biotecnologiche", in *RDI*, I, 2000, pág. 65 e ss.
SHEINES, D.
— "Patenting Gene Sequences", in *JPTOS*, 1996, págs. 121-137.
SILVA, Paula Martinho da
— "Genes y patetes. Estarà desfasado el Derecho Tradicional?", in *Revista de Derecho y Genoma Humano*, n.° 3, 1995, pág. 149 e ss.
SINGER, R. / SINGER, M.
— *The European Patent convention*, Revised english edition por R. LUNZER, Sweet & Maxwell, London, 1997 (reimpreessão de 1997: a edição em língua alemã é de 1995).
STRAUSS, J. / MOUFANG, R.
— *Deposit and Release of Biological Material for the Purposes of patent Procedure*, Nomos Verlagsgesellschaft, Baden-Baden, 1990.
STRAUSS, J.
— *Genpatent – rechtliche, ethische, wissenschafts- und entwicklungspolitische Fragen*, Helbing & Lichtenhahn, Basel und Frankfurt am Main, 1997.
SUDBERRY, P.
— *Human molecular genetics*, Adisson Wesley Longman Limited, 1998.
SZABO, G. S. A.
— "The Problem and Solution Approach in the European Patent Office", in *IIC*, 1995, pág. 457 e ss.

Thauraud,
— "Les problémes liés a la brevetabilité", in *Les Inventions biotechnologiques, Protection et Explotation*, Litec, Paris, 1999, pág. 43 e ss.

UTERMANN, J.
— "Naturstoffe-Überlegungen zum Stoffschutz", in *GRUR*, 1977, pág. 1 e ss.

148   *III Curso de Direito Industrial*

VANZETTI, A.
- "Presentazione", in *I Nuovi Brevetti, Biotecnologie e Invenzione Chimiche,* Giufré, Milano, 1995, págs. VII-VIII.

ZIMMERLI, W. Ch.
- "Patenting human Genes and Living Organisms: An Ethical Point of View", in *Patenting Human genes and Living Organisms,* coord. por F. VOGEL / R. GRUNWALD, Springer, Berlin, Heidelberg, New York, 1995.

WARREN, A.
- "A Mouse in Sheep's Clothin: The Challege to the Morality Criterion Posed by Dolly", in *EIPR*, 1998, pág. 445 e ss.

WATSON,. / GILMAN, M. / ZOLLER, M.
- *Recombinant DNA*, 2.ª edição, W. H. Freeman and Company, New York, 1992.

WEIL, J. H.
- *Bioquímica Geral*, 4.ª edição, trad. portuguesa por MARIA CELESTE LECHNER, Fundação Calouste Gulbenkian, Lisboa, 1983.

WOOD, I. – cfr. BALDOCK, C.

O DIREITO COMUNITÁRIO, A CONCORRÊNCIA E A «DISTRIBUIÇÃO SELECTIVA»: ENQUADRAMENTO E NOVOS DESAFIOS

por MIGUEL GORJÃO-HENRIQUES [*]

> «Sometimes it is necessary to re-invent the wheel in order to make the vehicle run»
>
> (Mario MONTI, discurso proferido no *Bundeskartellamt*, em 13.01.2000) [1]

I. A COMUNIDADE EUROPEIA E A (POLÍTICA DE) CONCORRÊNCIA

> «A política de concorrência não significa o desencadear de uma luta desenfreada de todos contra todos, mas a fixação e realização de normas jurídicas, a fim de tornar possível e de preservar uma concorrência praticável e de proteger as empresas contra a concorrência desleal. Só essa concorrência, aumentando a prosperidade e a liberdade, tem os efeitos benéficos que fundam o sucesso económico, social e político da economia de mercado. Ela faz igualmente parte integrante da política económica geral, de que é indissociável»
>
> (HANS VON DER GROEBEN, membro da Comissão e presidente do Grupo Concorrência, em discurso proferido em 16.6.1965, perante o PE) [2]

A Comunidade Europeia dispõe, desde o início, de uma política de concorrência. Na sua implementação, regula determinadas figuras ou

---

[*] Assistente da Faculdade de Direito da Universidade de Coimbra. O presente trabalho corresponde, sem grandes alterações substanciais, à intervenção feita em 11 de Janeiro de 2001 na Faculdade de Direito da Universidade de Lisboa, no âmbito do *3.º Curso de pós-graduação em Direito Industrial*, promovido pela Associação Portuguesa de Direito Intelectual. Foram apenas feitas algumas correcções e actualizações bibliográficas e doutrinais, tendo havido a intenção de, mesmo após uma leitura e análise mais atentas da nova regulamentação comunitária, não desvirtuar nem subverter o sentido e conteúdo da intervenção feita, apesar da *revelação* de algumas insuficiências.

[1] http://europa.eu.int/rapid/start/guesten.ksh?p_action.gettxt=gt.../6/0/RAPID&Ig=E.

[2] «La politique de concurrence, partie intégrante de la politique économique dans le Marché commun», pág. 400.

150   *III Curso de Direito Industrial*

modelos contratuais da vida comercial, como é o caso da distribuição selectiva. No entanto, não é difícil descobrir as razões da *fragmentariedade*[3] do tratamento jurídico dado comunitariamente a esta e outras figuras.

Elas decorrem, em primeiro lugar, do facto da disciplina comunitária das variadas formas de distribuição comercial ser uma consequência do exercício das atribuições[4] conferidas num dado momento pelos Estados membros à Comunidade Europeia[5-6]. É certo que esta organização internacional de integração[7] não perdeu ainda a natureza de uma *associação entre Estados* (*Staatenverbund*)[8], assente na vontade dos Estados membros que a compõem. Por conseguinte, a sua capacidade jurídica encontra-se marcada pelo *princípio da especialidade de fim*, dispondo apenas de *competências por atribuição* (*Prinzip der begrenzten Einzelermächtigung*)[9], só

---

[3] Ou especialidade. Talvez este termo seja até mais apto para apreender a natureza da intervenção jurídica dos órgãos comunitários no que a este contrato respeita.

[4] Utilizamos aqui a expressão com o sentido já por nós explicado em *Da restrição da concorrência na Comunidade Europeia: a franquia de distribuição*, Almedina, Coimbra, 1998, pág. 96, nota 208. Relembre-se, no entanto, que, na CE, nem todos os seus órgãos têm a mesma importância. Enquanto uns contribuem para formar e exprimir a vontade do ente – os que tradicionalmente se qualificam como «instituições» comunitárias e que como tal vêm referidos no artigo 7.°, n.° 1 CE, outros funcionam como órgãos complementares ou auxiliares da actividade dos primeiros, em especial daqueles que desempenham funções de direcção: entre estes destacam-se os Comités das Regiões (art. 263.°) e Económico e Social (art. 257.°). Sobre a impropriedade do termo «instituições», Fausto de Quadros, *Direito das Comunidades Europeias e Direito Internacional Público*, Almedina, Lisboa, 1991, pág. 12, nota 3.

[5] Todas as normas citadas sem indicação de diploma pertencem ao tratado de Roma institutivo da Comunidade Europeia, na redacção e numeração resultantes do tratado de Amesterdão. Também as normas do Tratado da União Europeia são citadas na sua redacção e numeração actual.

[6] E não à União Europeia. Esta, instituída com o Tratado da União Europeia (artigo 1.° UE), não tem atribuições neste domínio.

[7] Organizações internacionais regionais abertas de tipo especializado e de integração económica (Boulouis, *Droit Institutionnel de l'Union Européenne*, 5ème edition, Montchrestien, 1995, pp. 43 e seguintes) ou organizações interestaduais não soberanas (Mota de Campos, *Manual de direito comunitário*, FCG, Lisboa, 2000, pp. 248-249).

[8] Sobre o ponto, o acórdão de 12.10.1993 do *Bundesverfassungsgericht*, 2ª secção (2 BVR 2134792, 2 BVR 2159792) – trad. portuguesa de M. Brito Correia, em *Direito e Justiça*, Vol. VII, tomo 2, 1994, pág. 286.

[9] Entre muitos, citem-se apenas Gual («The three common policies: an economic analysis», in *European Policies on Competition, Trade and Industry – conflicts and complementarities*, ed. Buigues/Jacquemin/Sapir, Edward Elgar, Aldershot, UK, 1995, pág. 39), Constantinesco («Article 3 B – Commentaire», Constantinesco/Kovar/Jacqué/ /Simon (Dir), *Traité instituant la CEE – commentaire article par article*, ed. Economica,

O *Direito Comunitário, a Concorrência e a «Distribuição Selectiva»* 151

agindo onde e quando os tratados lhes permitem agir. Ora, os tratados – ou mais especificamente, o tratado da Comunidade Europeia (CE) – não atribuem aos órgãos comunitários nem os meios nem, sobretudo, os *fundamentos* jurídicos necessários para permitir que a Comissão ou o Conselho (órgão de decisão por excelência no espaço comunitário) criem uma disciplina jurídica (tão) completa (quanto possível) para um qualquer contrato ou modo de distribuição comercial (*maxime*, para a distribuição selectiva)[10].

Uma tal possibilidade de criação normativa reside no domínio da competência estadual, extravasando da competência comunitária[11]. Limitados à tarefa de realização dos objectivos que lhes foram cometidos pelos Estados membros, os órgãos comunitários só podem regular e determinar o conteúdo e sentido de tais contratos *enquanto tal se mostrar necessário para realizar os objectivos comunitários definidos convencionalmente.* É o que sucede naqueles domínios em que a CE goza de uma competência exclusiva ou concorrente com a competência estadual, como é (este último) o caso da *política de concorrência*[12].

A CE (então CEE) pretendia atingir os seus objectivos, constantes do preâmbulo e do artigo 2.º do Tratado de Roma[13], através da instauração do mercado comum (depois «Mercado Interno»)[14].

1992, pp. 107-109) ou Nuno Ruiz («Relações entre o direito nacional e o direito comunitário da concorrência», *BDDC*, 1989, n.º 37/38, pág. 357 e «O Princípio da Subsidiariedade e a Harmonização de Legislações na Comunidade Europeia», *A União Europeia na Encruzilhada*, Almedina, Coimbra, 1996, pág. 129).

[10] O próprio Tribunal de Justiça sempre teve em consideração essa sua limitação. No acórdão *LTM/MBU*, de 30.6.1966, a propósito das consequências da aplicação da proibição do n.º 1 do artigo 81.º [na altura, 85.º] a um acordo de exclusividade, *maxime* quanto ao problema de saber em que medida a nulidade de certas cláusulas, *ex vi* do n.º 2 deste artigo, podia implicar a nulidade total do acordo, o Tribunal de Justiça declarou expressamente que «todas as outras disposições contratuais não afectadas pela interdição, não relevando para a aplicação do tratado, escapam ao direito comunitário» (tradução livre).

[11] No entanto, *vide* o que diremos sobre o novo regulamento de isenção categorial dos acordos de distribuição automóvel, aprovado pelo Regulamento n.º 1475/95.

[12] Na fórmula de J.V. Louis, a concorrência é um domínio em que «a competência comunitária e a competência nacional são autónomas e paralelas» – *A ordem jurídica comunitária*, Comissão Europeia, 5.ª edição revista e actualizada, 1993, pág. 26. Assim, logo em 1986, também o Conselho da Concorrência português, *Relatório de actividade de 1986*, DR, II série, n.º 168, de 24.7.1987, 9168, pp. 10 e 14.

[13] O artigo 2.º expressamente prescreve que a Comunidade tem como objectivos, entre outros, «promover o desenvolvimento harmonioso e equilibrado das actividades económicas, (...) o aumento do nível e da qualidade de vida, a coesão económica e social e a solidariedade entre os Estados-membros».

[14] O mercado comum era apresentado, no relatório do comité Spaak, como «uma

152   *III Curso de Direito Industrial*

Não interessa aqui descrever o processo que conduziu à criação das Comunidades Europeias. Na génese estão, sobretudo, desejos de pacificação do espaço europeu [15], após os conflitos mundiais da primeira metade do século XX. Mas também algum sentimento europeísta, concretizado politicamente (nomeadamente, a partir do Congresso da Haia) e juridicamente (sobretudo através da CECA, criada pelo tratado de Paris de 18 de Abril de 1951). Esta organização foi sempre apontada como a mais tributária de conteúdos supranacionais. Facto comprovável em vários domínios, quer porque a intervenção estadual directa é mais reduzida, quer porque, correlativamente, os órgãos comunitários de compo-

---

fusão dos mercados separados», tendo como objectivo criar «uma vasta zona de política económica comum».

A distinção entre os objectos próprios do mercado comum e do mercado interno (único) é feita por Manuel Porto, *Teoria da Integração e Políticas Comunitárias*, 3.ª ed., Almedina, Coimbra, 2001, pp. 207 e seguintes. Sobre a noção de Mercado Comum, enquanto objectivo comunitário, se pronunciou o próprio Tribunal de Justiça, por exemplo no acórdão *Schul*, de 5.5.1982 (acórdão *Gaston **Schul** Douane Expediteur BV c. Inspecteur de Roosendaal,* de 5.5.1982, proc. 15/81, Rec., 1982, 5, pp. 1431-32, cons. 33), no qual confirmou a sua concepção ampla, segundo a qual o «mercado comum» «comporta a eliminação de todos os entraves às trocas intra-comunitárias tendo em vista a fusão dos mercados nacionais num mercado único que funcione em condições tão próximas quanto possíveis das de um verdadeiro mercado interno». Esta noção pode hoje considerar-se ainda mais ampla, não apenas pela superação do «mercado comum» como objectivo final da construção europeia, no AUE – e sua *substituição* pela própria ideia de «Mercado Interno» (artigo 7.º-A CE) –, mas também pelo alargamento dos objectivos económicos da CE à própria ideia de união económica e monetária. Entre nós existem algumas obras monográficas relativas ao AUE e ao mercado interno por este definitivamente despoletado – *vide* sobretudo Manuel Porto (*Do Acto Único à «nova fronteira» para a Europa*, Coimbra, 1988, em especial, sobre a concorrência no sector especial dos transportes, pp. 56-57), Lopes Rodrigues (*O Acto Único Europeu e a política de concorrência*, vol. 30, Banco do Fomento Exterior, Lisboa, 1990) e Albuquerque Calheiros («Sobre o conceito de mercado interno na perspectiva do Acto Único Europeu», *BDDC*, n.º 37/38, 1989, pp. 375-409, considerando a política de concorrência como englobável no tradicional conceito de *mercado comum* – pág. 387).

[15] Sobre o ponto, entre outros, Edgar Morin (*Pensar a Europa*, Publicações Europa-América, 1988, pág. 109), Freitas do Amaral (*Um voto a favor de Maastricht*, Editorial Inquérito, 1992, pág. 15): «a principal razão que esteve na origem das Comunidades (...) foi a de criar uma união tão forte e tão íntima entre os países europeus que nunca mais fosse possível haver uma guerra entre europeus»; e Montesquieu (*De l'esprit des lois*, livre XX): «L'effet naturel du commerce est de porter à la paix. Deux nations qui négocient ensemble se rendent réciproquement dépendantes: si l'une à intérêt d'acheter, l'autre a intérêt de vendre: et toutes les unions sont fondées sur des besoins mutuels».

O *Direito Comunitário, a Concorrência e a «Distribuição Selectiva»*   153

sição não estadual são dotados de competências mais amplas [16], quer, por último, por esta Comunidade deter atribuições mais importantes no domínio aqui em causa – o da concorrência –, que constitui seu domínio exclusivo [17].

A estrutura e objectivos integrados que se podia ver reflectidos na CECA não se repetiram na CEE e na CEEA, por razões simultaneamente *extrínsecas* e *intrínsecas*. Em primeiro lugar, porque o ideário político federalista, que tinha alcançado um especial relevo após o Congresso da Haia, em 1948, tinha entrado em regressão. Outra e importante razão era o objecto da (então) futura Comunidade Económica Europeia que, pela sua amplitude, natureza e complexidade, requeria uma actividade normativa e executiva da organização de que os Estados membros naturalmente não queriam abrir mão [18].

---

[16] Pense-se, no plano institucional, no caso da Alta Autoridade CECA (actual Comissão). Este órgão detém, comparativamente à Comissão na CE, um domínio material e formal de competências bem mais vasto. E esta diferença era ainda mais visível quando se tomava como critério comparativo o desenho originário da estrutura institucional das várias organizações comunitárias. No entanto, a magreza das competências atribuídas ao órgão de composição estadual não faz esquecer dois factores. Primeiro, no domínio da CECA, o Conselho continua a intervir em domínios especialmente sensíveis. Segundo, mesmo tendo este órgão uma componente estadual, não age enquanto conferência de representantes governamentais, mas na veste de órgão comunitário.

[17] Artigos 60.° e seguintes do Tratado de Paris de 18.4.1951, publicado na versão portuguesa no DR, I série, n.° 215, de 18 de Setembro de 1985, 2.° suplemento, com a redacção que resulta dos Actos de adesão da Suécia, Finlândia e Áustria (que, na data da publicação deste trabalho, já não se encontra em vigor).

[18] Como já em 1985 ensinava Moura Ramos («As Comunidades Europeias – enquadramento normativo-institucional», em *Das Comunidades à União Europeia – estudos de direito comunitário*, 1994, Coimbra Editora, pp. 7-102 (vg Sep. BMJ, n.° 25-26, 1987, pág. 24), «o escopo diferente da CECA e da CEE (...) fez com que os respectivos tratados viessem a ser documentos marcadamente distintos: o primeiro um tratado-regra ou normativo (...) que transforma os órgãos da CECA em instâncias dominantemente administrativas e sem poderes normativos particularmente latos; o segundo um tratado-quadro, onde era manifestamente impossível pretender prever a multiplicidade de questões que se viriam a pôr no devir da Organização, pelo que veio a caber aos órgãos de direcção a missão de prover à sua resolução» o que, implicando o reconhecimento a estes de mais amplos poderes normativos, conduziu a um diverso «sistema de partilha do poder de decisão nas duas organizações» (*v.g.* ainda Reuter, *Organisations Européennes*, 2.ª ed., Paris, 1970, p. 188, ou, mais recentemente, J.-V. Louis, *A ordem jurídica comunitária, cit.*, pág. 97). Assim se exprimem os também cotados Goldman/ /Lyon-Caen/Vogel: «Mas o que foi possível em 1951 [CECA], num certo contexto político e para certos mercados, não o foi seguramente em 1957. Os Estados estavam mais reticentes em consentir em abandonos de soberania, para o conjunto dos bens e serviços» (*Droit commercial européen*, 5.ª ed., 1994, pág. 341).

O mercado comum desejado pressupunha mais do que o estabelecimento de uma zona de comércio livre (como acontecia na AECL [19]).
Implicava ainda a realização de uma União Aduaneira [20] e a liberdade de
circulação dos factores produtivos [21] – trabalhadores, mercadorias, serviços e capitais –, objectivos complementados por três políticas distintas
mas necessárias, a política agrícola, a política comercial e a política de
concorrência.

A CEE tinha nessa altura uma essência económica, que se exprimia
em todos os domínios da intervenção comunitária. E durante mais de três
décadas, esta vertente económica constituiu o núcleo essencial da experiência comunitária, a partir do qual se desenvolveram muitas outras vertentes que contribuem para «criar uma união cada vez mais estreita entre
os povos da Europa» (artigo 1.º UE).

Por isso, desde o início que, para realizar os objectivos gerais prescritos no próprio artigo 2.º do tratado CE, se estabeleceram regras que
fossem aptas a garantir, mais do que a mera abolição de obstáculos estaduais à livre circulação das mercadorias no espaço europeu comunitário,
que neste mercado mais aberto e integrado a concorrência não fosse falseada [22].

---

[19] Associação Europeia do Comércio Livre (EFTA), criada pela Convenção de
Estocolmo, em 1960, de que Portugal foi membro fundador. Na doutrina, aponta-se com
frequência a *luta* que entre estes dois modelos se fez sentir, nos anos 50 e 60, salientando-
-se o triunfo do modelo comunitário, de que são expressões a conclusão de acordos de
associação entre os países da AECL e as Comunidades Europeias, a progressiva adesão
desses Estados às Comunidades e o (ainda) recente acordo relativo ao Espaço Económico
Europeu, que foi construído para reger as relações entre dois grandes blocos, envolvendo
inicialmente 17 Estados (os doze da CEE de então, mais os cinco da AECL – a Suíça veio
a rejeitar em referendo a ratificação do acordo, e o Liechtenstein veio a aderir ao acordo,
na sequência de negociações bilaterais com a Suíça, com a qual partilhava uma união
aduaneira). Hoje o acordo perdeu indiscutivelmente interesse, do ponto de vista comunitário, porque os Estados Partes não-comunitários não têm já grande significado económico:
Noruega, mas sobretudo Islândia e Liechtenstein. Sobre os antecedentes do acordo EEE,
por todos, Norberg/Hökborg/Johansson/ Eliansson/Dedichen, *The European Economic Area
– EEA Law – A commentary on the EEA agreement*, Fritzes, 1993, pp. 35 e segs.

[20] Artigos 3.º, alínea *a*) e 23.º e seguintes CE.

[21] Artigo 3.º, alínea *c*) CE. A concorrência era concebida essencialmente como
instrumento de realização desta liberdade de circulação de factores produtivos – *Memo-
randum da Comissão da CEE sobre a concentração no Mercado Comum*, pág. 655.

[22] O artigo 3.º *g*) do Tratado CE (anterior alínea *f*)) dispõe que, para atingir os
objectivos referidos no artigo 2.º, a acção da comunidade implica «o estabelecimento de
um regime que garanta que a concorrência não seja falseada». Segundo o entendimento
dominante, o objectivo não seria a protecção da livre concorrência em si mesma, tanto

O Direito Comunitário, a Concorrência e a «Distribuição Selectiva»   155

A mera consagração das liberdades circulatórias de trabalhadores, mercadorias, serviços e capitais não era suficiente. De que serviria suprimir todas as restrições normativas estaduais à livre circulação de mercadorias (artigos 23.° e seguintes), se resultados idênticos do ponto de vista da *protecção dos mercados* e tecidos produtivos e distributivos nacionais podiam ser atingidos por outras vias, como as coligações entre empresas, os abusos de posições dominantes num determinado mercado ou as ajudas estatais a empresas, que impediriam ou dificultariam o acesso de empresas provenientes de outros Estados membros aos mercados nacionais[23], assim desrespeitando o princípio da lealdade comunitária expresso no artigo 10.°?[24]

---

mais que a concorrência «não falseada» devia ser apreciada para os fins do artigo 2.° CE, o qual atribui à construção europeia objectivos ambiciosos, de ordem não meramente económica, mas também social e política. Segundo Gavalda/Parleani «les règles de libre concurrence doivent en effet être placées, et appliquées, dans les perspectives générales de la construction européenne», devendo ser interpretadas de maneira «finalista ou teleológica. Elas estão ao serviço dos grandes objectivos assinalados pelos redactores do tratado» (*Droit des affaires de l'Union Européenne*, Litec, Paris, 1995, pág. 183).

[23] Assim o conhecido acórdão *Consten-Grundig*, de 13.7.1966 (acórdão *Établissements* **Consten** *SARL e* **Grundig** *Verkaufs GmbH c. Comissão*, procs. 56 e 58/64, Rec., 1966, pp. 429-506), ao dizer que, («[considerando] que o Tratado, cujo preâmbulo e texto visam suprimir as barreiras entre os Estados e que, em numerosas disposições, demonstra uma grande severidade em relação à sua reaparição, não podia permitir às empresas que recriassem essa situação; e o artigo 85.°, § 1 [actual artigo 81.°] responde a esse objectivo». Neste sentido, *vide* quer as conclusões do advogado-geral Roemer no processo *Brasserie de Haecht c. Wilkin Janssen* (*Haecht I*), de 21.11.1967, Col., 1965-1968, pág. 712-713; quer o *1.° Relatório da Comissão sobre a política de concorrência*, 1972, 13.

[24] Em 1977, o Tribunal de Justiça afirmou o princípio segundo o qual os Estados membros têm a obrigação de respeitar o efeito útil do (actual) artigo 81.° – acórdão *INNO c. ATAB*, de 16.11.1977 (acórdão *SA G.B.-INNO-BM c. ATAB*, proc. 13/77, Col., 1977, pp. 753-790)–, embora tenha reconhecido certos limites, no acórdão *Leclerc*, de 10.1.1985 (acórdão *Association des Centres distributeurs Edouard* **Leclerc** *e Outros c. SARL 'Au Blé Vert' e Outros*, proc. 229/83, Rec., 1985, 1, pp. 31-32, cons. 14 e segs.). Esta vinculação ao efeito útil do artigo 81.° CE, impondo aos Estados a abstenção de tomada de quaisquer medidas que ponham em causa a realização dos objectivos visados com o artigo 81.°, confirmado por exemplo no acórdão *Porto di Genova*, (acórdão *Mercia convenzionali* **porto di Genova** *SpA c. Siderurgica Gabrielli SpA,*, de 10.12.1991, proc. C-179/90, Col., 1991, 10, I, pp. 5889-5932) foi para alguns posto em causa pelos acórdãos de 17.11.1993, em que terá adoptado «um critério formal, de tipo 'legalístico', que parece propender para o abandono da doutrina do efeito útil do direito comunitário» (Bay, «Possono gli stati membri violare le regole comunitarie di concorrenza indirizatte alle imprese?», *RIDPC*, 1994, 3-4, pp. 637-650). Em sentido crítico do acórdão *Porto di Genova*, Lyon-Caen/ /Lyon-Caen, *Droit Commercial Européen*, *cit.*, pp. 264-265.

156 *III Curso de Direito Industrial*

A constância de um tal modelo não foi posta em causa em nenhum dos momentos de superação formal do unilateralismo (económico) do direito comunitário originário [25] – nomeadamente, com o AUE, ao lançar a noção de *mercado interno*, como «espaço sem fronteiras internas em que circulam livremente mercadorias, *pessoas*, serviços e capitais» (art. 14.º, n.º 2) [26]; e, em segundo lugar, com o Tratado da UE, ao erigir a união económica e monetária em objectivo imediato, reforçando ainda as vertentes política, social e cultural da integração europeia [27] –, os quais não recuaram face ao objectivo inicial de estabelecer um espaço de liberdade económica em que as empresas e os agentes económicos pudessem actuar sem *constrangimentos* (*barreiras*) artificiais [28], fossem estes *normativos* ou de *facto*.

Daí a previsão, como parte da «espinha dorsal» [29] do próprio domínio comunitário, de adopção de medidas que, em todos os sectores económicos [30], garantam que a concorrência não seja falseada no mercado

---

[25] Escrevia, em 1983, Moitinho de Almeida («A ordem jurídica comunitária», in *Temas de direito comunitário*, OAP – Conselho Geral, Lisboa, 1983, pp. 15 e 27), «a CEE é, na sua base, uma união aduaneira», sendo o direito comunitário «dirigido a uma acção económica no tempo».

[26] Neste sentido, Albuquerque Calheiros, «Sobre o conceito de mercado interno», *cit.*, pp. 394-395, nota 69. Acentuando igualmente o papel da realização do mercado interno na diminuição dos factores de distorção da concorrência, Nicolaides («The Role of Competition Policy in Economic Integration», in *The Competition Policy of the European Community*, ed. P. Nicolaides/A. van der Klugt, IEAP, Maastricht, 1994, pág. 12).

[27] Não se afigura correcto procurar os objectivos da CE nas disposições comuns do TUE, vendo o artigo 2.º CE como mera descrição do desenvolvimento social e económico propugnado no artigo 2.º UE (cfr. Gual, pág. 22). É que esta última disposição é estranha ao modelo concretamente existente na CE, só se podendo entender – ela sim – como uma descrição geral dos propósitos da CE, enquanto parte fundante da própria União Europeia (artigo 1.º UE: «A União funda-se nas Comunidades Europeias...»).

[28] Laurent (*La politique communautaire de concurrence*, Dalloz, Sirey, 1993, pág. 7) ou Nuno Ruiz («Relações entre o direito nacional e o direito comunitário da concorrência», *cit.*, pág. 324).

[29] *Vg.* Bernini, *Profili di diritto della Comunità Europee*, Morano Editore, Napoli, 1970, pág. 317.

[30] Salvo nos sectores para os quais o tratado estabeleça um regime excepcional. Assim resulta da jurisprudência do Tribunal de Justiça, por exemplo nos acórdãos *Van Ameyde* (acórdão *Srl Ufficio Henry van Ameyde* c. *Srl UCI,* de 9.6.1977, proc. 90/76, Col., 1977, pp. 395-399) e *Asjes* (acórdão *Ministério Público* c. *Lucas Asjes e Outros,* de 30.4.1986, proc.209 a 213/84, Col., 1986, 4, pp. 1425-1473), solução que outrossim é exigida pelo efeito directo da norma do tratado em causa, que não pode ser posto em causa pelo atraso da regulamentação comunitária ou nacional (*v.g.* no sector da livre circulação de pessoas e de prestação de serviços, nos anos 70, os acórdãos *Reyners, Van Binsbergen* e *Defrenne*).

comum (artigo 3.° *g*) CE), traduzidas numa verdadeira *política da concorrência*[31] que, cada vez mais, se assume como «pilar da construção europeia»[32] (n.° 1 do artigo 4.° CE[33]) e *condição* mesma de toda a política económica da Comunidade.

---

[31] Doern («Comparative competition policy: Boundaries and Levels of Political Analysis», in *Comparative Competition Policy: National Institutions in a Global Market*, Doern/Wilks (ed.), Clarendon Press, Oxford, 1996, pág. 7). Isto para os que defendem, claro está, que o simples funcionamento do mercado pode conduzir (ou conduzirá mesmo, forçosamente) a situações disfuncionais, circunstância em que por certo não se encontram os defensores da «teoria económica da política» (*public choice theory*), para os quais a ideia de que as leis de concorrência são necessárias para evitar o encerramento de mercados, o aumento dos preços e a promoção da inovação se resumem a *preconceitos* – assim, expressamente, Shughart II («Public-choice theory and antitrust policy», in *The causes and consequences of antitrust: the public-choice perspective*, edited by McChesney, Fred S./ Shughart II, William F., University of Chicago Press, 1995, pág. 9) –, sobretudo porque fundam a sua perspectiva numa pura lógica de interesses dominantes (burocráticos), estranha a qualquer elaboração intelectual (Majone, *Ideas, Interests and Policy Change*, EUI, Badia Fiesolana, San Domenico, 1992, pág. 3).

Outros, mesmo aceitando as premissas essenciais da doutrina do *public interest*, isto é, a motivação das autoridades de concorrência pelos ideais, entre outros, de interesse público e protecção dos consumidores, questionam sobre se estas instâncias deverão intervir sempre que haja uma disfunção no mercado, ou apenas quando a conduta anti-concorrencial não puder ser corrigida pelo próprio mercado ou, pelo menos, demore mais a auto--correcção do que a intervenção das entidades de tutela da concorrência – sobre este ponto, que não trataremos, por todos, Utton, *Market dominance and antitrust policy*, Aldershot, Elgar, 1995, pp. 27 e segs.

[32] Pappalardo, «La réglementation communautaire de la concurrence – les dispositions du Traité CE et de droit derivé relatives aux ententes entre entreprises, à l' abus de position dominante et au contrôle des concentrations (première partie)», *RIDE*, 1994, pág. 338; ponto A da *proposta de Resolução do PE sobre o XXIV.° Relatório da Comissão sobre a política de concorrência* (de 20.12.95); Gual (*cit.*, pág. 26 e pág. 39); ou, ainda antes da conclusão do processo de ratificação do TUE, Blanco (*El procedimiento en derecho de la competencia comunitario*, vol. 1, Cuadernos de Estudios Europeos, Fundacion Univ. Empresa, Civitas, 1994, pág. 23, nota 1); ou do próprio TUE, Lopes Rodrigues (*cit.*, pág. 268).

[33] Church/Phinnemore (*European Union and Community – a Handbook of Commentary on the 1992 Maastricht Treaties*, Prentice Hall, Harvester Wheatsheaf, 1994, pp. 137 e 144). Só escapam ao espírito livre concorrencial explícito a coesão económica e social, a pesquisa e o ambiente – assim, Salesse («Institutions européennes déficit démocratique et intérêt générale», in *Critique de la raison communautaire (Utilité publique et concurrence dans l'Union Européenne)*, Cartelier/Fournier/Monnier, CIRIEC France, Economica, Paris, 1996, pág. 61). A força normativa que deriva destas normas fundantes da CE resulta também claramente expressa na jurisprudência do Tribunal de Justiça, logo em 1973, no acórdão *Continental Can*, em especial nos considerandos 23 a 26 (*Europemballage Corporation e **Continental Can** Company Inc c. Comissão*, de 21.2.73, proc. 6/72, Col., 1973, pp. 215-268).

Disso são exemplos, quer as normas que definem os objectivos e instrumentos básicos da sua realização (artigos 2.º a 4.º CE), quer as normas que, introduzidas com Maastricht, definem os caracteres e princípios básicos das várias políticas comunitárias de natureza económica.

Em relação às primeiras, leia-se o que dispõe, desde logo, o artigo 4.º CE:

> «Para alcançar os fins enunciados no artigo 2.º, a acção dos Estados membros e da Comunidade implica (...) a adopção de uma política económica baseada na estreita coordenação das políticas económicas dos Estados membros, no mercado interno e na definição de objectivos comuns, e conduzida de acordo com o <u>princípio de uma economia de mercado aberto e de livre concorrência</u>». (sublinhado nosso)

Por seu turno, o artigo 2.º CE estipula serem os objectivos mediatos alcançados «através das políticas e acções a que se referem os artigos 3.º e 4.º (...)» (sublinhado nosso) [34].

Quanto às últimas normas, repare-se que, mau grado o alargamento – com o TUE – da esfera de intervenção da CE (até aí CEE), com a previsão de novas políticas (como a "política" industrial – artigo 157.º CE), de tom aparentemente proteccionista, o que se denota é a consecutiva previsão da superioridade da política de concorrência, ou melhor, do valor da livre concorrência e do mercado aberto.

Essa superioridade é afirmada em praticamente todas as políticas comunitárias cuja dimensão económica é mais imediata. Resulta até proli-

---

[34] Para Jean-François Vestrynge («Current anti-trust policy issues in the EEC: some reflections on the second generation of competition policy», Fordham Corporate Law Institute, 1984, pág. 678), a «política de concorrência não é gerida num vácuo (como um corpo jurídico que encontra a sua 'razão de ser' em si próprio), mas relacionada com as outras políticas previstas no tratado CEE e conduzidas pela Comissão», «como as políticas industrial ou agrícola, de investigação, de ambiente, de protecção dos consumidores, etc», tema aliás discutido em 1987 (onde se cita este autor) por Hornsby («Competition policy in the 80's: more policy less competition?», *ELR*, vol. 12, n.º 2, 1987, pp. 79-101). Em Portugal, Nuno Ruiz assinalava que, com a progressiva realização do mercado interno e, em geral, da integração económica, «a interpretação e a aplicação das regras comunitárias passou a depender, cada vez mais, de opções de política de concorrência influenciadas por conveniências de política económica, industrial e comercial», transformando-se assim em «instrumento de integração *positiva*» («Relações entre o direito nacional e o direito comunitário da concorrência», *cit.*, pp. 320-321, retomando os conceitos expostos entre nós em 1980 por Pitta e Cunha, *O desafio da integração europeia*, Min. Finanças e do Plano (ed.), 1980).

xamente afirmada em relação à política económica (artigo 4.°, n.° 1, e 98.° CE[35]) e à política monetária (artigo 4.°, n.° 2, e 105.° CE).

Mas também é patente nas normas primeiras (atentos os objectivos aí afirmados) das políticas comercial[36] (artigos 131.° e 132.° CE), industrial[37] (artigo 157.° CE) e de aproximação de legislações (artigos 96.° e 97.° CE).

---

[35] «Os Estados membros conduzirão as suas políticas económicas no sentido de contribuir para a realização dos objectivos da Comunidade, tais como se encontram definidos no artigo 2.°, e no âmbito das orientações gerais a que se refere o n.° 2 do artigo 99.°. Os Estados membros e a Comunidade actuarão de acordo com o princípio de uma economia de mercado aberto e de livre concorrência, favorecendo uma repartição eficaz dos recursos, e em conformidade com os princípios estabelecidos no artigo 4.°» – parafraseando Salesse (*cit.*, pág. 64), o tratado constitucionaliza mesmo a teoria económica.

[36] Esta disposição parece indicar que a política comercial, sendo essencialmente liberalizadora, deve hoje uma subordinação primária à política industrial, tal como formulada no artigo 157.° – neste sentido, Bourgeois/Demaret («The working of EC policies on competition, industry and trade: a legal analysis», in *European Policies on Competition, Trade and Industry – conflicts and complementarities*, ed. Buigues/Jacquemin/Sapir, Edward Elgar, Aldershot, UK, 1995, pp. 74-75).

Sobre a articulação e possíveis conflitos entre as políticas comercial e de concorrência, os estudos da OCDE (de 1984 e 1994, sendo este último preparado por Nicolaïdes), baseados numa lógica de alocação de recursos e de compatibilização como meios de realização da eficiência económica, revelam a existência de zonas de conflito entre as políticas comercial e de concorrência apenas quando não se guiem por critérios de abertura de mercados (OCDE, *Trade and competition policies*, *Trade and competition policies: comparing objectives and methods*, Trade Policy Issues, 4, Paris, 1994 (P. Nicolaïdes), quadro 3, pág. 40). Realça Mathis («International aspects od competition», in *The Competition Policy of the Eu-ropean Community*, ed. P. Nicolaides/A. van der KLUGT, IEAP, Maastricht, 1994, pp. 93 e segs.) as incompatibilidades potenciais entre estas políticas, ao recordar o facto de a CE, nos seus acordos regionais mais recentes (quer com os países da Europa Central e Oriental, quer no acordo do EEE), ter introduzido disposições em matéria de concorrência (ao contrário do que sucede com o tratado NAFTA, de 12.8.1992). O mesmo se passava com acordos anteriores concluídos com Estados membros da AECL: artigo 23.° do acordo com a Suécia, Finlândia e Noruega e artigo 26.° do acordo com Portugal. Também o tratado constitutivo do Mercosul (artigo 4.° do Tratado de Assunção, de 26.3.1991) demonstra uma preocupação de harmonização das normas de concorrência.

[37] Aí se diz que a acção da Comunidade deve procurar realizar os seus objectivos «no âmbito de um sistema de mercados abertos e concorrenciais» (artigo 157.°, n.° 1, § 2 CE) e que «[a] Comunidade não pode invocar o presente Título para introduzir quaisquer medidas que possam conduzir a distorções da concorrência» (n.° 3, § 2 do mesmo artigo). Este segundo § do n.° 3, é especialmente significativo da subordinação da política industrial em relação à política de concorrência (Celli Jr, «Direito da Concorrência no Mercosul», in *Contratos Internacionais e Direito Económico no Mercosul (após o término do período de transição)*,Borba Casella (coord.), LTR, São Paulo, 1996, pág. 106), em termos tais que levam Bourgeois/Demaret (*cit.*, pp. 68-74) a considerar a eficácia directa do

160   *III Curso de Direito Industrial*

Todas estas políticas [38], de realização complementar e instrumental (em relação aos objectivos expressos nas normas primeiras do tratado CE)

artigo, susceptível de ser invocado contra medidas de política industrial restritivas da concorrência; já Saint-Martin («L' anti-politique industrielle de l'Union Européenne», in *Critique de la raison communautaire (Utilité publique et concurrence dans l'Union Européenne)*, Cartelier/Fournier/Monnier, CIRIEC France, Economica, Paris, 1996, pp. 181 e 188 e segs.), num registo de intencionalidade claramente diversa (*v.g.* pág. 199), declara a passagem de uma «não-política industrial» para uma «anti-política industrial», privilegiando as ligações dos grupos económicos a actores externos. A política industrial constitui uma inovação recente no plano comunitário (desde o TUE), o que pode surpreender, dado existirem, desde o início, as políticas comunitárias comercial e de concorrência. As primeiras orientações da Comissão haviam sido formuladas apenas em 1990 (COM (90) 556 final, in *A política industrial comunitária para os anos 90*, em especial pp. 10-13), e reafirmadas na Comunicação de 1994 (COM (94) 319 final).

    Contudo, algumas das preocupações de "política" industrial eram já consideradas pela política de concorrência, no que aos artigos 81.° e 82.° CE respeita. Desde cedo que a C(E)E favoreceu a cooperação e o desenvolvimento das pequenas e médias empresas e caucionou certos níveis de restrição da concorrência quando em causa estivessem a investigação e o desenvolvimento tecnológicos ou quaisquer outros propósitos – como a competitividade externa das empresas comunitárias, expressa como objectivo no *memorandum* da Comissão de 1965 (por ex., *RTDE*, 1966, pp. 651 e segs.) sobre concentrações, onde Hornsby está predisposto a ver a primeira manifestação da influência da política industrial sobre a política da concorrência (*cit.*, pág. 89, nota 37) –, embora sempre de acordo com certas concepções, por parte da Comissão. O que mostra que a política de concorrência não assumiu a natureza liberal-individual e livre-cambista que a CEE parecia revestir, na medida em que são evidentes as contradições entre uma política industrial adequada e uma política de concorrência assente no postulado do liberalismo individual, exigindo uma acomodação deste último. Para uma compreensão, do ponto de vista económico, da articulação e desencontros entre estas, demonstrando, aliás, que muitas das notas das políticas comercial e industrial não só são contrárias a uma política liberalizadora da concorrência, como ressuscitam alguma regulação normativa, introduzindo novas barreiras à entrada no mercado comunitário, redutoras da eficiência e do propósito de total abertura dos mercados, o já citado Gual (pp. 3-48 e, quanto ao uso disfuncional da política de concorrência como substituta da política industrial, pp. 37). Sobre a ambiguidade fundamental de política de concorrência em relação às empresas, *vide* Laurent (*cit.*, pp. 5-6).

    [38] Parece ser também este o sentido que Bourgeois/Demaret (*cit.*, pp. 83 e 91-96) dão à correlação entre as várias políticas económicas comunitárias. Como escrevem, «o tratado CE reconhece o primado da política de concorrência sobre as outras políticas económicas da CE em geral, e sobre a política industrial, em particular. [No entanto, a]s implicações legais e práticas decorrentes desse *status* mais elevado conferido pelo tratado (...) depende do conteúdo dado às normas da concorrência da CE pelo tratado, pelo Tribunal de Justiça, pelo legislador comunitário e pela Comissão».

    Assim se resolve, em tese, o velho conflito entre os defensores de uma política industrial intervencionista e os adeptos de uma acentuação das vertentes liberal e concorrencial do mercado, de que fala D. Philipp («Article 130 CE – Commentaire», in Constan-

O *Direito Comunitário, a Concorrência e a «Distribuição Selectiva»*   161

encontram como seu critério de realização ou, no máximo, como limite à sua autonomia, o respeito pelo princípio da livre concorrência[39], podendo apenas operar num quadro de licitude jusconcorrencial, quer dizer, através de actos que possam lograr *justificação* à luz das próprias normas de concorrência.

II. O SISTEMA ORGÂNICO-FUNCIONAL DA CONCORRÊNCIA NA CE (BREVE DESCRIÇÃO)

Tem de ser necessariamente breve a descrição do sistema jurídico que rege a aplicação das regras da concorrência constantes do tratado CE e aplicáveis às coligações entre empresas.

O quadro normativo começa por ser dado pelo próprio tratado (artigos 81.º e seguintes, em especial os artigos 81.º a 83.º CE). Ao abrigo deste último, o Conselho elaborou e aprovou, em 1962, o principal instru-

---

tinesco/Kovar/Simon, *Le Traité sur L'Union Européenne (signé à Maastricht le 7 février 1992): Commentaire Article par Article*, Economica, Paris, 1995, pp. 409). Segundo Bourgeois/Demaret (*cit.*, pág. 67), «a consideração conjunta dos artigos 3(g), 3(a), 102(a) e 130 implica o reconhecimento de que a política de concorrência goza de um estatuto mais elevado do que o das duas outras políticas [industrial e comercial]», podendo dizer--se, com Ehlermann («Community competition law procedures», in *Procedural Aspects of EC Competition Law*, ed. Lord Slynn of Hadley/S. Pappas, co-ed.: L. Flynn, IEAP, Maastricht, 1994, pág. 11), que «a política de concorrência ocupa um papel central na política industrial da Comunidade» – igualmente salientando o compromisso entre as duas correntes prevalecentes nos diversos Estados comunitários, Cloos/Reinesch/ Vignes/Weyland (*Le Traité de Maastricht – genèse, analyse, commentaires*, Bruylant, Bruxelles, 1993, pp. 289-290).

Em sentido diverso também há vozes com intenções diferentes. Assim, se Montagnon («Conclusions», in *European Competition Policy*, P. Motagnon (Editor), The Royal Institute of International Affairs, Pinter Publishers, London, pág. 100) realça um risco de subalternização da política de concorrência, em homenagem a outros objectivos, como o progresso tecnológico e o desenvolvimento regional, Monnier («Politique économique et raison communautaire», in *Critique de la raison communautaire (Utilité publique et concurrence dans l'Union Européenne)*, Cartelier/Fournier,/Monnier, CIRIEC France, Economica, Paris, 1996, pág. 31) critica o modelo adoptado por ser «excessivamente redutor», oferecendo um modelo e com isso podendo prejudicar a progressão política da Europa.

[39] Como afirmou van Miert e resulta do *21.º relatório sobre a política da concorrência*, pp. 42-57. Também o Tribunal de Justiça aceita esta relação de complementaridade e o papel desempenhado neste quadro pela política de concorrência – acórdão *Metro II* (acórdão *Metro SB-Grobmärkte GmbH & Co. KG c. Comissão* (**Metro II**), de 22.10.1986, proc.75/84, Col., 1986, 9, pág. 3090, cons. 65).

162   *III Curso de Direito Industrial*

mento normativo ainda hoje vigente e que dá execução aos artigos 81.° e 82.° CE, o famoso Regulamento n.° 17/62[40].

Este regulamento atribui amplos poderes à Comissão. Entre estes destaca-se o poder de vigiar pelo respeito pelos artigos 81.° e 82.° CE, perseguindo e punindo as empresas que violem estas normas (e fá-lo de forma pesada: a Volkswagen, ainda há pouco, foi condenada ao pagamento de uma coima de 100 milhões de euros, depois reduzida em cerca de 10% pelo Tribunal de Justiça).

Mas, mais importante para a configuração do artigo 81.° CE é a atribuição à Comissão da competência exclusiva para conceder isenções ao abrigo do n.° 3 do artigo 81.° CE [então artigo 85.°][41].

Assim, a Comissão passou a ocupar o papel central no sistema jurídico comunitário de protecção da concorrência entre empresas (acrescente-se que a outra norma dirigida a sancionar comportamentos anti-concorrenciais de empresas nem sequer previa uma excepção administrativa). Tinha poderes de polícia, de procurador e até de juiz (ainda que com possibilidade de recurso, mas com ampla discricionariedade, segundo o próprio Tribunal de Justiça).

Quem eram os outros sujeitos do sistema? Obviamente, os tribunais comunitários, em sede de recurso das decisões da Comissão. Mas também as autoridades e tribunais nacionais. Só que na altura só um Estado membro (em 6) detinha legislação implementada de concorrência (a Alemanha) e, em geral, diga-se que mesmo hoje quase metade das autoridades nacionais de concorrência não podem aplicar internamente as proibições dos artigos 81.° e 82.° CE. Por outro lado, os tribunais nacionais (como depois ficou especificado) só podiam conhecer dos litígios sobre a aplicação destas normas do tratado se, sendo tribunais especializados no contencioso da concorrência, a Comissão não tivesse ainda iniciado um processo comunitariamente; e, se fossem tribunais comuns, apenas incidentalmente.

Esta última hipótese era, ainda assim, importante, dado o efeito directo que logo em 1962 o Tribunal de Justiça reconheceu à norma do artigo 81.° CE (então artigo 85.° CEE, repita-se).

---

[40] Já objecto de uma ampla proposta de reforma, que se seguiu à adopção, pela Comissão, de um «Livro Branco sobre a modernização da aplicação dos artigos 81.° e 82.°» – *XXX.° Relatório sobre a política de concorrência 2000*, (SEC(2001) 694 final), pp. 21-25.

[41] Hoje posta em causa, como adiante se dirá.

III. AS CONCEPÇÕES TRADICIONAIS DA COMISSÃO E DO TRIBUNAL DE JUSTIÇA EM RELAÇÃO AOS ACORDOS VERTICAIS

O quadro descrito levou a que a Comissão, ciente da sua centralidade no sistema formal mas também, por consequência, motivada pela magna tarefa de permitir realizar os objectivos do mercado comum e da liberdade de circulação de mercadorias, tenha optado por uma noção de *restrição de concorrência*, para efeitos de aplicação do artigo 81.º, n.º 1 CE, de tal modo ampla (toda a limitação da liberdade económica de acção das partes, pelo menos desde que afecte terceiros) que se tornou rapidamente «demasiado formalista e asfixiante»[42].

Formalista pois, como todo o acordo restringe, é da sua essência, então cada coligação, cada acordo entre empresas caía (quase que) forçosamente no âmbito da proibição do n.º 1 do artigo 81.º CE, no suposto (também expresso na mesma norma) que «afectasse o comércio entre os Estados membros», ou seja, como depois diria o Tribunal de Justiça, que tivesse uma influência directa ou indirecta nas correntes de troca entre os Estados membros[43].

Asfixiante pois, como só a Comissão podia isentar as coligações da proibição do n.º 1 e da sanção do n.º 2 e a isenção pressupunha uma prévia notificação do contrato ou acordo em causa, então todas as empresas se viam compelidas a notificar os seus acordos, sob pena de sofrerem as graves sanções que a Comissão (pecuniárias, eliminação do comportamento proibido) e os tribunais (declaração de invalidade, indemnização de danos causados) lhes podiam impor.

2. E qual era a atitude da Comissão e – depois – do Tribunal de Justiça em relação aos acordos verticais? Depois de alguma hesitação inicial, tanto uma como o outro claramente afirmaram, logo em 1966, que o

---

[42] Assim o reconhece hoje a própria Comissão na *comunicação sobre o seguimento do Livro Verde sobre as restrições verticais*, JO, C 365, de 26.11.1998, p. 6 – neste sentido, o nosso *Da restrição da concorrência, cit.*, p. 179-182.

[43] Como definiu o Tribunal de Justiça no acórdão *LTM/MBU* (acórdão *Société Téchnique Minière c. Maschinenbau Ulm GmbH* (***LTM/MBU***), de 30.6.1966, proc. 56/65, Rec., 1966, pp. 337-364), «um acordo deve, com base num conjunto de elementos objectivos de facto e de direito, permitir vislumbrar (*envisager*) com um grau de probabilidade suficiente que possa exercer uma influência directa ou indirecta, actual ou potencial, sobre as correntes de troca entre os Estados membros num sentido que possa prejudicar a realização do objectivo do mercado único entre os Estados membros».

artigo 81.º CE [então, artigo 85.º] tanto se aplicava a acordos verticais como a acordos horizontais [44].

Ao contrário do que seria suposto – segundo os conhecimentos económicos – o que aconteceu foi que, verdadeiramente, os acordos mais perseguidos foram mesmo os acordos verticais, celebrados entre empresas não concorrentes que operam em estádios diversos do processo económico de produção (acordos verticais *puros*) ou entre empresas que, embora possam ocasionalmente concorrer entre si (designadamente, a um dos níveis de tal estádio do processo económico), estabelecem relações em que, tipicamente, operam em fases diferentes do processo económico – uma, como produtora ou fornecedora; a outra, como distribuidora (acordos verticais *impuros*).

3. As consequências e resultados de uma tal política «centralizante e rígida» não se fizeram esperar. A Comissão viu-se inundada com notificações de acordos (mais de 30.000 em pouco mais de um ano), muitos de conteúdo e natureza similares. Por outro lado, como ao n.º 1 do artigo 81.º CE havia sido reconhecida a característica do efeito directo [45], isso significava que os particulares podiam invocar em juízo, perante os tribunais nacionais, a proibição da norma e assim beneficiar – se fosse caso disso – da declaração de nulidade do acordo pelo tribunal nacional (expediente que até hoje se usa e abusa, como se verá adiante).

---

[44] Num primeiro caso, o Tribunal de Justiça partiu de um argumento jurídico ancorado no tradicional princípio *ubi lex non distinguere nec nos distinguere debemus* (acórdão *LTM/MBU*), mas cedo transcendeu uma tal fundamentação – nos processos *Consten e Grundig/Comissão* e *Itália/Conselho e Comissão* (proc. 32/65, Rec., 1966, pp. 563 e seguintes), ambos de 13.7.1966 –, quando expressamente declarou serem os acordos verticais abrangidos, em regra, no âmbito da proibição do (então) artigo 85.º (actual artigo 81.º), n.º 1 CE, na medida em que a concorrência que se pretende proteger não é apenas aquela que se realizaria entre as partes, mas também a que pode ser restringida entre uma das partes e terceiros, por exemplo quando as partes, afectando a posição concorrencial de terceiros, criem a seu favor uma vantagem injustificada e prejudicial para os consumidores. Não discutindo a afirmação de princípio, que se nos afigura correcta, julgamos que a inclusão de ambas as categorias de coligações no domínio do n.º 1 do artigo 81.º não deverá ser seguida de uma aplicação indistinta das mesmas categorias, fundamentos e soluções aos dois tipos de actuações colusivas. Como já desenvolvemos em *Da Restrição da concorrência* (*cit.*), os problemas colocados são diversos, por serem igualmente diferenciados os seus efeitos e as suas implicações na manutenção do *quid* mínimo de concorrência exigível para a realização dos amplos propósitos das legislações nacionais e, por maioria de razão, dos objectivos da própria CE.

[45] Sobre o conceito de efeito directo, Miguel Gorjão-Henriques, *Direito Comunitário*, Almedina, Coimbra, 2001, pp. 200-202.

O *Direito Comunitário, a Concorrência e a «Distribuição Selectiva»* 165

A primeira resposta[46] foi dada logo em 1965, com a publicação do Regulamento n.° 19/65[47]. Este regulamento do Conselho autorizava a Comissão a estabelecer, desde que respeitadas algumas condições e através de regulamento, isenções para certas *categorias* de acordos e práticas concertadas. Embora aplicado logo depois (o primeiro regulamento de isenção categorial aplicável aos acordos de distribuição foi o Regulamento n.° 67/67/CEE), o certo é que este meio só conheceu maior expansão a partir dos anos 80[48], quando foi desdobrado em dois (Regulamentos n.os 1983/83 e 1984/83), seguindo-se a adopção do primeiro regulamento específico sobre a distribuição automóvel (Regulamento n.° 123/85/CEE, depois substituído pelo Regulamento n.° 1475/95/CE) e, em consequência directa da casuística do Tribunal de Justiça, a elaboração pela Comissão do regulamento relativo ao contrato de franquia (*franchising*) de distribuição (Regulamento n.° 4087/88/CEE)[49].

A insuficiência deste meio e a riqueza da jurisprudência do Tribunal de Justiça levaram a outras soluções que pudessem remediar o estrangulamento do sistema. Algumas previstas pelo próprio sistema, à imagem do mecanismo das isenções categoriais (admitido como hipótese no próprio n.° 3 do artigo 81.° CE). Outras sugeridas como resposta a problemas específicos colocados na prática casuística da Comissão e do Tribunal de Justiça.

Entre as válvulas de escape do sistema, extremamente diversas na natureza e *modus operandi*, podem contar-se as seguintes:

– a noção de *acordos de importância menor* (comunicação *de minimis*)[50];

---

[46] Assim se lê no preâmbulo do regulamento: «Considerando que, dado o grande número de notificações apresentadas nos termos do regulamento n.° 17, se torna oportuno, com o objectivo de facilitar a tarefa da Comissão, permitir-lhe declarar, por meio de regulamento, as disposições do n.° 1 do artigo 85.° [actual 81.°] inaplicáveis a certas categorias de acordos e práticas concertadas».

[47] De 2 de Março de 1965, relativo à aplicação do n.° 3 do artigo 85.° (actual artigo 81.°) a certas categorias de acordos e práticas concertadas.

[48] A sua expansão foi também limitada à partida pelo tipo de acordos em relação aos quais o Conselho autorizava a Comissão a isentar genericamente.

[49] Mais tarde, nos anos 90 do século passado, outros regulamentos foram aprovados, como o Regulamento n.° 240/96, relativo aos acordos de licença de saber-fazer.

[50] A comunicação de 1986 foi revista em 1994, 1997 e 2001, elevando a primeira revisão o volume de negócios até aos 300 milhões de «Euros» (JO, C 368, de 23.12.1994, pág. 20), mas mantendo a referida quota de mercado em 5%, factor que mereceu a censura do PE, no *Relatório sobre o XXIV relatório da Comissão sobre a política de concorrên-*

166   *III Curso de Direito Industrial*

- a noção de «concorrência praticável» (*workable competition*)[51];
- a selectividade da acção da Comissão, com base num critério de "interesse comunitário";
- a emissão de directrizes interpretativas das normas comunitárias dirigidas às instâncias nacionais de defesa da concorrência[52] (a Comunicação de 1993);

E outras de carácter mais vincadamente procedimental, ainda que (em alguns casos) informais:

- a dispensa de notificação (artigo 4.° do Regulamento n.° 17/62)[53];
- os certificados negativos (artigo 2.° do Regulamento n.° 17/62)[54];

---

cia (COM (95) 0142. No que toca aos acordos verticais, o limiar aplicável é o de 10% de quota de mercado relevante – *Comunicação da Comissão de 1997* (JO, C 372, de 9.12.1997, pp. 13).

A comunicação *de minimis* está hoje novamente em fase de reforma. Em 16 de Maio de 2001, a Comissão adoptou um projecto de nova comunicação *de minimis*, sendo proposta mais uma vez o aumento dos limiares de quota de mercado relevantes (de 5 para 10%, no caso de acordos entre concorrentes e de 10% para 15% na hipótese de coligações entre empresas não concorrentes). – para uma breve análise desta proposta, Luc Peeperkorn, «Revision of the 1997 Notice on agreements of minor importance», *Competition Policy Newsletter*, n.° 2, June 2001, pp. 4-6 (a nova comunicação foi, já depois da entrega deste trabalho, publicada no JO, C 368, de 22.12.2001, pp. 13-15).

[51] Sobre o modelo de concorrência subjacente ao direito comunitário da concorrência, no entendimento da Comissão e do Tribunal de Justiça, vide o nosso *Da restrição da concorrência*, cit., pp. 58-61.

[52] *Comunicação sobre a cooperação entre os tribunais nacionais e a Comissão na aplicação dos artigos 85.° e 86.° do tratado CEE* (JO, C 39, de 13.2.1993, pp. 6).

[53] Instrumento de fraca importância, mas hoje revitalizado, como se dirá a seguir.

[54] Em rigor, estes dois mecanismos (o artigo 4.° do Regulamento n.° 17/62 e os certificados negativos) não constituem "válvulas de escape" criadas posteriormente para dar resposta às insuficiências do sistema, antes eram instrumentos do próprio sistema. Os certificados negativos estão previstos no artigo 2.° do Regulamento n.° 17/62. Curiosamente, uma das primeiras decisões da Comissão referia-se a um pedido de certificado negativo relativo a um contrato de distribuição – *Bendix e Mertens et Straet*, de 1.6.1964, o qual, aliás, não colocava especiais dificuldades, desde logo por se tratar «de uma concessão não exclusiva, não visando assegurar uma protecção territorial», para lá de não impor «obrigações restritivas da concorrência no domínio de utilização do *Know-how* ou de direitos de propriedade industrial».

A utilização deste mecanismo tende a ser muito rara, por vários motivos. Em primeiro lugar, porque a concepção ampla da Comissão relativamente ao n.° 1 do artigo 81.° CE tornava pouco crível que um acordo não violasse esse mesmo número 1. Depois, porque os casos em que tal acontecia eram normalmente aqueles em que já houve uma pronúncia da Comissão nesse sentido – *vide* através de uma comunicação. Em terceiro lugar, porque a

O Direito Comunitário, a Concorrência e a «Distribuição Selectiva» 167

- os regulamentos de isenção categorial (cfr. o Regulamento n.° 19/65);
- os processos de oposição (por exemplo, no Regulamento do *franchising*)[55]; e
- as cartas administrativas de arquivamento (*comfort letters*)[56].

Comissão, submergida com serviço, tendia a preferir meios informais de arquivamento do processo, até porque lhe permitiam conservar uma maior liberdade de acção futura.

Finalmente (*but not least*) porque, como escreve Nogueira Serens (*Direito da concorrência e acordos de compra exclusiva, exclusiva (práticas nacionais e comunitárias)*, col. Argumentum, n.° 5, Coimbra Editora, Coimbra, 1993, pág. 29), «a esmagadora maioria da doutrina entende que não vinculam as autoridades nacionais», as quais podem, «em aplicação do seu *direito interno* (...) apreciar livremente a *entente* em causa, não havendo quaisquer riscos de contradição, dado que o direito comunitário se declarou inaplicável». Deste modo, nada impede que uma *entente* seja apreciada e mesmo proibida, por contrariar o diploma nacional de defesa da concorrência, apesar de ser admitida comunitariamente. Este Autor equipara, quanto a este aspecto, os certificados negativos às *lettres de classement* (nota 12, pág. 31-32).

No sentido da solução enunciada, entre outros, em países diversos, Blanco (*cit.*, pág. 54) e Kapteyn/Van Themaat (*Introduction to the law of the European Communities (after the coming into force of the Single European Act*, 2.ª ed., L. Gormley (ed.), Kluwer Law and Taxation Publishers, Netherlands, 1990, pág. 527). Em sentido contrário, Cardelús (*El contrato de franchising*, PPU, Barcelona, 1988, pág. 166) ou Harris/Mendelsohn («Antitrust laws of the EEC», in Zeidman (Editor), *Survey of foreign laws and regulations affecting international franchising*, prepared by *Franchising Committee Section of Antitrust Law – American Bar Association*, ABA, 2nd edition, 1989, pág. 16). Defendendo que os tribunais nacionais não ficam vinculados, nem sequer quanto à aplicação do artigo 81.°, podendo mesmo substituir-se ao juízo da Comissão, M. Waelbroeck (in «Judicial review of Commission action in competition matters», *FCLI*, 1984, pág. 181, *apud* Hawk, *United States, Common Market and international antitrust: a comparative guide*, vol. II, 2.ª ed., Prentice Hall Law & Business, 1987 supplement pp. 33-34) e Kerse (*EEC Antitrust Procedure*, 2.ª ed., European Law Center Ltd., London, 1987, pp. 170-171).

[55] Este «mini-regulamento 17» impõe a notificação dos acordos e sujeita as empresas partes num contrato de franquia de dimensão comunitária à eventual oposição da Comissão e sequente submissão às regras gerais do regulamento n.° 17/62 (artigo 6.°, n.° 9). Se a Comissão não se opuser no prazo fixado, o acordo ficará abrangido pelo *guarda-chuva* do regulamento. Para uma crítica destes procedimentos, Boutard-Labarde («Comparaison avec les autres règlements "distribution"», *SemaineJuridique-CDE*, 1989, supl. 2, pág. 26).

[56] Muito usadas, as «cartas administrativas», também conhecidas como *ofícios de arquivamento* (*comfort letters*; *lettres de classement*), são, na lição de Caseiro Alves (*Lições de direito comunitário da concorrência*, Série das Lições do Curso dos Estudos Europeus da Fac. de Direito de Coimbra, 1989, pp. 163-164 e 114-116), «declarações negativas *informais*, através das quais a Comissão informa as empresas do arquivamento do processo».

As cartas administrativas têm um valor jurídico limitado, na medida em que não vinculam a própria Comissão nem os tribunais nacionais (acórdão *NV L'Oréal e SA*

168 III Curso de Direito Industrial

L'Oréal c. PVBA «De Nieuwe AMCK», de 11.12.1980, proc. 31/80, Rec., 1980, 8, pp. 3790, cons. 12). No entanto, a Comissão tem pretendido reforçar a sua confiabilidade, primeiro através da elaboração de duas Comunicações: a primeira *relativa aos processos de atribuição de certificados negativos com base no artigo 2.° do regulamento 17* (JO, C 343, de 31.12.1982, pág. 4); e a segunda *relativa aos processos de notificação com base no artigo 4.° do regulamento 17,* JO, C 295, de 2.11.1983, pág. 6. Mas não só. Também através da publicação do seu conteúdo essencial nos relatórios anuais sobre política de concorrência e, finalmente, por meio da organização de um processo de ligação dos Estados membros com o Comité Consultivo em matéria de acordos, decisões, práticas concertadas e posições dominantes (aliás previsto no art. 10.° do Regulamento n.° 17/62) – sobre estes meios, Van Bael/Bellis (*Droit de la Concurrence de la Communauté Économique Européenne,* Bruylant, Bruxelles, 1991, pp. 666-667). De qualquer modo, um certo grau de auto-vinculatividade pode extrair-se da própria jurisprudência dos tribunais comunitários. Assim, no acórdão *Hercules* – acórdão **Hercules** *Chemicals NV-SA c. Comissão,* de 17.12.1991, proc. T-7/89, Col., 1991, 10, II, pág.1739, cons. 53 –, relativo ao acesso ao *dossier* da Comissão em matéria de concorrência, o Tribunal recordou à Comissão que não pode desrespeitar as suas próprias promessas, no caso expressas em anteriores relatórios sobre política de concorrência (o *11.° e o 12.°*).

De todo o modo, mesmo reconhecendo-se, no actual estado da jurisprudência comunitária, a sua natureza não vinculativa, não pode deixar de se acompanhar Korah quando (*Franchising and EEC competition, rules regulation 4087/88,* ESC Publishing Limited, 1989, pág. 6) salientava a importante diferença entre a carta administrativa que afirma não cair o acordo no campo da proibição do artigo 81.°, n.° 1 CE, e aquela que afirma ser o acordo merecedor de isenção ao abrigo do n.° 3 do mesmo artigo, porquanto o seu conteúdo será normalmente tomado em conta pelos tribunais nacionais, apesar de não ter formalmente o valor jurídico de uma isenção, sobretudo por tal assimilação ser a única forma de obviar à declaração de nulidade por parte do órgão nacional, dada a sua incompetência para isentar a coligação. Tal, no entanto, aconteceu no caso *Rovin* (JO, C 295, de 1983, pp. 7), no qual a Comissão publicou uma informação dizendo que o acordo provavelmente se qualificaria para uma isenção, mas que o processo formal de isenção não seria levado até ao fim (Goyder, *EC distribution law,* Chancery, London, 1992, pág. 48).

Tais cartas – e as apreciações da Comissão nelas contidas – podem pois ser consideradas como elementos de facto pelos tribunais nacionais – *v.g.* acórdão *Stergios Delimitis* (**Stergios Delimitis** *c. Henninger Bräu AG,* de 28.2.1991, proc. C-234/89, Col., 1991, I, 2, cons. 47 e 50-55), reafirmado por último no acórdão *Caspar Koelman c. Comissão* (acórdão do TPI, 4.ª secção alarg., de 9.1.1996, proc. T-575/93, Rec., 1996, II, 1/2/3, pp. 19-20, cons. 41 e 43) e na *Comunicação 93/C 39/05,* ponto 20, 2° §. Factor que por vezes é mesmo exponenciado (para não dizer coisa diversa) pelas próprias instâncias jurisdicionais nacionais (neste *acaso*, francesa). Assim, em 9.12.1992, o *Cour d' Appel* de Paris – 1.ª chambre A, *SA Michel Swiss c. SA Montaigne Diffusion* – decidiu que uma carta administrativa da Comissão constituía uma «presunção» de conformidade de um contrato-tipo com as normas comunitárias, pelo que o dito contrato-tipo não poderia ser invalidado

O Direito Comunitário, a Concorrência e a «Distribuição Selectiva» 169

IV. A REFORMA DO REGIME JURÍDICO APLICÁVEL AOS ACORDOS VERTICAIS[57]

Se este era o *estado da concorrência*, até há pouco, o certo é que, desde 1997 que vimos assistindo – finalmente, diga-se – a sinais de uma (aparente) mudança profunda na política da concorrência, tal como concebida pelos órgãos comunitários desde a origem da construção europeia.

Fustigada pela doutrina económica, pela (muito diversa) realidade comunitária (o mercado interno praticamente realizado), pelas próprias insuficiências do sistema e pelas reclamações de maior autonomia por parte dos Estados membros (na capa de palavras como descentralização, autonomia, subsidiariedade e até renacionalização), a Comissão finalmente pareceu ceder e iniciou um complexo processo – ainda não terminado – de profunda reforma do sistema jurídico comunitário de protecção da concorrência contra os comportamentos das empresas (incidindo de modo quase exclusivo no artigo 81.° CE).

Esse processo teve diversos passos e dura há já mais de quatro anos. Começou pela reforma do ponto mais controvertido e em relação ao qual a Comissão estava cada vez mais isolada (justamente o dos acordos verticais), mas prossegue hoje visando operar a necessária reforma de um instituto jurídico com uma regulação normativa pensada há quase 40 anos[58].

---

pelas normas francesas de concorrência, na medida em que isso violaria o primado do direito comunitário! – *apud* Gavalda/Lucas de Lessay, «Droit français et communautaire de la concurrence», in *RDS*, 1994, 21°, somm comm, pp. 164 e segs.

O Decreto-Lei n.° 422/83, de 3 de Dezembro (hoje revogado pelo Decreto-Lei n.° 371/93, de 29 de Outubro), continha no n.° 3 do artigo 15.° uma disposição semelhante à norma do art. 2.° do Regulamento n.° 17/62. Mas se hoje o diploma fundamental de defesa da concorrência em Portugal não prevê esta hipótese, o nosso ordenamento jurídico, através da Portaria n.° 1097/93, da mesma data, veio prever um processo especial para a obtenção de dois tipos de declarações, a cargo do Conselho da Concorrência: a declaração de legalidade (artigo, 1.°, n.° 2), para os casos em que se entenda não haver violação do artigo 2.° do decreto-lei n.° 371/93; e a declaração de inaplicabilidade, que intervirá quando o balanço económico seja positivo (artigo 1.°, n.° 3).

Sobre a importância crescente destas cartas na prática da Comissão e as propostas relativas ao reforço da sua efectividade (e da segurança por elas conferida) – Ehlermann, «Community competition law procedures», *cit.*, pág. 13.

[57] Sobre o tema, entre outros, Paul Lugard, *Vertical restraints under EC competition law*, Hart, 2001.

[58] Em 27 de Setembro de 2000 foi apresentada e publicitada pela Comissão (na sequência de um *Livro Branco sobre a reforma dos artigos 81.° e 82.°*) a proposta de um regulamento que revogará o Regulamento n.° 17/62/CEE (COM (2000) 582 final).

170   *III Curso de Direito Industrial*

São os seguintes os passos dados pela Comissão [59] e, eventualmente, já concretizados pelo Conselho:

a. *Livro Verde sobre as restrições verticais*, de 22 de Janeiro de 1997 (COM(96) 721 final);
b. *Comunicação de Seguimento do Livro Verde* (JO, C 365, de 26.11.1998);
c. *Livro Branco sobre a modernização das regras de aplicação dos artigos 85.° e 86.°* [actuais 81.° e 82.°] *do Tratado CE* (JO, C 132, de 12.5.1999);
d. *Regulamento n.° 1215/1999*, de 10 de Junho de 1999 (JO, L 148, de 15.6.1999, p. 1), que altera o *Regulamento n.° 19/65*;
e. *Regulamento n.° 1216/1999*, de 10 de Junho de 1999 (JO, L 148, de 15.6.1999, p. 1), que altera o *Regulamento n.° 17/62* (*idem*, pp. 5 e segs.);
f. *Projecto de regulamento relativo à aplicação do artigo 81.°, n.° 3 a certas categorias de acordos verticais* (JO, C 270, de 24.9.1999, p. 7) [60];
g. *Orientações sobre as restrições verticais* (JO, C 270, 24.9.1999, pp. 12);
h. *Regulamento n.° 2790/1999, de 22.12.1999, relativo à aplicação do n.° 3 do artigo 81.° CE a determinadas categorias de acordos verticais e de práticas concertadas* (JO, L 336, de 29.12.1999, pp. 21);
i. *Comunicação «Orientações sobre as restrições verticais»*, de 24.5.2000 (JO, C 291, de 13.10.2000, p. 1);
j. *Proposta de regulamento que revoga o regulamento n.° 17/62* (JO, C, de 19.12.2000, pp. 284, ou COM(2000) 582 final).

Não há tempo nem este é o momento para dissecar – e muito se poderia dizer – todos estes documentos, que espelham o gradualismo e as inten-

---

[59] Os passos dados no processo de revisão da política comunitária da concorrência, pois outros houve que têm alguma relevância para a questão, ainda que incidental – tal é o caso do Relatório recentemente apresentado pela Comissão, em cumprimento de uma injunção normativa, sobre a avaliação do Regulamento n.° 1475/95, que estabelece a isenção categorial para os acordos de distribuição automóvel (que prossegue em 2001 – ver *Competition Policy Newsletter*, n.° 2, June 2001, pp. 38-39).

[60] Para uma análise deste projecto, G. Tretti/ C. Imò, «La riforma delle intese verticali ed i sistemi distributivi complessi», in *IV Conference Antitrust Between EC Law and National Law*, Bruylant, Bruxelles, 2000, pp. 333-357.

ções da reforma em curso. Apesar disso, destacam-se algumas ideias expressas em alguns destes documentos, na medida em que se reflictam, depois, no novo sistema de protecção da concorrência contra a acção das empresas, em especial no que toca às restrições verticais necessariamente co-envolvidas nos contratos de distribuição selectiva.

1. O «Livro Verde sobre as Restrições Verticais» de 22.1.1997.

O *Livro verde* é especialmente importante, quer pelo diagnóstico que faz, quer pela diversidade de soluções que publicamente sugere. Quanto ao primeiro ponto, apresenta um conjunto de causas internas e externas justificativas da revisão da política da Comissão em relação às chamadas restrições verticais, acolhendo, deste modo, algumas das preocupações que a doutrina vinha insistentemente demonstrando.

Entre as causas internas contam-se a maturidade do mercado interno, o carácter excessivamente regulamentador (pouco flexível) dos actuais regulamentos de isenção categorial, a cessação de vigência, no final de 1999, de uma série de regulamentos de isenção categorial (franquia, distribuição exclusiva, compra exclusiva) e o carácter centralista e estrito da noção de restrição da concorrência aplicada pela Comissão.

Entre as causas externas, por seu turno, a Comissão salienta a necessidade de dar resposta a correntes idênticas no plano internacional, por exemplo nos EUA, que, a não serem acompanhadas, poderiam desfavorecer a própria competitividade da economia comunitária; ou ainda a predominância de correntes doutrinais que acentuam a concorrencialidade da estrutura do mercado, mais do que a liberdade *a outrance* de todos (e de cada um [d)os] participantes do mercado (predominância da eficiência económica como objectivo primeiro do direito da concorrência) e um favor geral a acordos verticais.

A Comissão enunciou aí quatro *opções* principais:

1. Manter o mesmo sistema;
2. Estabelecer isenções categoriais de âmbito mais alargado[61];
3. Manter o sistema de isenções em vigor, mas limitando o seu âmbito subjectivo às empresas com quota de mercado inferior, por ex., a 40%;
4. O estabelecimento de uma presunção de legalidade (não violação de n.º 1 de 81.º CE) para as coligações em que sejam partes

---

[61] Considerava-se aí a hipótese de estabelecer uma isenção categorial para a distribuição selectiva – *Livro verde*, pág. xiii.

172   *III Curso de Direito Industrial*

empresas com menos de 20%, proposta que conhecia ainda duas variantes, aplicáveis a empresas com mais de 20% de quota de mercado (a 2.ª ou a 3.ª das opções atrás enunciadas).

2. A Comunicação da Comissão de seguimento do «Livro Verde».

Já na *comunicação de seguimento* a Comissão, depois de salientar as razões de crítica do sistema então vigente (em estado quase *puro*), designadamente a inadequação material do sistema de isenções categoriais parcelares, adere fundamentalmente aos pressupostos expostos há muito nos EUA pela *Escola de Chicago*[62], segundo a qual o critério relevante a considerar é a afectação que do acordo resulta para a estrutura concorrencial do mercado (efeitos entre as marcas, *interbrand*) e o poder sobre o mercado que as empresas poderão dispor. Por outro lado, adere também de forma explícita aos postulados *eficientistas* do direito da concorrência, subalternizando, pela primeira vez, o objectivo de integração dos mercados[63].

A comunicação faz já um esquisso da solução a adoptar:

a. um regulamento de isenção por categoria abrangendo todas as restrições verticais para a distribuição de bens ou serviços [estes últimos só beneficiavam expressamente de protecção, ainda assim não absoluta, no regulamento da franquia];

b. presunção de legalidade de qualquer acordo vertical, impondo à Comissão o ónus de provar a violação do n.° 1 do artigo 81.° CE;

c. procura de homogeneização do tratamento dado às diversas formas distribuição, tornando pura opção a escolha, pelas empresas, de uma determinada forma de distribuição em detrimento de outra.

---

[62] Sobre a *Escola de Chicago*, o nosso *Da restrição da concorrência na Comunidade Europeia: a franquia de distribuição*, Almedina, Coimbra, 1998, pp. 84-94.

[63] O objectivo da integração era especialmente notado, na prática comunitária, pela insistência que a Comissão sempre fez em dois aspectos, intimamente interligados: a proibição estrita da chamada protecção territorial absoluta (exigindo que existam sempre «fontes alternativas de abastecimento» e possibilidade de vendas passivas – vendas a consumidores sediados fora do território exclusivo de um determinado distribuidor, por exemplo) e o apoio ao chamado comércio paralelo (e à figura do importador paralelo, aquele que pode explorar as diferenças de preços subsistentes entre os diversos mercados nacionais). A luta contra a fixação contratual de preços era outro cavalo-de-batalha da Comissão.

O Direito Comunitário, a Concorrência e a «Distribuição Selectiva» 173

3. O «Livro Branco sobre a modernização da aplicação dos artigos 81.° e 82.°», de 28.4.1999. O *Livro Branco* não foi um documento de continuidade face ao *Livro Verde* e à *Comunicação de seguimento*. Em rigor, foi o ponto de partida para uma reforma ainda mais vasta de toda a política comunitária da concorrência em relação às empresas e, de modo particular, do artigo 81.° CE. Apresentava-se com dois grandes objectivos:

a) a abdicação do monopólio da Comissão na aplicação do 81.°, n.° 3 CE; e

b) a partilha de competências com as autoridades nacionais da concorrência.

Não é por isso objecto da nossa análise, neste momento. Convém apenas referir que, entretanto, a Comissão apresentou ao Conselho uma proposta de regulamento que, entre outros efeitos, pretende revogar os Regulamentos n.os 17/62/CEE e 19/65/CEE (artigo 41.° da proposta)[64].

4. As Orientações Sobre as Restrições Verticais[65]. Já as *orientações* relativas às restrições verticais, adoptadas pela Comissão após a adopção do Regulamento n.° 2790/1999, de 22 de Dezembro, apresentam um grande interesse para o tema em análise[66].

Em geral, pode dizer-se que aí se reconhece como critério primacial o da valorização da concorrência *interbrand* (entre marcas, *rectius*, entre versões diferenciadas do mesmo produto ou serviço)[67], considerando – numa inversão das concepções tradicionais – mais graves as restrições entre marcas do que as restrições dentro da mesma marca (*intrabrand*)[68]. Além disso, são fornecidas indicações importantes que nos permitirão extrair (adiante) algumas conclusões acerca das implicações desta reforma na licitude dos acordos de distribuição selectiva.

---

[64] Comissão, COM (2000) 582 final, Bruxelas, 27.9.2000.

[65] Comunicação da Comissão, JO, C 270, de 24.9.1999, pp. 12 e seguintes.

[66] Para uma análise do ponto de vista económico, dos graus de realização da eficiência e redução de custos, v. R. Boscheck, «The EU reform on vertical restraints – na economic perspective», *World Competition*, 23 (4), 2000, pp. 3-49.

[67] *Orientações* da Comissão, ponto 119, 1): na «maior parte das restrições verticais só podem surgir problemas a nível da concorrência se existir uma concorrência intermarcas insuficiente».

[68] *Idem*, ponto 119, 2).

5.1. O Regulamento n.º 1216/1999. Para promover as modificações que se vislumbravam como imediatamente necessárias, o Conselho começou por adoptar, em 10 de Junho de 1999, o Regulamento n.º 1216/1999 [69], alterando o Regulamento n.º 17/62.

O Regulamento n.º 1216/1999 faz uma alteração simples mas de grande significado no Regulamento n.º 17/62. O objectivo da modificação é o alargamento à generalidade dos acordos verticais da dispensa de notificação "obrigatória" (como *ónus*) já prevista no artigo 4.º do Regulamento n.º 17/62.

Este propósito era claramente enunciado nos considerandos do diploma. Como aí se dizia, «a reforma do quadro regulamentar aplicável aos acordos verticais deve ainda ter em conta a necessidade de simplificar o controlo administrativo por forma a reduzir o número de notificações no domínio dos acordos verticais».

A consequência é relevante. Por um lado, dispensados do *ónus da notificação prévia* ou *cautelar*, as empresas eliminam «encargos administrativos desnecessários» [70] e poderão beneficiar de uma decisão de isenção ao abrigo do n.º 3 do artigo 81.º CE «a partir da data da conclusão dos referidos acordos» [71] e não, como até aqui, apenas a partir da data da notificação. É assim eliminada a chamada «notificação cautelar», pelo que, em caso de litígio posterior, a empresa pode notificar, podendo a Comissão isentar a partir da data da entrada em vigor do acordo.

Este regulamento é importante por um outro pormenor. Como a Comissão constatou – e todos nós constatamos no dia-a-dia – muitas empresas utilizam simultaneamente diversos sistemas de distribuição: em certos casos usam a franquia, ali a distribuição selectiva, acolá acordos de distribuição exclusiva.

Mas muitas vezes, ainda, apesar de usarem formas de distribuição contratual, também distribuem directamente, pelo que podem mesmo ser concorrentes dos seus distribuidores (e o acordo não ser verdadeiramente um acordo vertical puro). Contudo, face à nova redacção do n.º 2 do artigo 4.º do Regulamento n.º 17/62, tais acordos estão abrangidos pela dispensa da ónus de notificação, desde que, no contexto do acordo [72], as

---

[69] Publicado no JO, L 148, de 15.6.1999, pp. 5-6.
[70] Considerando n.º 6.
[71] Considerando n.º 5.
[72] Como se diz na nova redacção do n.º 2 do artigo 4.º, «Tais acordos ou práticas concertadas são concluídos entre duas ou mais empresas que operem, *para efeitos do acordo*, cada uma num nível diferente da cadeia de produção ou distribuição (...)».

O Direito Comunitário, a Concorrência e a «Distribuição Selectiva»   175

partes (fornecedor e distribuidor) não surjam como concorrentes, como empresas que operam (também) no mesmo estádio do processo económico.

5.2. O Regulamento n.° 1215/1999. Na mesma altura, o Conselho adoptou ainda outro regulamento, a que foi atribuído o n.° 1215/1999[73]. Este regulamento vem, por sua vez, modificar o Regulamento n.° 19/65/CEE, o qual recorde-se, constitui o instrumento normativo que permite à Comissão estabelecer, por via regulamentar, isenções categoriais para certas categorias de acordos, decisões de associação de empresas ou práticas concertadas.

O grande objectivo deste regulamento[74] é, através da modificação das condições em que à Comissão é permitido elaborar os regulamentos de isenção categorial, potenciar a futura aprovação daquele que viria a ser o Regulamento n.° 2790/1999.

Como já se disse, a adopção pela Comissão dos regulamentos de isenção categorial estava sujeita a uma série de constrangimentos que resultavam do Regulamento n.° 19/65/CEE e que os tornavam pouco flexíveis face à realidade económica e comercial. Entre estes a Comissão salienta o facto de os regulamentos de isenção só se aplicarem a acordos exclusivos bilaterais, excluindo por isso os acordos que abranjam mais de duas empresas, bem como, entre outros, os acordos de distribuição selectiva (considerando 7). Reprova, ainda, o facto de os regulamentos enunciarem «as cláusulas isentas» (considerando 6).

5.3. O Regulamento n.° 2790/1999. Por último, foi adoptado pelo Conselho, em 22 de Dezembro do mesmo ano, o Regulamento n.° 2790/1999, relativo à aplicação do n.° 3 do artigo 81.° CE a determina-

---

[73] Regulamento n.° 1215/1999 do Conselho, de 10 de Junho de 1999, que altera o regulamento n.° 19/65/CEE relativo à aplicação do n.° 3 do artigo 81.° do Tratado relativo a certas categorias de acordos e de práticas concertadas (JO, L 148, de 15.6.1999, pp. 1-4).

[74] Este regulamento permitirá ainda que as autoridades nacionais de concorrência, em certas circunstâncias, retirem o benefício de uma isenção categorial a uma coligação que produza «certos efeitos incompatíveis com o n.° 3 do artigo 81.° do tratado, no território de um Estado membro ou numa parte do território de um Estado membro, que apresente todas as características de um mercado distinto» (novo n.° 2 do artigo 7.° do Regulamento n.° 19/65/CEE, aditado pelo n.° 4 do artigo 1.° do Regulamento n.° 1215/1999).

das categorias de acordos verticais e práticas concertadas[75]. Parafraseando V. Korah, «after much soul searching, the Commission (...) produced a single umbrella block exemption»[76].

O Regulamento n.° 2790/1999 constitui a pedra central da reforma do regime jurídico-concorrencial das coligações verticais e sintetiza a posição da Comissão face à necessidade de proceder à reforma do sistema.

Em primeiro lugar, o regulamento caracteriza-se pela ideia-chave de gradualismo, particularmente visível na norma do artigo 12.°, que regula a sua vigência. Conquanto o regulamento entre em vigor em 1 de Janeiro de 2000 (§ 1 do artigo 13.°), é apenas aplicável a partir de 1 de Junho de 2000, salvo quanto ao disposto no n.° 1 do artigo 12.°, que é imediatamente aplicável (*rectius*, a partir de 1 de Janeiro de 2000[77]), com uma intenção clara: a de determinar que, até 31 de Maio de 2000, permanecessem em vigor (*em aplicação*) as isenções categoriais previstas nos Regulamentos n.ºs 1983/83, 1984/83 e 4087/88[78].

---

[75] Regulamento relativo à aplicação do n.° 3 do artigo 81.° CE a determinadas categorias de acordos verticais e de práticas concertadas (JO, L 336, de 29.12.1999, pp. 21) – uma primeira análise do regulamento pode encontrar-se no *XXIX Relatório de Política de Concorrência* da Comissão, pp. 26-28; na resposta à questão do PE constante do JO, C 46, de 13.2.2001, pp. 55-56; e no *XXX.° Relatório sobre a política de concorrência 2000*, (SEC(2001) 694 final), pp. 17-18.

[76] V. Korah, *An introductory guide to EC competition law and practice*, 7.ª ed., Hart Publishing, 2000, pág. 245.

[77] O n.° 1 do artigo 12.° determina que a isenção prevista nos Regulamentos n.ºs 1983/83, 1984/83 e 4087/88 continua a ser aplicável até 31 de Maio de 2001. A razão é simples. Uma vez que estes regulamentos cessavam a sua vigência em 31 de Dezembro de 1999, a presente norma estendia a isenção por eles conferida até 31 de Maio de 2000, ao passo que o n.° 2 (de que se falará a seguir no texto) garantia a esses acordos uma imunidade concorrencial até ao final de 2001. E quanto aos acordos que, não preenchendo os pressupostos das isenções categoriais específicas acima referidas, respeitem o Regulamento n.° 2790/1999, mas sejam anteriores a 1 de Junho de 2000 (data da aplicação do Regulamento n.° 2790/1999). Será que poderão beneficiar destes? O princípio da aplicação da norma mais favorável, a lógica subjacente à alteração do Regulamento n.° 17/62 e o sentido intencionado para o Regulamento n.° 2790/1999 levam-nos a concluir pela positiva. Contudo, isso deixa em aberto a resposta à questão sobre a razão da aplicação diferida (de 1 de Janeiro de 2000 para 1 de Junho do mesmo ano) do Regulamento – em sentido crítico do que aqui é afirmado, R. Subiotto/ F. Amato, «Preliminary analysis of the Commission's reform concerning vertical restraints», *Journal of World Competition*, 23, 2, 2000, pág. 16.

[78] A razão por muitos apontada era a vontade da Comissão de, entretanto, publicar as *Orientações sobre as restrições verticais*, R. Subiotto/ F. Amato, «Preliminary analysis of the Commission's reform concerning vertical restraints», *cit.*, pp. 15-16.

O *Direito Comunitário, a Concorrência e a «Distribuição Selectiva»* 177

Mas a esta disposição transitória acresce o disposto no n.° 2 do mesmo artigo 12.°, que dispõe:

> «A proibição estabelecida no n.° 1 do artigo 81.° do Tratado não é aplicável durante o período compreendido entre 1 de Junho de 2000 e 31 de Dezembro de 2001 relativamente aos acordos já em vigor em 31 de Maio de 2000 que não satisfaçam as condições de isenção previstas no presente regulamento mas que preencham as condições de isenção previstas nos Regulamentos (CEE) n.° 1983/83, (CEE) n.° 1984/83 ou (CEE) n.° 4087/88».

Outra ideia principal aí visível é a da generalização. O regulamento não apenas se aplica aos acordos verticais relativas a produtos finais, como abrange especificamente as restrições verticais relativas a produtos intermédios e a serviços [79].

É de notar ainda o aparente paradoxo de se ver a Comissão a aceitar que os acordos verticais tendem a ser favoráveis para a concorrência, por favorecerem a concorrência «entre marcas» e aumentarem a liberdade de escolha dos consumidores, ao mesmo tempo que opta pela elaboração de um regulamento de isenção categorial, o que pressupõe a sua consideração como sendo restritivos da concorrência.

Qual o objecto deste regulamento? Pretende fornecer uma disciplina uniforme para os acordos verticais *puros* ou *impuros*, cessando a concepção formalista e rígida que rodeava o tratamento jusconcorrencial destes acordos ao abrigo do anterior regime jurídico-comunitário da concorrência.

O seu objecto principal é o estabelecimento e uma isenção categorial genérica para tais acordos verticais (artigo 2.°, n.° 1), de acordo com um critério de verticalidade *quase pura*, dado que o regulamento não se aplica a acordos verticais entre empresas concorrentes [80] – artigo 2.°, n.° 4 do Regulamento. Contudo, algumas situações são excepcionadas, estando deste modo prevista a aplicação do regulamento (e da isenção por ele conferida) a determinadas coligações envolvendo pequenas e médias

---

[79] Mario Monti, no prefácio ao *XXIX.° Relatório sobre a política de concorrência 1999*, pág. 8.

[80] «Empresas concorrentes», no entender do regulamento, são «fornecedores reais ou potenciais no mesmo mercado do produto, o mercado do produto inclui bens ou serviços considerados pelo comprador como permutáveis ou substituíveis pelos bens ou serviços contratuais, devido às suas características, preço e utilização» (artigo 1.°, alínea *a)* do Regulamento n.° 2790/1999).

empresas, designadamente a coligações entre empresas potencialmente concorrentes, contanto que se trate de um acordo não recíproco e esteja preenchida uma das seguintes condições:

a) o volume de negócios total anual do comprador[81] não exceda o montante de 100 milhões de euros;

b) o fornecedor seja ao mesmo tempo produtor (fabricante) e distribuidor dos bens, sendo o comprador apenas distribuidor, não fabricando bens ou serviços que estejam em concorrência com os bens contratuais;

c) o fornecedor preste serviços em vários níveis do comércio, enquanto o comprador não seja fornecedor de serviços concorrente, no mesmo nível do comércio em que adquire os serviços contratuais.

Na verdade, há duas situações aqui envolvidas nesta extensão da aplicação do regulamento a acordos não recíprocos entre empresas concorrentes. Na primeira, está abarcada a situação da pequena e média empresa que celebra um acordo de aquisição de bens ou serviços não recíproco com outra empresa. Apesar de potencialmente concorrentes, dada a sua pequena dimensão, aplica-se-lhe a isenção. No segundo caso, estamos perante acordos em que apenas uma das empresas é potencialmente concorrente da outra ou em que, de qualquer modo, apenas uma delas opera em diversos níveis do processo económico. É a situação típica de uma coligação entre uma empresa especializada – só vende ou, no máximo, não produz bens concorrentes dos bens que adquire ao fornecedor – e uma empresa (também) verticalmente integrada.

Desenhado para proteger o pequeno e médio comércio, o Regulamento caracteriza-se ainda pela expressa exclusão da isenção quando o volume de negócios ou a quota de mercado das empresas participantes na coligação exceder certos limiares.

Em primeiro lugar, a isenção é apenas aplicável aos acordos envolvendo uma associação de empresas – com os seus membros ou com terceiros fornecedores – se todos os membros da associação forem retalhistas e nenhum tiver individualmente (por si ou pelas empresas a si ligadas) um volume de negócios superior a 50 milhões de euros.

Além disso é aplicável aos acordos verticais em que haja cedência ao comprador do direito de utilização de direitos de propriedade industrial ou

---

[81] Criticamente, R. Subiotto/ F. Amato, «Preliminary analysis of the Commission's reform concerning vertical restraints», *cit.*, pág. 9 (v. infra, nota 85).

intelectual[82] com vista à utilização, venda ou revenda dos bens ou serviços pelo comprador ou pelos seus clientes (portanto, mesmo tratando-se de bens intermédios).

Curiosamente, o pretenso favor que o Regulamento n.º 2790/1999 traz às pequenas e médias empresas foi *mal recebido* por algumas, bem como pelo Tribunal de Justiça. Com efeito, uma associação de pequenas e médias empresas interpôs logo recurso perante o Tribunal de Primeira Instância (TPI), solicitando a sua anulação, nos termos do artigo 230.º CE, por «representarem PME que, na sua qualidade de distribuidores, se encontram numa situação de dependência económica em relação aos grandes fornecedores, nomeadamente dos fabricantes ou importadores de veículos e dos fornecedores de produtos petrolíferos. [E] por força da aplicação do regulamento atacado, os acordos verticais que instauram um tal estado de dependência económica escapa(ria)m à aplicação do n.º 1 do artigo 81.º CE e à sanção de nulidade *ex tunc* prevista no artigo 81.º, n.º 2 CE» (despacho do TPI, de 19.10.2000, proc. T-58/00, cons. 10).

O Tribunal de Primeira Instância, apesar de não conhecer do mérito do pedido (e não podia ser de outra forma), não deixou de dizer que, não só o procedimento de adopção do acto apresentou «lacunas» (cons. 19), como relembrou expressamente às empresas a possibilidade, ao seu alcance, de suscitarem perante os tribunais nacionais a ilegalidade do regulamento, ao abrigo do meio processual próprio: o reenvio prejudicial (artigo 234.º CE).

Como se processa a isenção categorial conferida pelo Regulamento n.º 2790/1999? Este opera de modo particularmente *grato* a uma certa visão da Comissão, que procura manter o controlo da política da concorrência aplicável às empresas de distribuição, ao mesmo tempo que *parece* abrir o espírito às concepções económicas e jurídicas dominantes, nomeadamente *sopradas* a partir dos Estados Unidos e com inultrapassáveis repercussões no espaço europeu[83].

Assim, o Regulamento estabelece uma *presunção de legalidade* dos acordos verticais, recaindo sobre a Comissão o *onus probandi* da violação do 81.º, n.º 1 CE e do não preenchimento das quatro condições previstas no n.º 3 do mesmo dispositivo normativo.

---

[82] No entanto, não estão abrangidos os acordos verticais que tenham por objecto principal a cedência de utilização de tais direitos – idem, artigo 2.º, n.º 3 do Regulamento.

[83] R. Boscheck, «The EU police reform on vertical restraints – an economic perspective», *cit.*, pág. 27.

180   *III Curso de Direito Industrial*

Por outro lado, clarifica-se no texto legal um ponto que já resultava afirmado de forma clara pela jurisprudência do Tribunal de Justiça desde os anos 60, conquanto fosse frequentemente *esquecido*, em especial pelos operadores jurídicos nacionais. Referimo-nos à afirmação segundo a qual a isenção categorial se aplica às coligações *na medida em que estas violem o n.º 1 do artigo 81.º CE*. No fundo se reconhecendo normativamente que, tal como havia já recordado o Tribunal de Justiça, a violação do n.º 1 do artigo 81.º CE não se pode presumir[84].

O seu âmbito de aplicação, diz-se, é igualmente generalizado. O Regulamento pretende aplicar-se não a uma figura contratual determinada – como sucedia com os regulamentos de isenção categorial adoptados em aplicação do Regulamento n.º 19/65, na sua redacção original – mas a múltiplas figuras (distribuição exclusiva, distribuição selectiva, compra exclusiva, franquia), incluindo algumas até agora imunes, como é o caso da agência[85].

---

[84] Deve igualmente ficar claro que, como diz a própria Comissão, «as restrições verticais que ficarem fora desta zona de protecção não serão presumidas como ilegais, mas deverão eventualmente ser objecto de um exame individual. Quanto aos acordos não abrangidos pela isenção por categorias, a Comissão continuará a ter o ónus da prova de que o acordo em questão infringe o n.º 1 do artigo 85.º [actual 81.º] e terá de examinar se o acordo satisfaz as condições do n.º 3...» – *Comunicação da Comissão relativa à aplicação das regras comunitárias de concorrência às restrições verticais (Seguimento do Livro Verde sobre as restrições verticais)*, JO, C 365, de 26.11.1998, pp. 19.

[85] A Comissão não considera relevante o facto de as partes intitularem ou não a sua relação como de agência. Recentemente, na decisão *Daimler-Chrysler*, onde aplicou uma coima de 72 milhões de euros a esta empresa, a Comissão julgou os agentes desta empresa como «equiparados a concessionários», na medida em que suportavam um risco comercial considerável inerente à sua actividade (comunicado de imprensa n.º IP/01/1394, de 10.10.2001).

Em sentido crítico da aplicação do Regulamento n.º 2790/1999 aos contratos de agência, R. Rinaldi, «Il nuovo regolamento della Commissione Europea sugli accordi verticali», *Diritto del Commerzio Internazionale*, 2000, 14.2, pp. 485-489. Para este autor, a aplicação aos contratos de agência resulta da noção de «comprador» dada pelo regulamento («cavalo de Tróia»), na alínea *g*) do artigo 1.º («empresa que, nos termos de um acordo abrangido pelo âmbito de aplicação do n.º 1 do artigo 81.º do Tratado, venda bens ou serviços por conta de outra empresa» (pág. 483). Claro que, nesta perspectiva, tratava-se de empresas independentes, em que cada uma assume o risco económico («acordo abrangido pelo n.º 1 do artigo 81.º»), nos termos da *comunicação do Natal* (de 24.11.1964). Contudo, para o Autor, a modificação da proposta da Comissão numa fase tardia do procedimento legislativo – ao arrepio de todas as indicações anteriores – poderia mesmo levar a concluir pela ilegalidade do Regulamento n.º 2790/1999 (dado que a Comissão teria adoptado um acto substancialmente diverso daquele que foi objecto de

O *Direito Comunitário, a Concorrência e a «Distribuição Selectiva»* 181

Por último, é um regulamento de alcance geral, cedendo o passo a qualquer específico regulamento, sendo por isso crismado como regulamento de aplicação subsidiária (artigo 2.°, n.° 5)[86].

Aplicável aos acordos de distribuição vertical, no sentido já explicitado, o Regulamento n.° 2790/1999 não pretende cobrir com o manto autorizativo todo o tipo de acordos, independentemente da sua importância económica. São fixados limiares que pretendem fornecer índices de aferição do poder sobre o mercado (o *market power*)[87] das empresas

---

autorização pelo Conselho). Além disso, considera que o novo regulamento não se adequa ao tratamento jurídico das relações de agência (dado que o agente não adquire a propriedade do bem transferido) além de que o (pior) regime se aplicaria mais cedo do que em relação aos acordos que beneficiavam de isenções categoriais específicas (por força do artigo 12.°).

Por seu turno, R. Subiotto/ F. Amato consideram que, dado os acordos de agência não reconhecerem ao agente a possibilidade de determinar os preços dos bens a vender por conta do principal, ficaria prejudicada a aplicação do Regulamento n.° 2790/1999, dado o disposto na alínea *a)* do artigo 4.° («Preliminary analysis of the Commission's reform concerning vertical restraints», *cit.*, *Journal of World Competition*, 23, 2, 2000, pág. 24).

[86] Ver *Orientações* da Comissão, ponto 45, onde é salientada a inaplicação do Regulamento n.° 2790/1999 aos acordos de distribuição automóvel (Regulamento n.° 1475/95) e de licença de saber-fazer (Regulamento n.° 240/96). Este último está, neste momento, num processo de reforma.

[87] A Comissão procura até uma aproximação a este conceito, enquanto «poder para aumentar os preços acima do nível concorrencial e, pelo menos, a curto prazo, obter lucros acima do normal» (*Orientações*, ponto 119).

A procura do «poder sobre o mercado» e a sua superioridade sobre a «quota» de mercado é evidenciada há muito noutras longitudes. A jurisprudência americana tende a dar relevo não tanto ao peso numérico da empresa no mercado (meramente estatístico: a *quota* de mercado), mas ao poder sobre o mercado, que é ou pode ser coisa bem diferente. Assim, no acórdão *Valley Liquor v. Renfield Importers Ltd*, do Tribunal do 7th Circuit (108 S Ct. 488, 1987), o Tribunal esclarecia que o desencadear da *rule of reason* (e da consequente análise das restrições *intrabrand*) só se daria se não se tratasse de uma coligação com pouca importância, que tivesse «sufficient market power to control prices». É certo que a doutrina (em especial a comunitária) nem sempre se apercebia da diferença. Fasquelle (*Droit américain et droit communautaire des ententes: étude de la règle de raison*, GLN Joly, Paris, 1993, pág. 73, nota 248) cita este acórdão norte-americano como referindo-se a uma *quota*, quando este expressamente se refere (no excerto citado) ao «poder sobre o mercado suficiente para controlar os preços» (já outros acórdãos, na segunda acepção são citados por este autor, pág. 74, notas 250 e 251). Desenvolvendo a mesma ideia, na perspectiva da consideração da dinâmica dos mercados, Utton, *Market dominance and antitrust policy*, pp. 28 e 38.

Segundo o índice Lerner, o *market power* resulta essencialmente da combinação de três factores: a elasticidade dos preços da procura; a quota de mercado da empresa

co-contratantes, embora ainda muito preso ao elemento formal da quota de mercado (o que os americanos já ultrapassaram). No artigo 3.° é fixada uma «zona de segurança», representada pela detenção de uma quota de mercado não superior a 30% [88].

Quanto ao cálculo, rege o artigo 9.° do Regulamento. Segundo Mario Monti, no discurso proferido na posse do presidente (*Böge*) do *Bundeskartellamt* (22 de Janeiro de 2000), o objectivo é o de permitir que a Comissão se concentre nos casos realmente importantes, conquanto a medida não possa ser justificada nem ao abrigo da ideia de subsidiarie-dade, nem sequer segundo uma ideia de descentralização, embora aqui possa haver alguns vestígios – v.g. no artigo 7.°.

Ao contrário dos regulamentos anteriores e em resposta às correntes críticas que verberavam o carácter formalístico e espartilhante do anterior sistema (*strait jacket effect*), expresso na determinação prévia do que era permitido (*white list*), do que poderia ser autorizado (*grey list*) e do que era proibido (*black list*), o novo regulamento assenta quase exclusi-vamente na previsão de *black clauses* [89] ou *hard-core restrictions* (restri-ções graves).

Deste modo, apenas são especificamente previstas as cláusulas que per-manecem inadmissíveis (artigo 4.°), nomeadamente as que ponham em causa

---

dominante; e a elasticidade da oferta das empresas não-coligadas (elasticity of supply for fringe firms) – limitamo-nos a transcrever Utton, *Market dominance and antitrust policy*, pág. 81.

Nos últimos anos, tem-se acentuado, nos EUA, a compreensão segundo a qual é insuficiente uma análise superficial do mercado que se limita a deduzir os efeitos anti-con-correnciais da simples estrutura do mercado para afirmar a existência de uma conduta colusiva proibida, sendo necessária uma análise do sector em causa que demonstre a pre-sença de um poder sobre o mercado – assim Hawk, B/ Veltrop, J., «Les développements du droit antitrust aux États-Unis: analyse raffinée; application agressive et internationale», *Revue International de Droit Economique*, 1994, pág. 300.

Neste sentido, julgamos que também aqui a atitude da Comissão não deixa de dever estar sujeita a críticas, pelo seu *reducionismo* prático – v. R. Rinaldi, «Il nuovo regolamento della Commissione europea sugli accordi verticali», *cit.*, pp. 489-496 e 505.

[88] Do mercado relevante, no qual venda os bens ou serviços contratuais. O mer-cado relevante é o mercado do produto (roupa infantil, por exemplo), dir-se-á, de forma simplista. Sobre a definição do mercado relevante, *Comunicação da Comissão* (97/C 372/03) *relativa à definição do mercado relevante para efeitos do direito comunitário da concorrência* (JO, C 372, de 9.12.1997, pp. 5 ss.).

[89] R. Subiotto/ F. Amato, «Preliminary analysis of the Commission's reform con-cerning vertical restraints», *cit.*, pág. 7.

O *Direito Comunitário, a Concorrência e a «Distribuição Selectiva»* 183

a liberdade de fixação de preços[90] ou de resposta a solicitações negociais (a proibição de vendas passivas; certas restrições territoriais[91] ou pessoais[92],

---

[90] A não ser que a imposição de preço de venda máximo ou a recomendação «sejam equivalentes a um preço de venda fixo ou mínimo como resultado de pressões ou de incentivos oferecidos por qualquer das partes» (alínea *a)* do artigo 4.°). Esta norma foi já referida pela Comissão na sua Decisão n.° 2001/711/CE, relativa à Volkswagen (JO, L 262, de 2.10.2001, pág. 29). Sobre a licitude de comportamentos análogos, no quadro do anterior quadro jurídico-regulamentar da franquia de distribuição, Miguel Gorjão-Henriques da Cunha, *Da restrição da concorrência, cit.*, pp. 373-375.

[91] Mas algumas são autorizadas. Assim, pode ser limitada a possibilidade de o distribuidor escolher a localização do seu estabelecimento comercial ou proibida a abertura de novas instalações ou a actuação a partir de diferentes instalações (artigo 4.°, alínea *c*), do Regulamento n.° 2790/1999 e o ponto 54 das *orientações*). Mais uma vez, esta excepção compatibiliza-se com o regime já admitido (à luz do regime anterior), em particular para os contratos de franquia, onde a «cláusula de localização» era considerada lícita (artigo 1.°, n.° 3, alínea *e)* do Regulamento n.° 4087/88). Aí, a Comissão apenas ressalvava que a cláusula não deveria conduzir a uma repartição de mercados, impedindo o franqueado de prestar serviços e fornecer ou distribuir bens fora da sua zona, caso em que seria já restritiva (cons. 24), em se tratando de uma marca já conhecida. No entanto, como se pode ler, tal só aconteceria se à cláusula de localização acrescesse uma exclusividade territorial. Defendendo que a sua análise isolada poderia constituir, só por si, uma restrição da concorrência, quando redundasse numa limitação quantitativa à abertura de um segundo estabelecimento, Goebel («Case Law, Pronuptia de Paris Gmbh v. Pronuptia de Paris Irmgard Schillgallis», *CMLR*, 23, n.° 3, 1986, pág. 692). O Tribunal, contudo, parece ter achado que tais cláusulas, isoladamente tomadas, poderiam ser necessárias para protecção dos investimentos do franqueado ou para assegurar a disponibilidade e a concentração de esforços no estabelecimento individual. Na decisão *Yves Rocher*, no entanto, a Comissão subordinou a possibilidade de recusa de um tal consentimento à protecção da reputação da rede (à existência de fundados motivos com esta relacionados – cons. 42).

Nos EUA, se o franqueador recusasse injustificadamente o pedido de relocalização por parte do franqueado, este poderia obter protecção jurisdicional – *Dunfee v. Baskin-Robbins, Inc*, 720 P.2d 1148, 1154 (Mont. 1986), citado por J. W. Burns, «Vertical restraints, efficiency, and the real world», *FLR*, vol. LXII, December 1993, n.° 3, pág. 626, nota 128.

Em Portugal, na decisão proferida em 16.12.1985 no proc. 1/85 (*UNICER*), o Conselho da Concorrência aceitou, ao abrigo do então artigo 15.° do Decreto-Lei n.° 422/83, uma protecção territorial que proibia o estabelecimento pelos distribuidores de qualquer instalação fixa fora da área geográfica visada pelo contrato (in *Relatório de actividades de 1984 e 1985*, DR, II série, n.° 226, 3.° supl., de 1.10.1986, pág. 13).

[92] É lícita a proibição de venda a distribuidores não autorizados, no âmbito da distribuição selectiva – tal resulta da própria noção de distribuição selectiva dada na alínea *d)* do artigo 1.° do Regulamento n.° 2790/1999 e do artigo 4.°, alínea *b)*, terceiro travessão, do mesmo diploma.

184   III Curso de Direito Industrial

a restrição de vendas activas [93] e passivas a consumidores finais e certas obrigações de não concorrência [94] (artigo 5.º) [95].

---

[93] As quais podem ser autorizadas quando constituam acordos de importância menor.

[94] A aceitação de cláusulas de não-concorrência já resultava da prática da Comissão (decisão *Nutricia*, de 1984), que considerava que podiam constituir a única forma de garantir o valor da empresa a transmitir. No entanto, neste caso, a Comissão considerou-a restritiva, porque impedia a concorrência no mercado entre vendedor e comprador e entre o vendedor e as outras empresas que operam no mercado. Ou seja, uma protecção apenas no âmbito mínimo, conforme com a jurisprudência inglesa, com referência a limitação temporal, espacial e material (de área de actividade) – cfr. Peters/Schneider («The franchising contract», *RDU*, 1985, I, pág. 259-261) e Mathieu (*La nature juridique du contrat de franchise*, Ed. Yvons Blais, Quebec, 1989, pág. 80). Também o Regulamento n.º 67/67 previa a possibilidade de cláusulas de não-concorrência para o período posterior – até um ano – à cessação do contrato, mas, no momento em que o Tribunal se pronunciou sobre a franquia, a Comissão havia já modificado a sua posição, ao consagrar, no Regulamento de isenção relativo aos acordos de distribuição exclusiva (1983/83, de 22.6.1983, pp. 1), que só seriam isentadas – e, em princípio, não nos esqueçamos, ao abrigo do n.º 3 do artigo 81.º CE – as cláusulas de não-concorrência que vigorassem *durante* a vigência do contrato (artigo 2.º, 2 a) *a contrario*), nunca depois.

Favor especial havia, no regime anterior, por conseguinte, em relação aos contratos de franquia. Favor que se apresentava, a partir do acórdão *Pronuptia*, como duplamente significativo. Porque era feito com relação ao n.º 1 do artigo 81.º CE. E porque retomava uma solução que, independentemente da sua (in)determinação quantitativa, a Comissão havia rejeitado pouco tempo antes, como condição de desaplicação desse mesmo artigo 81.º, 1 CE a contratos em muitos aspectos similares. Também para nós, portanto, a razão parecia estar na protecção do saber-fazer e da *clientela* do franqueador, que na falta de tal cláusula poderia ser utilizado pelo franqueado para, depois de cessado o contrato, ocupar autonomamente no mercado a posição que detinha enquanto franqueado, por o saber-fazer não ser protegido no plano jurídico interno. Do que se poderá acusar a solução dada é da amplitude reconhecida à obrigação de não-concorrência, aparentemente extensível a todo o território coberto pela rede, numa solução criticável (Ruiz Peris, *El contrato de franquicia y las nuevas normas de defensa de la competencia*, Civitas, Madrid, 1991, pág. 68) que, como veremos, o regulamento veio alterar.

Se a Comissão não alterou a sua política quanto aos acordos de distribuição exclusiva, o certo é que, analisando os regulamentos de isenção categorial posteriores, constata-se que a protecção do saber-fazer é normalmente extensível aos períodos pós-contratuais (Regulamento n.º 240/96, artigo 2.º, n.º 1, 1 e 3), enquanto no sector da distribuição automóvel (Regulamento n.º 1475/95), pelo contrário, tais cláusulas apenas podem respeitar à fabricação de produtos (artigo 2.º, n.º 2), à distribuição de peças sobressalentes (artigo 2.º, n.º 5), encontrando limites mesmo durante a duração do contrato (artigo 3.º, n.º 3, e considerandos 7-8) e nunca se estendendo ao período posterior à cessação do acordo de distribuição (sendo que o actual regulamento é ainda mais *intolerante* do que o anterior (Regulamento n.º 123/85, que permitia uma obrigação contratual de não-concorrência, em certas hipóteses, até um ano após a cessação do acordo – art. 3.º, 12).

Na prática jurisdicional norte-americana, também as cláusulas de não-concorrência

O *Direito Comunitário, a Concorrência e a «Distribuição Selectiva»* 185

No sistema jurídico-formal do regulamento, uma outra novidade é assinalada, com a maior importância. Trata-se da possibilidade conferida às autoridades dos Estados membros (para lá da Comissão, como sempre aconteceu) de retirarem o benefício da isenção (artigo 7.°). Embora não seja nosso propósito curar deste tema, só por si merecedor de um tratamento monográfico, não pode deixar de salientar-se que este causa um verdadeiro desvirtuamento do sistema comunitário de aplicação do artigo 81.°, n.° 3, pela *renacionalização* da aplicação desta norma e pelo risco

---

por parte do franqueado são vistas com favor. O U.S. Court of Appeals (*Water Services, Inc. v. Tesco Chemicals Inc.*, 1969, 7th Circ.), citando Bork, afirma que o «mais valioso bem de um negócio pode ser a boa imagem (*good will* – prestígio) do público em relação ao seu dono (...) o dono pode não conseguir um preço que reflicta o verdadeiro valor do seu negócio a não ser que possa prometer ao adquirente que não volta para concorrer com o negócio vendido» (Frazer, *Monopoly, competition and the law*, 2.ª ed., Harvester Wheatsheaf, 1992, pág. 121), sendo que tais concepções são típicas das soluções da doutrina da *restraint of trade*, constituindo mesmo o grosso das situações que, em 1898, o juiz Taft referia como correspondendo a *ancillary restraints* (Bork, «The rule of reason and the per se concept: price fixing and market division», *The Yale Law Journal*, vol. 74, Abril 1965, n.° 5, pp. 775-847; e vol. 75, Janeiro 1966, n.° 3, pág. 798). Noutros ordenamentos, tributários da mesma génese na *common law*, como o australiano, a admissibilidade destas cláusulas depende de um juízo de razoabilidade, que variará consoante o grau da restrição, a sua extensão temporal e espacial, etc. (Zeidman, *Survey of foreign laws and regulations affecting international franchising*, prepared by *Franchising Committee Section of Antitrust Law – American Bar Association*, ABA, 2nd edition, 1989, pág. 19).

[95] A nova regulação das obrigações de não concorrência, constante do artigo 5.° do Regulamento n.° 2790/1999 tanto se refere a obrigações assumidas para o período de duração do contrato como àquelas relativas ao período posterior à cessação do contrato. É o próprio regulamento que fornece a definição de «obrigação de não concorrência» (alínea *b*) do artigo 1.°):

«Qualquer obrigação directa ou indirecta que obrigue o comprador a não fabricar, adquirir, vender ou revender bens ou serviços que entrem em concorrência com os bens ou serviços contratuais, ou qualquer obrigação directa ou indirecta imposta ao comprador no sentido de adquirir ao fornecedor (...) mais de 80% das compras totais do comprador em termos de bens ou serviços contratuais e respectivos substitutos no mercado relevante, com base no valor das suas compras no ano civil anterior».

Além disso, nos termos do artigo 5.° do Regulamento, a obrigação de não concorrência não deve ultrapassar os 5 anos ou ter duração indefinida, considerando-se como de *duração indefinida* a obrigação que se renove automaticamente por mais que um período de 5 anos. Exceptua-se apenas o caso de o comprador vender os bens ou prestar os serviços a partir de instalações ou terrenos que sejam propriedade do fornecedor ou por este arrendados a terceiro não ligado ao comprador (*idem*, alínea *a*) do artigo 5.°).

Sobre a interpretação desta obrigação, vide as *Orientações* da Comissão (ponto 58) e, mais uma vez em sentido crítico, Rinaldi, «Il nuovo regolamento della Commissione Europa sugli accordi verticali», *cit.*, pp. 496-498.

de quebra da uniformidade do tratamento comunitário das coligações. A atribuição às autoridades nacionais da concorrência de competência para desaplicarem a isenção conferida pelo regulamento colocará ainda, para lá de questões como a da preparação técnica para a correcta fundamentação e formulação de juízos (económicos) por estas, problemas como os da tentação do *reerguer* das barreiras nacionais, ao sabor das pressões político-económicas internas.

A este último ponto, gerador, na nossa opinião, de um elevado grau de incerteza e insegurança jurídicas, susceptível de crítica, devemos ainda fazer acrescer duas grandes críticas específicas ao modelo subjacente ao Regulamento n.º 2790/1999.

Em primeiro lugar, mesmo depois da Comissão se ter mostrado – nos documentos anteriores – convencida de que os acordos verticais não são em si mesmos restritivos da concorrência, insiste em os isentar. Ora a isenção, como a própria Comissão afirma – e resulta evidente – supõe a violação do artigo 81.º, n.º 1 CE.

Em segundo lugar, quanto à figura que aqui nos trouxe [96], o novo regulamento não garante devidamente os distribuidores selectivos nos dois

---

[96] Mas também em relação a outras figuras contratuais. Apesar de tudo, embora num juízo sumário, crê-se que o presente Regulamento n.º 2790/1999 não é necessariamente favorável a outras figuras, como a da franquia de distribuição.

Este regulamento vem alterar profundamente o regime jurídico-concorrencial dos acordos de franquia. Em primeiro lugar, não define franquia nem o que é um acordo de franquia (deixando em aberto a determinação dos elementos essenciais ou naturais do contrato (nomeadamente, permite diminuir o peso da retribuição como elemento essencial do contrato), não lhe reservando um qualquer regime jurídico especial (tal era anunciado pela Comissão logo no seu *XXVIII Relatório sobre a política da concorrência – 1998*, Luxemburgo, 1999, pág. 22). Em segundo lugar, *apenas* tem por objecto isentar os acordos verticais que tenham por objecto principal as «condições em que as partes podem adquirir, vender ou é revender certos bens ou serviços» (artigo 2.º, n.º 1). Em terceiro lugar, só se aplica a acordos verticais que tenham por objecto a atribuição ao comprador ou a utilização pelo comprador de direitos de propriedade intelectual se este não for o *objecto principal* do acordo e tais disposições estiverem directamente relacionadas com a utilização, venda ou revenda dos bens ou serviços pelo comprador ou pelos seus clientes.

Nos trabalhos preparatórios do regulamento, a Comissão afirmou sempre expressamente considerar que os acordos de franquia estariam abrangidos pelo novo regulamento das restrições verticais – ver *Comunicação da Comissão relativa à aplicação das regras comunitárias de concorrência às restrições verticais (Seguimento do Livro Verde sobre as restrições verticais)*, JO, C 365, de 26.11.1998, pp. 22-23 –, circunstância confirmada na *Comunicação da Comissão* que estabeleceu as *Orientações sobre as restrições verticais*, de 24.5.2000, pontos 23-45 e 199-201 (JO, C 291, de 13.10.2000). No entanto, a dúvida é

O *Direito Comunitário, a Concorrência e a «Distribuição Selectiva»* 187

grandes pontos que justificaram toda a anterior doutrina da Comissão. Apesar do que se disse antes, o regulamento, ao definir distribuição selectiva (artigo 1.°, alínea *d*) do Regulamento) fala na escolha dos distribuidores como base em «critérios especificados» e nada diz quanto à limitação deste modelo pela natureza dos produtos a distribuir[97].

V. A DISTRIBUIÇÃO SELECTIVA NO DIREITO COMUNITÁRIO DA CONCORRÊNCIA

1. Considerações gerais. Há quem ponha em causa a própria autonomia da distribuição selectiva, tratando-a, em muitas das suas modalidades, como uma modalidade de «distribuição exclusiva», uma «co-exclusiva de grupo» (na Alemanha, Krasser[98]).

A limitação pelo *objecto* – produtos de luxo e produtos com elevada componente técnica (alta tecnologia) no que toca à pós-venda, que a jurisprudência comunitária estendeu também a produtos que sejam «objecto de colecção e de culto» (*Swatch*) –, tem perdido sentido, à medida que as novas orientações a alargam, por exemplo, para situações em que o recurso a um certo modo de distribuição surge como necessário para garantir a introdução de um produto novo.

Mais recentemente (no *Livro Verde*), a Comissão deu-nos uma noção de distribuição selectiva que acentua uma sua outra dimensão, a do *critério da selecção dos distribuidores*.

Esta noção, por inscrita no *Livro verde* (documento que inicia um processo de legitimação da chamada distribuição vertical), deve ser entendida como pórtico e expressão dos desejos da Comissão, dado que reúne todos os elementos de que, tradicionalmente, a Comissão fazia depender a licitude desta forma de distribuição.

> «Sistema de distribuição em que os distribuidores são escolhidos em função de critérios objectivos, necessários para a distribuição eficiente do

---

repetida pela doutrina (assim, Subiotto/Amato, «Preliminary analysis of the Commission's reform concerning vertical restraints», *cit.*, pág. 8).

[97] Expressamente o diz M. Martínez-López, «Distribution sélective et Internet», *Competition Policy Newsletter*, n° 2, 2001, pág. 7: «a isenção por categorias não está subordinada ao controlo *a priori* do carácter objectivo e adequado dos critérios de selecção ou da natureza do produto».

[98] *Apud Da restrição da concorrência, cit.,* nota 416, pág. 184.

188 *III Curso de Direito Industrial*

produto em causa e em que os distribuidores podem apenas vender quer aos consumidores finais (aos quais prestam normalmente um serviço para além do produto) ou a outros distribuidores seleccionados que preenchem certos requisitos objectivos» [99].

2. A Distribuição Selectiva no Sistema Centralizado Anterior

2.1. A Comissão e a Distribuição Selectiva – a prática decisional. Ao contrário de outras formas de distribuição (distribuição exclusiva, compra exclusiva e franquia), desde o início que a Comissão considerou a distribuição selectiva como um mecanismo contratual menos frequente e, como tal, dispensando qualquer tratamento genérico [100], pelo que o seu tratamento era feito casuisticamente, por via de decisões individuais (cerca de 20, nos últimos anos, de acordo com os dados fornecidos pela Comissão [101]).

O que se entendia por distribuição selectiva? O elemento essencial deste modo de distribuição era (é) a selecção dos distribuidores (retalhistas) feita pelo fornecedor (produtor ou grossista) [102] «em função de critérios específicos». A sua importância é ainda acrescida por, neste sistema, ser pedido aos distribuidores que prestem alguns serviços de assistência, tanto antes como depois da venda dos produtos. Por outro lado, a prática mostrava que o sistema era usado especialmente para a distribuição de produtos de luxo ou de produtos que necessitavam de tais serviços de apoio e assistência e onde a qualidade do produto teria de ser assegurada de modo mais forte, diga-se assim. Incidia assim, sobretudo, nos sectores automóvel, dos perfumes [103], relógios, etc...

---

[99] *Livro Verde sobre as restrições verticais*, p. 2.

[100] Ver J. Ratliff, «Selective distribution: is there a case for a general block exemption or a guidelines notice?», *European Competition Law Review*, 1996, pp. 299.

[101] Um elenco pode encontrar-se no *Livro Verde sobre as restrições verticais*, pp. 38 e 45 (nota 35).

[102] Outros autores incluem na noção de distribuição selectiva a obrigação, para os revendedores inseridos no sistema, de só revenderem a consumidores finais ou a outros comerciantes autorizados – Bellamy/(Picañol), *Derecho de la competencia en el mercado comun*, Civitas, Madrid, 1992, pág. 377.

[103] São os sectores que têm gerado mais litígios, por considerar que a sua rigidez estrutural é factor de restrição da concorrência entre os revendedores e face a terceiros. Assim, na decisão *Yves Saint-Laurent*, de 16.12.1991, a Comissão endureceu a sua posição, exigindo a consagração de um mecanismo contratual automático de acesso de qualquer terceiro à categoria de revendedor, da liberdade de qualquer distribuidor se abastecer junto de outros distribuidores autorizados, entre outras.

O Direito Comunitário, a Concorrência e a «Distribuição Selectiva» 189

Havia pois três grandes pontos, à volta dos quais rodava todo o regime comunitário da distribuição selectiva:

a. a selecção dos distribuidores;
b. a atitude face aos importadores paralelos (*parasitismo*);
c. o problema da garantia de qualidade.

a) O primeiro desafio que se colocava, para o direito comunitário da concorrência, era o do(s) *critério(s) da selecção dos distribuidores*. Se o princípio da autonomia privada ensina que cada um deve poder escolher livremente o co-contraente, o princípio da livre concorrência ínsito numa economia de mercado levava a Comissão a julgar que não era totalmente lícito a alguém rejeitar ou escolher a contraparte apenas segundo critérios subjectivos e, em especial, quantitativos. Para a Comissão, a selecção dos distribuidores segundo critérios quantitativos podia causar graves distorções no mercado, reduzindo a liberdade de escolha dos consumidores e aumentando o preço a que os bens assim distribuídos [104].

E como tratava a Comissão estes acordos de distribuição selectiva? Era corrente o ensinamento de Pigassou [105], segundo o qual a Comissão distinguia três formas de distribuição selectiva, no que toca às modos de designação dos distribuidores e consequentes implicações jusconcorrenciais.

Na primeira, que era a única que indiscutivelmente não violaria o n.º 1 do artigo 81.º CE, a selecção dos distribuidores baseava-se em critérios gerais de competência técnica e comercial (critérios *qualitativos*) que o fornecedor não dominava (decisão *Kodak*, de 30.6.1970).

Na segunda, a escolha dependia de critérios *precisos* formulados pelo fornecedor (decisão *SABA*, de 3.2.1976). Para a Comissão, esta modalidade já envolvia uma violação da proibição do n.º 1 do artigo 81.º CE, e distinguia-se da precedente por envolver, da parte do distribuidor, a assunção de «compromissos suplementares de carácter promocional» [106].

---

[104] Como salientam alguns, o facto de a distribuição selectiva implicar um aumento dos preços, por envolver uma prestação técnica de assistência (muitas vezes) de elevado custo – que se repercute no preço dos bens – leva a que não seja difícil adivinhar existirem consumidores não interessados na prestação desses serviços (os que mais facilmente recorrerão aos importadores paralelos – ver infra) – assim Font Ribas, *Mercado Común y Distribución*, Bosch, Barcelona, 1987.

[105] Citado em *Da restrição da concorrência na Comunidade Europeia*, *cit.*, pág. 183, nota 416.

[106] *Livro Verde sobre as restrições verticais*, pág. 46.

190 *III Curso de Direito Industrial*

Na terceira, que também indiscutivelmente violaria o artigo 81.°, n.° 1 CE, haveria igualmente uma ponderação quantitativa que tanto podia ser definida *a priori* como caso a caso (entre outras, decisão *Omega*, de 28.10.1970). Para a Comissão, só em «circunstâncias excepcionais» um acordo deste tipo poderia beneficiar de uma isenção individual.

Qualquer que seja o juízo classificatório que se faça, pode considerar-se bastante significativo que Comissão haja seguido, na sua prática decisória[107], a concepção enunciada pelo Tribunal de Justiça no acórdão *Metro I*.

Como aqui se podia ler,

> «os sistemas de distribuição selectiva podem constituir um elemento de concorrência compatível com o artigo 85.° [actual artigo 81.°], n.° 1, quando a selecção dos revendedores se realiza com base em critérios objectivos de natureza qualitativa relacionados com a aptidão profissional do revendedor e do seu pessoal e com a qualidade técnica das instalações e na medida em que essas condições sejam fixadas de modo uniforme e aplicadas sem discriminação em relação a todos os revendedores possíveis».

Para serem lícitos, os critérios qualitativos devem preencher certos requisitos: responder à natureza do produto e proporcionais às suas características, objectivos, aplicados de forma uniforme e não discriminatória[108].

Esta política em relação à distribuição selectiva, de algum rigor, assente na distinção entre critérios qualitativos e critérios quantitativos[109], acabou por se traduzir num desfavor claro a esta forma de distribuição, porquanto, a partir dos anos 80, assistiu-se a uma inflexão das posições em

---

[107] Decisão n.° 82/267/CEE, *AEG/Telefunken*, de 2.1.1982 (JO, L 117, de 30.4.1982).

[108] C. F.-L. Garralda, *Derecho de la competencia – comunidad europea y España*, Aranzadi, Pamplona, 1994, pág. 253.

[109] Um critério quantitativo redunda sempre num simples limitação de distribuidores. O problema dos critérios quantitativos é que podem surgir dissimulados, de modo indirecto. Assim pode acontecer quando são impostas obrigações de aprovisionamento exclusivo, de manutenção de certos níveis de existências (*stock*) ou de realização de certos objectivos de vendas. Na decisão *Vichy* (Decisão n.° 91/153/CEE), a Comissão considerou quantitativo o critério segundo qual todos os distribuidores deviam ser farmacêuticos com farmácia, sobretudo a pensar nos países em que há *numerus clausus* de farmácias. Também o Tribunal de Justiça já considerou quantitativo um acordo que limitava os postos de venda em função do número de habitantes na zona (acórdão *Binon*, de 3.7.1985).

O Direito Comunitário, a Concorrência e a «Distribuição Selectiva» 191

relação à liberdade de escolha de distribuidores noutras formas de distribuição comercial. Assim, na franquia de distribuição, passou a ser totalmente lícita a escolha pessoal e subjectiva dos franqueados, ainda que, e porventura, justificada pela necessidade de preservar a imagem da rede de franquia (*franchising*) mas, sobretudo, em virtude dos segredos – patentes ou simples *saber-fazer* (*know-how*) – transmitidos com o contrato de franquia.

b) Outro ponto, central da política comunitária da concorrência desenvolvida pela Comissão era o apoio aos chamados *importadores paralelos* (*free riders*), que desempenham um papel essencial na realização do mercado interno. Quem são os importadores paralelos? São comerciantes que, estando estabelecidos num Estado membro e fora de uma concreta rede de distribuição, fornecem os bens que as empresas integradas na rede vendem mas em condições mais vantajosas, dado que os adquirem com maiores margens económicas, por não participarem nos custos da rede, conquanto beneficiem da marca e do trabalho desenvolvido pelos membros da rede.

Para a Comissão, estes *passageiros clandestinos* são heróis, pois as importações paralelas constituem a «garantia da vitalidade do sistema de distribuição global que, associado às redes selectivas, acaba por favorecer o consumidor final» (acórdão *Cartier*, de 13.1.1994, e conclusões do advogado-geral Tesauro no proc. *Javico* [110]) e, a terem (ou merecerem) combate, tal só poderia ser feito através do recurso a outros institutos, como a concorrência desleal.

O favor aos importadores paralelos é uma face da política da Comissão – sempre seguida – no sentido de proibir os mecanismos de protecção territorial absoluta, ou seja, aqueles em que o distribuidor esteja impedido de comprar ou vender os bens a outro revendedor de mesmo produto ou a um consumidor final estabelecido fora da zona contratual de acção.

c) Finalmente, a garantia da qualidade (mesmo para produtos adquiridos junto de importadores paralelos) era outro elemento determinante e que podia ser posto em causa, na ausência de sistema de distribuição selectiva (*Cartier*, *Swatch*).

Já vimos que a caracterização deste modelo de distribuição a partir do seu objecto – do tipo de produtos a distribuir – vem perdendo força, já

---

[110] Acórdão *Javico International e Javico AG c. Yves Saint Laurent (YSLP)*, de 28.4.1998, proc. C-306/96, conclusões apresentadas em 6.11.1997.

que se tem assistido ao recurso a este modelo contratual também fora dos chamados produtos de luxo e de alta tecnologia.

Estas preocupações reflectiam-se nas grandes linhas de força que a Comissão repetidamente afirmava como condição para a licitude de acordos de distribuição selectiva:

a. a proibição de selecção de distribuidores segundo critérios quantitativos (diverso de franquia)

b. a proibição estrita de cláusulas de compra exclusiva, em ordem a permitir as compras cruzadas entre membros da rede, deste modo fomentando, no mínimo, um sucedâneo de comércio paralelo.

c. a relativização da obrigação (habitualmente presente) de compra de *stocks* mínimos de produtos diferenciados.

d. a garantia da liberdade de fixação de preços (admitindo, contudo, preços recomendados).

e. a licitude (em certos mínimos) de algumas «obrigações promocionais»: volume mínimo de vendas, rotação de existências, cooperação com fornecedor

f. proibição de cláusulas de não concorrência (diverso de franquia)

g. proibição de cláusulas de restrição de clientela com base em critérios objectivos de natureza territorial (luta contra protecção territorial absoluta)

2.2. A Comissão e a distribuição selectiva – a produção normativa. Já vimos que a distribuição selectiva, enquanto tal, não beneficiava de nenhuma isenção categorial. O que não quer dizer que a regulação comunitária lhe fosse estranha. Com efeito, pelo menos numa hipótese, alguns acordos de distribuição selectiva podiam beneficiar de uma isenção genérica: os acordos de distribuição selectiva de automóveis (Regulamento n.° 1475/95).

3. O Tribunal de Justiça e a Distribuição Selectiva. Já vimos como a Comissão encarava a distribuição selectiva. No essencial, pode dizer-se que o Tribunal de Justiça acompanha o que dissemos quanto à Comissão.

O Tribunal de Justiça considerava que a distribuição selectiva não violava o n.° 1 do artigo 81.° CE se reunisse quatro requisitos ou condições, a interpretar de forma objectiva, no interesse do consumidor[111]:

---

[111] Assim expressamente no acórdão *E. Leclerc*, (*Association des Centres distributeurs Edouard* **Leclerc** *e Outros c. SARL 'Au Blé Vert' e Outros*, de 10.1.1985,

– Em primeiro lugar, era necessário que as propriedades do produto em causa impusessem o estabelecimento de um sistema de distribuição selectiva (exigência legítima, de acordo com a natureza do produto: alta qualidade ou tecnicidade, boa utilização) – acórdão *L' Oreal*, 11.12.1980, *Metro I*, 1977 e *AEG*, de 1983) –, embora extensível a outros produtos e sectores económicos (acórdão *Salonia*, de 16.6.1981, e *Binon*, de 3.7.1985);

– A escolha dos revendedores deveria operar segundo critérios objectivos, de carácter qualitativo[112] (distribuição selectiva «simples», *Leclerc*, considerando 179), fixados de maneira uniforme para todos os revendedores potenciais e aplicados de forma não discriminatória (acórdãos *Metro I* e *L' Oreal*);

– O sistema deveria visar a melhoria da concorrência, por via da operatividade do *balanço concorrencial* logo no n.° 1 do artigo 81.° CE, contrabalançando eventuais efeitos negativos da maior fixação de preços (se caísse no n.° 3 do mesmo artigo, o tribunal ficaria praticamente "fora de jogo");

– As restrições deveriam limitar-se por um estrito princípio de proporcionalidade (não ultrapassando o que é necessário).

A legitimidade da exigência de um sistema deste tipo é critério controvertido. Vale para produtos de luxo, para produtos duradouros, para produtos de imponham complexo serviço de pós-venda.

Pode justificar-se para manter uma «imagem de marca»; mas parece ser insuficiente uma justificação baseada na simples feitura (e sua defesa) de importantes esforços de promoção.

4. A Distribuição Selectiva num Sistema Reformado. Os acordos de distribuição selectiva foram afectados de modo significativo pela reforma da política comunitária da concorrência aplicável aos acordos verticais de distribuição e correspondentes restrições. Esta constatação exprime-se de modo significativo numa circunstância simples, qual seja a de a distribuição selectiva ser, pela primeira vez, inserida no objecto de um regulamento de isenção categorial[113].

---

proc. 229/83, Rec., 1985, 1, cons. 112). Para uma análise imediata deste acórdão, Paolo Cesarini, «Développements récents de la jurisprudence em matière de distribution sélective», *Competition Policy Newsletter*, vol. 3, n.° 2, Verão 1997, pp. 9-11.

[112] Por exemplo, a qualificação profissional do revendedor, o ambiente e a localização apropriados para o ponto de venda, a aparência exterior e o arranjo interior da loja. Já não o seria, necessariamente, um critério que assentava na percentagem da actividade do revendedor que seria dedicada à revenda daquele produto.

[113] Até agora, como se escreveu acima, só o regulamento da distribuição automóvel isentava acordos de distribuição selectiva (Regulamento n.° 1475/95).

4.1. A Distribuição Selectiva como «acordo vertical». Como sucede com outros contratos de organização comercial, a distribuição selectiva é usualmente apresentada como contrato de distribuição [114] comercial e vertical.

Se muitas vezes o será, tal não é forçoso. Recorde-se que, no acórdão *Metro c. Comissão* [115], justamente relativo a um sistema de distribuição selectiva, o Tribunal de Justiça reconheceu que podem «existir diversos canais de distribuição, adaptados às características próprias dos diferentes produtores e às necessidades das diferentes categorias de consumidores», nada impedindo que o próprio fornecedor/produtor pudesse também ser distribuidor, e até concorrente (por maioria de razão, neste sistema) do seu distribuidor seleccionado.

Tal horizontalidade, se pode configurar-se em todo e qualquer tipo de contrato, não corresponde contudo ao *id quod plerumque accidit* da distribuição selectiva. Apesar de em grau menor (do que em relação à franquia), na distribuição selectiva estão igualmente presentes notas tipicamente verticais: a subordinação do distribuidor aos critérios definidos pelo fornecedor; a utilização por aquele dos sinais distintivos do comércio deste último (designadamente, da marca); a aceitação de restrições territoriais, cláusulas de aprovisionamento e obrigações de realização de objectivos mínimos; entre outras... [116].

Isto ficará ainda mais evidente se considerarmos que um dos principais critérios de distinção entre os acordos horizontais e os acordos verticais – a *razão* da consideração da localização das empresas no mesmo ou em estádios diferentes do processo económico – reside na circunstância de os segundos serem na sua essência instrumentos de coligação entre empresas que não concorrerão entre si. Aí já nos parece mais crível qualificar a distribuição selectiva como forma vertical de distribuição comercial [117],

---

[114] Sobre a adequação de qualificação de certos contratos como contratos de distribuição, M. Gorjão-Henriques da Cunha, *Da restrição da concorrência na Comunidade Europeia, cit.*, pp. 215-223.

[115] Acórdão de 25.10.77, Rec., 1977, pág. 1905.

[116] Segundo a fórmula genérica que se pode encontrar em Bork (*The anti-trust paradox*, pág. 288), são verticais as restrições que são «impostas» unilateralmente pelo fabricante no seu próprio interesse (*apud* Waelbroeck, «Vertical agreements: is the Commission right not to follow the current U.S. policy?», *Swiss Review of International Competition Law*, n.º 25, October 1985, pág. 47).

[117] Esta compreensão não é aliás de todo em todo original. Assim há quem afirme serem horizontais os acordos entre produtores/distribuidores de bens ou serviços substituíveis entre si, em que o uso de um bem ou serviço diminui ou elimina a oferta do outro. Esta

O *Direito Comunitário, a Concorrência e a «Distribuição Selectiva»* 195

sobretudo quando, como é frequente, o fornecedor abdica de qualquer intervenção activa de índole semelhante, na zona do distribuidor.

Recorde-se o que se dizia a propósito de outras figuras contratuais, como a franquia de produção. KORAH, por exemplo, considerava que a razão pela qual a Comissão havia excluído esta modalidade do Regulamento n.º 4087/88 era, fundamentalmente, a convicção de que nesse caso estaríamos perante acordos horizontais. O que, na sua opinião, nem sempre acontecerá, «devendo o acordo ser analisado como sendo horizontal se o franqueado», no momento que adere ao contrato, «pudesse competir sem a ajuda do franqueador», ou seja, se já houvesse entre eles uma relação de concorrência (ainda que potencial). Já MARTÍNEZ SANZ, por sua vez, considerava não haver aí sequer uma relação de distribuição.

Portanto, a *verticalidade* depende essencialmente do facto de as empresas envolvidas não serem concorrentes potenciais, operando em níveis diversos do processo económico e de distribuição. Vimos igualmente que uma tal asserção supõe ainda, na actual perspectiva normativa, a inclusão de uma verticalidade *impura*, dado bastar que as empresas não surjam como concorrentes potenciais para efeitos do específico acordo.

Qualquer que seja o sentido atribuído aos acordos verticais, é certo que a distribuição selectiva nem sempre se constituirá enquanto tal.

4.2. A Distribuição Selectiva face ao Regulamento n.º 1216/99.

Após a adopção do Regulamento n.º 1216/1999, os agentes económicos operando através de acordos de distribuição selectiva ficaram genericamente dispensados do ónus de notificação prévia, como pressuposto da isenção. Por outro lado, afastada ficou ainda a *quase presumida* ilegalidade de parte significativa das modalidades concretas de distribuição selectiva (solução diversa da que era adoptada em relação aos contratos de franquia cobertos pelo Regulamento n.º 4087/88).

---

concepção não está aliás longe do *reasoning* do Tribunal de Justiça ou das concepções de, por exemplo, V. Korah. Relembre-se o que ficou dito a propósito da franquia de produção, onde esta autora defendia que tais acordos deveriam ser tratados como horizontais se as partes já fossem potenciais concorrentes entre si; ou quando, a propósito da crítica ao carácter necessariamente bilateral que todos os acordos que pretendam beneficiar de isenção categorial concedida ao abrigo do Regulamento n.º 19/65, afirma *de iure condendo* que os Regulamentos n.ºs 19/65 e derivados deveriam referir-se aos acordos concluídos entre não-concorrentes (cfr. Korah, *Franchising and EEC..., cit.*, pág. 12, nota 102; pp. 45--46; e pág. 44, nota 2).

4.3. A Distribuição Selectiva no Regulamento n.° 2790/1999.

A Comissão anunciou, desde a *comunicação de seguimento*, a intenção de incluir a distribuição selectiva no âmbito do regulamento de isenção categorial em vias de criação.

No entanto, pretendia manter intocados os dois pontos à volta dos quais concebia toda a licitude desta forma de distribuição [118]:

– a ideia de que esta forma de distribuição só poderia ser usada quando a natureza do produto a justificasse [119];
– a continuação da exigência de selecção dos distribuidores segundo critérios objectivos e qualitativos.

E, de facto, o Regulamento n.° 2790/1999 inclui expressamente no seu âmbito os «sistema[s] de distribuição selectiva», dando uma sua noção normativa, na alínea *d)* do seu artigo 1.°:

> «Sistema de distribuição em que o fornecedor se compromete a vender os bens ou serviços contratuais, quer directa quer indirectamente, apenas a distribuidores seleccionados com base em critérios especificados e em que esses distribuidores se comprometem a não vender tais bens ou serviços a negociantes não autorizados»

Da noção dada parecem ressaltar alguns elementos (*essentialia*) que convém sublinhar.

Em primeiro lugar, a verticalidade. As partes são designadas respectivamente por «fornecedor» e «distribuidor». Esta é, aliás, assumida à partida, considerando o próprio objecto do Regulamento n.° 2790/1999 (e igualmente o que se assinalou a propósito dos Regulamentos n.ºs 1216/1999 e 1215/1999).

Em segundo lugar, a consideração do modo de selecção dos distribuidores («seleccionados com base em critérios especificados» [120]). Na verdade, a fórmula encontrada não expressa – nem sequer incorrectamente – o *estado da ciência* tal como resulta da prévia jurisprudência do Tribunal de Justiça e mesmo da prática decisional da Comissão [121].

---

[118] *Comunicação de seguimento*, pág. 22.

[119] Contudo, nas suas *Orientações*, a Comissão expressamente afirma que «o regulamento de isenção categorial isenta a distribuição selectiva independentemente da natureza do produto em causa».

[120] Contudo, recorde-se que a decisão *SABA*, de 1976, a Comissão falava na escolha dos distribuidores segundo critérios *precisos*.

[121] R. Subiotto/ F. Amato, «Preliminary analysis of the Commission's reform concerning vertical restraints», *cit.*, pág. 22.

O Direito Comunitário, a Concorrência e a «Distribuição Selectiva»   197

Ao contrário do que resultava anteriormente, a referência feita ao(s) critério(s) de selecção não parece de molde a impedir a aplicação de critérios quantitativos nem de índole subjectiva (num movimento de alargamento da liberdade contratual), tal como é expressamente reconhecido pela Comissão [122]. E, além disso, insere no domínio da isenção (ou seja, supondo a prévia violação do n.º 1 do artigo 81.º CE, contrariando o sentido constante da doutrina e casuística comunitárias [123]) aqueles outros casos em que a selecção opere de acordo com critérios objectivos, qualitativos e não discriminatórios, no pressuposto de que se apresentam também «especificados» [124].

É ainda de salientar a previsão do carácter *fechado* do sistema [125], quer na relação fornecedor-distribuidor, quer na relação distribuidor-cliente intermédio. Com efeito, na noção é explicitamente dito que, neste sistema, os distribuidores comprometem-se a não vender a negociantes não autorizados. Só é totalmente livre, em princípio, a venda a consumidores finais (ou a distribuidores autorizados, claro está), pelo que parece poder ser eliminada a concorrência no plano horizontal (entre distribuidores) embora não, em particular, dentro do sistema (*intrabrand competition*) [126].

---

[122] Como esta afirma, «a distribuição selectiva qualitativa e quantitativa é isenta pelo regulamento de isenção categorial até uma quota de mercado de 30% mesmo que combinada com outras restrições não graves» (JO, C 291, de 13.10.2000, pág. 36, ponto 186).

[123] Se estiverem reunidas três condições, na opinião da Comissão, nas suas «Orientações sobre as restrições verticais», de 24 de Maio de 2000 (JO, C 291, de 13.10.2000, pág. 36):
– Se a natureza do produto exigir um sistema de distribuição selectiva (essencial para preservar a qualidade e o uso adequado do produto);
– se os critérios de escolha dos revendedores forem objectivos, qualitativos e uniformes (não discriminatórios);
– se os critérios de selecção se limitarem ao necessário para realizar os fins da distribuição selectiva (acórdão *L' Oreal*, 1980).

[124] Poderá sempre argumentar-se, contudo, não ter sido essa a intenção do legislador, buscando uma outra interpretação, que tome em atenção quer a afirmação expressa de que a violação do n.º 1 do artigo 81.º CE não se presume, quer o considerando preambular do regulamento, nos termos do qual «para aplicação do n.º 3 do artigo 81.º através de regulamento, não é necessário definir os acordos verticais susceptíveis de serem abrangidos pelo n.º 1 do artigo 81.º», quer, por último a orientação da Comissão no sentido de que, preenchidas certas condições (no texto mencionadas) «a distribuição selectiva puramente qualitativa é em geral considerada como não abrangida pelo n.º 1 do artigo 81.º» (JO, C 291, de 13.10.2000, pág. 36, ponto 185).

[125] *Orientações*, ponto 188.

[126] O Regulamento n.º 2790/1999 considera que não pode beneficiar de uma isenção o acordo de distribuição selectiva em que sejam restringidos os «fornecimentos

198   *III Curso de Direito Industrial*

À restrição das vendas (mesmo passivas) determinada de acordo com um critério subjectivo parece ainda poder fazer acrescer-se a possibilidade de proibição de vendas activas estabelecidas através de cláusulas de protecção territorial, desde que acompanhada pela existência de quotas de mercado com peso reduzido – é o que parece resultar da comunicação *de minimis* da Comissão [127].

O mesmo não se diga de uma proibição de vendas pela *Internet*, a qual foi considerada como não podendo beneficiar de uma isenção ao abrigo do Regulamento n.° 2790/1999, mesmo no caso de distribuição selectiva [128-129].

---

cruzados entre distribuidores *no âmbito de um sistema de distribuição selectiva*, incluindo os distribuidores que operam em diferentes níveis do comércio» (artigo 4.°, alínea *d*)). Na opinião da Comissão, esta proibição significa que a distribuição selectiva não pode ser combinada com compra exclusiva, impondo aos distribuidores que se abasteçam exclusivamente de uma fonte (ponto 55 das *Orientações*). Promove-se, além disso, a concorrência entre os elementos da rede, operando no mesmo ou em diversos níveis. Esta norma deve ser interpretada em conjugação com a proibição de imposição de obrigações de não concorrência (v. artigos 1.°, alínea *b*), e 5.° do Regulamento n.° 2790/1999), relevante quer enquanto proíbem situações de dependência de fornecedores (a obrigação de aquisição de mais de 80% a um único fornecedor) ou do próprio instituidor da rede de distribuição selectiva (a proibição de venda de produtos de fornecedores concorrentes – alínea *c*) do artigo 5.°). De facto, na distribuição selectiva, é só o fornecedor que se compromete a só vender a distribuidores seleccionados, situando-se a jusante as restrições impostas ao distribuidor.

A mesma proibição de restrições à possibilidade de fornecimentos cruzados entre elementos da rede era consagrada no Regulamento n.° 4087/88, da franquia de distribuição. Contudo, como foi por nós salientado em *Da restrição da concorrência, cit*, pp. 361-362, ao abrigo desse regime (como aliás era também válido para a distribuição selectiva), a obrigação de aprovisionamento exclusivo na rede já era considerada algo excepcional, pois era precisa para defesa da identidade e imagem da rede.

[127] JO, C 368, de 22.12.2001, pp. 13-15. No sentido do texto, Luc Peeperkorn, «Revision of the 1997 Notice on agreements of minor importance», *Competition Policy Newsletter*, n.° 2, June 2001, pp. 4-6. Deve notar-se que, em algumas destas hipóteses, a licitude de uma tal restrição é afirmada apenas em relação ao direito comunitário da concorrência, mas não necessariamente relativamente aos direitos nacionais de concorrência, na medida em que se funda no não preenchimento do critério da afectação do comércio entre os Estados membros.

[128] Assim o afirma a Comissão, nas suas *Orientações*: «A restrição grave constante da alínea *c*) do artigo 4.° do regulamento de isenção por categoria diz respeito à restrição de revendas activas ou passivas a utilizadores profissionais, independentemente de serem utilizadores finais profissionais ou consumidores finais, por parte de membros de uma rede de distribuição selectiva. Isto significa que os representantes num sistema de distribuição selectiva, tal como definido na alínea *d*) do artigo 1.° (...), não podem ser objecto de restrições, em relação aos utilizadores ou agentes que agem em nome dos utilizadores,

O Direito Comunitário, a Concorrência e a «Distribuição Selectiva» 199

Por outro lado, prevalece a defesa da concorrência entre marcas como critério fundamental da licitude de determinado comportamento coligado (*unilateralismo*), a qual pode ser nociva se o fornecedor tiver uma posição dominante no mercado[130].

Continua a relevar a consideração da natureza do produto (novos produtos, produtos complexos, produtos à experiência e produtos de confiança). Contudo, parece claro que qualquer produto poderá ser distribuído através de um sistema de distribuição selectiva[131].

5. Conclusões. Que conclusões retirar? Em primeiro lugar, deve reconhecer-se que a reforma ficou aquém dos objectivos visados.[132]

É verdade que reconheceu na prática as virtualidades (pro-) concorrenciais das restrições verticais e que, em relação aos acordos de distribuição selectiva, ofereceu mesmo uma solução de validade – se for de aceitar e adoptar a concepção conservadora de que o Tribunal de Justiça manterá a sua própria concepção e a que a Comissão expressa nas suas *Orientações* – aos acordos de distribuição selectiva.

---

a quem podem vender. Por exemplo, também num sistema de distribuição selectiva o representante deverá ter a liberdade de fazer publicidade e vender através da *Internet*» (ponto 53). Acentuando também aqui uma modificação em relação à doutrina anterior da Comissão e do TPI, R. Subiotto/ F. Amato, «Preliminary analysis of the Commission's reform concerning vertical restraints», *cit.*, pág. 22, nota 85.

[129] Sobre as vendas através da *Internet*, na distribuição selectiva, recorde-se o recente arquivamento do processo iniciado pela Comissão contra os acordos de distribuição selectiva notificados pela *Yves Saint-Laurent Parfums*, após esta ter reconhecido a licitude da venda pela *Internet* na sua rede de distribuição (comunicado de imprensa n.º IP/01/713, de 17.5.2001).

[130] Mas como diz a Comissão, «a posição no mercado do fornecedor e dos seus concorrentes tem uma importância capital para avaliar os eventuais efeitos anticoncorrenciais, uma vez que a eliminação da concorrência intramarcas apenas pode causar problemas se a concorrência intermarcas for limitada. Quanto mais forte for a posição do fornecedor, mais problemática é a eliminação da concorrência intramarcas».

[131] *Orientações*, ponto 186: «O Regulamento de Isenção por Categoria isenta a distribuição selectiva independentemente da natureza do produto em causa. Contudo, no caso da natureza do produto não exigir distribuição selectiva (...) o benefício do regulamento é susceptível de ser retirado».

[132] Outros há que chegam a conclusões mais drásticas. Rinaldi (*cit.*, pp. 504-505) sustenta mesmo que o Regulamento n.º 2790/1999, na ânsia de evitar uma total «liberalização», levará porventura as empresas a optarem pela gestão directa (o mesmo havia já prenunciado em «The evolution of the discipline of vertical agreements: light and shade», in *IV Conference Antitrust Between EC Law and National Law*, Bruylant, Bruxelles, 2000, pág. 363).

Contudo, não foi capaz de romper com a concepção segundo a qual as restrições verticais contidas nos acordos de distribuição selectiva estão abrangidas pelo âmbito da proibição definido no n.° 1 do artigo 81.° CE, para mais não esclarecendo – dúvida reforçada pela comparação de redacções entre a proposta e o texto definitivo do regulamento – cabalmente a questão da não violação pelo n.° 1 do artigo 81.° CE quando os distribuidores sejam designados apenas de acordo com critérios objectivos, qualitativos e não discriminatórios.

Por outro lado, o estabelecimento de limiares de isenção definidos a partir somente da quota de mercado (elemento insuficiente, podendo proteger demais ou de menos) e, correlativamente, a anunciada irrelevância comunitária de comportamentos coligados quando as quotas de mercado das empresas envolvidas são já relevantes (ver projecto de comunicação *de minimis*)[133], leva a que, em grande medida, se confirme a asserção de que à regulação administrativa e judicial se substitui a regulação do mercado. Deste modo, a isenção categorial conferida pelo Regulamento n.° 2790/1999 passará a aplicar-se apenas (melhor, sobretudo) numa *banda de frequência estreita*, às coligações que, afectando o comércio e restringindo de forma significativa a concorrência (as que envolvem uma quota de mercado de cerca de 15%), apresentam certa modelação contratual e não são celebradas por empresas que detenham quotas de mercado superiores ao limiar de segurança fixado pelo regulamento em 30% do mercado relevante[134-135].

Finalmente, um ponto negativo é aquele que se traduz na diminuição dos níveis actuais de segurança e certeza jurídicas de que pretendem gozar os agentes económicos, ao admitir-se a possibilidade de retirada do benefício da isenção pelas autoridades nacionais de concorrência.

---

[133] J. Nazareli/D Cowan,«Unlocking EU distribution rules – has the Commission found the right keys?», *European Competition Law Review*, 2000, pp. 52.

[134] Sobre a determinação do mercado relevante, para efeito do cálculo do limiar da quota de mercado de 30%, consultem-se as *Orientações* da Comissão, pontos 89-95.

[135] Salientando isto, R. Subiotto/ F. Amato, «Preliminary analysis of the Commission's reform concerning vertical restraints», *cit.*, pág. 11.

"E DEPOIS DO ADEUS".
O "ESGOTAMENTO" DO DIREITO INDUSTRIAL
E OS DIREITOS SUBSISTENTES
APÓS A COLOCAÇÃO NO MERCADO

por PEDRO SOUSA E SILVA

Advogado.
Professor-coordenador do I.S.C.A.
da Universidade de Aveiro.

SUMÁRIO:

Introdução. Enunciado; sequência. O conceito de "esgotamento" do direito industrial. O actual direito positivo. A questão face ao direito comunitário: Esgotamento internacional? Esgotamento do direito de marca à escala comunitária. O esgotamento do Direito de patente (à escala comunitária?). Perspectivas de evolução. Os direitos subsistentes após a colocação no mercado. Os direitos "residuais" em matéria de marcas: ofensas à integridade do produto; o caso particular da reembalagem; a confusão quanto à proveniência; a tutela da reputação e do prestígio das marcas. Os direitos "residuais" relativos aos demais DPI. Conclusão.

1. INTRODUÇÃO

1.1. **Enunciado; sequência**

A regra do esgotamento dos direitos de propriedade industrial[1] nasceu, fundamentalmente, para lidar com as restrições territoriais à circulação de produtos sujeitos àqueles direitos privativos, quando tais restrições

---

[1] Adiante, abreviadamente, "DPI".

ocorram após a colocação dos produtos no mercado. Em síntese, esta regra vem dizer que o titular do direito exclusivo, ao introduzir no comércio um produto sujeito ao exclusivo, esgota aí o seu direito em relação a esse produto, deixando de poder controlar a circulação ou utilização ulteriores dessa mesma mercadoria.

Acontece, porém que a expressão "esgotamento" não exprime com rigor o fenómeno que visa designar (como de resto sucede com as palavras usadas noutros idiomas: "exhaustion", "esaurimento", ou "épuisement"), podendo dar a impressão, errada, de que o direito se extingue integralmente. Quando, na realidade, a colocação no mercado não tem o efeito radical que aquela expressão poderia sugerir.

Com efeito, uma vez ocorrido o "esgotamento" de um direito industrial, tal direito não *desaparece*, não se extingue, mas deixa simplesmente de abranger os produtos que são, em cada momento, colocados no mercado (ou seja, as "unidades", os "exemplares" vendidos). O direito de marca, ou de patente, só se esgota relativamente a cada lote concreto de mercadorias que é comercializado, continuando o respectivo titular a dispor dos direitos privativos que lhe são conferidos pelo registo da marca, ou pela patente (e a ser o único a decidir em que condições serão comercializadas, no futuro, outras mercadorias sujeitas a esses direitos).

Por outro lado, e mesmo em relação às mercadorias já postas em circulação (as que já foram colocadas no mercado), existem certos direitos *residuais* que subsistem, continuando o titular do direito a dispor de algumas prerrogativas que poderá fazer valer, em casos e circunstâncias especiais. Assim, por exemplo, o titular de uma marca pode opor-se a que um produto seu seja comercializado com essa marca, caso tenha sido gravemente adulterado após a sua introdução no mercado, ou pode impedir que a sua marca seja retirada do produto ou substituída por outra, enquanto este se mantiver no circuito comercial.

Importa assim determinar com rigor quais são as prerrogativas que o titular do direito conserva, mesmo depois da colocação no mercado, e qual a respectiva extensão. O propósito deste texto é, portanto, enunciar e definir os limites da regra do "esgotamento" dos DPI, quer à luz do direito nacional, quer das normas comunitárias, com uma referência especial às decisões do Tribunal de Justiça das Comunidades Europeias (TJCE) – publicando-se em anexo um quadro-síntese das aplicações desta jurisprudência. Na segunda parte, tratar-se-á de descrever e analisar os referidos *direitos residuais*, quer no domínio das marcas, quer no âmbito dos outros direitos privativos.

1.2. O conceito de "esgotamento" do direito industrial

Como já escrevi noutro local[2], a doutrina do esgotamento dos direitos de propriedade industrial serve essencialmente para explicar e designar aquilo que é uma simples *regra de bom senso*, que decorre da função de cada um desses direitos: Se os DPI servem para conceder um monopólio de comercialização de certos produtos (marcados, patenteados ou com modelos ou desenhos registados), então, uma vez cumprida essa função, através da colocação do produto no mercado, deixa de se justificar que o titular continue a utilizar o seu direito, para controlar a circulação ou uso dos produtos que já introduziu no comércio. Por isso se considera que um produto patenteado, ou abrangido por um registo de modelo, uma vez colocado no mercado, pelo titular ou por alguém com o seu consentimento, deixa de poder ser controlado, na sua utilização ou circulação, pelo dito titular. O mesmo se diga em relação às marcas: O direito de marca não permite impedir a distribuição ou circulação de um produto *genuíno*, ou seja, de um produto colocado no mercado pelo titular da marca ou por alguém com o seu consentimento.

Tudo isto tem a ver, essencialmente, com a admissibilidade das *restrições territoriais* à venda e circulação de produtos protegidos (ou de outro tipo de restrições, v.g. de revenda a certo preço ou a certo tipo de clientela), quando tais limitações se destinem a vigorar após a primeira colocação no mercado.

Para lidar com esta questão, elaboraram-se diversas teses, entre as quais a da denominada *licença tácita,* enunciada ainda no século XIX, em França e na Alemanha, especialmente por KÖHLER, numa obra de 1878, e, já no início século XX, novamente sob a pena de KÖHLER, a doutrina do *esgotamento dos direitos*, que inicialmente foi apelidada de teoria da *continuidade dos actos de exploração*. Esta tese começou por ser judicialmente aplicada, pelo *Reichsgericht,* inicialmente em matéria de marcas[3] e pouco depois em matéria de patentes[4].

Em termos simples, esta doutrina pode ser enunciada do seguinte modo: Quando um produto protegido por um DPI é colocado no mercado, pelo titular do direito ou por alguém com o seu consentimento, esse mesmo titular deixa, a partir desse momento, de poder controlar a circula-

---

[2] *Direito Comunitário e Propriedade Industrial. O princípio do esgotamento dos direitos*, Coimbra, 1996.

[3] No acórdão *KÖLNISH WASSER*, de 28.02.1902.

[4] Acórdão *GUAJAKOL-KARBONAT*, de 26.03.1902.

ção desse produto (isto é, do exemplar concreto que foi posto em circulação), não podendo opor-se a que esse produto seja revendido em qualquer outro lugar. Uma vez exercido, pelo titular ou por alguém com o seu consentimento, o direito exclusivo à primeira colocação de um produto no mercado, cessa com tal colocação a prerrogativa legal de resolver onde, quando, ou por que preço é que esse mesmo produto poderá ser (re)vendido. De cada vez que é utilizado, o direito esgota-se, em relação ao produto concreto que foi posto em circulação.

1.3. O actual direito positivo

Esta regra afirmou-se sobretudo por via jurisprudencial (inicialmente na Alemanha e noutros países europeus, e mais tarde com as decisões do Tribunal de Justiça das Comunidades Europeias), tendo hoje consagração legal generalizada nos Estados-membros da União Europeia. Até porque, em matéria de marcas, existe uma directiva de harmonização que já se encontra transposta (Directiva 89/104/CEE, do Conselho de 21.12.88) e que acolhe este princípio, que também está previsto, em matéria de modelos e desenhos industriais, na Directiva n.° 98/71/CE, do Parlamento e do Conselho de 13.10.98, que ainda aguarda transposição para o direito interno português. No domínio das patentes, prevê-se uma harmonização futura, impondo a adopção do esgotamento do direito de patente, quando entrar em vigor a célebre Convenção do Luxemburgo (da Patente Europeia para o Mercado Comum, aprovada em 1975), que todavia continua dependente de diversas ratificações.

Actualmente, no que respeita ao direito português da propriedade industrial, encontramos o princípio do esgotamento enunciado, para as patentes, no art. 99.° do CPI (aplicável também aos modelos de utilidade e aos modelos e desenhos industriais, por remissão, respectivamente, dos artigos 133.° e 162.°/2) e, para as marcas, no art. 208.° do mesmo Código, podendo encontrar-se afloramentos ou consequências dessa regra noutras disposições deste diploma (v.g. nos arts. 261.° a 264.°, quando subordinam à falta de " consentimento" ou de "licença" os casos de violação dos DPI, ou os artigos 96.° e 207.°, quando enunciam as prerrogativas conferidas pela patente ou pelo registo de marca). No âmbito do direito comunitário derivado, o princípio do esgotamento é enunciado expressamente pelo artigo 7.° da citada Directiva 89/104/CEE e pelo artigo 13.° do Regulamento (CE) 40/94, do Conselho, de 20 de Dezembro de 1993, relativo à marca comunitária, e pelo artigo 15.° da mencionada Directiva 98/71/CE.

Destas normas resulta, em síntese, o seguinte: Para que ocorra o esgotamento de um direito industrial relativo a determinado produto, este deverá ter sido licitamente colocado no mercado (ou em circulação), pelo titular do direito ou por alguém com o seu consentimento.

Na generalidade dos casos, pode dizer-se que um produto é *colocado no mercado* quando é transaccionado pelo titular do direito; ou seja, quando este vende ou doutra forma aliena o produto em questão[5]. Para que esta colocação em circulação seja lícita, ela terá que ser *imputável ao titular*. Ou seja, terá de ser efectuada por este, ou por alguém que tenha agido com o seu *consentimento*. Se não for assim, o titular terá a faculdade de agir judicialmente, por forma a proteger o seu direito exclusivo.

Tal consentimento existirá, desde logo, no caso das *licenças de exploração*, mediante as quais o titular permite que um terceiro, normalmente contra remuneração, pratique actos de exploração (fabrico, utilização, venda, oferta de venda) que lhe estão reservados em exclusivo; actos que, na ausência da autorização, atribuiriam ao titular o direito de intentar uma acção judicial por usurpação da patente ou contrafacção. Mas tem-se considerado que o consentimento também existe quando a colocação de produtos no mercado é feita por uma entidade juridicamente autónoma do titular, mas que com este mantenha *laços jurídicos ou económicos*.

---

[5] Neste sentido, o parecer recentemente emitido pela Advogada-geral CHRISTINE STIX-HACKL, em 5.04.2001, perante o TJCE, no âmbito dos Procs. aps. C-414 a 416/99 (casos *DAVIDOFF* e *LEVI STRAUSS:* cf. http://www.europa.eu.int/cj), que considera existir *introdução no comércio*, em matéria de marcas, quando ocorra *a transferência do poder de disposição directa sobre os produtos em causa* (n.° 104). Importa contudo, a este propósito, ter em conta a diversidade de funções das marcas, de um lado, e das patentes, modelos e desenhos, por outro, pois essa diversidade poderá determinar diferentes soluções, em certos casos limite. Assim, e no que respeita às *patentes*, desenhos e modelos (destinados a assegurar ao inventor a possibilidade de obter do mercado a remuneração do seu esforço), haverá colocação no mercado quando o titular haja tido a *possibilidade* de obter a remuneração típica do monopólio conferido pela patente. Decisivo é que o titular, relativamente ao produto em causa, tenha tido a *possibilidade objectiva de se fazer remunerar em condições típicas de monopólio*. Já no que respeita às *marcas*, a colocação no mercado pressupõe, necessariamente, um acto que *transmita a propriedade* do produto para um terceiro independente do titular. Determinante, no domínio das marcas, é que se trate de produtos *genuínos*, ou seja, que provenham da esfera de responsabilidade do titular do direito (não tendo aqui especial relevância o critério da possibilidade de ganho, decisivo para as patentes). Produtos genuínos, ou autênticos, são aqueles que ostentam uma marca aposta por quem esteja *legitimado* para o fazer e cuja introdução no comércio tenha estado submetida ao *controle*, ainda que potencial, do titular do direito no país onde a comercialização ocorre. Para mais detalhes a respeito desta distinção, cf. op. cit. nota anterior (pp. 68 e ss.).

Pode portanto dizer-se que o esgotamento se produz, não só quando a colocação no mercado é obra do titular, mas também de um seu licenciado ou de *uma empresa do mesmo grupo daquele*. Sendo assim, o critério mais simples e eficaz para aferir da licitude da introdução no comércio estará, precisamente, na existência, *expressa ou tácita*, do consentimento do titular do direito: expressa, no caso da licença contratual [6]; podendo ser apenas implícita, quando a entidade que procede à comercialização se encontrar submetida ao controle do titular ou ambos dependerem de um *controle comum*. Em qualquer destas situações, portanto, a colocação dos produtos no mercado deverá conduzir ao esgotamento do direito do titular.

2. O "ESGOTAMENTO" NO DIREITO COMUNITÁRIO

2.1. Esgotamento internacional?

O esgotamento dos direitos industriais não se verifica apenas quando a colocação dos produtos ocorre no interior de um só Estado. Pode também produzir-se quando a colocação de um produto no mercado aconteça no estrangeiro.

Aliás, é nestes casos que a noção de esgotamento adquire maior relevância, pois é no domínio do comércio internacional – em que os mercados se encontram divididos pelas fronteiras estaduais – que mais interessa aos operadores económicos controlar a circulação dos seus produtos, em ordem à maximização dos lucros. Tal controle permitiria, por exemplo, compartimentar os mercados (tornados estanques mediante o exercício de direitos nacionais de Propriedade Industrial) e proceder a discriminações de preços e condições de transacção, ao abrigo da interferência de terceiros: O direito das marcas e das patentes (na ausência da regra do esgotamento) forneceria os meios de fazer respeitar os canais de distribuição, as zonas de exclusivo e as proibições de exportação que os titulares dos direitos entendessem estipular para proteger a sua estratégia comercial.

---

[6] Pelo contrário, quando se trate de *licenças obrigatórias*, já não se justifica impor o esgotamento do direito. É que, apesar de se prever uma compensação ao titular da patente, este não procede livremente à determinação das condições sob as quais coloca os produtos no mercado, além de que essa contrapartida não corresponderá, necessariamente, à remuneração do esforço inventivo. Por esta razão, será de afastar nesses casos a incidência do princípio da exaustão.

Estas prerrogativas, já o vimos, são negadas quando a colocação no mercado haja sido feita no interior do Estado em que o titular reclama protecção. No entanto, resta saber se a exaustão do direito também se produz quando essa colocação tenha ocorrido no território de um outro país. É que, se assim não for, o titular de uma marca em certo Estado poderá opor-se à importação de produtos dessa marca, que ele próprio haja colocado em circulação no território de outro Estado. Se não se considerar relevante a colocação em circulação efectuada no estrangeiro (pelo titular ou com o seu consentimento), terá de se concluir que – no estrito âmbito do país de importação – o titular não exercitou, relativamente a tais produtos, os seus direitos exclusivos. Por conseguinte, não os esgotou.

A resposta a dar à questão deverá atender à função e à natureza específicas de cada DPI. E, a essa luz, as soluções a encontrar no âmbito das marcas deveriam ser distintas das adequadas ao âmbito das patentes, modelos e desenhos, parecendo adequado, em abstracto, admitir-se o esgotamento internacional no primeiro caso e negar-se esse efeito no segundo caso.

No caso específico das marcas, em que está essencialmente em causa uma *indicação da origem* dos produtos, o titular do direito está para os seus produtos quase como um pai está para o filho que, atingida a maioridade, vai viver sozinho: Pelo facto de deixar a casa paterna, o filho não deixa de ter um pai, nem o pai pode renegar a paternidade. Por isso, onde quer que o pai tenha uma casa, o filho nela há-de poder entrar, como filho que é. Do mesmo modo, os produtos lançados no mercado pelo titular de uma marca nunca deixarão de ser produtos *genuínos*, devendo circular livremente em todos os países em que o direito exclusivo pertença ao mesmo titular.

Já no domínio das patentes (como também quanto aos modelos e desenhos), que servem sobretudo para assegurar uma remuneração monopolística ao seu titular, a lógica é totalmente diversa, justificando a adopção de soluções distintas que tenham em conta o carácter marcadamente territorial destes exclusivos, e a diferença de remuneração que poderá extrair-se dos diversos mercados nacionais. Por isso, rejeitar o esgotamento internacional do direito de patente é uma opção perfeitamente legítima e defensável .

Mas desde já se adverte que esta perspectiva – seguramente a mais coerente no plano dos princípios – terá que ser ajustada, ou "formatada", pelas imposições decorrentes das normas comunitárias, tal como interpretadas pelo Tribunal de Justiça das Comunidades Europeias.

É que, no contexto do Direito Comunitário, a regra do esgotamento dos DPI regista importantes desvios de aplicação. Isto porque este princí-

208   *III Curso de Direito Industrial*

pio, para o TJCE, representou apenas um instrumento empregue para conciliar a existência e natureza restritiva dos DPI com a tensão liberalizante da liberdade de circulação de mercadorias e da disciplina da concorrência. Ou seja, a adesão do Tribunal do Luxemburgo à regra do esgotamento constituiu mais uma escolha "interesseira" do que uma verdadeira opção jurídica, no plano dos princípios. Tratou-se apenas de abraçar uma *solução útil* para os interesses da integração europeia e que, como tal, só se mantém na medida em que sirva adequadamente esses interesses (sendo abandonada logo que deixe de os servir).

2.2. **Esgotamento do direito de marca à escala comunitária**

A coexistência dos direitos nacionais com o direito comunitário, em matéria de *marcas*, poderá ser sintetizado da forma seguinte:

De acordo com um princípio geral, extraído do artigo 36.° (actual art. 30.°, na versão resultante do Tratado de Amesterdão)[7], o Tribunal reconhece a *existência* dos direitos de marca nacionais, mas reivindica o poder de controlar o seu *exercício*, na medida em que este possa afectar o funcionamento do mercado comum, designadamente quando colidir com a disciplina da concorrência ou a liberdade de circulação de mercadorias.

Para conciliar estas normas com o carácter restritivo da liberdade do comércio – inerente aos DPI e decorrente da territorialidade e independência destes direitos – o Tribunal recorreu à noção de *objecto específico*, que foi definindo progressivamente, recorrendo em especial à teoria do esgotamento dos direitos. Nesta perspectiva, o objecto específico consiste no conjunto de prerrogativas reservadas ao titular que sejam indispensáveis para que a marca realize as suas funções (a função indicativa e, quando tutelada, a função publicitária). Por isso, as restrições à concorrência ou à liberdade de circulação apenas são admitidas na medida em que decorram do exercício daquele elenco de poderes. Uma vez ultrapassado o limite do objecto específico, as normas comunitárias prevalecem, impondo a liberdade de circulação ou de concorrência e a inerente compressão do conteúdo – porventura mais amplo – dos direitos nacionais de propriedade industrial.

---

[7] Que prevê uma excepção ao princípio geral (do art. 28.° do Tratado) de proibição das *medidas de efeito equivalente* a restrições quantitativas à importação, na condição de não estarem em causa *discriminações arbitrári*as ou *restrições dissimuladas* ao comércio intracomunitário.

Nesse objecto específico, caberão as seguintes prerrogativas do titular: o direito exclusivo de usar a marca, para a primeira colocação em circulação de um produto (incluindo o de escolher a marca a usar e os produtos que merecem ser com ela assinalados), o de reagir contra os concorrentes que vendam produtos indevidamente assinalados com essa marca, bem como o de impedir que terceiros, sem o seu consentimento, usem marcas idênticas ou confundíveis.

Recorrendo a esta noção e ao critério que a estruturou (o *esgotamento* dos DPI), conclui-se que o titular de uma marca, num dado Estado membro, não poderá invocar o seu direito para impedir a importação de um produto com essa marca:

a) Quando o produto em causa tiver sido colocado no mercado de outro Estado-membro pelo titular ou com o seu consentimento [8];

b) quando, tratando-se de um produto *genuíno* – i.e., fabricado sob o controle, ainda que potencial, do titular da marca – tenha havido reacondicionamento do mesmo, ainda que tal operação envolva nova aposição, por um terceiro, da marca inicialmente aposta pelo titular ou mesmo a substituição desta [9];

c) quando, genericamente, o Tribunal entenda que o exercício, pelo titular, das próprias prerrogativas contidas no *objecto específico* do direito, dá lugar a uma *discriminação arbitrária* ou *restrição dissimulada* ao comércio intracomunitário. Tal poderá suceder, designadamente, quando o titular recorra a marcas distintas para diversos Estados, para assinalar um mesmo produto [10];

d) quando o exercício do direito de marca, pelo titular, constitua o *objecto, o meio ou a consequência de um acordo* restritivo da

---

[8] O TJCE considera que esse consentimento foi prestado quando exista uma licença de marca, quando os intervenientes sejam empresas do mesmo grupo ou submetidas a um controle comum, e também quando se trate de um concessionário exclusivo. Em contrapartida, tal consentimento *não se considera prestado* no caso de marcas pertencentes a titulares independentes, do ponto de vista económico, ainda que um dia as marcas em causa hajam pertencido a uma mesma entidade e a unicidade de titularidade tenha sido desfeita por um contrato de cessão ou um acto de autoridade pública (cfr. Acs. *HAG II*, de 17.10.90, CJCE p. I-3711, e *IHT.IDEAL STANDARD*, de 2.06.94, CJCE p. I-2789).

[9] Sobre este aspecto, cf. *infra*, ponto 3.2.1.1.

[10] Desde que tal sistema se destine a compartimentar artificialmente os mercados, conforme resulta do acórdão *CENTRAFARM.AMERICAN HOME PRODUCTS* (Ac. de 10.10.78, Rec. p. 1823) embora esta condição deva ser actualizada à luz da jurisprudência dos acórdãos *BRISTOL-MYERS* (de 11.07.96, CJCE p. I-3457) e *UPJOHN* (de 12.10.99, CJCE p. I-6927).

concorrência[11] e incompatível com o artigo 85.° (hoje 81.°), ou quando tal direito seja utilizado *como instrumento da exploração abusiva de uma posição dominante.*

Esta compressão dos direitos do titular, contudo, apenas tem lugar quando esteja em causa o funcionamento do mercado interno. Pelo contrário, quando os produtos a importar sejam provenientes do exterior da Comunidade (ou melhor, do Espaço Económico Europeu[12]) o Tribunal admite o exercício dos direitos de marca nacionais para impedir "as importações paralelas". Ou seja, numa decisão proferida no caso dos óculos SILHOUETTE[13] o TJCE considerou que o artigo 7.°, n.° 1 da Directiva 89/104/CEE, na redacção resultante do Acordo EEE[14], *opõe-se a disposições nacionais que prevêem o esgotamento do direito conferido por uma marca para produtos comercializados fora do Espaço Económico*

---

[11] Cfr. Ac de 22.06.94 (*IDEAL STANDARD*), cit.. Tal não será porém o caso quando as empresas intervenientes *pertencerem ao mesmo grupo, como sociedade dominante e subsidiária, se tais empresas formarem uma unidade económica no interior da qual a subsidiária não goza de uma real autonomia na determinação da sua linha de acção no mercado, e os acordos ou práticas tiverem por objectivo estabelecer uma repartição interna de atribuições entre as empresas* (Ac. de 31.10.1974, *CENTRAFARM.WINTHROP*, Rec. p. 1198).

[12] Instituído pelo denominado *Acordo do Porto*, celebrado em 2 de Maio de 1992 entre os Estados-membros da Comunidade Europeia e os membros da E.F.T.A. (na altura a Áustria, Finlândia e Suécia, que entretanto aderiram à União Europeia, e também a Noruega, a Islândia, o Liechtenstein e a Suiça, a qual todavia acabou por não o ratificar – pelo que o EEE abrange, actualmente, além do território da U.E. alargada, o da Noruega, da Islândia e o do Liechtenstein). Este Acordo prevê, entre outros aspectos, a liberdade de circulação de mercadorias, pessoas, serviços e capitais, bem como a extensão da disciplina comunitária da concorrência. De sublinhar, contudo, que não poderá falar-se aqui de um *mercado comum* alargado, pois não foi adoptada uma pauta aduaneira comum, nem uma política comercial unitária, como sucede com a C.E.. Do mesmo modo, apesar de se prever a adopção, no domínio destas regras, do denominado *acquis communautaire*, ficou claro que as disposições do Acordo não constituem uma *nova ordem jurídica, autónoma e superior à ordem jurídica das partes contratantes*, como salientam GOLDMAN, LYON--CAEN e VOGEL, *Droit Commercial Européen*, 1994, p. 5.

[13] Ac. de 16.07.98 (*SILHOUETTE INTERNACIONAL.HARTLAUER*, CJCE p. 4799), em que estava em causa uma exportação de óculos da Áustria para a Bulgária, de uma marca alegadamente de "topo de gama", mas vendidos a preço de saldo, por se tratar de restos de colecção, que vieram a ser reexpedidos para a Áustria, onde uma cadeia lojas de óculos baratos os tentou comercializar.

[14] Cujo art. 65.°/e 3 Anexo XVII, n.° 4, determinam que, *para efeitos do acordo*, o n.° 1 do art. 7.° da Directiva seja adaptado de forma a ler-se, em lugar de *comercializados na Comunidade, comercializados no território de uma parte contratante* (Cfr. J.O.C.E. n.° L 1/483, de 3.1.94).

Europeu sob essa marca pelo titular ou com o seu consentimento. Isto porque, no entender do Tribunal, *cabe interpretar os artigos 5.° a 7.° da directiva como comportando uma harmonização completa das disposições relativas aos direitos conferidos pela marca*, pelo que esta não deixa *aos Estados-membros a possibilidade de prever na sua legislação nacional o esgotamento dos direitos conferidos pela marca para produtos comercializados em países terceiros.*

Isto é, de uma forma surpreendente, o TJCE *rejeitou o esgotamento internacional das marcas*, deixando de reconhecer ao legislador nacional competência para escolher a solução mais adequada deste problema[15].

Significará isto que os titulares de marcas nos Estados-membros da Comunidade passaram, a partir desta decisão, a poder impedir as importações paralelas procedentes de países terceiros? Uma afirmativa categórica seria talvez precipitada, devido à resposta à segunda questão colocada no recurso prejudicial do caso *SILHOUETE*: É que o TJCE declarou que o artigo 7.°, n.° 1 da Directiva *não pode ser interpretado no sentido de que, unicamente com fundamento nesta disposição, o titular de uma marca pode obter uma decisão judicial inibitória da utilização dessa marca por um terceiro para produtos comercializados fora do Espaço Económico Europeu sob essa marca pelo titular ou com o seu consentimento.*

Por outras palavras, se o direito nacional de marcas, no Estado de importação, não atribuir ao titular da marca o poder de impedir as "importações paralelas", a norma da directiva não será base jurídica bastante para fundamentar uma acção inibitória. Ou seja, enquanto não houver normas nacionais que obstem ao "esgotamento internacional" do direito de marca, o titular da marca no país de importação, se quiser demandar o importador, terá que invocar outras normas, se as houver (v.g. a concorrência desleal, ou a responsabilidade civil), mas não poderá prevalecer-se direc-

---

[15] Numa justificação adicional, para além dos argumentos de texto, o Tribunal de Justiça considerou que esta interpretação era a *única capaz de realizar cabalmente a finalidade da directiva, ou seja, salvaguardar o funcionamento do mercado interno. Com efeito, entraves inelutáveis à livre circulação de mercadorias e à livre prestação de serviços decorreriam de uma situação na qual alguns Estados-membros pudessem prever o esgotamento internacional enquanto outros só preveriam o esgotamento comunitário.* E acrescenta, no considerando 31, que o alargamento do esgotamento previsto no artigo 7.° aos países terceiros poderá sempre ocorrer, caso as *autoridades comunitárias competentes* celebrem *acordos internacionais nesta matéria*, sugerindo que esta questão poderá afinal servir de moeda de troca para a negociação de acordos externos.

tamente do artigo 7.°, n.° 1 da Directiva. Isto porque, como declarou o Tribunal (contrariando nessa parte as conclusões do Advogado-geral F. JACOBS) *uma directiva não pode, por si só, criar obrigações para um particular e não pode, portanto, ser invocada enquanto tal contra ele.* Por isso, em caso de litígio no tribunal de um Estado-membro, em que haja de se aplicar o direito nacional de marcas, esta directiva servirá unicamente para obrigar o *órgão jurisdicional nacional chamado a interpretá-lo a fazê-lo, na medida do possível, à luz do texto e da finalidade da directiva* (Considerando 36, p. 4834).

O exacto significado e o alcance desta fórmula sibilina são, nesta fase, difíceis de prever. Poderá dar-se o caso, simplesmente, de o Tribunal não querer impor subitamente uma alteração tão radical dos direitos nacionais em matéria de esgotamento internacional (até porque uma boa parte dos Estados-membros admite-o...), tendo desta forma deixado uma *margem de manobra* considerável aos tribunais nacionais, quando chamados a decidir um caso deste tipo. Sendo assim, parece claro que o direito positivo dos Estados-membros não poderá doravante acolher a regra de esgotamento internacional[16]. Mas nada parece impedir que, *no silêncio da lei,* os tribunais nacionais (ponderando todos os elementos disponíveis, incluindo a directiva, mas incluindo também a doutrina e jurisprudência que definiram a função das marcas), venham a denegar, ao titular da marca no país de importação, o direito de impedir a entrada e comercialização de produtos procedentes do exterior do EEE, desde que sejam *genuínos,* isto é, tenham sido colocados em circulação pelo titular ou com o seu consentimento.

Sendo assim, o panorama actual[17] é o seguinte: **Esgotamento *nacional* do direito de marca; esgotamento também no plano *comunitário* e ainda à escala do EEE; o que não poderá haver, aparentemente, é esgotamento no plano *internacional,* ou seja, de países terceiros ao EEE.**

---

[16] Esta conclusão foi já reiterada em acórdão mais recente (de 1.07.99, *SEBAGO,* CJCE p. I-4103), em que o Tribunal de Justiça se limitou a repetir as palavras do acórdão *SILHOUETTE,* tendo apenas esclarecido que, *para se verificar o consentimento na acepção do artigo 7.°, n.° 1 desta directiva* [89/104/CEE], *este deve versar sobre cada exemplar do produto para o qual o esgotamento é invocado* (não bastando que o titular haja consentido na colocação de outros exemplares do mesmo produto, ainda que tenham características iguais).

[17] Cf. quadro-síntese em anexo.

2.3. Esgotamento do direito de patente (à escala comunitária?)

No estado actual da jurisprudência comunitária, a conciliação entre os direitos nacionais de patente (ou de modelos ou desenhos) e as normas do mercado comum rege-se pelos seguintes princípios:

À semelhança do que sucede para as marcas, e de acordo com o entendimento que faz do artigo 36.° (hoje 30.°), o Tribunal declara respeitar a *existência* dos direitos nacionais de patente, sem prejuízo de controlar o seu *exercício*, quando este possa interferir com o funcionamento do mercado comum, designadamente afectando a concorrência ou a liberdade de circulação de mercadorias.

Sendo assim, o *exercício* desses direitos só estará ao abrigo da incidência das normas comunitárias, quando o mesmo releve do *objecto específico* da patente, i.e., do conjunto de prerrogativas do titular reconhecidas como indispensáveis para a realização da função do exclusivo, tal como o Tribunal a concebe: a de permitir ao inventor a remuneração do seu esforço.

Neste núcleo essencial de poderes, o TJCE inclui o direito exclusivo de utilizar uma invenção com vista ao fabrico e primeira colocação em circulação de produtos industriais, bem como o direito de se opor a toda a contrafacção.

Partindo deste pressuposto, e invocando a teoria do esgotamento dos direitos, o Tribunal recusa ao titular da patente nacional o poder de impedir a importação de produtos:

e) Quando esse produtos hajam sido colocados no mercado de outro Estado-membro, por si ou com o seu consentimento, designadamente nos casos em que tal colocação seja obra de um licenciado ou de uma empresa do mesmo grupo.

f) Nos casos em que o produto a importar provenha de um Estado em que o mesmo não é patenteável, desde que aí tenha sido comercializado pelo titular da patente no país de importação, ou com o seu consentimento.

g) Além disso, mesmo quando fabricado por um terceiro, no exterior, ao abrigo de uma patente pertencente a este, o produto poderá ser livremente importado no território coberto pela patente nacional, quando as duas patentes hajam pertencido originariamente a uma única entidade, ou a entidades ligadas entre si, por laços de dependência jurídica ou económica. Por isso, não poderá o cedente opor-se à importação de produtos do cessionário, ou vice-versa.

Em contrapartida, o Tribunal reconhece ao titular da patente o direito de se opor à importação de produtos que:

a) tenham sido fabricados por um terceiro, num Estado em que os mesmos não sejam patenteáveis ou não hajam sido, efectivamente, patenteados; *ou,*

b) tenham sido fabricados por um terceiro, ao abrigo de uma patente estrangeira, originariamente concedida a entidade independente do titular primitivo da patente nacional.

c) Do mesmo modo, poderá ser impedida a importação de produtos fabricados no exterior, por um terceiro, ao abrigo de uma licença obrigatória.

Mesmo nas hipóteses, acima referidas, em que o Tribunal admite a oposição do titular às importações, o reconhecimento dessa prerrogativa dependerá sempre de não se mostrarem violadas as disposições comunitárias em matéria de concorrência [18].

As limitações impostas, ao direito de patente, pela liberdade de circulação de mercadorias e pelas normas da concorrência, não serão aplicáveis senão quando possa ser afectado o funcionamento do mercado comum. Em princípio, tal não ocorrerá nos casos de importações provenientes do exterior da Comunidade, pelo que não são afectados, quanto a estas, os regimes nacionais em matéria de patentes [19]. Sendo assim, os Estados-membros *poderão* estipular a proibição das "importações paralelas" dos produtos patenteados (ou sujeitos a registos de modelo ou desenho), relativamente a produtos provenientes de países terceiros. Ou seja, a jurisprudência SILHOUETTE não parece transponível para o domínio das patentes, continuando os Estados-membros a dispor de liberdade de consagrar, querendo, o esgotamento internacional do direito de patente. Isto porque a justificação invocada pelo Tribunal de Justiça naquele caso – a existência de uma harmonização do direito nacional de

---

[18] Cfr. Ac. de 29.02.1968 (*PARKE, DAVIS.PROBEL*, Rec. p. 112) e Ac. de 31.10.1974 (*CENTRAFARM.STERLING DRUG*, Rec. p. 1167).

[19] Esta solução decorre de várias decisões do Tribunal, embora nenhuma delas diga especificamente respeito às patentes. Ainda assim, é hoje um entendimento pacífico. No que respeita às situações que venham a colocar-se no contexto das relações comerciais entre países abrangidos pelo *Acordo do Porto*, admite-se que esta jurisprudência venha também a aplicar-se (dada a aplicação a todo o EEE das normas comunitárias da circulação de mercadorias e da concorrência, que constituem a base de toda a jurisprudência do TJCE em matéria da Propriedade Intelectual).

"*E Depois do Adeus*". *O "Esgotamento" do Direito Industrial...*   215

marcas – não procede no âmbito das patentes, em que tal harmonização por enquanto não ocorreu[20].

Por este motivo, a questão do esgotamento do direito de patente no caso de importações de países terceiros continuará a reger-se, exclusivamente, pela legislação interna de cada Estado-membro, que poderá rejeitar o esgotamento internacional (solução que me parece preferível), ou consagrá-lo, sem que o Direito Comunitário interfira nessa opção.

Sintetizando o exposto[21], poderemos traçar, com alguma margem de segurança, o seguinte quadro: **Esgotamento *nacional* do direito de patente; esgotamento também no plano *comunitário* e ainda à escala do EEE; o que poderá haver ou não, consoante a opção do legislador de cada Estado-membro, é esgotamento no plano *internacional*, ou seja, de países terceiros ao EEE.**

2.4. Perspectivas de evolução

A ambiguidade da jurisprudência SILHOUETTE, que perdura nas decisões mais recentes (como os acórdãos "SEBAGO", "DAVIDOFF", e "LEVI'S"[22]), permite que subsistam divergências na aplicação da regra do esgotamento do direito de marca nos diversos países do Espaço Económico Europeu. Ou seja, que os tribunais destes países continuem a adoptar posições diferentes a respeito das importações paralelas provenientes do exterior do E.E.E..

Esta situação é, precisamente, o oposto daquilo que deveria resultar de uma directiva de *harmonização* de legislações nacionais – como é o caso da citada Directiva 89/104 – havendo um sentimento generalizado de que este absurdo não pode subsistir.

Para pôr um fim a este autêntico imbróglio, o Conselho de Ministros e a Comissão Europeia julgaram oportuno iniciar trabalhos preparatórios de uma futura e eventual revisão da regulamentação comunitária relativa ao esgotamento do direito de marca, que vieram a resultar num documento

---

[20] Já não assim no domínio dos modelos e desenhos industriais, abrangido pela directiva de harmonização n.º 98/71/CE, já referida (o que faz prever que o Tribunal venha a aplicar neste domínio uma solução análoga à do caso *SILHOUETTE*).

[21] Cf. quadro-síntese em anexo.

[22] Ac. de 20.11.2001 (Procs. apensos n.ºs C-414/99 a C-416/99, ainda não publicado).

de trabalho, de Dezembro de 1999, actualmente em análise ao nível de peritos nacionais e ao nível do Parlamento Europeu[23].

Esse documento, meramente descritivo e que se abstém de indicar uma solução concreta em matéria de esgotamento internacional, põe em debate quatro questões essenciais, que requerem opções políticas: Deverá haver ou não regimes diferenciados para as marcas nacionais e para as marcas comunitárias? Deverão consagra-se soluções diferentes para os diversos direitos de propriedade industrial (nomeadamente marcas, patentes, modelos e desenhos)? Deverá haver, ou não, diferenciação de regimes entre sectores de actividade diversos? Deverá condicionar-se a adopção do esgotamento internacional à prévia celebração de acordos internacionais, nomeadamente no âmbito da OMC?

Estas questões encontram resposta, a meu ver, no que já ficou dito: O esgotamento internacional do direito de marca é a única solução lógica e compatível com a natureza e finalidade deste sinal distintivo: o facto de os produtos importados terem sido introduzidos no mercado de um país terceiro não faz com que deixem de ser genuínos, nem passam a ser contrafeitos. Deverá portanto ser consagrada essa regra, sem a condicionar sequer à prévia celebração de acordos internacionais. E deve ser estabelecida sem diferenciação de regimes entre sectores de actividade, o que, além de carecer de justificação válida, viria seguramente a gerar uma dura competição entre "lobbies" sectoriais, reivindicando tratamentos de excepção.

No entanto, esta opção já não será recomendável para as patentes, modelos e desenhos, parecendo adequado recusar-se o esgotamento internacional destes direitos, cuja finalidade é assegurar uma remuneração monopolística, que varia de país para país, pelo que a remuneração obtida no estrangeiro não é necessariamente igual ou equivalente àquela que seria obtida através da venda no mercado nacional.

Acrescente-se, por último, que o esgotamento internacional do direito de marca é a solução preferível para os interesses de Portugal, quando verificamos que a larga maioria dos produtos de marca consumidos entre nós provém do estrangeiro, e que as importações paralelas induzem à moderação dos preços praticados pelos próprios distribuidores oficiais, em benefício dos consumidores.

---

[23] Com muito interesse, cf. um relatório elaborado pelo deputado Hans-Peter Mayer, defendendo a consagração nas legislações nacionais do esgotamento internacional do direito de marca (cf. doc. PE 298.407, de 15 de Fevereiro de 2001).

3. OS DIREITOS SUBSISTENTES APÓS A COLOCAÇÃO NO MERCADO

3.1. Aspectos gerais

Como já ficou dito, a introdução no comércio não importa uma extinção total dos direitos do titular do DPI, relativamente aos produtos colocados em circulação. Certas faculdades perduram, e continuam a poder ser exercidas mesmo depois desse momento.

Um traço comum a todos esses direitos ou prerrogativas "residuais" é o de serem imprescindíveis para *defesa da função* legalmente assinalada ao DPI em questão. Ou seja, na medida em que este continue a desempenhar a sua função após o momento do esgotamento (i.e, a pós a primeira colocação no mercado), o titular do direito continua a beneficiar dessas prerrogativas, e a poder exercê-las caso tal seja necessário para a defender.

Quando é que isso sucede? Desde logo, quando o produto continua em circulação no circuito comercial, em situação de revenda, no estado de novo, de usado, ou em caso de reimportação. Além disso, a questão também se coloca quando o produto é alterado ou transformado, seja no estado de novo (v.g. no sector automóvel, com os "estilistas" ou os "transformadores"), seja a título de recuperação ou reconversão ("recondicionamento", recauchutagem, etc), seja ainda quando haja reembalagem dos produtos. Nestes casos, o produto continua no mercado, e pode suceder que, v.g., a função da marca seja posta em causa através da substituição da marca originária por uma outra (afectando a função indicativa), ou o produto seja adulterado, colocando em risco o prestígio de que a mesma goze (comprometendo a função publicitária, quando seja tutelada, e a própria indicação de procedência empresarial).

Em contrapartida, depois do produto sair do circuito comercial, após a sua aquisição pelo consumidor final, aquelas prerrogativas deixarão em princípio de fazer sentido, tornando-se desnecessárias ao nível do uso privado. Aqui já não se justifica reconhecer ao titular do DPI o direito de impedir que um consumidor transforme ou adultere a seu bel-prazer um produto, ou lhe retire ou substitua a marca, conforme melhor lhe aprouver. Se o produto em causa não se destina já a ser transaccionado, nada haverá então que proteger.

Em síntese: Se numa dada situação for posta em causa a função do DPI, o titular ainda poderá intervir. Se essa função não estiver ameaçada, não deve admitir-se tal intervenção, pois não haverá "motivos legítimos" que a justifiquem.

218   *III Curso de Direito Industrial*

Mas, se este fenómeno está previsto expressamente em matéria de marcas, designadamente no n.º 2 do art. 208.º do CPI, já assim não sucede em relação aos outros DPI, nomeadamente em matéria de patentes, modelos e desenhos industriais. Significará esta omissão que, nestes domínios, a colocação no mercado determina uma extinção completa das prerrogativas exclusivas do titular? Uma resposta negativa seria seguramente precipitada, sendo preferível ponderá-la depois de analisarmos a questão em matéria de marcas.

3.2. Os direitos "residuais" em matéria de marcas

No domínio das marcas, existe uma grande variedade de situações em que poderão invocar-se os ditos direitos *residuais*, que subsistem mesmo após a colocação de um produto no mercado[24]. Boa parte delas está hoje coberta pela previsão do n.º 2 do art. 208.º do CPI – aliás em sintonia com o n.º 2 do artigo 7.º da Directiva 89/104 – que afasta a regra do esgotamento do direito de marca *sempre que existam motivos legítimos que justifiquem que o titular se oponha à comercialização posterior dos produtos, nomeadamente sempre que o estado desses produtos seja modificado ou alterado após a sua colocação no mercado.*

Esta excepção, plenamente justificada pela defesa das funções da marca[25], permite reagir, por um lado, contra certas ofensas à integridade

---

[24] Sobre o tema, cfr. MARCHETTI, *L'épuisement du droit du breveté et règlesitaliennes, in L'épuisement du droit du bréveté*, Nice, 1970, pp. 61 e 62, FRANCESCHELLI, *Vendita sotto e vechi segni altrui di cose rifatte, rinovate, transformate, sofisticate*, in *Studi Riuniti di Diritto Industriale*, Milão, 1972, pp. 387 e ss., AUTERI, *Territorialità del diritto di marchio e circolazione di prodotti «originali»*, Milão, 1973, pp. 55 e ss. e 71-72, DEMARET, *Circulation des Produits et Loi Uniforme BENELUX sur les Marques*, RTDE 1972, p. 538, LADAS, *«Patents, Trademarks, and Related Rights*, Harvard, 1975, vol. II, pp. 1109 a 1115 e MANGINI, *«Il marchio e gli altri segni distintivi»*, Pádua, 1982, pp. 272 a 277, incluido no vol. V do *«Trattato di Diritto Commerciale e di Diritto Pubblico dell'Economia»*, dirigido por F. GALGANO.

[25] No já citado parecer da Advogada-geral nos casos *DAVIDOFF* e *LEVI STRAUSS*, esta afirma que a oposição do titular da marca ao uso da sua marca só é admissível quando *a comercialização ulterior afecte tão profundamente a função principal da marca que não se poderia razoavelmente esperar que o seu titular a aceite*. Para uma análise das funções juridicamente tuteladas das marcas, e referências sobre as diversas posições doutrinais e jurisprudenciais a este propósito, cf. nomeadamente OLIVEIRA ASCENSÃO, *Direito Comercial, II, Direito Industrial*, 1988, p. 141 ss., COUTINHO DE ABREU, *Curso de Direito Comercial, I*, 1998, p. 320 ss., NOGUEIRA SERÉNS, *A vulgarização da marca na Directiva 89/104/CEE*, 1995, p. 7 ss., CARLOS OLAVO, *Propriedade Industrial*, 1997, p. 38

"E Depois do Adeus". O "Esgotamento" do Direito Industrial... 219

ou genuinidade intrínsecas do produto, por outro, contra confusões a respeito da sua proveniência, e por outro ainda, contra ataques ao renome e prestígio de que a marca goze.

3.2.1. *Ofensas à integridade do produto*

Nas hipóteses do primeiro tipo, está em causa o *direito exclusivo para a caracterização do produto*, de que fala BEIER [26], que se traduz na faculdade privativa de determinar a composição, a forma, o aspecto exterior e demais características do produto que o titular assinala e coloca no mercado sob determinada marca. Tal prerrogativa poderá ser usurpada quando um produto – já introduzido no mercado mas ainda não saído da circulação – venha a ser objecto de modificações, deteriorações ou adulterações que modifiquem características importantes do mesmo.

Nessas hipóteses, admite-se a possibilidade de reconhecer ao titular a faculdade de reagir judicialmente contra os autores das modificações e mesmo a de exigir que a marca seja retirada dos produtos modificados. Aliás, se um produto for sujeito a alterações ou adulterações significativas poder-se-á defender, fundamentadamente, que deixou de ser um produto genuíno, na medida em que se diferencie consideravelmente do seu estado original. Pode mesmo afirmar-se que a proveniência de um produto alterado é já diversa da do produto original, em consonância com a tutela dos interesses do titular e dos consumidores: se se admitir que a mesma marca assinale, indiferentemente, produtos alterados e «originais», ficará comprometida a indicação de proveniência, pois que não haverá só uma fonte, mas sim várias, para produtos da mesma marca.

Mas nem todas as intervenções de terceiros sobre os produtos marcados conduzirão ao efeito acima apontado: reparações, pequenas modificações ou simples manutenção dos produtos não têm, obviamente, incidência sobre a caracterização dos produtos. Além disso, como salientam certos autores [27], existe um sector industrial que se dedica, precisamente, à transformação de determinados produtos, como é o caso dos automóveis, e cuja importância económica e tecnológica merecem a atenção do legislador. Estas transformações deverão porém ser claramente assinaladas aos

---

e SOUSA E SILVA, *O princípio da especialidade das marcas. A regra e a excepção: As marcas de grande prestígio*, Rev. Ordem dos Advogados, Ano 58, I, Janeiro 1998, p. 377.

[26] Friedrich-Karl BEIER, *Evolução e Características Básicas do Direito Europeu das Marcas*, in Rev. *Assuntos Europeus*, 1982, p. 27.

[27] V.g., FRANCESCHELLI, op. cit., p. 390 e MANGINI, *idem*, p. 273.

consumidores, por forma a evitar qualquer confusão quanto à sua autoria, sem escamotear a fonte originária do produto.

Neste domínio, a delicadeza das questões e a variedade de hipóteses práticas aconselham que se adoptem critérios relativamente vagos, que admitam flexibilidade de análise e ponderação das circunstâncias concretas: por isso, os critérios propostos pela doutrina reconduzem-se, normalmente, a considerar que só haverá uma violação do direito da marca quando as alterações ou reparações provoquem uma *modificação mais ou menos radical das características essenciais* do produto [28], de tal forma que este fique *desnaturado* [29] face ao seu estado original.

Caso assim aconteça, é unanimemente reconhecido ao titular o direito de reagir judicialmente contra tais práticas. A unanimidade quebra-se, porém, quanto à escolha das medidas repressivas a admitir nestes casos. Num extremo, há quem sustente que bastará que seja imposta ao vendedor a obrigação de informar os adquirentes das transformações infligidas ao produto, mediante inscrições a apor junto da marca, ou outros meios equivalentes, por forma a evitar-se o engano do público [30]. Em contrário, há quem reconheça ao titular o direito de, nesses casos, se opor à revenda dos produtos enquanto estes ostentem a sua marca; nesta perspectiva, tais produtos apenas poderão ser revendidos desde que a marca seja removida [31].

Esta última solução parece-nos excessiva e, além do mais, pouco exequível: excessiva, porque uma eficaz informação dos adquirentes permite evitar qualquer engano quanto à proveniência dos produtos, tudo dependendo dos moldes em que essa indicação se realizar; pouco exequível, na medida em que a remoção da marca não será possível, em muitos casos, sem prejuízo do próprio produto [32].

---

[28] MANGINI, *idem*, p. 274.

[29] A expressão é de MARCHETTI, op. e loc. cit.; DEMARET, (*idem*) usa a fórmula «*afectado nas suas características próprias*»; ao passo que a jurisprudência italiana, referida por AUTERI (*ibidem*), admite a reacção do titular quando haja modificação de «*elementos essenciais à utilidade do objecto*».

[30] Neste sentido, LADAS, op. cit., p. 1110, que informa ser essa a tendência da jurisprudência norte-americana.

[31] Esta parece ser a solução da lei BENELUX, segundo DEMARET (op. e loc. cit.), admitindo, contudo, que em certos casos baste a indicação expressa do carácter remodelado ou deteriorado dos produtos.

[32] Este ponto de vista é o defendido por MANGINI (op. cit., p. 275). Acrescente-se, ainda, que a remoção da marca poderia mesmo, em certos casos, lesar mais os interesses do titular do que a solução da inscrição adicional: basta pensar-se nos casos em que a alte-

"E Depois do Adeus". O "Esgotamento" do Direito Industrial...

De todo o modo, há que reconhecer que a nossa lei é explícita, quando reconhece que é legítimo que o titular do direito *se oponha à comercialização posterior dos produtos* (art. 208.º/2 do CPI), o que parece significar claramente que este terá o direito de impedir judicialmente tal comercialização. Esta será pois a solução a adoptar quando haja uma ofensa efectiva à integridade e genuinidade dos produtos, devendo nas restantes situações bastar uma indicação informativa do consumidor.

3.2.1.1. *O caso particular da reembalagem*

Uma abundante fonte de litígios, neste domínio, respeita aos casos de reacondicionamento ou reembalagem de produtos, em especial no âmbito de "importações paralelas" de produtos farmacêuticos. Nestes casos as alterações – subsequentes à introdução no comércio – não dizem respeito ao produto em si, mas antes à sua embalagem ou acondicionamento.

Esta questão, escusado será dizê-lo, reveste uma importância crescente numa época em que a apresentação dos produtos e a publicidade se revelam decisivos na promoção das vendas. Além disso, a manipulação do acondicionamento de certos artigos, pode ter reflexos sobre o seu estado de conservação, como sucede, v.g., com os medicamentos. Como tal, importará averiguar da legitimidade de um terceiro para proceder à reembalagem de produtos de certa marca, sem o consentimento do respectivo titular, ou mesmo contra avontade deste.

O Tribunal de Justiça das Comunidades Europeias tem sido repetidamente chamado a pronunciar-se sobre esta matéria, dando origem a uma jurisprudência abundante e muito detalhada, que FERNANDEZ-NÓVOA [33] já apelidou de "Manual de Instruções para o Perfeito Importador". O reacondicionamento é claramente admitido, desde que respeite diversas condições, taxativamente enunciadas e recentemente reformuladas nos acórdãos *BRISTOL-MYERS* e *UPJOHN*, à cabeça das quais está a de não afectar o estado originário do produto (Acs. *HOFFMANN-LA*

---

ração não modificasse o aspecto exterior de um produto bem conhecido dos consumidores, que passava então a circular – em condições porventura deficientes – sem qualquer indicação que elucidasse o público, que continuaria, a despeito da remoção da marca, a atribuir ao titular a autoria por um produto, com qualidade inferior, de que este não seria responsável.

[33] *Fundamentos de derecho de marcas*, Madrid, 1984, p. 544. Sublinhe-se, a propósito, que não incumbe ao Tribunal de Justiça, no âmbito do recurso prejudicial de interpretação, resolver o litígio que pende no Tribunal nacional, embora se reserve o direito de extrair do caso concreto os elementos de facto que considere relevantes para apreciar a questão, numa perspectiva abstracta (cf. Ac. de 6.04.1962, *BOSH I*, Rec. p. 102).

ROCHE [34] e *PFIZER* [35]). O reacondicionamento poderá inclusivamente envolver a substituição de uma marca por outra que também seja usada pelo titular noutro país para os mesmos produtos (ao contrário do inicialmente decidido, no caso *CENTRAFARM.AMERICAN HOME PRODUCTS*), desde que tal substituição seja *objectivamente necessário* para possibilitar a comercialização do produto em causa no Estado-membro de importação, o que sucederá, nomeadamente, quando existam *regulamentações ou práticas no Estado-membro de importação* que impeçam a comercialização do produto no mercado desse país sob a marca que lhe foi aposta no Estado-membro de exportação. Além disso, deverá sempre indicar-se a identidade do responsável pelo reacondicionamento, na nova embalagem, bem como o nome do seu fabricante (*HOFFMANN-LA ROCHE, PFIZER e BRISTOL-MYERS*); a apresentação do produto reembalado não poderá ser de molde a lesar a reputação da marca nem a do respectivo titular, nomeadamente com embalagem defeituosa, de má qualidade ou com aspecto desleixado (*BRISTOL-MYERS*), e o importador deverá avisar, previamente à comercialização, o titular da marca e fornecer-lhe, a pedido deste, um exemplar do produto reacondicionado (*BRISTOL-MYERS*). Uma outra condição, que o Tribunal inicialmente formulara (em *HOFFMANN-LA ROCHE*, mas não já em *PFIZER*) regressou com o Ac. *BRISTOL-MYERS*, embora com uma nova enunciação: deve demonstrar-se que a utilização do direito de marca pelo titular para se opor à comercialização dos produtos reembalados sob esta marca contribuiria para compartimentar artificialmente o mercado intracomunitário, devido por exemplo à existência de embalagens diversas consoante os países (contudo, não é necessário estabelecer que o titular da marca tem qualquer intenção de compartimentar os mercados).

3.2.2. *A confusão quanto à proveniência*

Outro direito *residual* do titular da marca é o poder de exigir que **a marca acompanhe o produto** até à sua aquisição pelo consumidor. Esta prerrogativa, que só tem sentido relativamente a produtos já colocados no mercado, destina-se igualmente a assegurar que a marca desempenha a função enquanto tal for necessário, isto é, enquanto os produtos se mantenham no circuito comercial.

---

[34] Ac. de 23.5.78, Rec. p. 1139.
[35] Ac. de 3.12.81, Rec. p. 2913.

Entre nós, este direito é tutelado em sede de Concorrência Desleal, dispondo-se, na alínea *h*) do artigo 260.°. do C.P.I., que são proibidas a *supressão, ocultação ou alteração, por parte do vendedor ou de qualquer intermediário, (...) da marca registada do produtor ou fabricante em produtos destinados à venda e que não tenham sofrido modificação no seu acondicionamento.* Reconhecendo embora a censurabilidade de tais práticas, não creio que o instituto da Concorrência Desleal seja o mais indicado para o reprimir. Por um lado porque, inscrevendo-se aquele direito do titular no núcleo essencial que deriva da função indicativa da marca, seria mais apropriado que a tutela legal decorresse das disposições especificamente consagradas à defesa deste sinal distintivo. Por outro lado, porque a protecção desse direito à luz da Concorrência Desleal ficará restringida aos casos em que a lesão provenha de um acto de um concorrente do titular, deixando de fora hipóteses, verosímeis, em que tal lesão seja obra de terceiros não-concorrentes [36].

De todo o modo, esta é mais uma prerrogativa que o titular da marca pode exercer "post-esgotamento", revestindo um interesse prático considerável, pois é relativamente frequente acontecer que certos distribuidores ou instaladores caiam na tentação de assinalar os produtos com a sua própria marca, obliterando a marca originária, lesando dessa forma os legítimos interesses do titular desta [37].

3.2.3. *A tutela da reputação e do prestígio das marcas*

Admite-se ainda que o titular possa reagir contra certos actos que – sem porem em causa a integridade do produto ou a sua proveniência – são susceptíveis de lesar o prestígio ou renome de que a marca goze, ou de afectar a atracção de clientela que o sinal se destina a apoiar. Na verdade, algumas práticas comerciais desprimorosas ou desprestigiantes, ou certas medidas publicitárias, podem, efectivamente, afectar

---

[36] Visto que a figura da *concorrência desleal* supõe a existência de uma relação concorrencial entre o agente e o lesado. Ora tal relação poderá não existir, por exemplo, quando o titular da marca for um fabricante e o autor da supressão ou ocultação for um mero distribuidor ou retalhista, na medida em que os mercados para que vendem podem ser distintos.

[37] Coisa diversa, e perfeitamente lícita face ao Direito Industrial, são as denominadas "BOB" (*buyer's own brand*), ou as recentes "marcas brancas" dos hipermercados, em que a marca originariamente aposta nos produtos é já a do comprador (distribuidor ou retalhista), sendo essa marcação efectuada normalmente pelo próprio fabricante, sem que tal envolva qualquer obliteração ou substituição de marcas.

224   *III Curso de Direito Industrial*

aqueles valores e constituir "motivos legítimos" de intervenção do titular da marca.

O TJCE teve já o ensejo de esclarecer esta questão, no caso
CHRISTIAN DIOR [38], a respeito da utilização da marca por terceiros
para anunciarem ao público a comercialização ulterior dos produtos
(i.e., posterior à primeira colocação no mercado), tendo reconhecido
ao titular o poder de intervir nos casos extremos em que, *tendo em conta
as circunstâncias específicas do caso, a utilização da marca para
aquele efeito cause um prejuízo grave à sua reputação*. Assim sucederá,
nomeadamente, quando a publicidade efectuada *afectar o valor da
marca, prejudicando a aparência e a imagem de prestígio dos produtos
em causa bem como a sensação de luxo que deles emana*, designadamente quando seja feita em conjunto com outros produtos cuja vizi-
nhança seja susceptível de debilitar gravemente a imagem que o titular
consegui criar em torno da sua marca. Em contrapartida, o titular não
pode opor-se à utilização da marca *com os meios habituais no ramo
de actividade do vendedor*, para anunciar ao público a comercialização
posterior dos seus produtos com esse sinal, quando não se prove que
essa utilização *afecta seriamente a reputação da marca*.

Na mesma linha, no acórdão BMW [39], o Tribunal de Justiça considerou legítimo que um terceiro (sem qualquer relação contratual com o
titular da marca) utilize a marca *para anunciar ao público que efectua
a reparação e a manutenção de produtos desta marca, comercializados
sob a marca pelo titular ou com o seu consentimento, ou que é especializado ou especialista na venda ou na reparação e na manutenção de tais
produtos*. Nestes casos, o titular só poderá proibir o uso da sua marca
quando esta *seja utilizada de um modo tal que possa dar a impressão de
que existe uma relação comercial entre a empresa terceira e o titular da
marca, e nomeadamente que a empresa do revendedor pertence à rede de
distribuição do titular da marca ou de que existe uma relação especial
entre as duas empresas*.

Sublinhe-se que o TJCE reconhece o direito de intervir nestas situações não só aos titulares das marcas ditas "de prestígio" (no sentido da
Directiva 89/104/CEE), mas também aos titulares de marcas que gozem
de *reputação* (o que parece abranger qualquer marca), tendo mencionado
claramente as duas situações, quer no acórdão CHRISTIAN DIOR, quer
posteriormente no acórdão BMW. O que não surpreende, dado que este

---

[38] Ac. de 4.11.1997, Proc. n.° C-337/95, CJCE p. I-6013.
[39] Ac. de 23.02.1999, Proc. n.° C-63/97, CJCE p. I-905.

"E Depois do Adeus". O "Esgotamento" do Direito Industrial...

Tribunal considera[40] que o objecto específico do direito de marca *é, nomeadamente, proteger o titular dos concorrentes que queiram abusar da posição e da reputação da marca.*

Sendo assim, sempre que – em relação a produtos já introduzidos no mercado – se registem comportamentos que constituam um "abuso" desse tipo, o titular da marca poderá reagir, invocando o seu direito exclusivo, para se opor à utilização do sinal nesses termos.

3.3. Os direitos "residuais" relativos aos demais DPI

Como vimos, a regra do esgotamento do direito também vigora em matéria de patentes de invenção, de modelos de utilidade e de modelos e desenhos industriais. E, à semelhança do que sucede com as marcas, o esgotamento ocorre aquando da introdução do produto no mercado. Será que, relativamente a estes DPI, a colocação no mercado implica uma extinção radical dos poderes do titular. Ou será que, como nas marcas, há prerrogativas que subsistem mesmo após esse momento, legitimando a intervenção do titular do direito para defesa dos seus interesses?

A análise deverá, de novo, atender à função que a lei atribui a cada um destes direitos. Sendo que a função das patentes, modelos e desenhos é totalmente diversa das funções das marcas: Não há aqui uma função indicativa, nem publicitária, mas unicamente uma função remuneratória: Os direitos relativos às patentes, modelos e desenhos, visam unicamente assegurar ao criador a possibilidade de extrair do mercado a remuneração do seu esforço criativo (garantindo-lhe um monopólio de introdução no comércio dos produtos protegidos pelo seu direito). Em face disso, parece que a função deste tipo de DPI se cumpre integralmente no acto de colocação no mercado: Ao vender o seu produto, o titular da patente recebe a sua retribuição, nos termos por si definidos, nada mais tendo que esperar em relação ao seu produto. A circulação ulterior deste em nada irá afectar essa remuneração, já recebida.

O mesmo não se passa com as marcas: Enquanto o produto continue no circuito comercial, em revenda, o sinal distintivo continua a identificar o produto, a indicar a sua proveniência e, sendo caso disso, a atrair a clientela. Ou seja, a marca continua a desempenhar a sua função. Já quanto às patentes, uma vez extraído do mercado o lucro monopolístico que o exclu-

---

[40] Ac. de 17.10.90, HAG II, cit..

sivo visa proporcionar, nada mais há que acautelar, pois o direito desempenhou a sua missão.

Assim sendo, não é fácil vislumbrar uma justificação para reconhecer ao titular de uma patente (ou de um modelo ou desenho registado) o direito de impedir a circulação ulterior de um produto que haja sido comercializado por si ou com o seu consentimento. Essa intervenção seria concebível unicamente em situações em que a revenda do produto, pelas *condições em que decorresse*, pudesse pôr em causa a dita função remuneratória – nomeadamente criando no público uma errada convicção de perigosidade do produto em si mesmo (v.g. a revenda de um medicamento seguro associado a outra substância que possa vir a causar perigo para a saúde), ou de inocuidade ou ineficácia (através de uma publicidade enganosa, ou difamatória). De qualquer modo, refira-se que a maioria das situações deste tipo sempre encontraria tutela bastante no regime da concorrência desleal.

Por fim, e embora se trate de uma questão colateral, cumpre fazer uma referência ao direito *moral* do criador, de reivindicar a paternidade da sua criação – direito que é reconhecido tanto ao inventor, como ao criador de modelos de utilidade, de modelos industriais ou desenhos industriais [41] – na medida em que esse direito não é afectado pela regra do esgotamento, ficando sempre aberta ao titular a possibilidade de se opor a que outrem usurpe a autoria da sua criação, arrogando-se indevidamente a qualidade de criador dos produtos protegidos pelo DPI em questão. Mesmo assim, não se justificará reconhecer ao titular, nestes casos, o direito de impedir a comercialização desses produtos, mas unicamente o de impedir a usurpação da autoria.

CONCLUSÃO

Como vimos, a colocação de um dado produto no mercado, quando efectuada licitamente, priva o titular da marca do poder de controlar, quer a circulação ulterior desse produto, quer a utilização que dele venha a ser feita por terceiros adquirentes. É neste sentido, e neste sentido apenas, que poderá falar-se em «esgotamento» ou «exaustão» do direito de marca, porquanto, mesmo após a introdução no comércio, poderão ocorrer factos que legitimem a intervenção do respectivo titular.

---

[41] Cf. arts. 55.°, 124.° e 148.° do CPI.

Por isso, a expressão «esgotamento» corresponde a uma figura de estilo, para pôr em evidência uma realidade jurídica que não corresponde rigorosamente a essa imagem. Este fenómeno não se traduz numa extinção, pura e simples, do direito do titular da marca, aquando da colocação no mercado, mas apenas na consumpção de certas prerrogativas que esta colocação vem *normalmente* tornar inúteis, à luz das verdadeiras funções do instituto: indicar a proveniência do produto e, sendo caso disso, publicitá-lo. Em contrapartida, e na medida em que estas funções continuem a necessitar de tutela – designadamente enquanto o produto permanecer no circuito comercial, em revenda ou em caso de reimportação – há certos direitos "residuais" que continuam a existir, devendo reconhecer--se ao titular o direito a reagir contra certas ofensas à integridade ou genuinidade intrínsecas do produto, ou contra confusões acerca da sua proveniência, ou ainda, contra ataques ao renome e prestígio de que a marca goze.

Mas se isto é assim em relação às marcas, já quanto aos demais DPI (patentes, modelos de utilidade, e modelos e desenhos industriais), a colocação no mercado implica uma redução muito mais radical das prerrogativas do titular, na medida em que a função destes DPI (exclusivamente remuneratória) se cumpre integralmente aquando da introdução dos produtos no mercado. Por este motivo, a partir desse momento, só muito dificilmente poderá aceitar-se que o titular possa intervir, e apenas nos casos extremos em que aquela função possa ser gravemente ameaçada, comprometendo a possibilidade de o titular do direito extrair do mercado remuneração do seu esforço criativo.

PATENTES

Há esgotamento	colocação pelo titular	EM onde está patenteado
		EM onde não era patenteável
	coloc. por 3.º c/ consentimento	por licenciado
		por empresa do mesmo grupo

↓ ↑		
↓ ↑	colocação pelo titular ou coloc. por 3.º c/ consentimento	EM onde era patenteável, mas não foi patentado
critério da | critério do remuneração | consentimento		
↑ ↑	colocação por um cessionário (do dto. para outro EM)	
↓ ↑	colocação por um cedente (do dto. para outro EM)	

Não há esgotamento	coloc. por 3.º sem consentimento	EM onde não está patenteado
		EM onde há patente do titular
		EM sobre licença obrigatória
		EM sob patente independente
	coloc. (p/ titular ou p/ 3.º) no exterior do EEE	

MARCAS

Há esgotamento	colocação pelo titular	
	coloc. por 3.º c/ consentimento	por licenciado
		por empresa do mesmo grupo
	qd. haja uso abusivo dt.º de marca	
	qd. haja violação D. da concorrência	

respeita condições "BOEHRINGER/UPJOHN"?	Sim ↑ reembalagem	
	Não ↓	
respeita condições "BMW/C.DIOR"?	Sim ↑ publicidade	
	Não ↓	

Não há esgotamento	coloc. por 3.º sem consentimento
	coloc. pelo cessionário (c/ fraccionamento voluntário ou forçado)
	coloc. pelo cedente
	coloc. p/ 3.º com marca "paralela"
	coloca. (p/ titular ou por 3.º) no exterior do EEE

MODELOS DE UTILIDADE
– BREVES NOTAS SOBRE A REVISÃO DO CÓDIGO DA PROPRIEDADE INDUSTRIAL

por MIGUEL MOURA E SILVA [*]

SUMÁRIO:

Introdução. 1. A metodologia seguida: transposição *avant la lettre*. 2. O objecto do modelo de utilidade e a sua delimitação face à patente. 3. A função da protecção dos modelos de utilidade: a justificação das propostas da Comissão Europeia. 4. O problema da aplicação do requisito de actividade inventiva aos modelos de utilidade

INTRODUÇÃO

A tutela dos modelos de utilidade foi um dos pontos que suscitou maior controvérsia nos trabalhos da Comissão de Revisão do Código da Propriedade Industrial, constituída no Verão de 1999. Nesta breve comunicação daremos conta de alguns dos principais problemas enfrentados naquele processo de revisão, uns metodológicos, outros substantivos.

1. A metodologia seguida: transposição *avant la lettre*

Do ponto de vista da metodologia seguida, a Comissão decidiu, por maioria, incorporar desde logo no projecto uma proposta da Comissão Europeia para uma directiva relativa à aproximação das legislações nacio-

---

[*] Mestre em Direito, Assistente da Faculdade de Direito da Universidade de Lisboa e Vogal do Conselho da Concorrência. O autor foi membro da Comissão de Revisão que, entre Junho de 1998 e Março de 1999, elaborou o projecto de alteração do Código da Propriedade Industrial.

230 *III Curso de Direito Industrial*

nais no que respeita à protecção de invenções por modelo de utilidade, datada de 1997.[1] Como o bom senso faria prever (e uma minoria dos membros da Comissão alertou então para o facto), a proposta foi entretanto substituída, após o parecer do Parlamento Europeu, por um novo texto, quando a sua anterior versão estava já cristalizada no projecto de revisão de 1999.[2] Como veremos adiante, a nova proposta alterou alguns aspectos importantes do texto que serviu de base aos trabalhos de revisão do Código da Propriedade Industrial de 1995 (CPI), pondo em causa parte significativa do projecto.

Já em 2000 os trabalhos de discussão no seio do Conselho da proposta de directiva foram suspensos, decisão que foi recentemente confirmada, levando a Comissão a alterar a sua estratégia encontrando-se em curso consultas tendentes a apurar do interesse dos agentes económicos europeus por um direito de natureza comunitária, um modelo industrial comunitário.[3] O erro metodológico de base de que enferma o projecto de revisão não parece, pois, sanável a curto prazo, já que dificilmente será aprovada uma directiva de harmonização nesta matéria antes do final de 2002.

Caído então o fundamento e a base das soluções consagradas no projecto de revisão do CPI, o que fazer?

A solução mais fácil, e que, arriscamos nós, provavelmente virá a ser acolhida, consiste em manter o texto apresentado em 2000 a consulta pública, mesmo correndo o risco de cristalizar desta forma uma proposta da Comissão Europeia à qual Portugal tem suscitado reservas de fundo em aspectos centrais. Trata-se, evidentemente, de uma péssima solução, que outro mérito não tem senão o de dar força de lei ao produto de uma metodologia precipitada e incorrecta.

Outra solução, igualmente simples, será a eliminação do articulado do projecto no que se refere aos modelos de utilidade e aguardar a adopção de uma eventual directiva de harmonização. Esta opção dificilmente poderá ser apoiada por aqueles que vêem vantagens no texto do projecto, em particular na medida em que ele opta por um critério puramente sub-

---

[1] Proposta de Directiva do Parlamento Europeu e do Conselho relativa à aproximação dos regimes jurídicos de protecção das invenções por modelo de utilidade, de 12.12.1997, COM (97) 691 final.

[2] Proposta alterada de Directiva do Parlamento Europeu e do Conselho relativa à aproximação dos regimes jurídicos de protecção das invenções por modelo de utilidade, de 25.6.1999, COM (1999) 309 final.

[3] Ver o documento SEC (2001) 1307, de 26.7.2001, disponível no site http://europa.eu.int.

Modelos de Utilidade – Breves Notas sobre a Revisão do CPI 231

jectivo de distinção entre patente e modelo de utilidade, deixando ao requerente o cuidado de escolher entre um ou o outro regime jurídico de protecção de invenções.

Uma terceira opção, derivada da anterior e que nos parece ser a mais correcta, consiste em eliminar a parte do projecto relativa aos modelos de utilidade e iniciar um processo de revisão que, indo na linha das propostas da Comissão Europeia, procure ter em conta as reais necessidades da economia portuguesa. Esse processo deve ser iniciado com uma reflexão interdisciplinar tendente a definir o objectivo da protecção dos modelos de utilidade à luz das exigências competitivas das empresas localizadas em Portugal. Só assim poderão ser obtidas indicações claras quanto ao objecto e regime de concessão e protecção daqueles direitos a incorporar num CPI revisto.

2. O objecto do modelo de utilidade e a sua delimitação face à patente

Os modelos de utilidade surgem no nosso ordenamento com o Código de 1940, por influência da lei alemã, visando a protecção de modelos de objectos, ou de parte de objectos, destinados a uso prático que, por nova forma, disposição, ou novo mecanismo, aumentem ou melhorem as condições de aproveitamento de tais objectos. O objecto de protecção caracterizava-se já à época por ter de revestir, necessariamente, forma tridimensional, protegendo-se a forma que torna possível o aumento da utilidade de um objecto ou a melhoria do seu aproveitamento. É pois o aspecto funcional ligado à forma que se pretende proteger.[4]

Dizendo ambos respeito a soluções inovadoras para problemas técnicos, é evidente a proximidade entre modelos de utilidade e patentes. Daí que um dos principais problemas que tem merecido a atenção da doutrina nos países em que o modelo de utilidade foi consagrado (ou em que a sua introdução foi discutida) respeite precisamente à "separação de funções" entre aqueles dois tipos de direitos de propriedade industrial.[5]

---

[4] Ver OLIVEIRA ASCENSÃO, *Direito Comercial, vol. II – Direito Industrial*, Lisboa, 1988, p. 208.

[5] Ver Mario Varea SANZ, *El Modelo de Utilidad: Régimen Jurídico*, Aranzadi Editorial, Pamplona, 1996, p. 127 a 155. Este autor espanhol conclui que a diferença é essencialmente de grau, residindo "no menor rigor inventivo que se deve dar para entender que estamos perante um modelo de utilidade, independentemente do resultado obtido", p. 151.

Entre nós um dos traços fundamentais do regime jurídico dos modelos de utilidade é a sua proximidade ao regime das patentes, em especial no que respeita aos requisitos para a concessão e ao objecto susceptível de protecção, sendo que já o Código de 1940 traduzia essa conexão. O legislador de 1995 veio proceder a uma maior aproximação relativamente ao regime das patentes, em particular no que respeita à duração da protecção, que passou a ser de 20 anos para as patentes e de 15 anos para os modelos de utilidade.

É sobretudo quanto à classificação do objecto de protecção como "invenção" e quanto aos requisitos da protecção que melhor se nota essa uniformização. Assim, o artigo 122.º do CPI determina que pode ser protegida como modelo de utilidade *a invenção nova que implique uma actividade inventiva e que seja susceptível de aplicação industrial*, exigindo-se ainda que ela consista em *dar a um objecto uma configuração, estrutura, mecanismo ou disposição de que resulte o aumento da sua utilidade ou a melhoria do seu aproveitamento*. Esclarece-se no número seguinte que podem em particular ser protegidos como modelos de utilidade os utensilios, instrumentos, ferramentas, aparelhos, dispositivos ou parte dos mesmos, vazilhame e demais objectos, desde que, evidentemente, preencham os requisitos de protecção.

A subsistência do requisito de tridimensionalidade (traduzido na exigência de que a solução inovadora para um problema técnico se manifeste ao nível da configuração, estrutura, mecanismo ou disposição) faz com que seja necessário distinguir entre os objectos da patente (que podem ou não ter essa forma) e do modelo de utilidade. Assim, o âmbito da patente pode abranger não só produtos como também processos, enquanto que estes últimos, porque insusceptíveis de corporização num objecto, estão, em princípio, excluídos do domínio dos modelos de utilidade. [6]

Já quanto aos restantes aspectos essenciais do seu regime substantivo e adjectivo, os modelos de utilidade seguem de perto o estabelecido para as patentes, sendo numerosas as remissões para os preceitos relativos a estas, num mimetismo que leva a duvidar da real necessidade de um direito exclusivo com as características do modelo de utilidade, em particular devido à exigência de um exame em moldes idênticos aos que se aplicam à concessão de patentes.

Uma particularidade do regime dos modelos de utilidade veio, contudo, a revelar-se particularmente controversa entre nós, sobretudo no âmbito do relacionamento dos modelos de utilidade com outros direitos

---

[6] Neste sentido, OLIVEIRA ASCENSÃO, *op. cit.*, p. 211.

Modelos de Utilidade – Breves Notas sobre a Revisão do CPI   233

privativos. Assim, na alínea d) do n.º 1 do artigo 129.º, estabelece-se que o modelo deve ser recusado "[s]e pela sua descrição e reivindicações, for considerado patente de invenção ou modelo industrial". A distinção entre o que deve constituir objecto de protecção ao abrigo daqueles diversos direitos torna-se, desta forma, num problema central do regime dos modelos de utilidade no âmbito do CPI. Importa analisar de que modo se processa esta distinção ao abrigo da legislação em vigor.

Quanto aos *modelos industriais*, a distinção é razoavelmente simplificada pelo diferente objecto de protecção.[7] Assim, enquanto que os modelos industriais visam a protecção das características estéticas da forma de um produto (v. artigo 139.º, n.º 2, do CPI), os modelos de utilidade protegem as características da forma de um objecto numa perspectiva estritamente funcional.[8]

Questão mais delicada se coloca quanto às *patentes*. Dispõe artigo 47.º do CPI que "podem ser objecto de patente as invenções novas implicando actividade inventiva, se forem susceptíveis de aplicação industrial", podendo igualmente "ser objecto de patente os processo novos de obtenção de produtos, substâncias ou composições já conhecidos". Confrontando esta definição com a constante do artigo 122.º, é evidente que a diferença central entre os objectos respectivos da patente e do modelo de utilidade reside, no actual regime jurídico, na exigência de carácter tridimensional deste último. Sendo que constitui motivo de recusa da patente o facto de, pela sua descrição e reivindicações, dever ser considerada como modelo de utilidade ou modelo industrial, à patente cabe um papel residual, sendo excluídas do seu âmbito as invenções que "consistam em dar a um objecto uma configuração, estrutura, mecanismo ou disposição de que resulte o aumento da sua utilidade ou a melhoria do seu aproveitamento".

Durante as discussões ocorridas na elaboração do projecto de alteração do CPI, os serviços do INPI colocaram o problema da incerteza resultante da dificuldade de distinguir, à luz dos critérios legais em vigor,

---

[7] Os desenhos industriais, tendo carácter bidimensional não levantam este tipo de questões, embora a homogeneização decorrente da legislação comunitária numa nova figura, os modelos ou desenhos industriais, venha a introduzir a necessidade de adaptações ao regime actual do CPI. Sobre a Directiva 98/71/CE do Parlamento Europeu e do Conselho, relativa à protecção legal de desenhos e modelos, ver Miguel MOURA E SILVA, "Desenhos e Modelos Industriais – Um Paradigma Perdido?", *in* VVAA, *Direito Industrial*, vol. I, Almedina, Coimbra, 2001, p. 431.

[8] O que não significa que não se coloquem importantes problemas teóricos e práticos. V. SANZ, *op. cit.*, pp. 156 a 177.

234   *III Curso de Direito Industrial*

entre as invenções patenteáveis e as que devem ser protegidas enquanto modelos de utilidade. A solução proposta, e que mereceu vencimento na Comissão de Revisão, apesar da oposição de alguns membros, é simples: elimine-se a distinção quanto ao objecto de protecção e coloquem-se os dois regimes à disposição do requerente, que pode assim optar pelo regime da patente ou pelo do modelo de utilidade. Por outras palavras, adopte-se um critério meramente subjectivo de distinção, baseado apenas na vontade do requerente.

Trata-se de uma solução que nos parece demasiado simplista, colocando, entre outras, a questão de saber se, perante tal sobreposição de formas de protecção, existe alguma razão de ser para o regime que oferece menor protecção (que não seja uma maior informalidade na concessão, com o consequente risco de contribuir para uma invocação abusiva susceptível de restringir a concorrência). Uma reflexão sobre esta matéria deve atender à estrutura dos diferentes direitos exclusivos que tutelam as invenções e procurar definir uma separação de funções que melhor corresponda às finalidades do Direito Industrial.

3. A função da protecção dos modelos de utilidade: a justificação das propostas da Comissão Europeia

A protecção dos modelos de utilidade é hoje em dia considerada pela Comissão Europeia como fundamental para criar incentivos que levem as empresas europeias a aumentar o seu investimento na investigação e desenvolvimento de novos produtos e processos susceptíveis de aplicação industrial. É nesta perspectiva que se coloca a iniciativa comunitária de harmonização das legislações dos Estados-membros em matéria de protecção de invenções por modelos de utilidade, sendo que a posição nacional nas negociações ainda em curso não pode perder de vista a adequação do texto que vier a ser aprovado ao meio empresarial nacional e às suas exigências.

No seu *Livro Verde – A protecção dos modelos de utilidade no mercado interno,*[9] a Comissão Europeia demonstrou claramente que o regime dos modelos de utilidade apresenta três grandes vantagens comparadas relativamente às patentes. Em primeiro lugar, a imposição de **requisitos menos rigorosos** permite que os modelos de utilidade protejam invenções que dificilmente poderiam atingir o patamar de actividade inventiva exi-

---

[9] COM (95) 370 final, de 19.7.95.

Modelos de Utilidade – Breves Notas sobre a Revisão do CPI

gido para as primeiras. Seguidamente, a **maior simplicidade e celeridade** do seu processo de concessão constituem importantes incentivos para as indústrias com um ciclo de inovação relativamente curto. Por último, os **custos reduzidos** dos modelos de utilidade constituem outro aspecto que os torna mais atraentes, especialmente para as PME. Em suma, na perspectiva da Comissão Europeia, o modelo de utilidade pode constituir uma forma de protecção mais acessível, sobretudo para as invenções que consistam em pequenos avanços tecnológicos e/ou que tenham uma breve vida útil, podendo igualmente servir como antecâmera para a posterior obtenção de uma patente em função do seu sucesso comercial.

Os modelos de utilidade permanecem, assim, fiéis aos propósitos que motivaram a sua introdução na Alemanha e noutros países, como figura indissociável de uma certa política industrial de promoção das pequenas inovações técnicas. A instrumentalização a estratégias de desenvolvimento e de industrialização explica, de resto, algumas das especificidades do seu regime jurídico em alguns países. Caso exemplar nesta matéria é o da vizinha Espanha, onde o requisito da novidade é apreciado em termos do estado da técnica conhecido e/ou praticado nesse Estado, permitindo-se a protecção de inovações já conhecidas noutros países.[10]

Convém, todavia, chamar a atenção para que as vantagens acima apontadas criam igualmente o risco de se atingir um nível excessivo de protecção, em particular com a extensão da protecção a *processos* e a *programas de computador*, bem como com uma excessiva facilitação do processo de concessão destes direitos.[11]

Quanto à extensão da protecção pelo modelo de utilidade a todas as invenções, SANZ considera que "os elementos a considerar escapam do âmbito jurídico, para se situarem no terreno económico e técnico".[12] Admite, contudo, aquele autor que quanto aos processos essa ampliação possa ser desnecessária pois, "os que não alcançam o nível da patenteabilidade podem manter-se, pelo próprio interesse dos seus autores, ao nível do segredo, como melhor mecanismo de protecção, descartando, inclusivamente, a possibilidade de uma tutela que exija a divulgação da inovação obtida".

---

[10] Sobre este e outros aspectos da legislação espanhola, ver veja-se a importante monografia de Mario Varea SANZ, *op.cit.*

[11] A proposta modificada de 1999 exclui já do âmbito de protecção as "invenções que incidam sobre a matéria biológica" e as "invenções que incidam sobre substâncias ou processos químicos ou farmacêuticos" [artigo 4.º, als. b) e c)].

[12] SANZ, *op. cit.*, p. 59.

A concessão de direitos exclusivos de propriedade industrial procura constituir um incentivo à inovação, postulando que, na ausência da expectativa de protecção, o nível de actividade inovadora seria inferior ao óptimo social. Assim, as questões que se colocam a propósito da extensão da protecção são essencialmente económicas. A extensão da protecção a processos que não atingem o patamar de actividade inventiva exigido para as patentes será necessária para corrigir uma má afectação de recursos no domínio da investigação e desenvolvimento? A criação dessa protecção permitirá que, com a sua divulgação, as inovações ligadas a processos se difundam mais rapidamente no tecido económico? Estas são algumas das questões que devem ser colocadas no âmbito da reflexão interdisciplinar que acima foi proposta. [13] Refira-se, em todo o caso, que a maior facilidade de protecção de processos pelo segredo (por contraposição à vulnerabilidade de produtos à engenharia regressiva) e a possibilidade de uma inversão do ónus da prova (a exemplo do que sucede com as patentes) conduzir a um entrave excessivo à utilização de inovações com escassa actividade inventiva constituem importantes factores no sentido de rejeitar a protecção de processos pelos modelos de utilidade.

Também preocupante do ponto de vista da criação de excessivos entraves à inovação tecnológica é a extensão da protecção a programas de computador. A proposta de 1997 excluía do âmbito de protecção "as invenções que impliquem programas de computador", ressalva que desapareceu na proposta de 1999. Com este texto desapareceu também da al. *c*) do n.º 1 do artigo 3.º (excepções à protecção) a referência a jogos no contexto da exclusão dos "planos, princípios e métodos no exercício de actividades intelectuais ou no domínio das actividades económicas". Segundo a exposição de motivos, tal decorre de uma alteração avançada pelo Parlamento Europeu "de modo a permitir que os jogos possam ser protegidos por modelo de utilidade, desde que preencham as condições da protecção". Parece assim que a Comissão Europeia se propõe criar um regime para os programas de computador (cuja patenteabilidade levanta questões controversas e que estão também em discussão a nível comunitário) e, em especial, para jogos (incluindo jogos de com-

---

[13] Estas questões colocam-se a propósito de todos os direitos de propriedade industrial. V. Miguel MOURA E SILVA, *Inovação, Transferência de Tecnologia e Concorrência: Estudo Comparado do Direito da Concorrência dos E.U.A. e da União Europeia*, dissertação de Mestrado, Faculdade de Direito da Universidade Católica, Lisboa, Setembro de 1997.

Modelos de Utilidade – Breves Notas sobre a Revisão do CPI

putador), violando um dos limites tradicionais da tutela de inovações tecnológicas. [14]

Por último, deve-se ter presente que a celeridade e a redução dos custos apresentadas pelos modelos de utilidade são normalmente conseguidas através da dispensa de um exame de fundo quanto ao preenchimento dos requisitos de protecção. A proposta modificada da Comissão Europeia vem mitigar alguns destes riscos, em especial com a obrigatoriedade de proceder a um exame de fundo no caso de acções judiciais tendentes a fazer valer os direitos conferidos pelo modelo de utilidade, bem como no caso de ser solicitada a prorrogação para além do período inicial de protecção. [15]

4. O problema da aplicação do requisito de actividade inventiva aos modelos de utilidade

Entre os ordenamentos jurídicos onde os modelos de utilidade têm tido pouco sucesso incluem-se sobretudo aqueles que, como o português, impõem um nível idêntico de actividade inventiva para modelos de utilidade e patentes. [16] Na sua proposta inicial, [17] a Comissão Europeia avançava com um requisito de actividade inventiva, a par dos requisitos de novidade e susceptibilidade de aplicação industrial, eliminando o requisito tradicionalmente exigido em alguns Estados-membros quanto à forma tridimensional.

---

[14] Sobre a patenteabilidade de programas de computador, ver o nosso estudo "Protecção de Programas de Computador na Comunidade Europeia", Direito e Justiça, vol. VII, 1993, p. 253, a pp. 261 e 262; e Alexandre Dias PEREIRA, "Patentes de software – Sobre a patenteabilidade dos programas de computador", in VVAA, Direito Industrial, vol. I, Almedina, Coimbra, 2001, p. 385.

[15] Artigos 16.°, n.° 4 e 19.°, n.° 2, respectivamente. Neste aspecto o projecto de alteração do CPI contém algumas salvaguardas que devem ser preservadas e alargadas: a possibilidade de o exame ser requerido por qualquer interessado (para além do próprio requerente) e a exigência de requerimento do exame como requisito para que o requerente possa interpor acções judiciais para defesa dos direitos conferidos pelo modelo de utilidade concedido provisoriamente; artigos 129.°, n.° 1 e 130.°, n.° 3, respectivamente. Esta última exigência deveria ser complementada pela impossibilidade de ser proferida qualquer decisão judicial antes de ser concedido o título definitivo.

[16] Ao utilizar a expressão "uma actividade inventiva", o n.° 1 do artigo 122.° do CPI parece dar alguma margem ao intérprete no sentido de flexibilizar a aplicação deste requisito, já que para as patentes se exige "actividade inventiva". Não nos parece, contudo, que se possa inferir desta redacção a consagração de uma diferença quantitativa entre as invenções protegidas por modelos de utilidade e as que merecem protecção por patentes.

[17] COM (97) 691 final, de 12.12.97.

238 *III Curso de Direito Industrial*

Formalmente, os requisitos impostos eram idênticos aos exigidos quanto às patentes. Acrescentava-se, porém, uma noção própria de *actividade inventiva.* [18] Nos termos do artigo 6.º da Proposta, aquele requisito estaria preenchido *"se, no pedido de modelo de utilidade, o depositante indicar claramente e de forma conclusiva que a invenção apresenta relativamente ao estado da técnica, a) quer uma vantagem específica, tal como uma facilidade de aplicação ou de utilização, b) quer uma vantagem prática ou industrial".*

O objectivo desta disposição era claro: garantir que as pequenas invenções que se traduzam num aumento da utilidade de um objecto ou na solução de um problema técnico relativo à sua utilização e que dificilmente preencheriam o requisito de actividade inventiva tal como este é formulado para as patentes, sejam abrangidas pelo regime dos modelos de utilidade. Por outras palavras, tratava-se já de estender o modelo alemão (modificado em 1990) a todos os Estados-membros, mesmo aqueles que não consagraram ainda este direito de propriedade industrial.

Na sequência das alterações avançadas pelo Parlamento Europeu no seu parecer de 12 de Março de 1999 proferido em primeira leitura, a proposta modificada veio fazer uma aproximação à terminologia da Convenção da Patente Europeia, sem todavia abandonar o objectivo de manter uma exigência menor em relação ao requisito da actividade inventiva característico do regime das patentes. Assim, a nova redacção do artigo 6.º n.º 1 dispõe que *"uma invenção implica actividade inventiva se ela apresentar uma vantagem e, relativamente ao estado da técnica, não for muito evidente para um perito na matéria".* O n.º 2 esclarece que essa vantagem *"consiste numa vantagem prática ou técnica para a utilização ou o fabrico do produto ou do processo em causa, ou noutra vantagem para o utilizador, como por exemplo uma vantagem educativa ou um valor em termos de entretenimento".* Este último aspecto, combinado com a nova redacção dos artigos 3.º, n.º 1, al. *c)* e 4.º, poderá permitir a protecção de jogos de computador e outros programas informáticos através de modelos de utilidade.

A nova redacção do artigo 6.º não nos parece feliz. Ao retomar a noção de actividade inventiva exigida para as patentes, parece perder-se de vista a finalidade específica dos modelos de utilidade e que é proteger as pequenas invenções técnicas que dificilmente preencheriam aquele crité-

---

[18] Assim como na legislação alemã onde se fala a propósito dos modelos de utilidade num *erfinderischen Schritt* (um avanço ou um passo inventivo) por contraposição à *erfinderischen Tätigkeit* (actividade inventiva) exigida para as patentes.

Modelos de Utilidade – Breves Notas sobre a Revisão do CPI

rio. A subdivisão deste requisito em dois critérios cumulativos, a existência de uma vantagem prática ou técnica e o seu carácter "não muito evidente", retirado da legislação espanhola, parece uma tentiva vã de fazer a quadratura do círculo.[19] Consideramos preferível a anterior redacção, mais centrada no elemento definidor do modelo de utilidade, tal como este é caracterizado nas duas propostas, e mais apta a um controlo efectivo em sede de exame.

Vejamos agora de que modo foi tratada esta questão no contexto do projecto de alteração do CPI. Como vimos, a tese que vingou foi a de pôr fim às dificuldades administrativas inerentes à distinção entre patente e modelo de utilidade, optando-se por um critério subjectivo de distinção – a intenção do requerente. Para que tal fosse possível, tornou-se indispensável harmonizar completamente os requisitos para a concessão, único ponto onde houve o rasgo de romper com a proposta de directiva que se quis antecipadamente "transpor". Exige-se, pois, para os modelos de utilidade o mesmo grau de actividade inventiva que é imposto para a obtenção de uma patente. Isto equivale a transformar os modelos de utilidade em patentes sem exame e a privá-los de grande parte da sua *raison d'être* na lógica da proposta da Comissão Europeia e das necessidades de um país de reduzida base tecnológica como Portugal.

Nesta questão convém, antes de mais, ter presente a nossa realidade. Com efeito, de que falamos quando falamos de modelos de utilidade relativamente à ordem jurídica portuguesa? Estatísticas do Instituto Europeu de Patentes de 1993 revelam que entre 1987 e 1991 foram pedidos entre nós perto de 100 modelos de utilidade por ano, o mesmo número que em França, o que se contrapõe visivelmente aos mais de 3.000 pedidos anuais em Espanha e Itália e a mais de 11.000 pedidos anuais na Alemanha, situação que não se parece ter alterado desde essa data.[20] Como pode ser justificada esta notável diferença quantitativa? Certamente que no nosso caso haverá diversos factores que permitem justificar parte desta diferença. Mas a tão grande disparidade não será certamente alheio o facto de o actual CPI continuar a exigir o mesmo grau de actividade inventiva para modelos de utilidade e patentes.

Não ignoramos as dificuldades práticas que se podem colocar pela necessidade de definir diversos níveis de actividade inventiva. Mas entendemos que devem ser os serviços da administração pública a adequar-se ao

---

[19] Sobre a aplicação do critério do "muy evidente" na legislação espanhola, ver SANZ, *op. cit.*, pp. 392 e ss.

[20] Livro Verde, p. 10.

interesse público e não o inverso. E neste caso, à primeira vista, o interesse público parece militar no sentido de uma protecção mais acessível para as pequenas invenções, ainda que rodeada de algumas cautelas, particularmente quanto aos objectos que podem merecer protecção e à possibilidade de invocação abusiva de direitos concedidos provisoriamente, sem qualquer verificação de fundo quanto ao preenchimento dos requisitos de protecção.

Mesmo as dificuldades práticas que foram invocadas para justificar a tese que teve vencimento são claramente exageradas. Assim veja-se como outra alteração proposta no projecto, e que também não mereceu a nossa concordância, que consiste em substituir a expressão "perito na especialidade" por "técnico da especialidade" a propósito do requisito de actividade inventiva, demonstra bem como pode variar o conceito de actividade inventiva já que, se tudo o que é evidente para um técnico da especialidade é evidente para um perito na mesma, o mesmo não é verdade quanto ao que é evidente para um perito e que já o não será para um técnico.[21]

Com esta aparentemente inócua alteração alarga-se o leque de invenções susceptíveis de protecção por patentes àquilo que, sendo evidente para um perito, o não é para um mero técnico na especialidade. Talvez seja esta a forma de compensar o excessivo rigor imposto no projecto em sede de modelos de utilidade: banalizando as patentes. Uma vez que a indústria portuguesa se caracteriza por dar origem a poucos pedidos de patentes, sendo estes na sua esmagadora maioria de origem estrangeira, esta fuga para a patente pode muito bem prejudicar gravemente os interesses nacionais.[22] E se o reduzido nível de inovação tecnológica da indústria nacional tem causas mais profundas que devem ser tratadas por outro tipo de medidas, o desenvolvimento de um regime jurídico de protecção dos modelos de utilidade adequado ao nosso tecido empresarial seria decerto um importante contributo para a inversão daquela situação.[23]

---

[21] Esta posição foi duramente criticada pelo Prof. Doutor Oliveira Ascensão durante os trabalhos da Comissão de Revisão, crítica que então subscrevemos e aqui reiteramos. Ver José de OLIVEIRA ASCENSÃO, "A reforma do código da propriedade industrial", in VVAA, *Direito Industrial*, vol. I, Almedina, Coimbra, 2001, p. 481, a pp. 486-487.

[22] Sobre este risco no âmbito do projecto de alteração ao CPI, v. OLIVEIRA ASCENSÃO, "A reforma ...", pp. 494 a 496.

[23] O recentemente aprovado Programa Integrado de Apoio à Inovação apresenta um vasto leque de iniciativas; v. Resolução do Conselho de Ministros n.º 53/2001, de 24 de Maio de 2001.

Modelos de Utilidade – Breves Notas sobre a Revisão do CPI 241

Atendendo ao exposto, não podemos deixar de lamentar essa solução, tanto mais que, em Portugal, os principais utilizadores potenciais do sistema de protecção de patentes estão justamente nos sectores que manifestaram maior interesse por um sistema de protecção com requisitos menos exigentes em termos de actividade inventiva como o proposto para os modelos de utilidade a nível comunitário, tais como as indústrias eléctrica/electrónica, metalomecânica e de construção automóvel.[24] A vingar o texto do projecto ter-se-á perdido uma excelente oportunidade de incentivar o recurso aos modelos de utilidade como instrumento de promoção da competitividade das nossas empresas a nível nacional e internacional.

---

[24] INPI, *Estudo sobre o grau de utilização da propriedade industrial em Portugal*, INPI, LISBOA, 1998, p. 55.

«*META-TAGS*»,
MARCA E CONCORRÊNCIA DESLEAL *

por Alexandre Dias Pereira
Assistente da Faculdade de Direito de Coimbra

SUMÁRIO:

Introdução. 1. Noção funcional de metadados. 2. A utilização de metadados como violação do direito de marca na jurisprudência do direito comparado. 3. A utilização legítima de marcas como metadados (o princípio de *fair use* no direito das marcas). 4. A venda de marcas como metadados. 5. O "uso autorizado aceitável". 6. O conteúdo do direito de marca no Código da Propriedade Industrial e suas excepções. 7. O problema da concorrência desleal no comércio electrónico. 8. Conclusão.

INTRODUÇÃO

Os metadados ("etiquetas electrónicas" ou "descritores digitais" das páginas da rede – «*meta-tags*») suscitam problemas específicos ao nível do direito de marcas e da concorrência desleal [1]. Com efeito, na jurispru-

---

* Texto da comunicação apresentada no dia 15 de Março de 2001 no III Curso de Pós-Graduação em Direito Industrial, promovido pela Faculdade de Direito de Lisboa e pela APDI.

[1] Sobre este assunto, *vide*: J. Oliveira Ascensão, *Hyperlinks, Frames, Metatags – A Segunda Geração de Referências na Internet*, in *Estudos sobre Direito da Internet e da Sociedade da Informação*, Coimbra, Almedina, 2001, p. 213 ss; D. M. Cendali / C. E. Forssander / R. J. Turiello Jr., *An Overview of Intellectual Property Issues Relating to the Internet*, Trademark Reporter, 89, 1999, p. 529-532; S. Chong, *Internet Meta-tags and Trade Mark Issues*, E.I.P.R., 1998, pp. 275-277; N. Greenfield / L. Cristal, *The Challenge to Trademark Rights by Web Technologies: Linking Framing, Metatagging and Cyberstuffing*, Trademark Law and the Internet, 1999, pp. 207-216; T. F. Presson / J. R. Barney, *Trademarks as Metatags: Infringement or Fair Use?*, AIPLA Quarterly Journal,

dência do direito comparado a utilização de signos protegidos pelo direito de marca como metadados foi já considerada como violação do direito de marca, ao mesmo tempo que em outros casos se afirmou a possibilidade de utilização legítima de marcas como metadados em virtude do princípio de *fair use* no direito das marcas. Um outro problema que se tem colocado neste domínio resulta da venda de marcas como metadados.

Em ambas as situações, é problemático que tais usos sejam abrangidos pelo conteúdo do direito de marca definido no nosso Código da Propriedade Industrial, embora se antecipe um papel importante para o instituto da concorrência desleal relativamente a estas práticas do comércio electrónico.

1. Noção funcional de metadados

Os metadados são palavras-chave imbuídas no código HTML de um sítio da rede que permitem aos motores de pesquisa na Internet catalogar os conteúdos dos sítios da rede. Os metadados não são visíveis no próprio sítio da rede, embora possam tornar-se visíveis juntamente com o código fonte da página. O sítio da rede que contenha um determinado metadado será encontrado e listado pelos motores de pesquisa que procurem todos os sítios da rede que contenham essa palavra-chave (descritor, referência). Quantas mais vezes uma palavra-chave aparecer no código oculto, tanto mais o motor de pesquisa irá ordenar o sítio nos seus resultados de pesquisa.

Ao nível da programação informática, a introdução da linguagem XML (*Extensible Markup Language)* veio permitir recentemente uma marcação estrutural e lógica mais rica dos documentos e dos dados que contêm. A XML é um elemento chave de potenciação do comércio electrónico com a utilização de agentes electrónicos. Com efeito, os dados podem ser marcados ou etiquetados de uma maneira que permitirá aos motores de pesquisa encontrá-los e combiná-los facilmente. Assim, por exemplo, se vários sítios turísticos na rede tiverem os dados marcados em XML, os agentes electrónicos programados pelos utilizadores poderão ser capazes de pesquisar tais fontes da WWW para elaborar possíveis itinerá-

---

1998, pp.147-178; D. M. Kelly / J. M. Gelchinsky, *Trademarks on the Internet: How Does Fair Use Fare?*, Trademark World, 114, 1999, pp. 19-22; C. Curtelin, *L'utilisation des liens hypertextes, des frames ou des méta-tags sur les sites d'entreprises commerciales*, in Révue de Droit de L'Informatique et des télécoms, 3/1999, p. 16 ss.

rios aos melhores preços. Se os dados de cada sítio estiverem etiquetados em XML, será possível operar interactivamente e de um modo inteligente com dados de outros sítios.

2. A utilização de metadados como violação do direito de marca na jurisprudência do direito comparado

Em vários países os titulares de marcas questionaram a utilização não autorizada das suas marcas de comércio como metadados[2]. Porém, a marca não é utilizada em primeira linha para distinguir determinados bens ou serviços. É antes usada de um modo que não é visível ao olho humano de modo a fazer com que um motor de pesquisa liste um determinado sítio na rede em resposta a uma pesquisa. O utilizador terá que pressionar o rato sobre um dos resultados de pesquisa listados se quiser ver o conteúdo desse sítio.

Não obstante, alguns tribunais consideraram esta prática como violação do direito de marca, com fundamento em que esse uso poderia sugerir *patrocínio* ou *autorização* do titular da marca, ou então recorrendo ao conceito de «interesse de confusão inicial», baseando-se no facto de que os consumidores que procuram os produtos do titular da marca poderiam ser erroneamente enviados para um sítio de outrem. Com efeito, se este fosse o sítio da rede de um concorrente, então os consumidores poderiam ser induzidos a ficar nesse sítio e utilizar o produto concorrente, apesar de já não estarem confundidos aquando da visualização desse sítio da rede[3].

3. A utilização legítima de marcas como metadados (o princípio de *fair use* no direito das marcas).

Todavia, mesmo colocando-se o problema no quadro do direito das marcas, tem-se considerado também que a utilização da marca de outrem

---

[2] Cfr. *Primer on Electronic Commerce and Intellectual Property Issues*, WIPO, Geneva, May 2000 (http://ecommerce.wipo.int), p. 39, que seguimos de perto.

[3] Neste sentido, *Brookfield Communications Inc. v. West Coast Entertainment Corp*, 50 U.S.P.Q. 2d 1545 (9th Cir. 1999); uma abordagem semelhante é tomada na decisão do Tribunal de grande instance de Paris (March 24, 1999), *Société Kaysersberg Packaging v. Société Kargil*, e na decisão do Landgericht Mannheim, 7 O 291/97 (August 1, 1997), relativamente à marca "ARWIS".

246   *III Curso de Direito Industrial*

como metadado poderá constituir uma utilização legítima (*fair use*). Assim será, por exemplo, se um revendedor utiliza a marca como metadado para indicar aos potenciais clientes que está a oferecer bens com aposição dessa marca. [4]

O mesmo valerá, *mutatis mutandis*, quando a marca é utilizada como metadado de um sítio da rede de um concorrente que realiza publicidade comparativa em conformidade com a lei [5].

4. A venda de marcas como metadados

Um outro problema resulta da venda de marcas como metadados. Com efeito, os sítios da rede que fornecem motores de pesquisa estão entre os sítios mais frequentados ou visitados da Internet. Nessa medida tornam-se especialmente atractivos para os anunciantes. Alguns destes motores de pesquisa vendem metadados aos anunciantes que querem apontar os seus produtos a um grupo particular de utilizadores da Internet. Disto resulta que sempre que uma palavra chave é introduzida num motor de pesquisa um reclame (ou anúncio publicitário) aparece juntamente com quaisquer resultados de pesquisa [6].

Esta prática foi posta em causa por titulares de marcas preocupados em que tais reclames pudessem afastar os clientes dos seus próprios sítios da rede, ou dos sítios da rede dos seus revendedores preferidos ou autorizados. Porém, o tratamento jurídico de tais casos nem sempre tem sido favorável às pretensões dos titulares de marcas [7].

---

[4] No sentido da utilização legítima de marca como metadado, *Playboy v. Enterprises Inc. v. Welles*, 7 F. Supp.2d 1098, 47 U.S.P.Q.2d 1186.

[5] *Vide* art. 16.° do Código da Publicidade (Cfr. A. Côrte-Real Cruz, *O conteúdo e extensão do direito à marca: a marca de grande prestígio*, in *Direito Industrial*, Vol. I, APDI, Almedina, Coimbra, 2001, p. 98-99. Sobre o problema da utilização de comparações na publicidade *vide*, por ex., o nosso *Publicidade Comparativa*, Coimbra, IJC, 1993, com mais referências).

[6] Por exemplo, quando os revendedores adquirem metadados de modo a que os seus reclames sejam dispostos sempre que pareça que produtos com aposição de uma determinada marca estejam a ser vendidos. Sobre esta nova forma de contratação publicitária *vide*, entre nós, J. Oliveira Ascensão, J. Oliveira Ascensão, *Hyperlinks, Frames, Metatags – A Segunda Geração de Referências na Internet*, in *Estudos sobre Direito da Internet e da Sociedade da Informação*, Coimbra, Almedina, 2001, p. 217-8, com mais indicações.

[7] Neste sentido, *Playboy Enterprises Inc. v. Netscape Communications Corp.*, C.D. Calif., No. SA CV 99-320 AHS (Eex) (June 24, 1999), em que o tribunal recusou um

5. O "uso autorizado aceitável"

Além disso, considera-se que poderá existir utilização legítima (*fair use*) de um signo que seja protegido como marca, no quadro das excepções permitidas[8]. Tais excepções, que valem de igual modo na Internet, abrangem a utilização leal e de boa fé de um signo protegido, ou seja, de uma maneira puramente descritiva ou informativa.

Isto significa que um tal uso não deverá ir além do que é necessário para identificar a pessoa, a entidade ou os bens ou serviços, e que nada é feito em conexão com o signo que possa sugerir patrocínio ou apoio do titular da marca. Outros exemplos de "uso autorizado aceitável" incluem a utilização num contexto não comercial ou o uso que é protegido pelo direito de livre expressão, tal como a critica dos consumidores expressa em relação a uma determinada marca[9].

6. O conteúdo do direito de marca no Código da Propriedade Industrial e suas excepções

Nos termos do nosso Código da Propriedade Industrial, o titular de marca registada goza da propriedade e do exclusivo dela (art. 167.° CPI). O conteúdo da propriedade e do exclusivo da marca é delimitado positiva e negativamente pelo Código, que assim recorta os poderes do titular de direitos.

---

procedimento cautelar com o argumento de que a venda pelo réu dos termos "Playboy" e "Playmate" como termos de pesquisa apenas envolvia palavras comuns e não marcas. Note-se que nos EUA, uma das condições de isenção de responsabilidade dos prestadores de serviços em linha relativamente ao fornecimento de utensílios de localização de informação é o prestador não receber um benefício financeiro directamente atribuível a essa actividade quando possa controlar tal actividade (cf. DMCA, sec. 512(d)). A venda de metadados parece ser abrangida na hipótese desta norma, embora seja de referir que a DMCA vale apenas para os direitos de autor, pelo que só seria directamente aplicável às marcas no caso de estas serem protegidas por aqueles direitos de propriedade intelectual.

[8] Nos termos do art. 17 do Acordo ADPIC, sob epígrafe excepções: "Os membros podem prever excepções limitadas aos direitos conferidos por uma marca, como por exemplo a utilização leal de termos descritivos, desde que essas excepções tenham em conta os legítimos interesses do titular da marca e dos terceiros."

[9] *Cfr. Primer on Electronic Commerce, cit.,* p. 40, com referência, *inter alia*, à decisão *Bally Total Fitness Holding Corp. v. Faber*, C.D. Cal., No. CV 98-1278 DDP (MANx), (December 21, 1998).

248   *III Curso de Direito Industrial*

Por um lado, o conteúdo positivo do direito de marca significa que o titular pode usar a marca para assinalar os produtos respectivos, pode utilizá-la na publicidade, pode transmiti-la e cedê-la em licença de exploração (arts. 29.º, 30.º, 211.º, 213.º). Por outro lado, em termos de conteúdo negativo, o art. 207.º do CPI, interpretado em conformidade com o art. 5.º da Primeira Directiva sobre Marcas (89/104/CEE) [10], dispõe que o registo de marca confere ao seu titular o direito de impedir a terceiros, sem o seu consentimento, o uso, na sua actividade económica, de um sinal idêntico à marca para produtos ou serviços idênticos àqueles para os quais a marca foi registada (1), bem como de um sinal que, devido à sua identidade ou semelhança com a marca (i) e à afinidade ou identidade dos produtos ou serviços a que a marca e o sinal se destinam (ii), crie no espírito dos consumidores um risco de confusão que compreenda o risco de associação entre o sinal e a marca" (2).

Do confronto do conteúdo positivo do direito com o seu conteúdo negativo parece resultar uma considerável diferença de extensão, com implicações em matéria do problema da licitude da utilização e da venda de marcas como metadados. Com efeito, o conteúdo negativo, embora abranja o poder de impedir a terceiros o uso na sua actividade económica de um sinal idêntico ou semelhante à marca para assinalar bens idênticos ou afins, não inclui expressamente a faculdade de proibir a sua utilização na publicidade.

Esta aparente diferença de extensão de conteúdos de protecção projecta-se na problemática dos metadados. Com efeito, se se entendesse que a utilização de signos protegidos pelo direito de marca como metadados reveste uma forma de comunicação promocional, então essa utilização seria em princípio reservada ao titular do direito de marca, o qual poderia impedir a terceiros tal uso do signo na respectiva actividade económica, na medida em que o uso publicitário do signo integrasse o conteúdo negativo do direito.

Porém, entre nós, a doutrina sustenta que o direito de marca, mesmo em relação à marca de grande prestígio que rompe com o princípio da especialidade, "continua a dar apenas um direito exclusivo: assinalar produtos ou serviços. Não impede que a marca seja usada para qualquer outro fim" [11]. Assim, parece que, segundo esta orientação, a exclusividade do

---

[10] Cfr. J.M. Coutinho de Abreu, *Curso de Direito Comercial*, Vol. I, 2.ª ed., Coimbra, Almedina, 2000, p. 364; A. Côrte-Real Cruz, *O conteúdo e extensão do direito à marca*, cit., p. 96.

[11] J. Oliveira Ascensão, *Hyperlinks, Frames, Metatags, cit.*, p. 215.

uso publicitário do signo, que integra o conteúdo positivo do direito de marca, seria restrita à utilização em mensagens publicitárias do signo que se traduzisse em assinalar, nessas mensagens, produtos ou serviços; as demais utilizações dos signos protegidos como marcas em mensagens de natureza promocional não seriam abrangidas pelo direito das marcas, constituindo, nessa medida, utilizações livres em face do direito das marcas.

Não aderimos, porém, sem reservas a esta interpretação. Com efeito, em tese geral, sustentamos que a protecção jurídica das marcas inclui a tutela da sua função atractiva ou publicitária [12]. Nessa medida, a utilização publicitária de signos protegidos como marcas será reservada, em princípio, ao respectivo titular de direitos. Pelo que, a utilização como metadados de signos protegidos como marca que consubstancie uma utilização publicitária desses signos estará sujeita, em princípio, a autorização do titular de direitos. Admitimos, por outras palavras, que a utilização de marcas como metadados possa constituir um problema de violação do direito de marcas, em especial se se tratar de uma utilização publicitária dos signos reservados.

Isto não significa, porém, admitir uma propriedade absoluta ou um monopólio ilimitado sobre palavras ou outros signos protegidos como marcas (e outros direitos de propriedade intelectual). Com efeito, a utilização de signo protegido como marca poderá constituir uma utilização lícita nas circunstâncias previstas na lei. Desde logo, por um lado, nos termos do artigo 209.º, relativo às limitações aos direitos conferidos pelo registo, o direito conferido pelo registo da marca não permite ao seu titular impedir a terceiros o uso na sua actividade económica, desde que seja feito em conformidade com normas e usos honestos em matéria industrial e comercial: *a*) do seu próprio nome e endereço; *b*) de indicações relativas à espécie, à qualidade, à quantidade, ao destino, ao valor, à proveniência geográfica, à época de produção do produto ou da prestação do serviço ou a outras características dos produtos ou serviços; *c*) da marca, sempre que tal seja necessário para indicar o destino de um produto ou serviço, nomeadamente, a título acessório ou complementar.

Por outro lado, dever-se-á considerar também a regra do esgotamento prevista no art. 208.º: "os direitos conferidos pelo registo da marca não permitem ao seu titular proibir o uso desta para produtos comerciali-

---

[12] Defendendo a existência de "tutela directa e autónoma" desta função no regime da marca de grande prestígio (art. 191), *vide* J.M. Coutinho de Abreu, *Curso de Direito Comercial, cit.*, p. 341.

250 *III Curso de Direito Industrial*

zados na Comunidade sob essa marca pelo titular ou com o seu consentimento, excepto se existirem motivos legítimos que justifiquem que o titular se oponha à comercialização posterior dos produtos, nomeadamente sempre que o estado desses produtos seja modificado ou alterado após a sua colocação no mercado". Nesse sentido, o revendedor de bens comercializados na Comunidade poderia utilizar a marca desses produtos como metadados do seu sítio da rede, de modo a que os eventuais interessados nesses produtos pudessem localizar aquele revendedor através de motores de pesquisa na Internet orientados por tal marca como metadado [13].

Finalmente, sustentamos a existência de um princípio de liberdade de utilização de marcas protegidas (*«fair use»*), quando tal utilização for feita de modo leal e de boa fé, de uma maneira puramente descritiva ou informativa. Trata-se das utilizações que não vão para além do que é necessário para identificar a pessoa, a entidade ou os bens ou serviços, e nas quais nada é feito em conexão com o signo que possa sugerir patrocínio ou apoio do titular da marca. Pense-se, por exemplo, na utilização num contexto não comercial ou protegida pelo direito de livre expressão, tal como a critica dos consumidores expressa em relação a uma determinada marca, ou a utilização no quadro de práticas lícitas de publicidade comparativa.

7. O problema da concorrência desleal no comércio electrónico

Quer a utilização da marca como metadado viole ou não o direito de marca, será de considerar, em qualquer caso, o regime da concorrência desleal. Com efeito, a internet é um palco de concorrência e onde há concorrência podem ocorrer actos de concorrência desleal, não sendo o

---

[13] Porém, "se se provar que, tendo em consideração as circunstâncias específicas de cada caso, o uso da marca na publicidade do revendedor afecta seriamente a reputação da marca", o titular da marca poderá impedir esse uso, segundo o *case-law* comunitário (cfr. Ac. TJCE, 4 de Novembro de 1997, *Parfums Christian Dior SA e Parfums Christian Dior BV vs. Evora BV*). Trata-se de uma projecção da doutrina da «diluição da marca», entre nós acolhida, recentemente, num outro contexto, pelo Acórdão da Relação de Lisboa, de 8 de Fevereiro de 2001; como escreve Nogueira Serens: "Para efeitos de tutela, as *marcas fortes são as que, sendo conceptualmente fortes, também o são comercialmente*, em consequência do seu largo uso e/ou abundante publicidade" (M. Nogueira Serens, *A "vulgarização" da marca na Directiva 89/104/CEE, de 21 de Dezembro de 1988 (id est, no nosso direito futuro)*, Coimbra 1995 *[Separata do número especial do Boletim da Faculdade de Direito de Coimbra – «Estudos em Homenagem ao Prof. Doutor António de Arruda Ferrer-Correia» – 1984]*, p. 44.

«Meta-Tags», *Marca e Concorrência Desleal* 251

comércio electrónico excepção. Durante algum tempo, este novo canal de comércio foi visto como um "wild west" [14], mas o comércio electrónico só poderá realizar o seu potencial se for previsto algum âmbito de protecção e recurso contra actos de concorrência desleal. [15]

A protecção contra a concorrência desleal é autónoma e complementar da protecção dos direitos de propriedade intelectual, cobrindo um amplo conjunto de assuntos relevantes para o comércio electrónico e fornecendo um quadro jurídico para todas as formas de marketing. O comércio electrónico ainda não foi sujeito a regulamentações específicas relacionadas com as matérias da concorrência desleal. Não obstante, enquanto parte mais flexível do direito da propriedade industrial, o direito da concorrência desleal pode oferecer soluções para os novos problemas que se colocam no comércio electrónico, como sejam a utilização e a venda de marcas como metadados. O mesmo vale, *mutatis mutandis*, para as novas *práticas interactivas de marketing* (utilização de incentivos, tais como lotarias, ofertas gratuitas, e práticas agressivas como a publicidade comparativa e correio electrónico não solicitado ou «*spamming*»). Para saber se estas práticas interactivas de *marketing* poderão ser consideradas como actos de concorrência dever-se-á atender à natureza específica do meio em consideração, sendo questionável se a interactividade natural do meio não justificará a aplicação de padrões mais estreitos em termos de honestidade das práticas do comércio. Além do mais, num meio interactivo como a Internet, a salvaguarda da transparência e da privacidade é de especial importância, podendo o direito da concorrência desleal ter que prever regras exigindo uma distinção clara entre texto informativo e publicidade

---

[14] Cfr. *Primer*, p. 40.

[15] Ao nível do direito internacional, o art. 10*bis* da Convenção de Paris dispõe que os Estados que são Partes do Tratado devem prever protecção efectiva contra a concorrência desleal, abrangendo qualquer acto de concorrência contrário aos usos honestos da actividade industrial e comercial e, em especial, "todos os actos que pela sua natureza criem confusão por quaisquer meios seja com o estabelecimento, os bens ou as actividades industriais ou comerciais de um concorrente". Por seu turno, o art. 39 do Acordo ADPIC consagra a obrigação de prever a protecção contra a concorrência desleal de acordo com aquela norma, em termos de abranger também a protecção dos segredos comerciais ou informação não divulgada. Porém, apesar de o art. 10*bis* da Convenção de Paris e o art. 39 do Acordo ADPIC darem alguma orientação no que respeita às regras internacionalmente aplicáveis para a protecção contra a concorrência desleal, ficam excluídas muitas áreas que são reguladas de modo diferente em vários sistemas jurídicos nacionais (por exemplo, a publicidade comparativa e os esquemas de bónus e desconto), levantando-se dificuldades à definição de estratégias uniformes no comércio electrónico à escala global em virtude do mosaico de leis nacionais.

252   *III Curso de Direito Industrial*

e protegendo os consumidores contra a recolha não autorizada de dados para fins comerciais e o entulhamento dos utilizadores com publicidade não solicitada («*spamming*»). [16]

Entre nós, o CPI tipifica como ilícito criminal a concorrência desleal (art. 260.°), segundo uma cláusula geral que remete o intérprete para um padrão ético da concorrência, para os *boni more* ou *guten Sitten* – senão mesmo para um *ius naturale* da *lex mercatoria*. Como exemplos dessa desonestidade mercantil prevê-se, nomeadamente, a confusão concorrencial, a falsidade depreciativa, o parasitismo, a promoção enganosa, a supressão pelo distribuidor dos sinais distintivos do produtor, o desrespeito pelos segredos de outrem [17].

Em face do nosso direito positivo, parece que certas práticas interactivas de *marketing*, como a utilização e a venda de marcas como metadados, poderão constituir actos de concorrência desleal. De resto, algumas destas práticas de marketing são claramente assimiláveis aos exemplos que ilustram a violação dos bons costumes da concorrência, pelo que se antecipa um papel importante do regime da concorrência desleal no domínio específico dos «*meta-tags*».

---

[16] Cfr. *Primer*, p. 41. Acrescentando-se, ainda, que o comércio electrónico põe em confronto os padrões nacionais e os padrões internacionais de práticas de marketing desleais. Por exemplo, saber se uma determinada declaração é enganosa será usualmente determinado em função do público para o qual é dirigida. Porém, as práticas de marketing no comércio electrónico são frequentemente dirigidas ao público em mais do que um país, em termos de que o que pode ser mal entendido num país pode ser perfeitamente claro noutro. Nestas situações seria importante clarificar se o *marketing* no comércio electrónico deveria ter em conta o nível de conhecimento e de entendimento da audiência em todos os países em que a mensagem pode ser recebida (ou pelo menos em todos os países previsivelmente afectados por ele) ou se deveria ser suficiente para um anunciante mostrar que uma declaração não era capaz de ser mal-entendida no país de origem («*home country*»).

[17] Na proposta de alteração ao CPI a ilicitude da concorrência desleal é reafirmada no art. 320.° em termos semelhantes à cláusula geral do Código actual ilustrada mediante um catálogo de exemplos de actos contrários às normas e usos honestos de qualquer ramo de actividade, acrescentando-se "económica", prevendo-se como exemplos a confundibilidade e o parasitismo concorrenciais, a falsidade depreciativa e promocional, e a ocultação de sinais distintivos do produto pelo intermediário; dois exemplos de actos são suprimidos, como sejam os reclamos dolosos e a apropriação, utilização ou divulgação de segredos de comércio e indústria de outrem, embora seja autonomizada a protecção dos segredos de empresa no art. 321.°, sob epígrafe "protecção de informações não divulgadas", procurando receber-se desse modo o regime previsto para os segredos no acordo internacional ADPIC (1994). Além disso, a concorrência desleal deixa de constituir ilícito criminal, passando a ser apenas um ilícito contra-ordenacional (cfr. arts. 324.° a 333.° e art. 334.°).

8. Conclusão

Os metadados («*meta-tags*») são "etiquetas electrónicas" ou "descritores digitais" das páginas da rede, que permitem a sua identificação e catalogação por motores de pesquisa. Em termos jurídicos, os metadados suscitam problemas específicos ao nível do direito de marcas e da concorrência desleal.

Na jurisprudência do direito comparado a utilização de signos protegidos pelo direito de marca como metadados foi já considerada como violação do direito de marca, ao mesmo tempo que em outros casos se afirmou a possibilidade de utilização legítima de marcas como metadados em virtude do princípio de *fair use* no direito das marcas. Um outro problema que se tem colocado neste domínio resulta da venda de marcas como metadados pelas chamadas empresas da internet.

Em ambas as situações, é problemático que tais usos sejam abrangidos pelo conteúdo do direito de marca definido no nosso Código da Propriedade Industrial, embora nos inclinemos para o entendimento de que poder-se-á tratar de uma utilização publicitária de signos protegidos, reservada, nessa medida, ao respectivo titular de direitos, dentro dos limites da lei. Antecipa-se, de todo o modo, um papel importante para o instituto da concorrência desleal relativamente a estas práticas do comércio electrónico.

DEFESA DO CONSUMIDOR E DIREITO INDUSTRIAL*

por Luís Silveira Rodrigues
Advogado,
Consultor Jurídico da DECO.

SUMÁRIO:

1. Introdução.
2. A noção de consumidor.
   2.1 Diversas abordagens sobre a noção de consumidor
   2.2 Apreciação
   2.3 A Lei de Defesa do Consumidor Portuguesa
   2.4 Conclusão
3. Defesa do consumidor e Direito industrial
   3.1 Defesa do consumidor e Direito industrial – convergência ou divergência?
   3.2 O contributo do direito de defesa dos consumidores
      3.2.1 O direito à qualidade dos bens e serviços
      3.2.2 O direito à informação
      3.2.3 O direito à protecção dos interesses económicos
   3.3 A tutela do consumidor nos direitos exclusivos.
   3.4 A tutela do consumidor na repressão da concorrência desleal
4. Conclusão geral

---

* Texto revisto que serviu de base à conferência de 26 de Abril de 2001 no Curso de Pós-Graduação de Direito Industrial, 2000/2001, organizado pela Faculdade de Direito de Lisboa e Associação Portuguesa de Direito Intelectual.

256 *III Curso de Direito Industrial*

1. INTRODUÇÃO

A tutela do consumidor no direito industrial é um tema que só recentemente tem ganho algum relevo[1]. A doutrina quase unânime considera que os interesses dos consumidores só indirectamente são tutelados no direito industrial que terá como objectivo principal a protecção dos concorrentes.

Por outro lado, como refere Marie-Christine Piatti[2], em que medida é que os consumidores deverão estar preocupados *"(...) com direitos que – recordemo-lo – dão aos seus titulares monopólios temporários de exploração sobre criações técnicas ou exclusivos sobre sinais distintivos."*

No curso do ano passado defendi que não só há relações estreitas entre a defesa do consumidor e o direito industrial como este último, apesar de não ter sido concebido para defender o consumidor, é atravessado pela consagração constitucional dos direitos dos consumidores e pelo acervo legislativo específico destinado à sua protecção.

João Calvão da Silva diz que *"(...) o direito de protecção do consumidor é uma diagonal que tange várias disciplinas jurídicas(...)"*[3] e, neste sentido, a propriedade industrial é uma delas. Ou seja, é necessário interpretar a disciplina da propriedade industrial através do "olhar" deste direito de protecção do consumidor, através do contributo que ele trouxe para a análise da relação de consumo.

Este ano veremos, de uma forma mais concreta, como é que o direito de defesa dos consumidores afecta o direito industrial.

2. A NOÇÃO DE CONSUMIDOR

A defesa do consumidor, embora com raízes mais antigas[4], surge com a industrialização da forma de produção, a *"(...)inovação tecnoló-*

---

[1] Segundo Luís M. Couto Gonçaves, "A tendência doutrinária actual é no sentido da defesa do chamado modelo social da concorrência segundo o qual a disciplina do instituto não visa, exclusivamente, a satisfação dos interesses dos concorrentes, mas também a satisfação dos interesses dos consumidores e da economia em geral." (in *Direito de Marcas*, Almedina, Janeiro de 2000, pág. 182).

[2] Marie-Christine Piatti, *"La Circulation des Produits Couverts par un Droit de Propriété Industrielle dans la Jurisprudence de la CJCE"*, Vers Un Code Europeen de la Consommation, Bruylant Bruxelles, 1998, pág. 179.

[3] João Calvão da Silva, *Responsabilidade Civil do Produtor,* Almedina, Colecção teses, 1999 pág. 69.

[4] João Calvão da Silva, *Ob. Cit.*, Pág. 28. Também Jean-Luc Fagnart refere que já na Biblia existiam leis com o objectivo de prevenir as fraudes que prejudicassem os con-

Defesa do Consumidor e Direito Industrial 257

gica permite a produção em série de objectos múltiplos, estandardizados e homogéneos." [5] e, como diz K. Marx *"A produção cria, pois, os consumidores"* [6].

Assim a defesa do consumidor parte da constatação de que estes são a parte mais fraca numa determinada relação [7]. Quer porque os profissionais, sejam eles singulares ou colectivos, têm mais meios ao seu dispor, quer porque estão melhor informados sobre o seu negócio, quer porque se encontram numa posição em que é difícil ao consumidor negociar condições diferentes, o consumidor aparece, sempre, como a parte mais desprotegida [8].

Por outro lado, a concepção clássica do Direito, baseada nos princípios da igualdade das partes e da autonomia ou liberdade da vontade privada, não responde a uma relação por natureza desequilibrada.

Por isso, os Estados, sentiram a necessidade de *"(...) elaborar instrumentos jurídicos eficazes (...)"* [9] que procuram diminuir o desequilíbrio contratual existente.

Todos conhecemos a conhecida expressão do Presidente Kennedy, somos todos consumidores [10], mas, na acepção de que atrás falámos de consumidor como a parte mais fraca num contrato, sê-lo-emos? Será que o elemento distintivo para o definir é ser a parte mais fraca?

---

sumidores: "Não cometereis injustiça no julgamento, nas medidas de comprimento, peso e capacidade; tereis balanças justas, pesos justos, medida justa e quartilho justo." (Levítico, 19, 35-36) (in *Concurrence et Consommation: Convergence ou Divergence?*, Les Pratiques du Commerce et la Protection et L'Information du Consommateur, Editions du Jeune Barreau de Bruxelles, 1991, pág. 17).

[5] Jorge Pegado Liz, *Introdução ao Direito e à Política do Consumo,* Notícias editorial, 1999. Pág. 12

[6] Citado por Jorge Pegado Liz, *Ob.Cit.* Pág. 12

[7] No mesmo sentido Laurence Landy, *Le Consommateur Européen: Une Notion Éclatée,* Vers Un Code Europeen de la Consommation, Bruylant Bruxelles, 1998, pág. 57 e João Calvão da Silva, *Ob. Cit.* Pág. 29. Segundo este autor "(...) nas décadas de cinquenta e sessenta do século actual (...) instala-se um acentuado desequilíbrio ou desigualdade de forças entre produtores e distribuidores, por um lado, e consumidores, por outro, que faz sentir a necessidade de defesa dos mais fracos contra os mais poderosos, dos menos informados contra os mais bem informados."

[8] Segundo Carlos Ferreira de Almeida, a autonomia da vontade "(...) é tanto menor quanto menos fortes sejam as condições sociais e económicas dos sujeitos de direito-agentes económicos, de modo a que os mais débeis pouco mais são do que "sujeitos à sujeição" daqueles outros que dispõem dum poder negocial efectivo." (in *Os Direitos dos Consumidores*, Livraria Almedina, Coimbra, 1982, pág. 13).

[9] Laurence Landy, *Ob. Cit.* Pág. 57.

[10] Mensagem do presidente John Kennedy ao Congresso dos EUA, a 15 de Março de 1962.

2.1 Diversas abordagens sobre a noção de consumidor

A noção de consumidor não é pacífica e tem dividido a doutrina nos diversos países. Não admira, por isso, que sejam diversas as soluções encontradas e que, nem mesmo ao nível comunitário, se encontre uma definição uniforme de consumidor[11].

De comum as várias definições têm o referir-se a pessoas, o consumidor é uma pessoa, discutindo-se se o conceito abrangerá apenas as pessoas singulares ou também as colectivas; e ao uso não profissional dos bens ou serviços por ele adquiridos[12].

Existem duas concepções principais: a subjectiva e a objectiva. Dentro de cada uma delas é possível encontrar várias diferenças, mas, no essencial, podem agrupar-se desta forma.

A concepção subjectiva, claramente maioritária, defende que o consumidor é uma pessoa física ou moral, que os produtos ou serviços que adquire são destinados a um uso não profissional e que a contraparte é sempre um profissional. Defensores desta concepção são, por exemplo, Thierry Bourgoignie, Jean-Calais Auloy e, entre nós, Carlos Ferreira de Almeida[13].

Segundo esta concepção estariam sempre excluídos da qualidade de consumidor os profissionais, empresas ou comerciantes, embora se admitam pessoas morais que não exerçam uma profissão ou actividade profissional, e as relações entre particulares uma vez que é necessário que uma das partes seja um profissional.

Para a concepção objectiva serão consumidores aqueles que praticarem um acto de consumo, definindo este como *"o acto jurídico ou material que, realizando o destino final do bem que é seu objecto, esgota, total ou parcialmente, o seu valor económico e provoca, geralmente, a sua retirada, definitiva ou temporária, do mercado"*[14]

Esta concepção permite alargar a qualidade de consumidor às empresas e comerciantes que adquiram produtos ou serviços que não se enqua-

---

[11] L. Krämer, *La CEE et la protection du consommateur*, Collection Droit et Consommation, Centre de Droit de la Consommation, 1988, pág. 6.

[12] Carlos Ferreira de Almeida considera que as definições incluem alguns elementos comuns: subjectivo, objectivo e teleológico e outros característicos de concepções distintas: elementos (de relação) negocial e elementos (de relação) inter-subjectiva (in *Ob. Cit.* Págs. 208 a 217)

[13] Jorge Pegado Liz, *Ob.Cit., págs. 203 e 204.*

[14] Marc Fallon in *Les accidents de la consommation et le droit,* citado por Jorge Pegado Liz, *Ob. Cit.,* Pág. 208.

Defesa do Consumidor e Direito Industrial 259

drem tipicamente na sua actividade, mas, na opinião de alguns alarga exageradamente a noção de consumidor.

2.2 Apreciação

A justificação de uma defesa e protecção especial ao consumidor nasceu, como já foi referido, da constatação da especial debilidade que este tinha perante os profissionais e da incapacidade de o direito clássico responder a esta relação desequilibrada. Parece-me, pois, que não se pode pretender que relações jurídicas que não apresentam estas características sejam qualificadas como de consumo.

O alargamento exagerado da noção ou qualidade de consumidor faz pensar que se encontra no direito dos consumidores uma forma mais justa, adequada e equilibrada de regular qualquer conflito. O direito clássico seria, então, não só insuficiente para regular as relações de consumo mas todas as relações jurídicas e o que se pretenderia seria uma alteração muito mais profunda e estrutural do direito. De um direito especial, o direito dos consumidores passaria a direito comum[15].

Não me parece que seja por aí o caminho[16]. Os princípios do direito clássico, igualdade das partes e autonomia ou liberdade da vontade privada, são adequados para regular as relações jurídicas em que efectivamente as partes estejam em igualdade e possam formar a sua vontade livremente.

Tomemos o caso das relações entre particulares. Não faz sentido que à venda de um automóvel entre dois particulares se aplique a legislação específica do consumo. Em principio as partes estão em condições de igualdade, pelo menos tanto quanto se pode falar em igualdade na sociedade actual; e qualquer um deles pode formar livremente a sua vontade.

E não se diga que se o vendedor em questão, embora vendendo, o seu automóvel particular, tiver como profissão o comércio de automóveis já se

---

[15] No mesmo sentido, João Calvão da Silva, *Ob. Cit.* pág. 65, segundo o qual "Não se pretende um direito *ex novo*, mas a adaptação e melhoria do direito, sobretudo do tradicional direito das obrigações, designadamente do direito regulador dos contratos, de forma a restabelecer a igualdade das partes rompida pelas mutações sócio-económicas e a tutelar efectivamente a liberdade contratual e o equilíbrio ou justiça contratual."

[16] Aliás, na Alemanha as normas de protecção do consumidor passarão a constar do Código Civil, que, por isso, está actualmente a ser revisto. Em Portugal, pelo contrário, existe uma Comissão encarregada de elaborar o Código de Consumo, presidida por António Pinto Monteiro, cujos trabalhos, tanto quanto sei, estão em fase de finalização e cujo resultado se aguarda com grande expectativa.

verifica uma especial debilidade por parte do comprador pois isso implicaria que um arquitecto ao comprar uma casa ou um mobiliário a um profissional também não fosse consumidor, ou um médico internado num hospital também o não fosse. Por absurdo implicaria que se analisassem as habilitações e experiência profissional de cada interveniente para decidir se há ou não uma relação de consumo

Nas relações entre profissionais, de um modo geral, também não fará sentido aplicar a legislação de consumo. A debilidade que se verifica na relação entre uma pessoa física e um profissional raramente se verificará entre dois profissionais e, quando se verifica, normalmente está relacionada com posições monopolistas ou quase monopolistas, com situações de cartelização dos mercados ou de abusos de posição dominante. Para essas situações a lei tem outras respostas, nomeadamente, através da defesa da concorrência.

Assim, parece-me importante manter os conceitos dentro da pureza que os originaram e, por isso, a minha opinião é que a noção de consumidor deve ser restringida às pessoas singulares. É nestas e em relação a estas que a debilidade e a incapacidade de resposta do direito se verificam, são elas no seu relacionamento com os profissionais que fundamentam o direito especial de defesa dos consumidores que deverá "iluminar" todas as normas jurídicas que regulem situações em que estejam em causa interesses dos consumidores.

Tem sido esta, aliás, a orientação seguida pela DECO – Associação Portuguesa para a Defesa do Consumidor.

Justificar-se-á talvez alargar este conceito às pessoas morais que não exerçam uma actividade profissional nem tenham um fim económico. Penso, sobretudo, nas associações, com ou sem personalidade jurídica, que se limitam a agregar um conjunto de pessoas físicas com determinados objectivos comuns (ex: associações de idosos, condomínio etc.)

2.3 A Lei de Defesa do Consumidor Portuguesa

Em Portugal a Lei 24/96 de 31 de Julho, Lei de Defesa do Consumidor (LDC), no n.° 1 do seu artigo 2°, considera consumidor «*(...) todo aquele a quem sejam fornecidos bens, prestados serviços ou transmitidos quaisquer direitos, destinados a uso não profissional, por pessoa que exerça com carácter profissional uma actividade económica que vise a obtenção de benefícios.*» Incluindo no âmbito da lei "*(...) os bens, serviços e direitos fornecidos, prestados e transmitidos pelos organismos da Administração Pública, por pessoas colectivas públicas, por empresas de*

Defesa do Consumidor e Direito Industrial 261

capitais públicos ou detidos maioritariamente pelo Estado, pelas Regiões Autónomas ou pelas autarquias locais e por empresas concessionárias de serviços públicos" [17].

Esta noção de consumidor foi muito criticada e considerada até *"(...) um emaranhado de conceitos confusos"* [18] dado que parece *"(...) abranger não apenas as pessoas singulares mas também as pessoas colectivas(...)"* [19] *"(...) pressupõe uma relação jurídica de consumo(...)"* [20] que não define, recorre a *"(...) conceitos ambíguos(...)"* [21] e a noções que pouco significado têm no direito nacional, como seja a *"obtenção de benefícios"*. [22]

É, no entanto, a noção vigente na nossa lei e é com ela que temos e vamos trabalhar.

Para que alguém seja considerado consumidor é necessário que:

- Seja uma pessoa, a nossa lei não distingue, aqui, se é singular ou colectiva mas a exigência de que os bens se destinem a uso não profissional parece apontar no sentido da exclusão das pessoas colectivas uma vez que os bens e/ou serviços que uma pessoa colectiva adquire e/ou contrata são sempre para uso na respectiva actividade, seja ela principal ou acessória. É este aliás o fundamento para que essas despesas sejam dedutiveis fiscalmente;
- Os bens fornecidos, os serviços prestados ou os direitos transmitidos se destinem a uso não profissional;
- quem fornece, presta ou transmite seja uma pessoa, singular ou colectiva que exerça uma actividade económica com carácter profissional. Tal como está formulado este artigo parece que se pretendeu excluir apenas as pessoas colectivas que prossigam uma determinada actividade económica o que vem reforçar a ideia de que a noção de consumidor deve abranger as pessoas morais;
- essa actividade vise a obtenção de benefícios.

São estes, para a nossa lei, os elementos definidores do consumidor. Não entrarei na análise mais detalhada deste definição porque manifesta-

---

[17] Segundo Jorge Pegado Liz "Portugal é um dos raros países cuja ordem jurídica positiva inclui uma definição legal de consumidor", (in *Ob. Cit.*, pág. 185).

[18] Ataide-Ferreira – Pegado Liz, Prefácio ao II Volume da *Colectânea de Legislação Direitos do Consumidor*, DECO 1998, pág. 8.

[19] Ibidem

[20] Ibidem

[21] Ibidem

[22] Para uma apreciação mais completa vide Jorge Pegado Liz, *Ob. Cit. Introdução ao Direito...*, págs. 185 a 194.

mente me parece não ter cabimento no presente curso, no entanto, como é facilmente perceptível, esta definição levanta inúmeros problemas de interpretação excluindo situações injustificadamente como sejam aquelas em que o consumidor aparece como vendedor; segundo alguns autores, inclui outras que, a meu ver, não fazem sentido como as pessoas colectivas, e confunde a caracterização da contraparte ao exigir o exercício de uma actividade económica com carácter profissional que vise a obtenção de benefícios.

2.4 Conclusão

Em face do exposto, parece-me que a noção de consumidor deverá ser restringida às pessoas singulares (incluindo, quando muito, as pessoas morais nas condições anteriormente referidas), abranger a aquisição e a venda de bens, a prestação de serviços e a transmissão de direitos, que não se destinem a uso profissional, e que sejam vendidos, adquiridos, prestados ou transmitidos por entidades no exercício da sua actividade profissional, seja ela principal ou secundária.

3. DIREITO INDUSTRIAL E TUTELA DOS CONSUMIDORES

O objectivo do direito industrial é a defesa da concorrência e fá-lo de duas formas: preventivamente, pela atribuição de direitos privativos e repressivamente, pela proibição da concorrência desleal conforme o disposto no art. 1.° do Código da Propriedade Industrial (CPI – DL 16/95, de 24 de Janeiro) [23].

Sendo este o objectivo será que podemos afirmar que esta é também uma meta para a defesa do consumidor? A atribuição de direitos de exclusividade tutela os interesses dos consumidores? E o que dizer da repressão da concorrência desleal?

E se concluirmos pela afirmativa será que os consumidores dispõem de meios de concretizar esses seus direitos, ou melhor, será que o direito industrial disponibiliza aos consumidores os meios necessários para exer-

---

[23] Segundo Miguel J. A. Pupo Correia, "A defesa da lealdade de concorrência e dos legítimos interesses das empresas comerciais com ela relacionadas é obtida, em via preventiva, através da criação, concessão e protecção de direitos privativos sobre determinados elementos objectivos de carácter imaterial, integrantes do estabelecimento comercial(...)" (in *Direito Comercial,*6.ª Edição, EDIFORUM, 1999, pág. 282)

Defesa do Consumidor e Direito Industrial 263

cerem os seus direitos? Em que medida é que o direito de defesa dos consumidores influencia o direito industrial?

3.1 Direito Industrial e Defesa dos Consumidores – convergência ou divergência ?

Que o objectivo com que o direito industrial nasceu não foi a protecção do consumidor é fastidioso dizê-lo. Não foi para os defender que foi criado mas sim, para proteger os interesses dos grandes industriais estabelecidos, para os proteger dos *outsiders*[24].

Como diz Carlos Ferreira de Almeida: *"(...) os regimes percursores foram ditados sem referência aos interesses dos consumidores."*, e acrescenta *"As normas históricas sobre a concorrência reportam-se a sujeitos de dois tipos, mas o primeiro (as empresas) são sujeitos que sujeitam e o segundo (os consumidores) sujeitos que se sujeitam."*[25].

Para os próprios consumidores a atribuição de direitos privativos e a repressão da concorrência desleal só lhes interessam como um meio para atingir determinados objectivos e não como um fim em sim mesmos.

A atribuição de direitos privativos tem essencialmente três vantagens para os consumidores:

- A primeira, é que permitiu e permite o investimento na investigação e, consequentemente, embora não exclusivamente, o alargamento da escolha, a melhoria da qualidade e até, nalguns casos, uma maior racionalização dos meios com a consequente redução dos preços;
- A segunda, é que permite a distinção dos produtos e/ou serviços o que facilita a escolha e a garantia de que o titular de tais direitos se responsabiliza pelo seu uso não enganoso;
- A terceira, é que pode funcionar como uma garantia de qualidade (ou falta dela), permitindo também, assim, ao consumidor exercer a sua escolha através da experiência ou conhecimento que tem de determinado produto e/ou serviço.

Aliás, se analisarmos, por exemplo quanto às marcas, as funções que lhes são inerentes: função distintiva, função de garantia de qualidade e

---

[24] M. Nogueira Serens, *A Proibição da Publicidade Enganosa: Defesa dos Consumidores ou Protecção (de alguns) dos Concorrentes?*, Separata do Boletim de Ciências Económicas, volume XXXVII, Coimbra, 1994, 1 e 2.

[25] Carlos Ferreira de Almeida, *Ob. Cit.*, págs. 72 e 74.

função publicitária [26-27], podemos concluir que, qualquer delas, se usada de forma não enganosa, pode ser importante para os consumidores permitindo-lhes uma formação da vontade mais esclarecida e consequentemente uma maior liberdade de escolha.

Com efeito, a função distintiva permite ao consumidor distinguir um produto do outro pela sua origem e saber que o titular da marca se responsabiliza pelo seu uso não enganoso. A escolha do consumidor pode, assim, ser fundamentada pois pode escolher ou preterir um produto ou serviço consoante a informação que tem sobre a respectiva marca.

A função de qualidade, garante, embora de forma indirecta, já que o faz *"(...) por referência a uma origem não enganosa."* [28], a qualidade dos produtos ou serviços, permitindo ao consumidor, pela sua experiência anterior ou conhecimentos que tenha sobre a marca, optar ou preterir um determinado produto e/ou serviço. A marca de certificação, por sua vez e por maioria de razão, pode também ser importante para a escolha do consumidor, como refere Alberto Francisco Ribeiro de Almeida *"O interesse do consumidor é tutelado pela informação qualificada que lhe é fornecida por este tipo de marca."* [29]

A função publicitária, a menos interessante para o consumidor, que não se verifica em relação a todas as marcas mas apenas em relação àquelas que tenham força para promover os produtos ou serviços, potencia a divulgação desses produtos e/ou serviços o que poderá ser um elemento importante para a escolha do consumidor uma vez que o que não se conhece, não existe.

Na repressão da concorrência desleal, o interesse dos consumidores é a defesa da concorrência desde que esta lhes garanta uma maior escolha, melhor qualidade e preços mais acessíveis na medida em que determina-

---

[26] Luís M. Couto Gonçalves considera que a marca tem uma função essencial, a função distintiva, uma especial, a de garantia de qualidade dos produtos e serviços e uma complementar a função publicitária (in *Ob. Cit.* págs. 17 a 30).

[27] No mesmo sentido António Côrte-Real Cruz, *"O conteúdo e extensão do direito à marca: a marca de grande prestígio"* Conferência proferida em 13 de Maio de 1999 no Curso de Pós-graduação de Direito Industrial organizado pela Faculdade de Direito de Lisboa e pela Associação Portuguesa de Direito Intelectual.

[28] Luís M. Couto Gonçalves (in *Ob. Cit.* págs. 23).

[29] Segundo este autor a marca de certificação não foi inicialmente concebida para proteger os interesses dos consumidores, mas tutela-os dado que "A confiança do consumidor resulta do controlo e da disciplina a que está sujeita a aposição desta marca, não é unicamente uma crença. (in *Denominação de Origem e Marca*, Boletim da Faculdade de Direito, Studia Iuridica, 39, Universidade de Coimbra, Coimbra Editora, 1999, págs. 366 e 367.

Defesa do Consumidor e Direito Industrial 265

dos comportamentos, pela sua deslealdade, possam prejudicar a sua formação da vontade e a liberdade de escolha.

Mas, a disciplina da propriedade industrial contende também com os interesses dos consumidores.

Ao contrário do que seria o interesse dos consumidores, a atribuição de direitos privativos pode funcionar como protecção dos concorrentes dominantes constituindo, assim, um entrave à entrada no mercado de novos concorrentes.

Pense-se, por exemplo, no registo de marcas apenas para impedir os potenciais concorrentes de utilizarem um sinal distintivo com impacto. Ou então nos recentes acontecimentos na África do Sul relativamente aos medicamentos para combater a SIDA. Neste último caso, face às circunstâncias específicas que o caracterizam, o interesse dos consumidores, quanto mais não seja dos afectados pelo vírus da SIDA, é que tais medicamentos possam ser disponibilizados a preços acessíveis o que parece só ser possível através da introdução de medicamentos genéricos, não protegidos por uma marca, no mercado.

Por outro lado, os consumidores pagam, habitualmente, mais caros os produtos de marca, sem que, nalgumas situações haja justificação para tal. É do conhecimento público, e o BEUC – Bureau Européen des Unions des Consommateurs fez estudos pormenorizados sobre este assunto, que, se um consumidor pretender comprar todas as peças que compõem um veículo automóvel este, sem entrar em linha de conta com o preço da mão-de-obra, fica muitíssimo mais caro do que se comprar o automóvel novo e pronto a circular.

Mesmo nas reparações automóveis é da experiência geral que a compra de uma peça na marca custa muito mais caro do que num estabelecimento independente, sendo que, muitas vezes o fabricante é o mesmo e o produto é exactamente igual, a diferença está apenas no invólucro, um ostenta a marca e o outro não. Outro exemplo, é ilustrado, nos hipermercados, pelos produtos brancos e pelas marcas próprias cuja única diferença reside no preço e no invólucro que não ostenta a marca do produtor e do fabricante (esta situação, por sinal, levanta outros problemas para os consumidores mas que saem do âmbito deste curso).

Quanto à disciplina da concorrência desleal o consumidor encontra ainda menor protecção. Com efeito, as várias situações aí previstas visam mais a defesa dos concorrentes e até da economia em geral do que os consumidores. Nesta matéria os interesses dos consumidores são reflexamente protegidos e apenas quando coincidem com os dos concorrentes. Aliás segundo Oliveira Ascensão *"Os actos contra o consumidor não são por si*

266 *III Curso de Direito Industrial*

actos de concorrência desleal, na ordem jurídica portuguesa. A pretensão de que é desleal a concorrência "feita nas costas do consumidor" não é aceitável tal e qual." [30]

Mas, os desenvolvimentos verificados quer na economia, quer no movimento de defesa dos consumidores que levaram ao surgimento de legislação específica de tal modo vasta que hoje se discute se o Direito do Consumo será um ramo de direito autónomo [31] e de correntes doutrinárias e jurisprudenciais tendentes a atenuar o desequilíbrio existente entre consumidores e industriais e comerciantes, tiveram também os seus reflexos na propriedade industrial [32].

3.2 **O contributo do direito de defesa dos consumidores**

Com efeito, o direito industrial não poderia ficar indiferente às evoluções que vieram proteger os consumidores apetrechando-os com direitos tendentes a atenuar o desiquilíbrio existente numa relação de consumo.

Por isso, a doutrina e a jurisprudência foram desenvolvendo e adaptando os normativos legais de acordo com as novas realidades existentes embora de formas bem diferentes consoantes os países, de tal modo que é hoje pacífico para muitos autores que as regras de lealdade da concorrência têm uma tripla função: proteger os interesses dos concorrentes, o funcionamento do sistema e os interesses dos consumidores [33].

Por outro lado, o próprio normativo legal específico da defesa do consumidor obriga a interpretar "com outros olhos" as normas de direito industrial.

Os direitos dos consumidores estão constitucionalmente consagrados como uns dos direitos económicos fundamentais [34] (art. 60.° da Constitui-

---

[30] J. Oliveira Ascensão, *O Princípio da Prestação: Um Novo Fundamento para a Concorrência Desleal?*, in *Concorrência Desleal*, pág. 29, Almedina, 1997, segundo este autor "São porém de concorrência desleal os actos lesivos dos consumidores que ponham em causa a genuinidade da escolha por parte deste. Justamente porque então é o princípio da prestação que é atingido."

[31] Jorge Pegado Liz, *Ob. Cit. Introdução ao Direito...*, págs. 262 e sgs

[32] Segundo Adelaide Menezes Leitão "Não se tem dúvidas que o instituto da concorrência desleal não pode ser interpretado-aplicado em termos contrários aos direitos do consumidor (...)", (in, *Ob. Cit. Estudo de Direito Privado*, pág. 90)

[33] No mesmo sentido António de Macedo Vitorino, *Visão Integrada da Concorrência desleal*, in *Concorrência Desleal*, págs 132 e 133, Almedina, 1997

[34] Adelaide menezes Leitão considera que "A Constituição trata os direitos do consumidor pelo prisma de um direito económico de conteúdo essencialmente programá-

Defesa do Consumidor e Direito Industrial

ção da República Portuguesa) e, por força do disposto no art. 16.° do mesmo diploma legal, têm aplicação directa.

São assim um dos pilares sobre que assenta toda a organização económica e, em consequência, obrigam que sempre que estiverem em causa relações de consumo as normas que as regulem sejam interpretadas sobre este prisma[35].

O campo é, como já se referiu na Introdução, muito vasto já que abrange todos os ramos do direito onde possam estar em causa relações de consumo como acontece no direito industrial.

Mas o que acima disse não significa que defenda que o consumidor é a figura nuclear no direito industrial mas que os seus direitos e interesses têm, cada vez mais, que ser tidos em conta e que de figura marginal e indirectamente tutelada passou a ser conjuntamente com os concorrentes, com os titulares dos direitos exclusivos, uma das figuras centrais deste direito[36].

É, assim, nestas duas perspectivas que teremos que analisar como são tutelados os interesses dos consumidores.

3.2.1 O direito à qualidade dos bens e serviços

Segundo o n.° 1 do art. 4.° da LDC um bem ou serviço terá qualidade quando seja apto a satisfazer os fins a que se destina ou a produzir os efeitos que se lhe atribuem. Esta qualidade é aferida segundo as normas legalmente estabelecidas, quando existam e, na sua falta, pelas legítimas expectativas do consumidor.

Como corolários desta noção de qualidade os n.os 2, 3 e 4 do mesmo artigo prevêm que o consumidor disponha de uma garantia de um ano sobre o bom estado e bom funcionamento do bem (cinco anos se se tratar de um imóvel) prazo que se suspende durante o tempo das reparações. O art. 12.° da LDC responsabiliza, independentemente de culpa, o fornecedor, pelo fornecimento de coisa com defeito (n.° 1) e o produtor pelos danos que esse bem causar (n.° 5).

---

tico." (in *Estudo de Direito Privado sobre a Cláusula Geral de Concorrência Desleal*, Almedina, 2000, págs. 89 e 90.

[35] Para um maior desenvolvimento sobre o enquadramento sistemático dos direitos dos consumidores na Constituição v. Jorge Pegado Liz, *Ob. Cit. Introdução ao Direito...*, págs. 73 a

[36] Aliás, neste aspecto em particular discorda-se de Adelaide Menezes Leitão quando afirma que "(...) é o próprio art. 60.° da Constituição que delimita a legislação do consumo, ou seja o espaço legislativo onde o consumidor é a figura nuclear.O art. 60.°/1 apela para a Lei de Defesa dos Consumidores, o art. 60.°/2 para o Código da Publicidade

268   *III Curso de Direito Industrial*

Se confrontarmos esta noção de qualidade e de responsabilidade do fornecedor e do produtor com o regime previsto nos arts. 913.° e sgs do Código Civil respeitantes à venda de coisa defeituosa verificaremos a abissal diferença existente e a maior exigência que a LDC veio trazer nesta matéria.

Nos termos deste artigo da LDC não podem ser comercializados, não podem ser disponibilizados no mercado, produtos ou serviços que não tenham qualidade, isto é, que não satisfaçam os fins a que se destinam ou não produzam os efeitos que se lhes atribuem.

Isto significa, por exemplo, que não pode ser vendida uma máquina fotográfica que não fotografe. Pode ser vendida como um objecto decorativo ou de colecção mas não como máquina apta a captar imagens segundos os processos fotográficos. Mas, como é evidente, desde que fotografe pode apresentar qualidades muito diferentes e que, no fundo, vão ser determinantes para a escolha que cada consumidor ou grupo de consumidores faz.

3.2.2 O direito à informação

Os arts. 7.° e 8.° da LDC regulam o direito à informação impondo a todos os intervenientes no ciclo produção-consumo (art. 8.° n.° 2) um dever de informar o consumidor de tal forma que ele possa formar a sua vontade de contratar ou não livre e conscientemente (art. 8.° n.° 1). A violação desse dever confere ao consumidor o direito de se retractar do contrato no prazo de 7 dias úteis (art. 8.° n.° 4) e a uma indemnização pelos danos causados por esse facto (art. 8.° n.° 5).

Os n.os 4 e 5 do art. 7.° definem os princípios a que deve obedecer a publicidade e que são desenvolvidos nos arts. 6.° e sgs do Código da Publicidade.

São quatro esses princípios: licitude, identificabilidade, veracidade e respeito pelos direitos dos consumidores, dos quais me referirei apenas ao último (*the last but not the least*) regulado nos arts. 12.° e 13.° do Código da Publicidade, conforme referido supra.

A obediência a este princípio obriga a *"(...) assegurar ao consumidor uma total liberdade de escolha, para que este possa aperceber-se das*

---

e o art. 60.°/3 para a Lei das Associações de Consumidores." (in *Ob. Cit. Estudo de Direito Privado*, pág. 90) uma vez que este diplomas são enquadradores e se aplicam em todas as áreas do direito em que estejam em causa relações de consumo. O que o art. 60.° da Constituição dispõe é que o consumidor é figura nuclear, embora em quase todas as situações não seja a única, sempre que estejam em causa situações que o possam afectar.

Defesa do Consumidor e Direito Industrial 269

qualidades intrínsecas dos produtos e avaliar a relação custo/benefício dos mesmos." [37] e tem como consequência que qualquer tipo de publicidade que viole algum dos direitos dos consumidores é proibida.

Por outro lado, a publicidade a um determinado produto ou serviço faz parte integrante do contrato que se vier a celebrar desde que contenha informações concretas e objectivas (n.° 5 do art. 7.° da LDC).

3.2.3 *O direito à protecção dos interesses económicos*

Outro dos direitos fundamentais é o da protecção dos interesses económicos previsto no art. 9.° da LDC.

É, talvez, para o que hoje aqui nos interessa, o mais importante dos direitos referidos. Com efeito, como afirma Carlos Ferreira de Almeida *"O desprezo pelos interesses económicos dos consumidores constitui a parte mais visível da sua desprotecção."* [38]

Ora, a consagração deste direito vai interferir em todas as situações em que estiverem em causa interesses económicos dos consumidores, como é o caso do direito industrial.

3.3 **A tutela do consumidor nos direitos exclusivos**

Já em cima se analisou a posição relativa do consumidor face à atribuição dos direitos privativos mas, para sabermos se ele encontra tutela dos seus interesses, é necessário verificar se a violação dos seus direitos tem reflexos neste instituto e de que forma pode o consumidor reagir.

Irei analisar apenas o regime das marcas uma vez que, dos vários direitos privativos, são estas que maior impacto têm junto do consumidor.

Ora, ao mesmo tempo que o sistema legal confere uma protecção ao titular de uma marca onera-o com a obrigação de garantir o seu uso não enganoso sob pena de o seu direito caducar[39].

Dispõe o art. 216.° n.° 2 al. *b)* do CPI que o registo caduca se a *"marca se tornar susceptível de induzir o público em erro, nomeadamente*

---

[37] Manuel C. Ataide Ferreira, *O Consumidor e a Publicidade*, in Comércio Sector Chave, Economia e Prospectiva, Vol II, n.° 1, Abril/junho 1998, Ministério da Economia, pág. 137.

[38] Carlos Ferreira de Almeida, *Ob. Cit.* pág. 71.

[39] Segundo Luís M. Couto Gonçalves "Esta nova concepção emerge de um novo principio geral do direito de marcas, plasmado no art. 216.° n.° 2 al. *b)*: a proibição do uso enganoso da marca, seja esse uso efectuado pelo titular ou por terceiro com o seu consentimento." (in *Ob. Cit.*, pág. 21).

acerca da natureza, qualidade e origem geográfica desses produtos ou serviços, no seguimento do uso feito pelo titular da marca ou por terceiro, com o seu consentimento, para os produtos ou serviços para que foi registada."

Para interpretar este preceito legal é necessário analisar o que significa a marca tornar-se *"susceptível de induzir o público em erro"* e, para isso, terei que socorrer-me quer das funções caracterizadoras da marca quer dos direitos dos consumidores relacionados com esta questão.

A marca, como vimos acima, exerce sobre o consumidor uma influência que pode ser determinante na sua escolha de um produto e/ou serviço.

Com efeito, a marca distingue *"os produtos ou serviços de uma empresa dos de outra empresa"* (art. 165.° do CPI) e dá ao consumidor a confiança de que os produtos ou serviços que ostentarem tal marca têm um mesmo nível de qualidade.

Como refere Luís M. Couto Gonçalves *"A confiança do consumidor em relação a um determinado nível de qualidade dos produtos ou serviços marcados não pode ser preterida de modo arbitrário."* [40]

Por isso mesmo o uso enganoso da marca pode ser especialmente gravoso para o consumidor porque pode frustar estas suas expectativas e conduzir a que a marca não prossiga nenhuma das funções que a caracterizam.

Assim, a marca pode ter um uso enganoso quando, por exemplo, *"(...) a qualidade do produto ou serviço marcado diminua de modo relevante (...)"* [41] uma vez que é susceptível de afectar a confiança do consumidor.

Ora, como vimos acima, um bem ou serviço tem qualidade se estiver apto a satisfazer os fins a que se destina ou a produzir os efeitos que se lhe atribuem (art. 4.° n.° 1 da LDC) pelo que me parece que podemos afirmar que preenche a previsão da al. *b)* do n.° 2 do art. 216.° do CPI o facto de se comercializar um produto ou um serviço que não obedeça a este critério de qualidade.

Como vimos se um produto ou serviço estão aptos a satisfazer os fins a que se destinam ou a produzir os efeitos que se lhe atribuem é matéria que tem que ser aferida segundo as normas legalmente estabelecidas se existirem. Neste caso terão certamente importância as marcas de conformidade com as normas cuja qualificação é da competência do Instituto Português de Qualidade.

---

[40] Ibidem, pág. 23.
[41] Ibidem, pág. 23.

Defesa do Consumidor e Direito Industrial 271

Caso não existam, a qualidade é aferida segundo as legítimas expectativas do consumidor. É nestas situações que assume particular importância o modo como foi cumprida a obrigação de informação que impende sobre todos os intervenientes no ciclo produção-consumo. Com efeito, a forma como essa informação foi prestada, o momento e o seu conteúdo são essencias para esta avaliação. A análise das mensagens publicitárias é outro elemento de inegável valor. Com efeito, não só estas mensagens criam expectativas nos consumidores que eles podem ver frustradas como, no condicionalismo visto acima, fazem parte integrante do contrato a celebrar.

Outro exemplo de uso enganoso da marca pode ser a informação, publicitária ou não, de uma origem geográfica falsa.

Em ambas estas situações, qualquer consumidor, ou associação de consumidores, pode, nos termos do disposto nos arts. 10.° e 36.° n.° 2, ambos do CPI, pedir a caducidade da respectiva marca.

3.4 A tutela dos consumidores na repressão da concorrência desleal

Segundo Jean-Luc Fagnart *"As interferências entre a protecção dos consumidores e a repressão da concorrência desleal são, sem dúvida, incontestáveis (...)"* [42].

São estas relações que justificam a evolução quer doutrinal quer jurisprudencial no sentido de o direito industrial também tutelar os interesses dos consumidores .

É claro que esta evolução é maior em países como a Espanha, a Alemanha e até o Reino Unido e menor em países como Portugal onde, lamentavelmente, o projecto do novo Código de Propriedade Industrial é ainda menos protector do consumidor do que o actual Código.

E são estas interferências que justificam que se intreprete o Direito Industrial à luz das normas de defesa do consumidor sempre que estejam em causa relações de consumo.

A repressão da concorrência desleal está prevista no art. 260.° do CPI através de uma cláusula geral de proibição de actos de concorrência desleal e de uma lista de actos que consubstanciam concorrência desleal.

Analisando este preceito numa perspectiva de defesa do consumidor eu direi que embora este Código já contenha algumas disposições que pro-

---

[42] Jean-Luc Fagnart, *Ob. Cit.*, pág. 30.

curam ter em conta a protecção dos consumidores, a verdade é que ele não foi concebido com esse objectivo. A protecção dos consumidores não era, como ainda hoje não é nesta matéria, uma preocupação do legislador.

O primeiro aspecto onde isto é visível reside no facto de se recorrer ao conceito de *"normas e usos honestos de qualquer ramo de actividade"*. Com efeito, aquilo que é o estado da arte pode estar em conflito com os interesses dos consumidores. Podem existir "normas e usos honestos" que violem direitos dos consumidores. A cláusula geral do art. 260.° não nos permite, por si, defender que os actos que violem direitos dos consumidores são actos de concorrência desleal.

Para que o consumidor possa encontrar alguma protecção na repressão da concorrência desleal é necessários socorrermo-nos das normas específicas do direito de defesa dos consumidores.

Ora, à luz dos direitos que acima elencámos este preceito adquire um novo sentido.

Com efeito, não podendo estar no mercado produtos sem qualidade, a sua presença consubstancia um *"(...) acto de concorrência contrário às normas e usos honestos (...)"* e a sua apresentação como realizando um fim que, em verdade, não realiza, é uma falsa descrição sobre a qualidade ou utilidade daquele produto (al. *e*) do art. 260.° do CPI). Assim, partindo do pressuposto que se preenchiam os restantes requisitos – intenção de causar prejuízo ou obter para si um benefício ilegítimo – tal acto seria de concorrência desleal.

Como ensina Oliveira Ascensão *"A concorrência repousa assim em dois pilares:*

– *a objectividade, ou autenticidade, da oferta;*
– *a liberdade, ou genuinidade, da escolha."* [43]

O que está aqui em causa não é a possibilidade de indução em erro do consumidor mas sim as características intrínsecas do próprio produto. São estas características que impossibilitam que o produto seja disponibilizado no mercado. Ele não tem qualidade, pelo que é afectada a objectividade da oferta.

Pode até o acto de concorrência não ser susceptível de induzir em erro o consumidor, porque notório, o importante é que o produto em causa não realiza os fins a que se destina nem produz os efeitos que se lhe atribuem.

---

[43] J. Oliveira Ascensão, *Ob, Cit.*, pág. 9.

Defesa do Consumidor e Direito Industrial 273

Este acto afecta, assim, a prestação do operador económico que apresenta o produto. Como refere Oliveira Ascensão *"A vitória será da prestação tal como a conseguiu apresentar, pelo recurso às armas normais do mercado."*, [44] ora, no caso em apreço, não há "recurso às armas normais do mercado" quando a prestação consiste na apresentação de um produto sem qualidade, logo insusceptível de ser disponibilizado aos consumidores.

E o mesmo se diga, *mutatis mutandis,* acerca do direito à protecção da saúde e da segurança física previsto no n.° 1 do art. 5.° da LDC que proíbe *"(...) o fornecimento de bens ou a prestação de serviços que, em condições de uso normal ou previsível, incluindo a duração, impliquem riscos incompatíveis com a sua utilização, não aceitável de acordo com __um nível elevado__ de protecção da saúde e da segurança física das pessoas."* (negrito e sublinhado meu).

Sou de opinião que, nestes casos, encontramos, efectivamente actos de concorrência desleal. Não porque o pressuposto da concorrência seja "que vença o melhor" no que se concorda com Oliveira Ascensão quando afirma *"O lema não pode ser portanto: que vença o melhor. Seria traduzido mais correctamente por: que vença quem vencer."* [45] mas sim porque o fornecimento de bens deste tipo ou a prestação de serviços deste género são proibidos, estão fora de circulação no mercado, pelo que a sua apresentação é contrário às normas e usos honestos do respectivo ramo da actividade económica, para além, de conter falsas informações ou indicações sobre a qualidade e utilidade do produto.

Acresce ainda que para além da proibição do n.° 1 do art. 5.° da LDC o Código da Publicidade, no seu art. 12.° proíbe a publicidade que atente contra os direitos do consumidor – o que aconteceria se se publicitassem bens ou serviços sem qualidade ou que pusessem em causa a saúde ou segurança física do consumidor – e no seu art. 13.° n.° 1 proíbe "(...) a publicidade que encoraje comportamentos prejudiciais à saúde e segurança do consumidor (...)", o que permite, caso houvesse publicidade dos produtos e/ou serviços supra referidos, enquadrar tais actos na alínea e) do art. 260.° do CPI ao referi-se a "reclamos dolosos". Nestas situações, ao contrário, já seria afectada a genuinidade da escolha.

O que também aconteceria se se publicitassem quaisquer outros bens ou serviços que não respeitassem os direitos dos consumidores uma vez que induziriam ou seriam susceptíveis de induzir em erro o consumidor. Podem, assim, ser preenchidas as previsões das alínea *d), e)* e *f)* do

---

[44] Ibidem, pág. 13.
[45] Ibidem.

art. 260.º do CPI consoante o tipo de falsas indicações e reclamos dolosos que estiver em causa. A prestação que aqui é afectada é a liberdade, a genuinidade, da escolha.

Como afirma Ataíde Ferreira *"O importante é que neste diálogo entre o Consumidor e a Publicidade (...) se consiga que, no sortilégio e no encanto da imagem, mensagem e cores que nos são propostos, a liberdade e a dignidade da pessoa humana não sejam beliscadas."* [46]

Por fim, a consagração do direito à protecção dos interesses económicos vai interferir em todas as situações em que tiverem em causa este tipo de interesses dos consumidores, como é o caso da propriedade industrial.

Se, até à altura em que este direito foi consagrado, se poderia dizer que os actos contra os consumidores não constituíam actos de concorrência desleal, a partir daí deixou de ser possível desde que, evidentemente, o acto em causa seja um acto de concorrência e preencha os restantes requisitos previstos na cláusula geral do art. 260.º do CPI.

O direito à protecção dos interesses económicos do consumidor impede que seja possível fazer concorrência contra o consumidor.

4. CONCLUSÃO GERAL

Como conclusão penso que se pode afirmar que as relações entre o direito industrial e a defesa dos consumidores têm vindo a estreitar-se à medida que esta última vai ganhando relevo.

Não porque as normas de direito industrial reflictam a evolução que acima descrevi mas sim porque a consagração constitucional dos direitos dos consumidores e a forte produção legislativa nesta área obrigou a repensar e a reinterpretar o direito industrial.

Resta agora saber como reagirão os tribunais a uma nova leitura de um instituto tão importante como a propriedade industrial.

---

[46] Manuel C. Ataide Ferreira, *O Consumidor e a Publicidade*, in Comércio Sector Chave, Economia e Prospectiva, Vol II, n.º 1, Abril/junho 1998, Ministério da Economia, pág. 138.

DENOMINAÇÕES GEOGRÁFICAS *

por ALBERTO FRANCISCO RIBEIRO DE ALMEIDA

SUMÁRIO:

1. Introdução.
2. A demarcação das diferentes figuras.
3. O princípio da especialidade.
4. A degenerescência.
5. A violação do direito de propriedade.
6. Os conflitos com a marca.

*"Todas as invenções lhe despertavam fortes suspeitas,
porque estavam sempre ligadas à infracção de uma regra".*

PATRICK SÜSKIND *in O Perfume.*

1. Introdução

A tutela das denominações geográficas tem sido objecto de análise problemática na legislação e jurisprudência nacionais, bem como nos domínios comunitário e internacional [em especial na Organização Mundial da Propriedade Intelectual (OMPI) e na Organização Mundial do Comércio (OMC)]. A discussão tem-se centrado na demarcação das diversas figuras usualmente abrangidas pela designação "denominações geo-

---

* Este texto corresponde à conferência que pronunciámos no 3.º Curso de Pós-Graduação de Direito Industrial 2000/2001.

276 *III Curso de Direito Industrial*

gráficas" ou "indicações geográficas"; na determinação da amplitude da tutela das denominações geográficas, desde logo o afastamento ou não do princípio da especialidade nas denominações de origem; relacionado com o âmbito da tutela está o problema da degenerescência das denominações de origem e das indicações geográficas; por fim, encontramos uma questão ainda não decidida: o conflito das denominações geográficas com a marca. São estes problemas que vamos abordar de seguida.

2. A demarcação das diferentes figuras

O ordenamento jurídico português reconhece e protege a denominação de origem (DO), a indicação geográfica (IG) [1] e a indicação de proveniência (IP). Estes sinais distintivos podem desempenhar uma função relevante no tráfico comercial – são instrumentos de concorrência – e podem ser objecto de um direito privativo. O uso de nomes geográficos para individualizar produtos provenientes da região correspondente a esse nome data de tempos muito antigos [2]. A sua relevância económica-jurídica deriva, nomeadamente, do facto de terem sido concluídos diversos acordos bilaterais e multilaterais relativos a IP e DO (por exemplo, a Convenção da União de Paris – CUP – refere-se e disciplina, ainda que minimamente, estes sinais; o Acordo de Lisboa relativo à protecção das DO e ao seu registo internacional [3]; o Acordo de Madrid relativo à repressão de falsas indicações de proveniência [4]). No plano comunitário é de referir

---

[1] *Vide* os arts. 249.° e ss. do Código da Propriedade Industrial (CPI), aprovado pelo DL n.° 16/95, de 24 de Janeiro.

[2] Sobre esta questão *vide*, em especial, A. DE VLÉTIAN, *Appellations d'Origine, Indications de Provenance, Indications d'Origine*, J. Delmas e Cie, 1.ª edição, Paris, 1989, pp. 13 e ss.; JACQUES VIVEZ, *Traité des Appellations d'Origine*, R. Pichon et R. Durand- -Auzias, Paris, 1943, pp. 5 e ss.; JEAN DAVID, *Éléments d'appréciation de la nouvelle législation viticole des appellations d'origine controlées*, M. Audin, Lyon, 1938, pp. 17 e ss.; J. CAPUS, *L'évolution de la législation sur les appellations d'origine, Genèse des appellations contrôlées*, Louis Larmat, Paris, 1947.

[3] Encontra-se neste momento em processo de revisão o Regulamento de Execução deste Acordo de Lisboa. Para o efeito podem-se consultar na Internet (http://www.wipo.int/) os seguintes documentos da OMPI: LI/GT/2/2 e LI/GT/2/3.

[4] Em relação à evolução histórica destes acordos, veja-se, com uma referência breve, ROBERT HARLE, *AIPPI and the Appellations of Origin, Indications of Source and Geographical Indications*, in AIPPI – 1897-1997 Centennial Edition, 1997, pp. 255 e ss.; ALBERTO RIBEIRO DE ALMEIDA *Denominação de Origem e Marca*, STVDIA IVRIDICA, 39, Coimbra Editora, 1999, pp. 142 e ss. Portugal celebrou diversos acordos bilaterais que

o Regulamento (CEE) N.° 2081/92 do Conselho, de 14/7/1992, relativo à protecção das indicações geográficas e denominações de origem dos produtos agrícolas e dos géneros alimentícios, bem como o Reg. (CE) N.° 1493/1999, do Conselho, de 17/5/1999, que estabelece a organização comum do mercado vitivinícola[5]. Considerando o desenvolvimento do comércio internacional de produtos com IG ou DO (os produtos originais e de qualidade podem suportar um maior preço) e o interesse crescente que os consumidores atribuem à origem e à qualidade dos produtos que adquirem, a OMC autonomizou e disciplinou a figura das indicações geográficas no Acordo sobre os Aspectos dos Direitos de Propriedade Intelectual Relacionados com o Comércio (TRIP's), arts. 22.° e ss.[6]

Estes sinais distintivos aplicam-se tradicionalmente a produtos como vinho, aguardente e queijo. Embora, já se reconheceu que uma DO se pode aplicar a produtos industriais: por exemplo louças de Vallauris[7]. Todavia,

---

tutelam as DO portuguesas. Em relação a outros acordos multilaterais que disciplinam DO, IG ou IP, vejam-se, por exemplo, os seguintes: o acordo de Stresa assinado em 1/6/51, relativo às denominações de queijos; o "North American Free Trade Agreement Between the Government of Canada, the Government of the United Mexican States and the Government of the Unites States of America (NAFTA)", celebrado em 8/12/93 (vide, em especial, o art. 1712.°); no âmbito do Acordo de Cartagena (o Grupo Andino) é de referir a Decisão 344, de 21/10/93, que regula a propriedade industrial; os acordos internacionais do Azeite (o último data de 1/7/86); os tratados de paz que puseram termo à primeira guerra mundial (tratado de Versalhes, arts. 274.° e 275.°; tratado de Saint-Germain, arts. 226.° e 227.°; tratado de Trianon, art. 210.°; tratado de Neuilly, arts. 154.° e 155.°; convenção comercial anexa ao tratado de Lausane, arts. 12.° e 13.°); o acordo de Bangui (Accord relatif à la création d'une Organisation Africaine de la Propriété Intellectuelle, constituant revision de l'Accord relatif à la création d'une Office Africain et Malgache de la Propriété Industrielle), de 2/3/77, anexo VI.

[5] Sobre esta regulamentação comunitária vide, em especial, DOMINIQUE DENIS, Appellation d'origine et indication de provenance, Dalloz, 1995, pp. 29 e ss.

[6] Sobre a Organização Mundial do Comércio, veja-se, entre outros, THIÉBAUT FLORY, L'organisation mondiale du commerce – droit institutionnel et substantiel, Bruylant, Bruxelles, 1999; MARC MARESCEAU, The European Community's Commercial Policy after 1992: The Legal Dimension, Netherlands, Martinus Nijhoff Publishers, 1993, em especial as pp. 197 e ss. (Intellectual Property Protection and Commercial Policy by Inge Govaere).

[7] Cassation Civ. 18/11/1930, D.H. 1931, 20; P. MATHELY, Le Droit Français des signes Distinctifs, in Librairie du Journal des Notaires et des Avocats, Paris, 1989, p. 881. Para mais exemplos, veja-se MARÍA DEL MAR GÓMEZ LOZANO, "Algunas observaciones sobre el vigente régimen jurídico de las indicaciones geográficas", in Revista de Derecho Mercantil, n.° 233, Julio-Septiembre, 1999, pp. 1166-1167, referindo-se, designadamente, a porcelanas e peles. A autora acrescenta ainda a DO "piedra ornamental gallega" disciplinada pela respectiva Comunidade Autónoma.

278 *III Curso de Direito Industrial*

hoje, não só o âmbito merceológico dos produtos abrangidos é maior em virtude do Reg. (CEE) n.º 2081/92 [8], como se defende a aplicação da figura da DO e da IG a serviços [9].

Tendo em conta os interesses dos produtores contra as usurpações e imitações e dos consumidores contra os enganos, os nomes geográficos foram objecto, em diversos países, de disciplina jurídica autónoma ou, então, protegidos através das regras da concorrência desleal [10]. Todavia,

---

[8] Neste sentido, veja-se a Resolução n.º 12/2001/A, de 12 de Junho de 2001, da Assembleia Legislativa Regional dos Açores relativa à defesa e preservação do património da indústria do chá e criação de uma denominação de origem protegida para o chá de São Miguel/Açores.

[9] Nomeadamente serviços de turismo. Veja-se, neste sentido, MARIANO LOPEZ BENÍTEZ, *Las Denominaciones de Origen*, Cedecs, Barcelona, 1996, p. 35; MARÍA DEL MAR GÓMEZ LOZANO, "La denominación geoturística como herramienta estratégica de la promoción de los destinos turísticos en España. Consideraciones sobre su régimen jurídico", *in Revista de Derecho Mercantil*, n.º 236, Abril-Junio, 2000, p. 704; MARÍA DEL MAR GÓMEZ LOZANO, "Algunas observaciones sobre el vigente régimen jurídico de las indicaciones geográficas", ob. cit., pp. 1167-1168. Alguns legisladores já se pronunciaram favoravelmente quanto à aplicação das referidas figuras a serviços. Assim, a lei alemã, a Gesetz über den Schutz von Marken und sonstigen Kennzeichen (Markengesetz – MarkenG) vom 25. Oktober 1994, no seu § 126 (1) determina o seguinte: "Geographische Herkunftsangaben im Sinne dieses Gesetzes sind die Name von Orten, Gegenden, Gebieten oder Ländern sowie sonstige Angaben oder Zeichen, die im geschäftlichen Verkehr zur Kennzeichnung der geographischen Herkunft von Waren oder Dienstleistungen benutzt werden". No mesmo sentido se orienta a Lei n.º 9279, de 14 de Maio de 1996, que aprova a lei da propriedade industrial brasileira, quando no art. 177.º estabelece que "Considera-se indicação de procedência o nome geográfico de país, cidade, região ou localidade de seu território, que se tenha tornado conhecido como centro de extracção, produção ou fabricação de determinado produto ou de prestação de determinado serviço", e no art. 178.º reza que "Considera-se denominação de origem o nome geográfico de país, cidade, região ou localidade de seu território, que designe produto ou serviço cujas qualidades ou características se devam exclusiva ou essencialmente ao meio geográfico, incluídos fatores naturais e humanos". Por fim, a lei federal suíça sobre a protecção das marcas e das indicações de proveniência, de 28/8/1992, estabelece no seu art. 47.º/1 o seguinte: "Par indication de provenance, on entende toute référence directe ou indirecte à la provenance géographique des produits ou des services, y compris la référence à des propriétés ou à la qualité, en rapport avec la provenance".

[10] Neste sentido leia-se NORMA DAWSON, "Locating Geographical Indications – Perspectives From English Law", *in The Trademark Reporter*, vol. 90, 2000, pp. 590 e ss. Sobre esta questão veja-se o documento IP/C/W/253, da OMC, de 4 de Abril de 2001, *in* Internet: http://www.wto.org/. Neste documento o Conselho TRIP's analisa – de acordo com informações fornecidas por diversos Estados membros da OMC – os sistemas de protecção das IG. Assim, reconhece a existência de três vias: a concorrência desleal (incluindo as normas sobre a protecção dos consumidores e a acção de *passing-off*),

a tentativa de harmonização internacional do direito sobre os nomes geográficos encontra diversos obstáculos [11]. Por um lado, quando se protege (no ordenamento jurídico nacional, comunitário ou internacional) um nome geográfico surgem dificuldades na salvaguarda dos direitos anteriores sobre esse nome (particularmente sobre marcas geográficas) ou em relação à liberdade de terceiros em o utilizar (uma DO protegida num país pode ser considerada uma designação genérica num outro país) [12]. Por

---

as marcas (colectivas, de garantia ou certificação, bem como marcas individuais) e sistemas autónomos de tutela das IG e DO. *Vide*, igualmente, R. TINLOT/Y. JUBAN, "Différents systèmes d'incations géographiques et appellations d'origine. Leurs relations avec l'harmonisation internationale", *in Bulletin de l'OIV*, n.° 811-812, 1998, pp. 773 e ss.

[11] Algum esforço tem sido encetado no seio da OMC, em especial na sequência do disposto no art. 23.°/4 do acordo TRIP's quando prevê que com o intuito de facilitar a protecção das IG para os vinhos, sejam conduzidas negociações no âmbito do Conselho TRIP's com vista ao estabelecimento de um sistema multilateral de notificação e registo de IG para vinhos. A OMC procedeu a um levantamento dos sistemas internacionais existentes de notificação e registo de IG relativas não apenas a vinhos e bebidas espirituosas, mas também relativamente a outros produtos (de facto, apesar da letra o citado art. 23.°/4 do TRIP's apenas se referir a vinhos, alguns países membros da OMC demonstraram interesse em que o referido sistema de notificação e registo se alargasse a outros produtos). Sobre esta questão *vide* os seguintes documentos da OMC: IP/C/W/85, de 17 de Novembro de 1997; IP/C/W/85/Add. 1, de 2 de Julho de 1999; IP/C/W/247, de 29 de Março de 2001. O último documento citado apresenta a posição de diversos países (por exemplo, Bulgária, Cuba, República Checa, Egipto, Islândia, Índia, Suíça, Turquia) quanto à necessidade de aumentar (no quadro do acordo TRIP's) o nível de protecção das IG relativas a produtos que não vinhos ou bebidas espirituosas. Tendo em conta os objectivos do acordo TRIP's, o significado das IG (aplicadas a quaisquer produtos) no comércio internacional, bem como as razões históricas que estiveram na base da celebração do acordo TRIP's (em especial da secção relativa às IG), o referido grupo de países entende que não se justifica a consagração de dois níveis de protecção para o mesmo direito de propriedade intelectual. Estes documentos podem ser encontrados na Internet: http://www.wto.org/. Veja-se ainda, J. AUDIER, "L'application de l'Accord sur les ADPIC par les membres de l'OMC (Section 3: Indications géographiques)", *in Bulletin de l'OIV*, n.° 821-822, 1999, pp. 533 e ss.

[12] Sintoma destas dificuldades são dois recentes acordos celebrados pela Comunidade Europeia: o Acordo entre a Comunidade Europeia e a Austrália sobre o comércio de vinho (Decisão do Conselho n.° 94/184/CE, de 24 de Janeiro de 1994, JOCE, n.° L 86/1, de 31-3-94) e o Acordo de Comércio, Desenvolvimento e Cooperação entre a Comunidade Europeia e os seus Estados-membros, por um lado, e a República da África do Sul, por outro (Decisão do Conselho n.° 1999/753/CE, de 29 de Julho de 1999, JOCE n.° L 311/1, de 4-12-1999). Em relação ao primeiro acordo, embora a Austrália tenha reconhecido o princípio da protecção das denominações de origem europeias, ainda não houve consenso (em violação dos prazos estabelecidos – *vide* o art. 9.° do acordo) quanto aos períodos transitórios (*vide* o art. 8.° do acordo) nos termos dos quais a Austrália protegeria algumas denominações de origem europeias (reconhecendo que estão reservadas para

280   *III Curso de Direito Industrial*

outro lado, a utilização de um nome geográfico pode assumir diversas formas: IP (ou indicação de origem); indicação geográfica; DO e denominação tradicional. A fronteira entre as diferentes figuras nem sempre é nítida. Durante muito tempo verificou-se na doutrina e na jurisprudência uma falta de precisão entre a IP e a DO, usando-as como expressões sinónimas ou sem estabelecerem uma distinção clara [13]. A confusão verifica-se nos próprios tratados internacionais. Na CUP, no art. 1.°/2, considera-se a DO e a IP como figuras sinónimas. O Acordo de Madrid para a repressão das falsas IP sobre as mercadorias refere-se às IP, mas logo no art. 4.° trata das DO ("denominações regionais de proveniência dos produtos vinícolas") convertidas em genéricas.

Comecemos [14] pela IP. Este sinal coloca a questão delicada de saber se estamos perante um direito privativo. Temos, no mínimo, muitas dúvidas, face à ausência de uma disciplina específica deste sinal (quer no plano interno quer internacional); a sua tutela realiza-se pela via das regras da

---

vinhos provenientes das respectivas regiões) por exemplo, Champagne, Chablis, Port, Sauternes, Sherry (consideradas na Austrália até à presente data como designações genéricas). Quanto ao segundo acordo, a República da África do Sul entendia que as denominações Port e Sherry eram designações genéricas, todavia no Anexo X do citado acordo reconhece que se tratam de denominações de origem europeias que não poderão figurar em produtos sul-africanos (ou outros que não sejam os provenientes das respectivas regiões europeias) após o decurso de um período transitório. Sobre as dificuldades em proteger as denominações de origem europeias nos Estados Unidos da América, *vide* PETER M. BRODY, "'Semi-generic' Geographical Wine Designations: Did Congress Trip Over TRIPs?", *in The Trademark Reporter*, vol. 89, 1999, pp. 979 e ss.

[13] Veja-se L. SORDELLI, "Denominazione di origine ed indicazione di provenienza", *in Rivista di Diritto Industriale*, 1982, I. pp. 5 ss., e UGO DRAETTA, *Il regime internazionalle della proprietá industriale*, Milano, Giuffrè, 1967, pp. 271-272. A distinção entre DO e IP encontra uma primeira expressão na Convenção sobre o emprego de DO de queijos, assinada em Stresa em 1 de Junho de 1951, orientação confirmada, pouco tempo depois, com a assinatura do Acordo de Lisboa respeitante à protecção das DO e o seu registo internacional. Por outro lado, a OMPI tende a usar o conceito de indicação geográfica com um sentido amplo de modo a abranger as IP e as DO (esta noção de indicação geográfica é diferente da que nós vamos referir em seguida e que consta da legislação nacional e comunitária).

[14] Sobre a DO, a IG e a IP, veja-se, para mais desenvolvimentos, ALBERTO RIBEIRO DE ALMEIDA, *Denominação de Origem e Marca*, ob. cit., pp. 31 e ss. *Vide*, igualmente, ISABELLE TRUCHON, *La Convention de Paris Pour la Protection de la Propriété Industrielle – Heurs et Malheurs d'une Convention à Vocation Universelle*, Presses Universitaires du Septentrion, 1998, Vol. II, pp. 223 e ss. e WIPO, Documento SCT/6/3, Março de 2001, *Geographical Indications: Historical Background, Nature of Rights, Existing Systems for Protection and Obtaining Effective Protection in other Countries, in* Internet; http://www.wipo.int/.

Denominações Geográficas — 281

concorrência desleal. Quanto à delimitação da figura, entendemos que a IP se traduz numa simples menção do local em que um produto foi produzido, fabricado, extraído, etc. Trata-se de uma simples informação que permite ao consumidor saber, por exemplo, se o produto é de origem portuguesa ou estrangeira [por exemplo, Porto, Barcelona; laranja portuguesa, fabrico italiano; "made in the (..)" ou "feito em (..)"] [15]. A IP deve ser conforme à realidade (princípio da verdade), isto é, o produto em que é aplicada deve ter sido produzido (fabricado, etc.) na região que corresponde a essa indicação, e esta não deve ser enganosa ou criar confusão acerca da origem do produto. Todavia, a IP não constitui uma garantia de qualidade do produto.

Considerando o disposto no art. 249.º/1 e 2, do Código da Propriedade Industrial (CPI), no art. 2.º do Acordo de Lisboa relativo à protecção das DO e ao seu registo internacional, bem como o consagrado no art. 2.º do Reg. (CEE) n.º 2081/92, entendemos por DO a denominação geográfica de um país, região ou localidade, ou uma denominação tradicional (geográfica ou não), que se usa no mercado para designar ou individualizar um produto originário do local geográfico que corresponde ao nome usado como denominação e que reúne determinadas características e qualidades típicas que se devem essencial ou exclusivamente ao meio geográfico, compreendendo os factores naturais e os factores humanos [16]. É um sinal distintivo com uma função complexa: para além de desenvolver uma função distintiva, a DO desempenha uma função de garantia de qualidade e certifica que o produto tem uma certa proveniência geográfica. [17]

---

[15] A IP pode ser efectuada através de uma indicação indirecta, como seja a reprodução de monumentos ou lugares típicos e conhecidos de um país ou de uma cidade, como a Torre Eiffel, a bandeira de um Estado, o retrato de personagens históricas, etc. A indicação indirecta de proveniência gera diversas dificuldades de qualificação, podendo em alguns casos constituir um acto de concorrência desleal (art. 260.º/f) [desde que verificados os requisitos desta]. *Vide* WINFRIED TILMANN, *Die geografische Herkunftsangabe – Tatsachen, Rechtsschutz und rechtspolitische Entwicklung im Inland, im Ausland und im Internationalem Bereich*, C. H. Beck'sche Verlagsbuchhandlung, München, 1976, p. 15.

[16] A doutrina italiana defende uma noção semelhante (ASCARELLI, SORDELLI, AULETTA-MANGINI). Veja-se L. SORDELLI, "Denominazione di origine ed indicazione di provenienza", *ob. cit.*, pp. 5 ss. No direito francês *vide*, entre muitos, MARTINE DEHAUT/ /YVES PLASSERAUD, *Appellations d'origine – droit français et européenne*, Paris, Egyp, 1989; A. CHAVANNE/J. J. BURST, *Droit de La Propriété Industrielle*, Dalloz, 5.ª ed., Paris, 1998, pp. 851 e ss.; J. SCHMIDT-SZALEWSKY/J.-L. PIERRE, *Droit de la Propriété Industrielle*, Paris, Litec, 1996, pp. 255 e ss.; DOMINIQUE DENIS, *Appellation d'origine et indication de provenance*, ob. cit., pp. 63 e ss.

[17] Sobre as funções da DO e, em particular, a sua função de garantia de qualidade, veja-se: LUCA PETRELLI, "Prodotti DOP e IGP e certificazione", *in Rivista di Diritto*

282 *III Curso de Direito Industrial*

A área geográfica, delimitada [18], é o local de origem do produto, o local de produção, de transformação e de elaboração do produto [19]. Os critérios para a delimitação não são consensuais; o elemento natural (o "terroir" [20]) parece decisivo (isto é, as condições naturais de produção, ligadas ao meio geográfico físico, como o solo, o subsolo, o clima, a exposição solar, etc., mas também o meio humano que utiliza certos processos técnicos e conhece certas tradições), mas a realidade inerente a cada delimitação resulta, tantas vezes, da conjugação de outros interesses. Os produtos originários desta área delimitada devem ser produtos típicos dessa área e reunir determinadas qualidades e características próprias que não se encontram em qualquer outro local [21]. A denominação geográfica não é

Agrario, 1999, n.° 1, pp. 72 e ss.; ANDREA NERVI, "Le denominazioni di origine protetta ed i marchi: spunti per una ricostruzione sistematica", *in Rivista del diritto commerciale e del diritto generale delle obbligazioni*, 1996, Parte prima, pp. 961 e ss.; MARIO LIBERTINI, "Indicazioni geografiche e segni distintivi", *in Rivista del diritto commerciale e del diritto generale delle obbligazioni*, 1996, Parte prima, pp. 1033 e ss.; PATRICK DEBOYSER, "Le marché unique des produits alimentaires", *in Revue du Marché Unique Européen*, 1991, n.° 1, pp. 63 e ss.; RAFAEL PELLICER, "Les premiers pas d'une politique communautaire de défense de la qualité des denrées alimentaires", *in Revue du Marché Unique Européen*, 1992, n.° 4, pp. 127 e ss.; GRÉGOIRE SALIGNON, "La jurisprudence et la réglementation communautaires relatives à la protection des appellations d'origine, des dénominations géographiques et des indications de provenance", *in Revue du Marché Unique Européen*, 1994, n.° 4, pp. 107 e ss.; JEFF FETTES, "Appellations d'origine et indications géographiques: le règlement 2081/92 et sa mise en oeuvre", *in Revue du Marché Unique Européen*, 1997, n.° 4, pp. 141 e ss.; ONNO BROUWER, "Community protection of geographical indications and specific character as a means of enhancing foodstuff quality", *in Common Market Law Review*, 1991, vol. 28, n.° 3, pp. 615 e ss.

[18] Sobre a delimitação da região do Champagne veja-se JEAN-MARIE AUBY/ /ROBERT PLAISANT, *Le Droit des Appellations d'Origine, l'Appellation Cognac*, Paris, 1974, pp. 45 e ss.

[19] Nos termos do CPI (art. 249.°) e da legislação comunitária [Reg. (CEE) n.° 2081/92.

[20] Sobre a noção de "terroir" *vide*, entre outros, JACQUES AUDIER, "Réflexions juridiques sur la notion de terroir", *Bulletin de l'OIV* (1993, n.° 747-748), pp. 423-435, em que o autor defende que "terroir" significa o conjunto dos factores naturais (solo, subsolo, clima, etc.), e MARIO FALCETTI, "Le Terroir. Qu'est-ce qu'un Terroir? Pourquoi l'étudier? Pourquoi l'enseigner?", *Bulletin de l'OIV*, 1994, n.° 757-758, pp. 246 e ss.

[21] Alguma doutrina francesa ao defender que a unicidade ou tipicidade do produto é o fundamento da DO, entende que a sua falta implica o desaparecimento da DO. Na verdade, se for possível obter o mesmo produto, utilizando os mesmos métodos, noutro local, o produto em causa não pode mais ser objecto de uma DO. Com fundamento nesta ideia a jurisprudência francesa recusou a admissão de diversas DO: "Moutarde de Dijon", "Camembert", "Nougat de Montélimar". *Vide* P. ROUBIER, *Le Droit de la Propriété*

Denominações Geográficas

utilizada apenas com a finalidade de indicar a proveniência do produto, mas principalmente para designar um produto determinado (que preenche certas qualidades e características). Assim, nem todo o produto de uma mesma área geográfica delimitada poderá ser distinguido com a DO, dado que não a poderá utilizar se não reunir as qualidades e características estabelecidas. Não basta, nestes termos, delimitar a área de produção. É preciso também determinar as qualidades ou caracteres do produto para ter direito à DO.[22] O produto deve ser obtido e elaborado segundo normas estabelecidas, deverá preencher todas as características exigidas (cada DO deve ter o seu próprio regulamento) e para a consecução de tal objectivo é necessário que exista um organismo especializado para o controlo da aplicação dessa regulamentação[23]. Este organismo de controlo deverá – para além de estar dotado de meios técnicos e humanos – obedecer a critérios de objectividade e imparcialidade[24]; a aplicação do interprofissionalismo (ou aquilo que outros já designaram pelo governo interessado das famílias) neste domínio poderá implicar (se não for rodeado das necessárias cautelas) "confusão" de interesses.

Entre a IP e a DO encontramos a IG. Resulta do CPI (art. 249.°/3) e do Reg. (CEE) n.° 2081/92 que, enquanto que na DO as qualidades e as características dos produtos se devem essencial ou exclusivamente ao

---

Industrielle, Vol. II, 1952-1954, p. 760. MATHELY, *ob. cit.*, p. 878. M. VIVEZ, *Traité des Appellations d'Origine*, RP&RD-A, Paris, 1943, p. 63. J. M. AUBOUIN, *Le droit au nom de Cognac*, Sirey, Paris, 1951, p. 146. Sobre estes e outros exemplos ("Linge basque", "Savon d'huile de Marseille", "Dentelle du Puy", "Raviole du Dauphiné") veja-se A. CHAVANNE/J. J. BURST, *ob. cit.*, pp. 856 e ss.

[22] Com uma posição crítica em relação a esta concepção de território e de produto presentes na DO, veja-se FERDINANDO ALBISINNI, "L'Origine dei Prodotti Agro-alimentari e la Qualità Territoriale", *in Rivista di Diritto Agrario*, Gennaio-Marzo 2000, pp. 23 e ss. O autor começa por referir que as noções de "origem", "tipicidade" e "qualidade" não estão totalmente definidas e não têm um significado unívoco na esfera jurídica. FERDINANDO ALBISINNI é um claro defensor de uma conexão puramente geográfica ou territorial do produto com a região, prescindindo, assim, de qualquer elo qualitativo do produto com a área geográfica (que pode abranger um território muito amplo, por exemplo, todo um país). Por fim, o autor advoga, em coerência com o exposto, a figura da indicação de proveniência geográfica simples ou qualitativamente neutra.

[23] Neste sentido se orienta o regime jurídico das DO em Portugal e na regulamentação comunitária [*vide* o Reg. (CEE) n.° 2081/92]. Se a DO não estiver regulamentada deve-se atender às "condições tradicionais e usuais" (CPI, art. 249.°/5) ou aos "usos leais e constantes" (CPI, art. 250.°).

[24] Sobre este problema e com uma posição crítica, em especial no quadro do Reg. (CEE) n.° 2081/92, *vide* LUCA PETRELLI, "Prodotti DOP e IGP e Certificazione", *in Rivista di Diritto Agrario*, Gennaio-Marzo, 1999, pp. 72 e ss.

meio geográfico compreendendo os factores naturais e humanos, na IG a reputação, uma qualidade determinada ou outra característica podem ser atribuídas a essa origem geográfica, independentemente dos factores naturais e humanos. Na IG o elo que une o produto à região determinada é mais débil que na DO. Ou seja, na IG a reputação do produto (ou uma sua qualidade ou outra característica) pode (basta que possa) ser atribuída à região sem influência directa dos factores naturais e humanos. Por outro lado, aquela menor ligação, na IG, do produto à região determinada resulta, igualmente, da não exigência de que todas as operações de produção, transformação e elaboração ocorram na área determinada (como se estabelece para a DO), bastando que uma delas ocorra na área delimitada. Assim, a IG aparenta uma fisionomia similar à DO (direito privativo com uma fisionomia colectiva). Todavia, a sua estrutura é débil quando comparada com a DO, embora mais elástica.

O Reg. (CEE) n.º 2081/92 e o CPI diferenciam claramente a DO e a IG (veja-se também a noção de IG no art. 22.º/1 do TRIP's), de modo que não podemos falar indiferentemente de uma ou de outra, nem podemos utilizar a IG no sentido de abranger a IP e a DO (embora algumas organizações e certa doutrina a use num sentido amplo abrangendo estas duas figuras). Por outro lado, a DO e a IG contêm uma IP, mas a inversa já não é verdadeira. No domínio da OMC a figura da IG (autonomizada no acordo TRIP's) adquire um relevo especial. Neste fórum discute-se, com particular acuidade, a protecção elevada de que gozam as IG relativas a vinhos e bebidas espirituosas, bem como a implementação de um sistema multilateral de notificação e registo de IG para vinhos. Embora este sistema esteja previsto (art. 23.º/4 do TRIP's) apenas para vinhos existem, neste momento, diversas propostas (essencialmente dos países menos desenvolvidos) no sentido de o alargar a outros produtos (os países industrializados, em regra, opõem-se). A importância económica da IG é incontestável. [25]

---

[25] Sobre esta questão *vide* R. TINLOT/Y. JUBAN, "Différents systèmes d'indications géographiques et appellations d'origine. Leurs relations avec l'harmonisation internationale", ob. cit.; J. AUDIER, "L'application de l'Accord sur les ADPIC par les membres de l'OMC (Section 3: Indications géographiques)", ob. cit.; J. AUDIER, "La caractérisation des vins et spiritueux désignés par une indication géographique au sens de l'Accord ADPIC" *in Bulletin de L'OIV,* 1998, 811-812, pp. 798 e ss.

Denominações Geográficas 285

3. O princípio da especialidade

O ordenamento jurídico português concede uma protecção bastante ampla às DO e às IG. A latitude desta tutela (que tem longa tradição) resulta da necessidade de proteger os interesses económicos dominantes (existem em Portugal diversas DO e IG, algumas delas com prestígio internacional). Ao lado da múltipla legislação avulsa e dos acordos internacionais, o nosso CPI reserva algumas disposições às DO e às IG. O CPI começa por determinar, no art. 251.º/1/a), a aplicação, no domínio das DO e das IG, da proibição geral de falsas IP, directas ou indirectas e qualquer que seja o instrumento utilizado: etiquetas, documentos, rótulos, publicidade, etc. Na alínea b) aquela disposição concede ao titular da DO ou da IG registada o direito de impedir qualquer utilização que constitua um acto de concorrência desleal. No art. 251.º/2 e 3 reserva-se a DO e a IG para os produtos que a elas têm direito e proíbe-se a sua utilização em outros produtos. Na verdade, o n.º 2 reserva a DO e a IG (melhor, as suas palavras constitutivas) para os produtos (típicos, que têm direito à DO ou à IG) provenientes da região delimitada, proibindo-as (por qualquer que seja a forma apresentada) para outros produtos: "As palavras constitutivas de uma denominação de origem ou indicação geográfica legalmente definida, protegida e fiscalizada, não podem figurar, de forma alguma, em designações, etiquetas, rótulos, publicidade ou quaisquer documentos relativos a produtos não provenientes das respectivas regiões delimitadas". De acordo com o n.º 3 a proibição do n.º 2 subsiste ainda que se usem "deslocalizantes" (por ex. "Porto da ilha Terceira"), correctivos (por ex. "tipo queijo da Serra da Estrela") ou qualquer "expressão, apresentação ou combinação gráfica" que possa gerar confusão no comprador.

No campo das marcas funciona o princípio da especialidade, isto é, a marca está protegida em relação a sinais idênticos ou confundíveis para produtos idênticos ou afins àqueles para os quais ela foi registada [arts. 189.º/1/m), e 207.º do CPI]. Assim, em regra, não existe nenhum inconveniente a que a mesma marca seja adoptada também por um terceiro, para produtos inteiramente diferentes daqueles para os quais ela foi registada por outro. Todavia, o nosso CPI, no art. 191.º, admite a excepção ao princípio da especialidade nas marcas de grande prestígio quando a "marca posterior procure, sem justo motivo, tirar partido indevido do carácter distintivo ou do prestígio da marca ou possa prejudicá-los".[26]

---

[26] A excepção ao princípio da especialidade nas marcas de prestígio foi já abordada pelo Tribunal de Justiça das Comunidades Europeias (TJCE) no acórdão de 14 de Setem-

286   *III Curso de Direito Industrial*

Também nas DO e IG valerá um princípio da especialidade? Vimos que nas DO e IG, nos termos do art. 251.°/2 e 3, as palavras constitutivas da denominação se encontram reservadas para os produtos típicos da região determinada. Considerando esta disposição será defensável que nas DO e IG não funcione tal princípio de especialidade? Será proibida a aposição da DO ou IG (seja de prestígio ou não) em quaisquer outros produtos, gozando, assim, de uma protecção absoluta?[27] Se tal princípio for aplicado às DO e IG não se deverão excepcionar as de prestígio (ou de grande prestígio)? Vejamos alguma jurisprudência estrangeira.

O Tribunal de Justiça de Genebra, no seu acórdão de 30/3/90[28], condenou a empresa FCW Genève SA, por vender gel de banho em frascos semelhantes às garrafas de Champanhe e cujas etiquetas continham a expressão "Champagne" ou "Schaumpagner" com a indicação da verdadeira origem. O tribunal entendeu que o consumidor médio não poderia confundir uma garrafa de Champanhe com os frascos que vende a FCW, em virtude de serem produtos diferentes. Considerou ainda que os actos da FCW não implicavam descrédito para o Champanhe, nem estávamos perante uma atitude parasitária, dada a natureza ostensivamente diferente dos produtos. O tribunal vai-se fundamentar no Acordo franco-suíço, de 14/5/74, para a protecção das denominações de origem. Face a este

---

bro de 1999, GENERAL MOTORS, C-375/97, *Colectânea de Jurisprudência* (*CJ*), pp. I-5421 e ss. Veja-se, sobre esta questão, a posição da OMPI (Internet: http://www.wipo.int/) em "Joint Recommendation Concerning Provisions on the Protection of Well-Known Marks" aprovada em Setembro de 1999 pela Assembleia da União de Paris para a Protecção da Propriedade Industrial e pela Assembleia Geral da OMPI. Recentemente a Relação de Lisboa, no acórdão de 8 de Fevereiro de 2001 (Colectânea de Jurisprudência, Ano XXVI, 2001, tomo I, pp. 113 e ss.) vem admitir a diluição de uma marca de prestígio (no caso a marca "Chiquita" destinada a frutos e vegetais frescos, em especial bananas) causada por uma denominação social semelhante de outra empresa ("Chiquita Banana – Estúdio Apoio à Publicidade, Lda", cujo objecto social é a produção e gravação de som, produção de filmes publicitários e outros, venda, aluguer, distribuição e apresentação dos mesmos, etc.). Embora estivesse em causa a apreciação do meio processual utilizado pela autora, a Relação admite o recurso à teoria da diluição da marca fundamentando-se na legislação e jurisprudência norte-americanas.

[27] DOMINIQUE DENIS, *in Appellation d'origine et indication de provenance*, ob. cit., na p. 111, escreve o seguinte: "(..) les tribunaux du monde entier raisonnent sur les fondements du droit des marques, permettant de déposer une marque dans une catégorie de produit 'autre'. Cette conception est à bannir en matière d'appellation, qui doit être protégée de manière absolue, sans aucune référence au principe de spécialité."

[28] Sobre este acórdão *vide* a Revue suisse de la Propriété Intellectuelle, 1990, pp. 371-379, e F. DESSEMONTET, "Utilisation illicite de la dénomination 'Champagne'", *Bulletin de l'OIV*, 1991, n.° 721-722, pp. 241 e ss.

Denominações Geográficas 287

Acordo (art. 2.°) o tribunal vai determinar que os nomes das antigas províncias francesas – ex. Champagne – gozam de uma protecção absoluta (qualquer que seja a natureza das mercadorias ou produtos nos quais estes nomes são apostos – a tutela daquela denominação não é limitada apenas a vinhos). Assim, o tribunal decidiu que a utilização da palavra "Champagne" e da sua tradução alemã "Schaumpagner" contrariavam o art. 2.° do tratado franco-suíço.

Decisão diferente tomou a Cassação italiana em 21/10/1988[29]. Neste caso, as empresas produtoras de Champagne tiveram conhecimento que a firma Franco Zarri Profumerie tinha adoptado, para vender um gel de banho ("bagni schiuma") da sua produção, uma garrafa idêntica (bem como a marca, o nome, a DO, etc.) àquela que aquelas usam para vender Champagne. O tribunal entendeu que não havia contrafacção nem concorrência desleal, logo, deveria ser respeitado o princípio da especialidade. Estava aqui em causa o tratado italiano-francês, de 28/5/1948, renegociado em 28/4/1964, e em tudo análogo ao referido Acordo franco-suíço. A apelação de Bolonha considerou que aquele tratado dizia respeito somente à protecção de produtos no confronto com produtos do mesmo género fabricados no país contraente (os vinhos espumantes italianos não podem chamar-se Champagne). A Cassação também entendeu que tais disposições se aplicavam somente quando se tratasse de outros vinhos apresentados como Champagne. A protecção absoluta, que referimos no parágrafo anterior em relação a um Acordo bilateral semelhante, foi afastada pelos tribunais italianos, num caso análogo.

A decisão de 15/12/93 da Cour d'Appel de Paris[30], condenou a sociedade Yves Saint-Laurent Parfums por distribuir um perfume sob a denominação Champagne. As empresas de Champagne pediram a anulação do registo da marca Champagne com o fundamento de que a comercialização de um perfume com essa designação deturpa e enfraquece a notoriedade da DO. O tribunal baseia-se no art. L 115-5/4 do código de consumo, que

---

[29] Sobre esta decisão veja-se REMO FRANCESCHELLI, "É proprio vero che il nome Champagne è in Italia di libera apropriazione come marchio a designare qualunque produtto che non sia vino spumante?", *Rivista di Diritto Industriale*, Anno XXXVIII, 1989, Parte Seconda, pp. 3 e ss. *Vide*, ainda, REMO FRANCESCHELLI, "Champagne e bagni schiuma, Rolls-Royce e birrerie, o dell'incertezza del diritto", *Rivista di Diritto Industriale*, 1985, II, pp. 458 e ss. e, do mesmo autor, *Sui Marchi di Impresa*, quarta edizione rifatta, Milano, Giuffrè Editore, 1988, pp. 161 e ss.

[30] Veja-se esta decisão, por exemplo, na *Revue Internationale de la Propriété Industrielle et Artistique*, números 175-176, 1.° e 3.° trimestres de 1994, pp. 14 e ss. e 22 e ss.

288   *III Curso de Direito Industrial*

dispõe que "o nome geográfico que constitui a denominação de origem ou qualquer outra menção que a invoca não pode ser empregue para qualquer produto similar (..) nem para qualquer outro produto ou serviço quando essa utilização é susceptível de deturpar ou enfraquecer a notoriedade da denominação de origem". A primeira parte deste texto estabelece uma proibição absoluta para os produtos idênticos ou similares e a segunda, para os outros produtos, limita a proibição aos casos em que a utilização da denominação é susceptível (basta a possibilidade) de deteriorar ou enfraquecer a notoriedade. O tribunal lembrou o artigo L 713-5 do CPI francês que protege a marca "que goze de renome" para além do princípio da especialidade, e referiu o Reg. (CEE) n.° 2081/92, de 14/7, que tutela [art. 13.°/1/a)] as DO e as IG fora do âmbito dos produtos "comparáveis" quando exista exploração da reputação. O tribunal admitiu que a DO Champagne beneficia de uma excepcional notoriedade; que os apelantes ao adoptarem o nome Champagne, "quiseram criar um efeito atractivo ligado ao prestígio da denominação litigiosa"; assim, através de um comportamento parasitário, deturparam a notoriedade de que só os produtores e os negociantes de Champagne podem desfrutar. A Cour d'Appel de Paris entendeu que o registo da marca foi efectuado com o único fim de apropriação do renome e do prestígio da DO, que tal é propício a deturpar a sua notoriedade e, assim, declarou a nulidade da marca Champagne para perfumes.[31]

---

[31] No mesmo sentido se pronunciou o Tribunal de grande instance de Paris, 3è ch., em 13 de Outubro de 2000, no processo COMITÉ INTERPROFESSIONEL DU VIN DE CHAMPAGNE (CIVC) c. SA DELOS et Sté CANTREAU (*vide* esta decisão no *Bulletin d'Information de l'Association Internationale des Juristes du Droit de la Vigne et du Vin*, n.° 26, Juin 2001, pp. 41 e ss.). Estas sociedades DELOS e CANTREAU comercializavam biscoito com as denominações "Biscuits CHAMPAGNE" e "Boudoirs CHAMPAGNE", respectivamente. O Tribunal começou por não aceitar que a designação "Biscuits CHAMPAGNE" tivesse um carácter genérico quer antes do reconhecimento da denominação de origem Champagne para vinhos quer após este reconhecimento (aliás, após o reconhecimento, a lei proíbe que a denominação de origem possa ser considerada uma designação genérica e caia no domínio público). Por outro lado, o Tribunal considera irrelevante a tolerância do CIVC "durant de nombreuses années". De seguida, o Tribunal, fundamentando-se no art. L 115-5/4 do código do consumo (citado no texto), vai proibir a utilização pelas sociedades DELOS e CANTREAU das designações "Biscuits CHAMPAGNE" e "Boudoirs CHAMPAGNE". O Tribunal entende que a aplicação da referida disposição não exige – para produtos diferentes – a prova efectiva de uma deterioração ou enfraquecimento da notoriedade da denominação, mas somente a possibilidade ou o risco de tais efeitos. Tendo em conta que o vinho de Champagne é protegido por uma denominação de origem controlada que beneficia de uma excepcional notoriedade, o Tribunal afirma que através do uso da denominação "Champagne" para comercializar biscoito, do modo da sua

Considerando o disposto no art. 251.º/2 e 3, do CPI, e a atitude proteccionista do nosso legislador no domínio das DO (*vide*, em especial, o regime da degenerescência – art. 256.º do CPI), poderíamos pensar que ele consagrou a tese da protecção absoluta. Esta orientação seria justificável de um ponto de vista económico-social: os produtos com DO (em particular vinhos) têm um peso importante na economia nacional. Contudo, na falta de disposição em contrário entendemos que se deve continuar a seguir a regra: o princípio da especialidade. Assim, a DO encontra-se protegida contra a sua utilização em produtos idênticos ou afins. A sua utilização em produtos de natureza completamente diferente, no caso de DO de prestígio, poderá provocar prejuízos (destruição ou diluição) para a sua eficácia distintiva. Todavia, o CPI não estabelece um regime excepcional para as DO de prestígio.

Por sua vez, o Reg. (CEE) n.º 2081/92 do Conselho, de 14/7/92, relativo à protecção das IG e das DO dos produtos agrícolas e dos géneros alimentícios (não se aplica aos produtos do sector vitivinícola nem às bebidas espirituosas – cf. o art. 1.º), estabelece no seu artigo 13.º/1/a), que "As denominações registadas encontram-se protegidas contra: a) Qualquer utilização comercial directa ou indirecta de uma denominação registada para produtos não abrangidos pelo registo, na medida em que esses produtos sejam comparáveis a produtos registados sob essa denominação, ou na medida em que a utilização dessa denominação explore a reputação da mesma; (..)". Nestes termos, proíbe-se qualquer utilização comercial (parece querer abranger as embalagens, publicidade, documentos comerciais, etc.) *directa ou indirecta* de uma denominação registada para produtos não abrangidos pelo registo, quando esses produtos sejam *comparáveis* a produtos registados sob essa denominação ou, então, quando a utilização dessa denominação pretenda *explorar a reputação* desta mesma denominação. Ou seja, respeita-se, em regra, o princípio da especialidade. Todavia, este princípio terá, provavelmente, que ser repensado na sua aplicação às DO; o âmbito merceológico da tutela das DO poderá ser diferente das

---

apresentação (claramente destacada) e da utilização na embalagem dos referidos produtos de elementos ("seau à champagne, bouchon et flûtes à champagne") que estão associados ao vinho de Champagne (com vista a atrair a atenção do consumidor para essa denominação de prestígio), as sociedades Delos e Cantreau deterioraram a notoriedade que só os produtores e comerciantes de Champagne podem beneficiar na comercialização do vinho com direito a essa denominação de origem. Por fim, o Tribunal refere que a utilização do nome Champagne para designar biscoito é susceptível de enfraquecer a notoriedade da denominação e banalizar o termo Champagne.

290   *III Curso de Direito Industrial*

marcas. De facto, o citado regulamento refere-se a produtos "comparáveis" e não afins, o que implica um estreitamento do princípio da especialidade. Não nos podemos esquecer que as DO identificam, em princípio, produtos inimitáveis, únicos, típicos de uma região determinada. Esta singularidade poderá explicar uma concepção restrita do princípio da especialidade. Mas, para além da tutela em relação aos produtos comparáveis, o citado regulamento prevê a defesa da DO quando haja exploração da sua reputação. Neste último caso pretende-se proteger, de forma especial, as DO ou as IG de prestígio, alargando o âmbito merceológico para além dos produtos comparáveis (excepção ao referido princípio), desde que haja uma *exploração* (aproveitamento indevido) da reputação [32]. Repara-se, por fim, que basta a exploração da reputação, o que parece manifestamente menos exigente do que o consagrado no nosso CPI para a protecção das marcas de grande prestígio (cf. o art. 191.°).

No sentido de que o legislador terá consagrado a tese da protecção absoluta se parece orientar a sentença de 3/12/99, proferida pela 11.ª Vara Cível do Tribunal da Comarca de Lisboa no processo de registo da marca nacional n.° 239 823 (*Boletim da Propriedade Industrial*, n.° 4, 2000, pp. 1761-1762). Neste caso concreto a empresa Miller Brewing Company requereu o registo da marca *"Miller-High Life – The Champagne of Beers"* destinada a cervejas. O Instituto Nacional da Propriedade Industrial entendeu que "pelo facto de se dizer 'The Champagne of Beers' não se infere que aquela cerveja seja originária da região de Champagne". Em nome da DO Champagne veio o Institut National des Appelations d'Origine des Vins et Eaux de Vie, instituto público de direito francês, interpor recurso daquela decisão. O tribunal concede protecção à DO Champagne invocando o seguinte. A DO é um sinal típico de certos produtos ou mercadorias provenientes de uma localidade ou região, assegurando a sua genuinidade, isto é, indicando que eles são originários do local onde foram colhidos, captados, extraídos ou concluído o seu fabrico ou elaboração. Invoca, de seguida, o art. 171.° do CPI de 1940, que corresponde ao art. 251.°/2 e 3, do CPI actual: "as palavras constitutivas de uma denominação de origem legalmente definida, protegida e fiscalizada, não podem figurar, de forma alguma, em designações, etiquetas, rótulos, publicidade ou quaisquer documentos relativos a produtos não provenientes das respectivas regiões delimitadas", referindo ainda o § único que "esta proibição

---

[32] Contra esta interpretação *vide* W. R. Cornish, *Intellectual Property: Patents, Copyright, Trade Marks and Allied Rights*, Fourth Edition, Sweet & Maxwell, 1999, p. 782.

Denominações Geográficas 291

subsiste ainda quando a verdadeira origem dos produtos seja mencionada ou as palavras pertencentes àquelas denominações venham acompanhadas de correctivos, tais como "género", "tipo", "qualidade", "rival de", "superior a", ou de indicação regional especificada (..)"; e acrescenta o tribunal: "quer dizer, palavras integradoras de denominação de origem não podem ser desinseridas dos seus contextos quer geográfico quer gráfico" (referindo-se, a este propósito, ao art. 93.°/11 do CPI de 1940 que proíbe o registo de marcas que contenham falsas indicações de proveniência). Todavia, o tribunal recorreu ainda às normas relativas à concorrência desleal, fundamentando-se no art. 212.°/7.° do CPI de 1940 ("Constitui concorrência desleal... o uso de uma denominação... de origem, registadas, fora das condições tradicionais, usuais ou regulamentares"). Por fim, o tribunal entende que o uso da expressão Champagne na marca em causa é não só proibido pelo citado art. 171.°, mas também pelos arts. 1.°, 2.° e 3.° do Acordo de Lisboa, de 31/10/58, relativo à protecção das DO e seu registo internacional [33]. E, conclui o tribunal: "The Champagne of Beers" é um "apelativo toponímico que é susceptível de transportar uma mensagem subliminar no universo do consumidor e no meio empresarial – a de que a cerveja 'Miller-High Life' constitui o champagne da cerveja. Tais 'correctivos' são desviados e proibidos pelo Acordo de Lisboa e pelo artigo 171.°"" do CPI. Nestes termos, o tribunal decidiu revogar parcialmente o despacho, negando protecção ao registo da marca na parte relativa ao "Champagne of Beers", mantendo-se a protecção de "Miller-High Life". Sem prejuízo do que diremos adiante sobre a concorrência desleal e sobre o art. 93.°/11 [que corresponde ao art. 189.°/1/l), do CPI actual], parece-nos que o tribunal considerando a mensagem significativa que pode transportar a designação "Champagne" (DO de um vinho espumante), isto é, o seu valor comunicativo, entendeu que a sua utilização para distinguir cervejas implicaria um aproveitamento desse valor significativo. Na verdade, o tribunal refere expressamente que se a marca "Miller-High Life – The Champagne of Beers" fosse assim admitida para distinguir cervejas, o consumidor (e mesmo o meio empresarial) poderia entender que essa cerveja constituiria o "champagne da cerveja", ou seja um *primus inter pares*. Quando o tribunal se refere ao "champagne da cerveja" este raciocínio é aplicável a outros produtos (o champagne das águas minerais, o champagne dos perfumes, etc.). O tribunal, para fundamentar a sua decisão recorre, em especial, ao art. 171.° do CPI anterior e ao Acordo de

---

[33] Sobre isto, veja-se Alberto Ribeiro de Almeida, *Denominação de Origem e Marca*, ob. cit., pp. 175 e ss., em especial as pp. 184-187.

Lisboa (arts. 1.°, 2.° e 3.°). Isto é, o tribunal parece interpretar o citado art. 171.° no sentido de que nas DO as palavras constitutivas da denominação se encontram reservadas para os produtos típicos da região determinada, proibindo-se a sua utilização em quaisquer outros produtos – ou seja, nas DO não funcionaria o princípio da especialidade. De facto, repare-se que o tribunal não refere este princípio nem tão pouco se preocupa em determinar se existe semelhança entre os produtos em causa (vinho espumante e cervejas). Parece que consagra a tese da protecção absoluta e, embora o caso concreto diga respeito a uma DO de prestígio, o tribunal não sublinhou este aspecto em especial (aliás, não teria base legal para estabelecer uma diferenciação de tutela).

Pioneira é a sentença proferida pelo 3.° Juízo do Tribunal de Comércio de Lisboa (JTCL), de 20/01/2000, no processo de registo de nome de estabelecimento n.° 34 470 (*Boletim da Propriedade Industrial*, n.° 3/2000, pp. 1206-1207). Na verdade, pela primeira vez um tribunal português concede tutela a uma DO – "Bordeaux" – destinada a identificar vinhos (provenientes da região francesa da Gironde) em relação ao nome de um estabelecimento (que seria constituído por uma designação idêntica àquela DO) destinado à comercialização de perfumes ("Perfumaria Bordeaux"). Ora, o 3.° JTCL percebeu as dificuldades legais. A DO "Bordeaux" identifica vinhos produzidos na região francesa da Gironde. Trata-se de uma DO de prestígio. Todavia, no caso concreto estamos perante a utilização desta designação na identificação de uma perfumaria e de produtos nela comercializados. Vinhos e perfumes não são produtos idênticos, nem similares, nem afins, nem comparáveis; são produtos merceologicamente muito distantes. O Tribunal percebeu que não dispunha, no capítulo das DO, de uma norma protegesse a DO "Bordeaux" neste caso. Mas o Tribunal reconheceu que "A utilização da denominação 'Bordeaux' para identificar uma perfumaria e os produtos nela comercializados é susceptível de enfraquecer o carácter distintivo da referida denominação de origem e de provocar a sua degenerescência"; e mais adiante diz: "A utilização da denominação de origem 'Bordeaux' no nome do estabelecimento recorrido é, pois, susceptível de deteriorar o carácter distintivo dos vinhos da região da Gironde (..)". Mas, qual a via a seguir para tutelar as DO de prestígio? O 3.° JTCL recorre às disposições da concorrência desleal. De facto, o 3.° JTCL pretende demonstrar que a utilização da expressão "Bordeaux" no nome de estabelecimento "Perfumaria Bordeaux" pode fazer concorrência desleal àquela DO. Para o efeito invoca o art. 25.°/1/d), do CPI cuja aplicação depende apenas de o acto de concorrência ser objectivamente desconforme aos padrões de

Denominações Geográficas | 293

lealdade da concorrência [34]. E o tribunal depressa conclui "Da análise do nome do estabelecimento *sub judice* logo ressalta a mera possibilidade de concorrência desleal (..)". O tribunal entende que o público pode acreditar que a empresa que comercializa vinhos com a DO "Bordeaux" vende também perfumes com este nome. Ou seja, admite que existe neste caso um risco de confusão indirecta ou associação quanto à origem. Entende ainda o tribunal que pode haver violação do art. 260.º, alíneas *a*) e *f*); no primeiro caso estamos perante actos de confusão, no segundo perante falsas indicações de proveniência; em qualquer dos casos estamos perante uma indução do público em erro [35]. E, por fim, acrescenta: "E tal confusão ou erro potenciais são suficientes para que deva ser recusado o pedido de registo do nome de estabelecimento" *Perfumaria Bordeaux*, face ao disposto no art. 25.º/1/d), do CPI.

Esta orientação jurisprudencial ainda que nova no campo das DO é já conhecida do direito das marcas. [36] Se, por vezes, os argumentos apre-

---

[34] Neste sentido, JOSÉ DE OLIVEIRA ASCENÇÃO, *Concorrência desleal*, AAFDL, 1994, com Notas de Actualização de JORGE PATRÍCIO PAÚL, AAFDL, Lisboa, 1995, pp. 18 e ss., citado pelo próprio tribunal.

[35] Sobre estes actos *vide* JOSÉ DE OLIVEIRA ASCENÇÃO, ob. cit., pp. 110 e ss. e 160 e ss., bem como, do mesmo autor, "O princípio da prestação: um novo fundamento para a concorrência desleal" *in Concorrência Desleal*, AAVV, Almedina, Coimbra, 1997, pp. 15-16 e 19.

[36] Na verdade, antes da entrada em vigor do novo CPI – cujo art. 191.º tutela as marcas de grande prestígio em relação a produtos ou serviços não semelhantes, verificados certos requisitos – alguma jurisprudência, com o objectivo de conseguir proteger as marcas de prestígio em relação ao seu uso por terceiros em produtos ou serviços não semelhantes, recorreu ao instituto da concorrência desleal. Neste sentido temos o acórdão da Relação de Lisboa (de 3/7/90, *Colectânea de Jurisprudência*, 1990, p. 120-IV). O tribunal defendeu a existência de concorrência desleal entre produtos distintos. O caso era o seguinte: a "The Coca-Cola Company" é titular da marca "Coke" registada para bebidas; a empresa "Riviera..." requereu o registo da marca "Coke" para assinalar produtos para limpeza, higiénicos e de perfumaria. A primeira instância admitiu o registo considerando que os produtos eram diferentes, sem qualquer afinidade e por isso não havia concorrência desleal. A Relação entendeu, em primeiro lugar, que o público poderia ser induzido em erro quanto à origem dos produtos; que havia perigo de descrédito para a empresa titular da marca "Coke" se o produto elaborado pela "Riviera" fosse de fraca qualidade; e que, por fim, a "Riviera" iria beneficiar da publicidade da marca "Coke", o que se traduziria numa atitude parasitária. Este tribunal vai recusar o registo da marca "Coke" pela "Riviera" com base em concorrência desleal, entendendo que a concorrência desleal se pode verificar "entre quaisquer actividades económicas que se insiram no mesmo sector de mercado, independentemente da identidade dos produtos ou serviços". O tribunal defende que é necessário ampliar o "âmbito subjectivo de aplicação da protecção contra a concorrência desleal". O tribunal segue, nesta matéria, o Prof. CARLOS OLAVO. Com esta

294   *III Curso de Direito Industrial*

sentados podem ser aceites – quer para proteger as marcas de prestígio (em relação ao direito anterior) quer para tutelar as DO de prestígio –, a verdade é que é criticável o entendimento que os tribunais tiveram ou têm da concorrência desleal. Na verdade, um dos pressupostos do conceito de concorrência desleal é a existência de um acto de concorrência. [37] Ora, no caso em apreço estão em causa produtos completamente diferentes (não idênticos nem similares): vinhos e perfumes. Ou seja, falta um dos pressupostos da concorrência desleal: um acto de concorrência. Na verdade, entre estes produtos não existe uma relação de concorrência. A empresa

---

mesma orientação veja-se o acórdão da Relação de Lisboa de 28/10/93 e o acórdão do Supremo Tribunal de Justiça de 30/11/94, relativos à marca "Monsieur C. da Rocha" (*Boletim da Propriedade Industrial*, n.º 4, 1995, p. 1367 e ss.). Neste caso o Supremo Tribunal de Justiça reconheceu que se a marca "Monsieur C. da Rocha" se destina a artigos de vestuário e calçado, enquanto que a marca "Monsieur Rochas" se destina a "savons, parfumerie, huiles essentielles, cosmétiques, lotions pour les cheveux, dentifrices", "tais produtos não são idênticos, como é óbvio, e também não se podem considerar afins". Entre os artigos de vestuário e os artigos de higiene pessoal, perfumes e cosméticos, não existe "afinidade confundível". Todavia, o tribunal, considerando que a marca "Rochas" é uma marca francesa muito conhecida e prestigiada, admite a possibilidade de concorrência desleal no caso em apreço, desenvolvendo um raciocínio em todo semelhante ao do caso "Coke". Sobre isto *vide* ALBERTO RIBEIRO DE ALMEIDA, *Denominação de Origem e Marca*, ob. cit., pp. 285-286. Fornecendo outros exemplos *vide* JUSTINO CRUZ, *Código da Propriedade Industrial Anotado*, 2.ª edição, Livraria Arnado, Lda., Coimbra, 1983, pp. 258 e ss. Sobre o recurso, em outros ordenamentos jurídicos, às normas referentes à concorrência desleal para tutelar as marcas de prestígio em relação a produtos ou serviços não semelhantes, veja-se, entre muitos, MONTIANO MONTEAGUDO, *La proteccion de la marca renombrada*, Editorial Civitas, SA, Madrid, 1995, pp. 130 e ss. e 189 e ss.

[37] Como nos diz JORGE PATRÍCIO PAÚL "o acto de concorrência é aquele que é idóneo a atribuir, em termos de clientela, posições vantajosas no mercado" (..) "o que interessa é saber se a actividade de um agente económico atinge ou não a actividade de outro, através da disputa da mesma clientela" ("Os pressupostos da concorrência desleal", *in Concorrência desleal*, AAVV, Almedina, Coimbra, 1997, p. 42). Do mesmo autor *vide Concorrência desleal*, Coimbra Editora, 1965, em especial as pp. 35-42 e 120-128. Nesta obra o autor refere que o acto de concorrência é destinado a atrair clientes, implicará um desvio para uma empresa de uma clientela alheia, isto é de uma empresa concorrente, ou seja de uma empresa que exerce uma actividade económica idêntica ou afim (o que implica, diz ainda o autor, uma identidade ou afinidade dos bens produzidos ou negociados pelas empresas). No mesmo caminho encontramos JOSÉ DE OLIVEIRA ASCENSÃO. Para este autor "é acto de concorrência aquele que possa influir sobre a clientela"; o que importa determinar é se uma certa "actividade no mercado, concretamente, atinge ou não outra empresa"; haverá um acto de concorrência, se este "tiver a idoneidade de atribuir uma posição relativa vantajosa, em termos de clientela". *Vide* JOSÉ DE OLIVEIRA ASCENSÃO, *Concorrência desleal*, ob. cit., pp. 57 e ss., em especial as pp. 59-60. Deste autor veja-se, também, *Direito comercial, direito industrial*, Lisboa, 1988, vol. II, pp. 56 e ss.

que comercializa perfumes ainda que queira estender o seu domínio de actuação (conquistando clientela) não será em prejuízo da empresa que comercializa vinhos – aquela empresa não disputará a clientela desta última. Se não há concorrência entre as empresas em causa, não poderá existir concorrência desleal.[38] Face ao exposto, o 3.° JTCL deformou o conceito de concorrência desleal de modo a incluir nas normas relativas àquele instituto produtos não concorrentes. A tutela das DO de prestígio em relação à sua utilização por terceiros em produtos diferentes não poderá resultar das normas referentes à concorrência desleal. Qual a via a seguir?

O Tribunal de Justiça das Comunidades Europeias (TJCE) já se referiu à necessidade de se preservar a reputação de que goze uma DO. Trata-se, em especial, do acórdão de 16/5/2000, C-388/95, *Colectânea de Jurisprudência (CJ)*, pp. I-3123 e ss. O Tribunal recordou o seu acórdão de 9/6/92, DELHAIZE, C-47/90, *CJ*, pp. I-3669 e ss., em que definiu a função específica da DO: "garantir que o produto que a ostenta provém duma zona geográfica determinada e apresenta certas características particulares". Todavia, neste acórdão de 16/5/2000, o tribunal reconhece uma função de comunicação ou de imagem às DO. O tribunal começa por indicar que a legislação comunitária relativa às DO (quer a legislação vitivinícola quer a relativa a outros produtos agrícolas[39]) pretende valorizar a

---

[38] JORGE PATRÍCIO PAÚL, em *Concorrência desleal*, ob. cit., p. 193, diz: "A utilização, em produtos diferentes, duma marca notória pertencente a outrem, além de não constituir acto de concorrência e, portanto, não provocar qualquer violação do bem jurídico protegido com a repressão da concorrência desleal, não pode ter-se como desleal, já que não existe qualquer princípio de direito positivo que permita considerar tal utilização como contrária às normas e usos honestos do comércio". No sentido de que nestes casos não há concorrência e, logo, fica afastado o instituto da concorrência desleal, veja-se, também, JOSÉ GABRIEL PINTO COELHO "A protecção da marca notória e da marca de reputação excepcional", *Revista de Legislação e Jurisprudência*, ano 92.°, p. 3 e ss., que escreve na pág. 178 o seguinte: "se a marca é utilizada para produtos diferentes daquele para que foi criada, não há concorrência, que, segundo o conceito económico dominante, supõe o exercício do mesmo ramo de negócio, a fabricação ou o comércio do mesmo produto. Se alguém se apropria da marca de grande reputação pertencente a outrem, para com ela designar produtos diferentes, haverá comércio desleal mas não concorrência desleal (*unfair trade, not unfair competition*)". *Vide*, igualmente, PEDRO SOUSA E SILVA, "O princípio da especialidade das marcas. A regra e a excepção: as marcas de grande prestígio", *in Revista da Ordem dos Advogados*, Ano 58, I – Lisboa, Janeiro de 1998, pp. 413-414, n. 79, e ALBERTO RIBEIRO DE ALMEIDA, *Denominação de Origem e Marca*, ob. cit., pp. 286-287, n. 20.

[39] Sobre toda esta regulamentação comunitária veja-se ALBERTO RIBEIRO DE ALMEIDA, *Denominação de Origem e Marca*, ob. cit., pp. 249 e ss.

296   III Curso de Direito Industrial

qualidade dos produtos, de modo a favorecer a reputação dos mesmos, utilizando, para o efeito, a figura das DO que são objecto de uma protecção
particular (cfr. o n.° 53 do acórdão). Mais adiante, o tribunal refere que as
DO integram os direitos de propriedade industrial e comercial. A disciplina das DO protege os seus titulares contra qualquer utilização abusiva
dessas denominações por terceiros que pretendam aproveitar-se da reputação adquirida. Referindo-se ao seu acórdão de 10/11/92, EXPORTUR,
C-3/91, *CJ*, pp. I-5529 e ss., o tribunal sublinha que as DO podem gozar
de grande reputação junto dos consumidores e constituir, para os produtores que preencham os requisitos para as utilizar, um meio fundamental de
obtenção de clientela.[40] De seguida diz expressamente: "A reputação das
denominações de origem é função da imagem que gozam junto dos consumidores. Esta imagem depende, essencialmente, das características
específicas e, mais geralmente, da qualidade do produto. É esta última que
está na base, em definitivo, da reputação do produto".

No caso concreto, o TJCE entendeu que a obrigação de engarrafamento na origem determinada pelo Reino de Espanha em relação ao vinho
Rioja, apesar dos efeitos restritivos sobre as trocas comerciais, se deve
considerar conforme ao direito comunitário se se demonstrar que constitui
um meio necessário e proporcionado susceptível de preservar a grande
reputação de que goza incontestavelmente a DO qualificada Rioja. Por
fim, o tribunal concluiu que a referida obrigação de engarrafamento na origem, "que tem como objectivo preservar a grande reputação do vinho
Rioja mediante um reforço do controlo das suas características particulares e da sua qualidade, é justificada enquanto medida que protege a 'denominación de origen calificada' de que beneficia o conjunto dos produtores
em causa e que reveste para estes uma importância determinante." Esta
"medida é necessária à realização do objectivo prosseguido, no sentido de
que não existem medidas alternativas menos restritivas susceptíveis de o
alcançar".

Relevantes são as conclusões do Advogado-Geral, A. Saggio, de
25/3/99, neste processo C-388/95. O Advogado-Geral considera que a
obrigação de engarrafamento na origem, nos termos da legislação espanhola, viola o art. 34.° do Tratado que institui a Comunidade Europeia
– TCE – (parágrafo 19.°). Contudo, o Advogado-Geral entende que esta
obrigação pode ser justificada, de acordo com o art. 36.° do TCE, por exigências atinentes à protecção da propriedade industrial e comercial e, em

---

[40] Sobre os acórdãos DELHAIZE e EXPORTUR *vide* Alberto Ribeiro de
Almeida, *Denominação de Origem e Marca*, ob. cit., pp. 240 e ss.

Denominações Geográficas

especial, pela exigência de garantir que a DO Rioja cumpra a sua função. Para o efeito, o Advogado-Geral vai verificar não só se o engarrafamento fora da região de produção pode prejudicar a qualidade do produto (parágrafos 24.°-32.°) mas também, e em particular, analisar se tal engarrafamento pode colocar em perigo a reputação da DO Rioja. Na verdade, o Advogado-Geral considera que a DO não tem apenas um objectivo de indicar o lugar de proveniência do produto, mas também o de proteger a reputação que um determinado produto adquiriu no mercado, ou seja, o direito de conservar a reputação deve considerar-se digno de tutela no ordenamento jurídico comunitário. O Advogado-Geral reconhece a necessidade de proteger a reputação de que goze uma DO [41]. Com a finalidade de não prejudicar a reputação da DO Rioja, o Advogado-Geral não aceitou a proposta belga no sentido de que para não afectar essa reputação bastaria que na rotulagem do vinho se indicasse que tinha sido engarrafado numa outra região que não a de origem [42]. É por considerar que a reputação da DO Rioja (ao lado da qualidade deste vinho) pode ser prejudicada, que o Advogado-Geral entende que a proibição de engarrafamento fora da região de origem pode ser justificada pelas normas do TCE. De facto, SAGGIO conclui: tendo em conta a reputação do vinho Rioja e o prejuízo que lhe poderia causar a utilização da DO qualificada no vinho não engarrafado na região de origem e tomando também em consideração a inexistência, no direito comunitário, de instrumentos específicos de protecção para esta situação, considera-se que a legislação espanhola, que exige que o vinho com DO qualificada seja engarrafado *in loco* e constitui, deste modo, uma medida de efeito equivalente a uma restrição quantitativa à exportação nos termos do art. 34.° do TCE, constitui uma medida justificada com base no art. 36.°, por ser destinada a proteger um direito de propriedade industrial e comercial e, concretamente, o direito ao uso exclusivo da DO qualificada Rioja e o direito conexo de conservar íntegra

---

[41] Para o efeito, o Advogado-Geral invoca diversos acórdãos do TJCE: de 23/5/78, HOFFMANN-LA ROCHE, 102/77 (*CJ*, pp. 1139 e ss.); de 10/11/92, EXPORTUR, C-3/91 (*CJ*, pp. I-5529 e ss.); de 13/12/94, C-306/93, SMW WINZERSEKT/LAND RHEINLAND-PFALZ, *CJ*, p. I-5555 e ss.

[42] Para confirmar este ponto de vista, o Advogado-Geral menciona o acórdão EXPORTUR, já citado. Por outro lado, o Advogado-Geral indica outros acórdãos do TJCE em que a protecção da reputação da marca foi o elemento determinante para a decisão do Tribunal: de 11/7/96, BRISTOL-MYERS SQUIBB, C-427/93, C-429/93 e C-436/93, *CJ*, pp. I-3457 e ss.; de 11/11/97, LOENDERSLOOT, C-349/95, *CJ*, pp. 6227 e ss.; de 4/11/97, DIOR, C-337/95, *CJ*, pp. I-6013 e ss. Veja-se, ainda, o acórdão do TJCE, de 12/10/99, UPJOHN, C-379/97, *CJ*, pp. I-6927 e ss., que confirma esta jurisprudência.

a reputação do produto. Ou seja, pretende-se garantir uma utilização adequada da DO (que constitui um direito de propriedade industrial para as empresas produtoras da região) evitando-se que a sua reputação possa ser afectada.

Face ao exposto parece pacífico que se deverá reconhecer a algumas DO uma função de comunicação ou de imagem. A questão que agora se coloca é a seguinte: qual o meio de tutelar a força atractiva, a imagem positiva de que gozam as DO de prestígio em relação à sua utilização por terceiros em produtos diferentes? A imagem positiva de que goze uma DO é um valor económico para os seus titulares, que se esforçaram em oferecer um produto de qualidade, com características e qualidades típicas, únicas e que, porventura, muito investiram na sua promoção. A transferência dessa imagem para produtos diferentes poderá prejudicar o prestígio da DO e provocar a perda dessa imagem positiva.

Como já tivemos oportunidade de verificar, o CPI português, no capítulo das DO, não prevê um regime excepcional para as DO de prestígio [43-44] A este propósito apresentamos a nossa interpretação do art. 251.°/2

---

[43] Todavia, recentemente, o legislador português admitiu o afastamento do princípio da especialidade numa denominação de origem. Trata-se do Decreto-lei n.° 190/2001, de 25 de Junho, que aprova o Estatuto da Denominação de Origem Controlada (DOC) Douro ou Vinho do Douro. De facto, no art. 1.°/5 determina-se que a DOC Douro não poderá ser utilizada em "produtos não vínicos quando a sua utilização procure, sem justo motivo, tirar partido indevido do carácter distintivo do prestígio de que goza a denominação de origem a que se aplica este diploma, ou possa prejudicá-los". O legislador reconhece expressamente que estamos perante uma denominação de origem de prestígio e que a sua tutela poderá estender-se a produtos não vínicos (ou seja, afasta-se o princípio da especialidade), desde que se verifiquem certas condições (muito semelhantes às consagradas no art. 191.° do CPI). A redacção deste preceito, contudo, enferma de um erro (provavelmente é um mero lapso) quando se lê "do carácter distintivo do prestígio" e deveria ler-se "do carácter distintivo <u>ou</u> do prestígio", pois só assim se pode compreender a norma, bem como o uso do plural na parte final do preceito "ou possa prejudicá-<u>los</u>". Por outro lado, o art. 1.°/4 parece consagrar uma concepção estreita do princípio da especialidade, como no texto escrevemos. Na verdade, nos termos desta disposição a DOC Douro está protegida em relação a "vinhos e produtos vínicos que não tenham direito ao uso desta denominação". Considerando que a DOC Douro abrange (nos termos do art. 1.°/1, 2 e 3) vinhos (incluindo licorosos e espumantes) e aguardente, a expressão "e produtos vínicos" (no citado art. 1.°/4) não engloba muito mais do que aguardentes.

[44] Em sentido inverso encontramos, designadamente, o Art. L. 115-5, 4.° parágrafo, do *Code de la consommation* francês, que dispõe o seguinte: "Le nom géographique qui constitue l'appellation d'origine ou toute autre mention l'évocant ne peuvent être employés pour aucune produit similaire, sans préjudice des dispositions législatives ou réglementaires en vigueur au 6 juillet 1990, ni pour aucune autre produit ou service

Denominações Geográficas 299

e 3, do CPI. Por outro lado, e como igualmente já vimos, a tutela das DO de prestígio em relação à sua utilização por terceiros em produtos diferentes não poderá resultar das normas referentes à concorrência desleal. Igualmente não nos parece possível "forçar" o art. 189.º/1/l), do CPI, quando proíbe o registo de marca que contenha sinais que possam induzir o público em erro quanto à proveniência geográfica do produto ou serviço a que a marca se destina. A este propósito JUSTINO CRUZ, ob. cit., p. 261, refere que se poderia pensar em recorrer ao art. 93.º/11 [do CPI de 1940, equivalente ao actual 189.º/1/l)], mas logo indica que "esta solução parece que apenas será aceitável dentro de limites restritos: marcas que respeitem contudo a actividades que pela sua natureza, pelo equipamento utilizado, pelo seu carácter complementar ou por quaisquer outras razões o público possa efectivamente relacionar entre si". Quando estão em causa produtos completamente diferentes – por exemplo vinhos e perfumes – não existe qualquer possibilidade de confusão do consumidor quanto à identidade da origem dos produtos.

Mas ainda que não exista tal possibilidade de indução do consumidor em erro, será que o princípio da verdade – como nos diz M. NOGUEIRA SERENS, ob. cit., pp. 50-51, n. 14 – é violado quando se utiliza o nome de um local conhecido ou famoso ("Bordeaux" ou "Champagne") causando-se assim impacto ou atracção junto do consumidor? O autor, nesta hipó-

---

lorsque cette utilization est susceptible de détourner ou d'affaiblir la notoriété de l'appellation d'origine". Com o objectivo de proteger as indicações de proveniência geográfica que gozem de reputação, ainda que não fora do quadro do princípio da especialidade (não parece, na nossa opinião, ser essa a finalidade da norma), mas sim nos casos em que apesar de a indicação ser falsa não existe risco de engano ou confusão, encontramos a lei alemã, a Gesetz über den Schutz von Marken und sonstigen Kennzeichen (Markengesetz – MarkenG) vom 25. Oktober 1994, § 127 (3), "Genießt eine geographische Herkunftsangabe einen besonderen Ruf, so darf sie im geschäftlichen Verkehr für Waren oder Dienstleistungen anderer Herkunft auch dann nicht benutzt werden, wenn eine Gefahr der Irreführung über die geographische Herkunft nicht besteht, sofern die Benutzung für Waren oder Dienstleistungen anderer Herkunft geeignet ist, den Ruf der geographischen Herkunftsangabe oder ihre Unterscheidungskraft ohne rechtfertigenden Grund in unlauterer Weise auszunutzen oder zu beeinträchtigen." Parece que se enquadram nesta norma aqueles casos em que o consumidor não é induzido em erro quanto à proveniência porque não acredita que o produto ou serviço provenha daquele local, mas é atraído por aquele produto ou serviço (ou seja a sua decisão de escolha) em virtude da reputação de que goza aquele nome geográfico. Neste sentido, a propósito das marcas compostas por nomes geográficos (que não correspondem ao lugar onde o empresário se encontra estabelecido) mas que são lugares conhecidos, *vide* M. NOGUEIRA SERENS, *A "Vulgarização" da Marca na Directiva 89/104/CEE, de 21 de Dezembro de 1988 (id est, no nosso direito futuro)*, Coimbra, 1995, pp. 47 e ss., n. 14.

tese, ainda exige que os "consumidores (possam) razoavelmente supor que o seu lugar (*id est,* o dos produtos) de produção é aquele que a marca indica". Mais interessante – como aliás M. Nogueira Serens parece admitir no final da citada nota 14 – é a situação em que o consumidor, embora não induzido em erro, é atraído por (escolhe) certos produtos ou serviços em virtude de os mesmos ostentarem nomes de lugares famosos ou conhecidos e, nestes termos, haver prejuízo para os concorrentes. Ou seja, a protecção dos concorrentes seria suficiente para justificar a proibição de aposição num produto de indicações erradas quanto à sua origem geográfica ou, por outras palavras, a protecção das indicações geográficas deve ser igualmente assegurada quando a proveniência do produto não tiver influência sobre a decisão de compra do consumidor. Nestes casos, M. Nogueira Serens defende o recurso à cláusula geral do art. 212.° do CPI (refere-se ao código de 1940, agora é o art. 260.°) e ao Código da Publicidade (designadamente o art. 11.°). Todavia, e mais uma vez, os vinhos ou os comerciantes de vinho (por exemplo "Bordeaux") não concorrem com perfumes ou com os comerciantes de perfumes (por exemplo "Bordeaux").

Chegados a este ponto parece-nos que só restam dois caminhos.

Em primeiro lugar, aguardar por uma alteração ao CPI que consagre a possibilidade de as DO de prestígio, em certas condições, serem protegidas contra a sua utilização em produtos diferentes. Na verdade, a proposta de alteração do CPI[45] vem consagrar a figura das DO ou IG de prestígio, alargando o seu âmbito merceológico de protecção. De facto, o art. 315.°/4 da proposta determina que "Será igualmente proibido o uso de Denominação de Origem ou Indicação Geográfica com prestígio em Portugal ou na Comunidade para produtos sem identidade ou afinidade, sempre que o uso das mesmas procure, sem justo motivo, tirar partido indevido do carácter distintivo ou do prestígio da Denominação de Origem ou da Indicação Geográfica anteriormente registada ou possa prejudicá--las". Cremos que esta norma – se futuramente vier a ser admitida no nosso sistema jurídico – corresponde de uma forma muito mais acentuada aos interesses nacionais e regionais do tráfico do que a disposição análoga estabelecida para a marca (art. 191.° do CPI actual).

O outro caminho poderia traduzir-se na aplicação por analogia (*id est* nos termos do art. 10.°/1 e 2, do Código Civil) do art. 191.° do CPI. Ou seja, aplicar o regime que o CPI prevê para a tutela das marcas de grande prestígio às DO que gozem igualmente de grande prestígio. Sublinhe-se,

---

[45] *Vide* esta proposta em Internet: www.inpi.pt/novo/CPI.doc.

Denominações Geográficas 301

todavia, que este expediente só seria necessário em relação às DO e às IG não abrangidas pelo Reg. (CEE) n.º 2081/92 do Conselho, de 14/7/92; na verdade, as denominações englobadas por este diploma estão protegidas contra a sua utilização em produtos diferentes, nos termos do art. 13.º/1/a), como já vimos. Contudo, a aplicação analógica do art. 191.º do CPI às DO de prestígio encontra um obstáculo legal: o art. 11.º do Código Civil ("As normas excepcionais não comportam aplicação analógica...").[46] E, de facto, parece-nos, o art. 191.º do CPI é uma norma excepcional: o princípio é o da especialidade [arts. 189.º/1/m), e 207.º, do CPI]. Na verdade, a tutela das marcas de prestígio em relação a produtos não idênticos ou semelhantes vai contra um princípio fundamental ou informador do sistema de marcas (o citado princípio da especialidade). Assim, "se há uma regra e uma excepção, e surge um caso cuja disciplina se procura, esse caso é naturalmente abrangido pela regra, como regra que é. A excepção está delimitada para os casos para que foi estabelecida e não tem elasticidade para abranger novas situações"[47]. Todavia, e como refere A. CASTANHEIRA NEVES[48], deve-se, por vezes, sacrificar "a estética construtivo-intelectual às indeclináveis exigências da *praxis* real". O mesmo autor mais adiante escreve: "o que justifica a analogia em geral justificará igualmente a aplicação analógica de normas excepcionais, sempre que (..) a *eadem ratio* da norma excepcional ou do seu regime de excepção se puder afirmar quanto a outros casos não expressamente previstos nessa norma. O que não quer dizer que seja fácil o exacto reconhecimento dessa *eadem ratio* (..)". De seguida, citando CANARIS, o autor diz: "quando o legislador impõe aqui ao juiz que trate de modo diferente casos juridicamente semelhantes, obriga-o portanto a uma *infracção contra o supremo mandamento da ideia de direito, o mandamento da igualdade de tratamento* – toda a proibição da analogia tem por isso *prima facie* algo de escandaloso

---

[46] Sobre esta questão veja-se, Paulus, D. 1. 3. 16.: "O direito singular é o que foi introduzido contra o teor da razão pela autoridade dos que o constituem, por causa de alguma utilidade". *Vide* A. SANTOS JUSTO, *Direito Privado Romano – I*, STVDIA IVRIDICA, 50, Coimbra Editora, Agosto de 2000, p. 40; J. BAPTISTA MACHADO, *Introdução ao Direito e ao Discurso Legitimador*, Almedina, Coimbra, 1985, pp. 94-95; KARL LARENZ, *Metodologia da Ciência do Direito*, Fundação Calouste Gulbenkian, 2.ª edição, 1989, pp. 427 e ss.; A. CASTANHEIRA NEVES, *Metodologia Jurídica – Problemas fundamentais*, STVDIA IVRIDICA, 1, Coimbra Editora, 1993, p. 273.

[47] J. OLIVEIRA ASCENSÃO, *O Direito, introdução e teoria geral*, 10.ª Edição, Revista, Livraria Almedina, Coimbra, 1997, p. 450. Veja-se, também, A. SANTOS JUSTO, *Introdução ao Estudo do Direito, Parte Especial*, pp. 135 e ss., lições policopiadas, 1990.

[48] Ob. cit., p. 274.

e *necessita de uma particular justificação*". E, conclui A. Castanheira Neves, "o fundamento normativo da analogia não se suspende perante as normas excepcionais"[49]. E de nada vale invocar que o caso concreto que estamos a analisar (*id est*, o afastamento do princípio da especialidade nas DO de prestígio) corresponde a uma situação de privilégio ou de radical exclusividade (casos em que se poderá justificar a proibição de analogia). Na verdade, no quadro das próprias DO já foi admitido o afastamento do princípio da especialidade em relação às DO de prestígio englobadas pelo Reg. (CEE) n.º 2081/92 do Conselho, de 14/7/92, como já tivemos oportunidade de estudar[50]. Aliás, parece que se poderá admitir – considerando as razões agora apresentadas – que em vez de se aplicar analogicamente o art. 191.º do CPI se aplique – e até por maioria de razão em virtude de estarmos perante o mesmo direito de propriedade industrial – por analogia o art. 13.º/1/a), do referido Reg. (CEE) a outros produtos (por exemplo vínicos) para além dos produtos agrícolas e dos géneros alimentícios a que esta disposição se destina. Aliás, acrescente-se ainda, o Reg. (CEE) n.º 2081/92 disciplina DO e IG relativas a produtos que gozam no mercado, em regra, de uma menor relevância económica em comparação com as DO de produtos vitivinícolas. Este Reg. refere expressamente no seu 8.º considerando que para os vinhos e para as bebidas espirituosas se "pretende estabelecer um nível de protecção mais elevado". Ora, se o citado Reg. em relação às DO e às IG que disciplina admite o afastamento do princípio da especialidade, não se compreende que as DO que merecem um "nível de protecção mais elevado" (vinhos e bebidas espirituosas) não vejam a sua tutela reforçada quando gozem de prestígio.

4. A degenerescência

A transformação de uma DO[51] em designação genérica, no nosso ordenamento jurídico, encontra um forte obstáculo legal. Na verdade, o art. 256.º do CPI consagra uma excepção tão ampla que a regra vê a sua

---

[49] Veja-se, ainda, do mesmo autor, "O princípio da legalidade criminal", *in Digesta*, Volume 1.º, Coimbra Editora, 1995, pp. 349 e ss.

[50] Tivemos, igualmente, oportunidade de verificar que recentemente no âmbito das denominações de origem vinícolas foi já admitido o afastamento do referido princípio da especialidade; referimo-nos ao Decreto-lei n.º 190/2001, de 25 de Junho, que aprova o Estatuto da Denominação de Origem Controlada (DOC) Douro ou Vinho do Douro.

[51] O raciocínio que aqui se desenvolve para a DO é igualmente válido para a IG.

Denominações Geográficas 303

aplicação muito limitada. A degenerescência é afastada nas DO relativas a produtos vinícolas[52], a águas mineromedicinais e a demais produtos cuja DO seja objecto de legislação especial de protecção e fiscalização. A maioria das DO nacionais não vinícolas nem relativas a águas mineromedicinais, são objecto de legislação especial de protecção e fiscalização. Aliás, muitas destas DO estarão abrangidas pelo Reg. (CEE) n.° 2081/92, de 14/7, que estabelece no seu art. 13.°/3 que "as denominações protegidas não podem tornar-se genéricas". Não consente qualquer excepção. Assim, a possibilidade do reconhecimento jurídico da degenerescência da DO fica praticamente limitada a alguns (muito escassos) produtos industriais e artesanais (que não sejam objecto de legislação especial de protecção e fiscalização) que beneficiem de uma DO.[53] Esta perspectiva legal é

---

[52] Proibição reafirmada no Decreto-lei n.° 190/2001, de 25 de Junho, que aprova o Estatuto da Denominação de Origem Controlada (DOC) Douro ou Vinho do Douro, no art. 1.°/7, que reza assim: "A DOC Douro a que se aplica o presente diploma é imprescritível e não pode tornar-se genérica".

[53] Todavia, deve-se ainda ter em consideração um outro limite à degenerescência: o resultante de convenções internacionais. Nos termos do art. 6.° do Acordo de Lisboa, de 31 de Outubro de 1958, relativo à protecção das denominações de origem e seu registo internacional, "Uma denominação admitida à protecção num dos países da União Particular, segundo as normas previstas no artigo 5.°, não poderá nele ser considerada genérica enquanto se encontrar protegida como denominação de origem no país de origem". Assim, uma DO uma vez protegida num Estado parte do Acordo de Lisboa, nos termos do art. 5.°, não pode mais ser considerada como genérica nesse país enquanto for protegida como DO no país de origem. Sobre esta norma *vide* G. RONGA, "L'arrengement de Lisbonne du 31-10-1958, concernant la protection des appellations d'origine et leur enregistement international", 1967, *Revue Trimestrielle de Droit Commercial,* Tome XX, Année 1967, pp. 425 e ss. Por outro lado, o Acordo de Madrid, de 14 de Abril de 1891, relativo à repressão das falsas indicações de proveniência nas mercadorias, determina no seu art. 4.° o seguinte: "Aos tribunais de cada país cumpre decidir quais as denominações a que, em virtude do seu carácter genérico, não se aplicam as disposições do presente Acordo, mas as denominações regionais de proveniência dos produtos vinícolas não ficam compreendidas nas excepções estabelecidas neste artigo". Nos termos desta disposição é competência dos tribunais de cada país decidir quando é que uma denominação tem carácter genérico não sendo, por isso, abrangida por este Acordo. A esta regra tem que se excepcionar as denominações regionais de proveniência dos produtos vinícolas, resultante da parte final do mesmo preceito. Estas denominações não podem ser consideradas como genéricas pelos tribunais de qualquer país parte do Acordo; a disposição referida protege-as contra a degenerescência. Sobre o âmbito de aplicação deste art. 4.° *vide* ALBERTO RIBEIRO DE ALMEIDA, *Denominação de Origem e Marca,* ob. cit., pp. 163-169. Sobre o regime estabelecido no Acordo TRIP's leia-se o art. 24.°/6 (se um Estado membro da OMC considerar uma IG – de um outro Estado membro – como designação genérica, não está obrigado a protegê-la) e ainda o art. 24.°/9 (IG que tenham caído em desuso no país de origem).

304 *III Curso de Direito Industrial*

exageradamente proteccionista. Todavia, para além desta limitada possibilidade, julgamos que na prática não se pode evitar a degenerescência; mas, mesmo nesta hipótese, o uso da DO só será possível em relação aos produtos que respeitem as condições a que está sujeita a utilização da DO. Quando e em que termos é que se verifica a transformação da DO em designação genérica? Sublinhe-se, desde já, que não é fácil determinar tal transformação. No campo das marcas têm sido apresentados alguns critérios. Duas linhas podem ser seguidas: uma objectiva outra subjectiva.

Numa perspectiva objectiva, o desaparecimento da eficácia distintiva da DO é um facto que a constatação impõe, e verifica-se quando a DO se torna uma denominação usual e genérica de um determinado tipo ou espécie de produtos, quando perde a função referenciadora de uma região ou localidade, de um produto com certas características típicas, únicas, proveniente de uma certa região. A degenerescência só se pode conceber se diversos produtos considerados pelo público do mesmo tipo, provenientes de diversos locais (não sendo esta proveniência significativa aos olhos do público), estão em concorrência no mercado. Para se admitir a transformação da DO num termo genérico basta o ponto de vista dos consumidores [o uso que fazem da DO na linguagem oral (passando a fazer parte do vocabulário corrente) e escrita[54]] ou deve tal transformação ser efectiva em todos os meios interessados, isto é, tanto para o conjunto dos consumidores como para os concorrentes, produtores e retalhistas? A orientação objectiva, no domínio das marcas, compreendeu que se se tivesse em consideração unicamente a atitude dos consumidores seriam as marcas afamadas que mais sofreriam[55]. Neste sentido, tem admitido a degenerescência exigindo uma vulgarização total, i. e., não só para os consumidores, mas também para os meios comerciais. Entendemos que a degenerescên-

---

[54] *Vide* o art. 10.° do Reg. (CE) n.° 40/94, de 29/12/93, bem como o art. 1.°/6 do Decreto-lei n.° 190/2001, de 25 de Junho, que aprova o Estatuto da Denominação de Origem Controlada (DOC) Douro ou Vinho do Douro. Nestas disposições proíbe-se, respectivamente, a reprodução da marca comunitária ou da DOC Douro quando dê a impressão de que constituem (a marca ou a DOC) denominações genéricas. Contudo, é interessante verificar que o âmbito de aplicação do citado art. 10.° se limita a dicionários, enciclopédias ou obras de consulta semelhantes, enquanto que o referido art. 1.°/6 do Decreto-lei n.° 190/2001, engloba dicionários, enciclopédias, obras de consulta semelhantes ou publicidade.

[55] Na jurisprudência norte-americana já se admitiu a vulgarização de uma marca tendo unicamente em consideração o ponto de vista dos consumidores – foi o que se verificou nos casos Thermos, Aspirin e Cellophane. *Vide* S. LADAS, *Patents, Trademarks and Related Rights – National and International Protection*, Massachusetts, 1975, p. 1168.

Denominações Geográficas 305

cia só se poderá admitir se uma parte substancial do público consumidor e dos meios comerciais interessados perceber a DO como uma designação genérica. Mas bastará este requisito? A vontade do titular da DO não é chamada à colação? Para a concepção objectiva a vontade do titular não é relevante; o titular nada pode fazer. A degenerescência é uma realidade sociológica, uma situação objectiva resultante de circunstâncias fortuitas. A perda da marca (ou da DO) não é uma sanção de um comportamento ou de uma negligência, mas o respeito de uma necessidade social. Se desaparece a eficácia distintiva desaparece igualmente o direito, evitando que se estabeleça um monopólio de produção em favor do titular do sinal.[56] É devido a esta concepção que nos EUA as DO europeias têm tido dificuldade em obter protecção[57]. Os tribunais norte-americanos consideram uma DO como genérica ou semigenérica tendo em conta essencialmente a opinião do público.[58]

Numa perspectiva subjectiva o desaparecimento do direito só pode resultar da vontade do seu titular. A vontade pode ser entendida de duas formas: como fundamento da degenerescência ou como excepção à degenerescência. A vontade como fundamento da degenerescência exige uma intenção clara da parte do titular do direito no sentido de aceitar a perda do seu direito. O abandono do direito não se presume, não se aceita que a renúncia tácita ou a tolerância de abusos cometidos por terceiros ponham em risco o direito. Se falta uma intenção de abandono, a DO não cai; mesmo que na prática se tenha tornado uma designação genérica, o seu uso

---

[56] A tese objectiva desenvolveu-se principalmente no direito norte-americano no domínio das marcas. Esta posição não prevaleceu nos países europeus. Em França é rejeitada. A Itália, pelo contrário, seguiu, até muito recentemente, uma orientação objectiva (Dec. de 21/6/1942, art. 41.° – a doutrina seguia o legislador). Entre nós, e seguindo uma posição que nos parece ir na linha da anterior legislação italiana, temos FERRER CORREIA, *Lições de Direito Comercial*, UC, 1973, p. 358, n. 2. Num caminho objectivo encontramos, igualmente, M. NOGUEIRA SERENS, ob. cit.

[57] *Vide*, entre outros, PETER M. BRODY, "'Semi-generic' Geographical Wine Designations: Did Congress Trip Over TRIPs?", ob. cit.

[58] É com base na opinião do público consumidor e em enciclopédias e revistas da especialidade que os tribunais norte-americanos têm decidido alguns processos relativos a DO europeias. No processo "The Institut national des appellations d'origine des vins et eaux-de-vie v. Vintners International Company, Inc." [958 F. 2d (Fed. Cir. 1992)], relativo à marca "Chablis with a Twist", o tribunal entendeu que a denominação "Chablis" era um termo genérico. No processo "Quadry Winery, Inc." [221 USPQ 1213 (TTAB 1984)] foi recusado o registo da marca "Essensia" para um vinho da Califórnia por ser idêntica a "Essensia" que é um tipo raro de Tokay húngaro (Tokay é uma DO húngara), que os consumidores entendiam como um produto proveniente da Hungria.

306 III Curso de Direito Industrial

pelos concorrentes continua interdito. Para esta tese basta a continuação do uso da DO para demonstrar a vontade de preservar o direito, afastando--se qualquer hipótese de renúncia. A vontade como excepção à degeneres-cência implica do titular do direito uma intervenção activa que funcionará como o único obstáculo à perda do direito. Se o titular do direito se esforça por impedir a transformação da DO em designação genérica (agindo con-tra os consumidores e os concorrentes) parece injusto que dela seja pri-vado. A perda do direito resulta da realidade sociológica que não se pode afastar ou ignorar, mas essa consequência jurídica pode não funcionar se o titular do direito desencadeou uma defesa activa. É um temperamento da teoria objectiva. Procura-se um equilíbrio entre o respeito pelo direito do titular do sinal e o interesse geral do comércio.

Feito este percurso, vejamos a posição do nosso ordenamento jurí-dico.[59] Nos termos do art. 256.° a transformação de uma DO ou IG em designação genérica de um sistema de fabrico ou de um tipo determinado de produtos (conhecidos exclusivamente por aquela denominação ou indi-cação) será apreciada "segundo os usos leais, antigos e constantes do comércio". No Parecer da Câmara Corporativa[60] defende-se que a DO só se converteria em designação genérica se se verificassem dois requisitos: que a DO se tenha tornado na designação única e necessária do produto e que os proprietários da DO tenham dado o seu consentimento ao emprego generalizado do nome. Em virtude das normas legais sobre as DO não se terem alterado substancialmente com o novo CPI, e até a degenerescência ter sido afastada em maior número de casos em consequência do Reg. (CEE) n.° 2081/92, não faltará quem defenda que a opinião do citado Parecer continua perfeitamente aplicável. Julgamos, todavia, que em face das alterações verificadas no domínio das marcas (em que o subjectivismo é atenuado), da dinâmica da vida comercial e para evitar monopólios na

---

[59] O legislador nacional, no campo das marcas, orienta-se por uma posição subjec-tiva. Nos termos do art. 216.°/2/a) do CPI "O registo caduca ainda se, após a data em que o registo foi efectuado: a) A marca se tiver transformado na designação usual no comér-cio do produto ou serviço para que foi registada, como consequência da actividade ou inac-tividade do titular; (..)". Vide, igualmente, a Directiva n.° 89/104/CEE, relativa às marcas [art. 12.°/2/a)], e o Reg. (CE) n.° 40/94, sobre a marca comunitária [art. 50.°/1/b)]. Estas normas parecem exigir dois requisitos: aquisição do carácter genérico ou usual de forma generalizada e responsabilidade do titular da marca. Uma atitude subjectiva, embora a res-ponsabilidade possa ser activa ou passiva e, neste sentido, a vontade funciona não só como fundamento, mas também como excepção à degenerescência, o que corresponde a uma posição mais equilibrada.

[60] Diário das Sessões, 147, 1937, pp. 143 e ss.

Denominações Geográficas 307

utilização de DO que já não correspondem ao seu sentido original, se deve adoptar uma posição não tão extremada.

Refira-se que o primeiro requisito exigido pelo Parecer encontra algum apoio na letra do art. 256.º/1, parte final: "conhecidos exclusivamente por aquela denominação ou indicação". Se existem outros nomes apropriados para descreverem os produtos parece que já não se poderá dizer que a denominação se tornou na designação única e necessária do produto. Julgamos que não é imperioso que a DO seja a única designação do produto, basta que passe a ser a designação genérica do produto. Por outro lado, o Parecer defende que só a vontade pode ser fundamento de degenerescência. Entendemos que o elemento fundamental é a percepção da DO pelo público e pelos meios comerciais. Se uma parte substancial do público consumidor e dos meios comerciais interessados perceber a DO como uma designação genérica, deve a DO deixar de ser protegida. Todavia, deve-se ter em consideração a actuação dos titulares da DO. Estes devem ser diligentes na salvaguarda dos seus direitos. Mas esta reacção, entendemos, deve ser atempada, i. e., deve ser desencadeada a tempo de evitar a degenerescência. Tendemos a seguir a concepção em que a vontade funciona como excepção à degenerescência, concedendo prevalência aos interesses do comércio e não aos interesses monopolistas de alguns, mas o quadro legal estabelecido para as DO é muito proteccionista.[61]

A transformação de uma DO em designação genérica foi objecto, recentemente, de uma decisão do TJCE. Trata-se do acórdão de 16/3/1999, relativo à denominação "feta"[62]. Estava aqui em causa a anulação do Reg. (CE) n.º 1107/96 da Comissão, de 12/6/1996, relativo ao registo das IG

---

[61] Problema ainda mais delicado é a reaquisição do carácter distintivo. NORMA DAWSON, "Locating Geographical Indications – Perspectives From English Law", ob. cit., pp. 604, a este propósito escreve assim: "The process of rollback of generic terms is the most difficult issue surrounding the legal protection of geographical indications". Sobre isto *vide* o que acima dissemos sobre o Acordo entre a Comunidade Europeia e a Austrália sobre o comércio de vinho e o Acordo de Comércio, Desenvolvimento e Cooperação entre a Comunidade Europeia e os seus Estados-membros, por um lado, e a República da África do Sul, por outro. Aliás, só no quadro de acordos bilaterais ou multilaterais (em que existem diversos interesses comerciais) tem sido possível a protecção de denominações de origem em países que as consideravam como designações genéricas. Todavia, deve dizer-se, trata-se de um modo artificial de reaquisição de poder distintivo (pelo menos numa fase inicial).

[62] Processos apensos C-289/96, C-293/96 e C-299/96, Reino da Dinamarca e o. contra Comissão das Comunidades Europeias (Col. Jur., pp. I-1541 e ss.).Sobre este acórdão *vide:* DAVID KITCHIN, DAVID LLEWELYN, JAMES MELLOR, RICHARD MEADE, THOMAS MOODY-STUART, THE HON. SIR ROBIN JACOB, *Kerly's Law of Trade Marks and Trade Names*, thirteenth edition, London, Sweet & Maxwell, 2001, pp. 308-309; LUIGI COSTATO,

308 III Curso de Direito Industrial

e DO nos termos do procedimento previsto no art. 17.° do Reg. (CEE) n.° 2081/92, na parte em que procede ao registo da denominação "feta" como DO protegida. A Dinamarca, a Alemanha e a França pretendiam a anulação do referido Reg. com fundamento, essencialmente, no carácter genérico da designação "feta". O TJCE considerando que a Comissão não teve em conta todos os factores que estava obrigada a tomar em consideração por força do art. 3.°/1, 3.° parágrafo, do Reg. (CEE) n.° 2081/92, com vista a determinar se a designação "feta" é ou não genérica, decidiu que o Reg. (CE) n.° 1107/96 é anulado na parte em que procede ao registo da denominação "feta" como DO protegida. Em consequência desta decisão o Reg. (CE) n.° 1070/99 da Comissão, de 25/5, vem determinar a supressão da denominação "feta" do Registo das DO protegidas e das IG protegidas, bem como do anexo do Reg. (CE) n.° 1107/96. Todavia, esta anulação fundamentou-se em erros de procedimento e não em razões de fundo; assim o n.° 3 do art. 1.° do citado Reg. (CE) n.° 1070/99 determina, nos termos do art. 17.°/3 do Reg. (CEE) n.° 2081/92, que a denominação "feta" continua protegida a nível nacional até à data em que for tomada uma decisão ("decisione in merito" diz o texto italiano do regulamento) sobre o seu registo. Aliás, do arrazoado do acórdão resulta uma clara vontade do Tribunal em evitar decidir esta questão (que implicava uma opção no domínio dos critérios da degenerescência). Por outro lado, este acórdão do TJCE contraria decisões anteriores deste órgão. Na verdade, o TJCE nos seus acórdãos de 16/7/1998 [63] e de 4/5/1999 [64] permite o recurso a sondagens de opinião; e no acórdão de 10/11/1992 [65] defende que se deve atribuir prioridade à situação no Estado-membro de origem. Ora, estes pressupostos não são ponderados da mesma forma neste acórdão "feta" [66].

"Brevi note a proposito di tre sentenze su circolazione dei prodotti, marchi e protezione dei consumatori", *in Rivista di Diritto Agrario*, Aprile-Giugno, 1999, pp. 157 e ss.; ALESSANDRA DI LAURO, "Denominazione d'origine protetta e nozione di denominazione generica: il caso FETA", *in Rivista di Diritto Agrario*, Aprile-Giugno, 1999, pp. 161 e ss.

[63] Gut Springenheide GmbH, Proc. C-210/96, Col. Jur. pp. I-4657 e ss.

[64] Windsurfing Chimsee Produktions, Proc. apensos C-108/97 e C-109/97, Col. Jur. I-2779 e ss.

[65] Exportur SA/LOR SA e Confiserie du Tech, Proc. n.° C-3/91, Col. Jur., pp. I-5529 e ss.

[66] Sobre este problema do queijo "feta" veja-se, ainda, o processo C-317/95, Canadane Cheese Trading amba e Afoi G. Kouri AEVE contra Ypourgou Emporiou e o., objecto de Despacho do Presidente do Tribunal de Justiça, de 8/8/1997, em especial merecem referência as conclusões do Advogado-Geral D. RUIZ-JARABO COLOMER (Col. Jur., pp. I-4681 e ss.).

5. A violação do direito de propriedade

A propriedade da DO [67] é garantida, em princípio, pelo seu registo; mas o art. 255.°/1 do CPI determina que a mesma é protegida independentemente do registo e faça ou não parte de marca registada. Assim, o facto da DO não estar registada não impede a sua protecção pela aplicação das medidas na lei decretadas contra as falsas IP (de acordo com aquele preceito). Na verdade, como sabemos, a DO contém uma IP. Contudo, a violação do direito de propriedade da DO não se encontra previsto e punido em nenhuma norma do título III do CPI relativo às infracções. Não encontramos nos arts. 261.° e ss. uma disposição que autonomamente tipifique a violação do direito de propriedade da DO. A protecção do uso exclusivo da DO terá de realizar-se pela aplicação das providências estabelecidas contra as falsas IP (art. 255.°).

No caso de uma marca registada conter uma DO, e nos termos do art. 269.°/c), quem usar marcas com falsas IP será punido nos termos desta norma. A protecção da DO resulta, nesta hipótese, da protecção consagrada para as marcas. Se a DO não fizer parte de uma marca registada, e na medida em que também não existe um preceito no CPI que autonomamente preveja e puna as falsas IP, a DO só é protegida, no CPI (não estamos a pensar nos diplomas especiais) pela disposição que pune a concorrência desleal (art. 260.°). Todavia, esta norma só funciona quando estivermos perante actos de concorrência (para além dos outros pressupostos consagrados no corpo da referida disposição). Interessam-nos as alíneas *f*), *g*) e *h*) do art. 260.°. A alínea *g*) está em concordância com o preceituado no art. 249.°/5 e no art. 252.°/1/c), todos do CPI. Destas disposições resulta que o uso da DO deve ser efectuado nas condições tradicionais e usuais ou devidamente regulamentadas. A alínea *h*) está em conformidade com o art. 251.°/4 do CPI. Convém ainda realçar o art. 274.°/1 do CPI que está em harmonia com o disposto no art. 10.° da CUP e nos arts. 1.° e 2.° do Acordo de Madrid relativo à repressão das falsas IP. Por fim, deve-se ter em conta o art. 257.° do CPI.

6. Os conflitos com a marca

A marca é um sinal sensível aposto em (ou acompanhando) produtos ou serviços para os distinguir, diferenciar ou individualizar dos produtos

---

[67] O discurso que aqui apresentamos para a DO é válido para a IG.

310   *III Curso de Direito Industrial*

ou serviços idênticos ou similares dos concorrentes [68]. A marca tem uma função distintiva, distingue os objectos a que é aplicada. Contudo, é frequente afirmar-se que esta função só se exerce pela indicação da proveniência. O consumidor percebe a marca como sendo um sinal que identifica um objecto como pertencente a um conjunto, em que todos estão assinalados com a mesma marca. O produto ou serviço marcado é um entre outros. O que existe de comum em todos eles é terem a mesma origem, procederem da mesma empresa, da mesma fonte produtiva. O consumidor está convencido que a marca é aposta por um único empresário, uma única empresa. A marca tem, nestes termos, uma função de indicação da proveniência do objecto, no sentido de que este tem sempre a mesma origem, mesmo que o consumidor a não conheça. O que parece que a marca não tem é uma função de garantia da qualidade dos produtos ou serviços com ela assinalados (salvo a marca de certificação ou de garantia [69]). A garantia de qualidade poderá, quanto muito, ser uma função derivada. Por fim, é hoje reconhecido à marca uma função publicitária [70], principalmente no campo das marcas designadas no nosso ordenamento jurídico como de grande prestígio (art. 191.° do CPI) [71].

---

[68] *Vide* o art. 2.° da Primeira Directiva do Conselho n.° 89/104/CEE, de 21/12/88, que harmoniza as legislações dos Estados-membros em matéria de marcas, o art. 4.° do Reg. (CE) n.° 40/94 do Conselho, de 29 de Dezembro de 1993, sobre a marca comunitária e, ainda, o art. 165.° do CPI.

[69] Sobre esta marca: N. Dawson, *Certification Trade Marks, law and practice*, Intellectual Property Publ. Ltd., London, 1988; W. R. Cornish, *Intellectual Property: Patents, Copyright, Trade Marks and Allied Rights*, ob. cit., pp. 783-784; David Kitchin e o., *Kerly's Law of Trade Marks and Trade Names*, ob. cit., pp. 316 e ss.; L. Quattrini, "Marchi collettivi, di garanzia, e di certificazione", *in Rivista di Diritto Industriale*, n.os 1-2, 1992, pp. 126 e ss.; Alberto Ribeiro de Almeida, *Denominação de Origem e Marca*, ob. cit., pp. 359 e ss.

[70] Veja-se, entre outros, W. R. Cornish, *Intellectual Property: Patents, Copyright, Trade Marks and Allied Rights*, ob. cit., pp. 696 e ss., e 725 e ss.; Gert-Jan van de Kamp, "Protection of Trade Marks: The New Regime – Beyond Origin?", *in European Intellectual Property Review (EIPR)*, 1998, n.° 10, pp. 364 e ss., e, em especial, 366 e ss.; Helen Norman, "Perfume, Whisky and Leaping Cats of Prey: A U. K. Perspective on Three Recent Trade Mark Cases before the European Court of Justice", *in EIPR*, 1998, n.° 8, pp. 306 e ss.; Andrew Clark, "Trade Marks and the Relabelling of Goods in the Single Market: Anti-Counterfeiting Implications of Loendersloot v. Ballantine", *in EIPR*, 1998, n.° 9, pp. 328 e ss.; CH. Gielen, "Likelihood of association", *in AA.VV., European Community Trade Mark – Commentary to the European Community Regulations*, Kluwer Law International, 1997, Netherlands, p. 336.

[71] *Vide* Pedro Sousa e Silva, "O princípio da especialidade das marcas. A regra e a excepção: as marcas de grande prestígio", *in Revista da Ordem dos Advogados*, ob. cit., pp. 390 e ss.

Fazendo o confronto entre a marca e a DO, encontramos algumas diferenças. *A)* Quanto à titularidade destes sinais, o direito à marca é propriedade exclusiva do seu titular; o direito à DO é um direito colectivo (propriedade colectiva) exercido por todos os produtores de uma localidade, região ou território (cf. art. 249.°/4, do CPI)[72]. *B)* O proprietário da marca goza de grande liberdade: pode usar a marca como desejar, para o produto que escolher, fabricado em qualquer lugar. Esta liberdade não a tem o titular de uma DO. Esta só pode ser utilizada nos produtos provenientes da região determinada e que obedeçam às regras estabelecidas; deve tratar-se de um produto típico, com certas características qualitativas derivadas de uma íntima ligação com o território. *C)* Em relação à composição, a DO é (salvo as denominações tradicionais) formada pelo nome geográfico da região, localidade ou território. A marca não pode ser exclusivamente constituída por indicações que possam servir no comércio para designar a proveniência geográfica dos produtos ou serviços [art. 166.°/1/b), do CPI]. *D)* No campo da alienação, se a DO não pode ser cedida (temporária ou definitivamente), a marca pode. *E)* Na DO, se o produto corresponde às condições exigidas, o produtor pode apor a DO nesse produto. Na marca de certificação o mesmo se deve passar; na marca de associação já o titular pode limitar o uso da marca apenas a quem admitir, a seu livre arbítrio, como membro da associação. *F)* O não uso de uma marca pode determinar a caducidade do seu registo [art. 216.°/1/a), do CPI]. Na DO tal não se verifica; não existe qualquer prazo de caducidade (cfr. art. 255.°/1, do CPI). *G)* A marca tem uma função distintiva e uma função indicadora de uma mesma origem empresarial. A DO, para além da função distintiva, garante que o produto tem uma certa origem geográfica e certas características qualitativas típicas.[73] *H)* A marca é um instru-

---

[72] Sobre a natureza jurídica da DO veja-se ALBERTO RIBEIRO DE ALMEIDA, *Denominação de Origem e Marca*, ob. cit., pp. 102 e ss., bem como a bibliografia aí indicada; MARIE-CHRISTINE PIATTI, "L'appellation d'origine – Essai de qualification" *in Revue Trimestrielle de Droit Commercial et Économique*, 52 (3), juill-sept. 1999, pp. 557 e ss.; PEDRO PORTELLANO DÍEZ, "Los nuevos delitos contra la propriedad industrial. Reflexiones de un mercantilista", *in Revista de Derecho Mercantil*, N.° 221, Julio-Septiembre, 1996, pp. 721 e ss.; JEAN DAVID, *Éléments d'appréciation de la nouvelle législation viticole des appellations d'origine contrôlées*, ob. cit., pp. 199 e ss.; JACQUES VIVEZ, *Traité des Appellations d'Origine*, ob. cit., pp. 70 e ss.; DOMINIQUE DENIS, *Appellation d'origine et indication de provenance*, ob. cit., pp. 25 e ss. e 67 e ss.

[73] Sobre esta questão e, em especial, o confronto da DO com a marca colectiva, veja-se ALBERTO RIBEIRO DE ALMEIDA, *Denominação de Origem e Marca*, ob. cit., pp. 333 e ss. e 336 e ss.

312   *III Curso de Direito Industrial*

mento ao serviço dos interesses do seu titular. A DO é um instrumento ao serviço dos produtores e comerciantes de uma região determinada (o interesse reditício), mas é também um meio mediato ou acessório de tutela dos consumidores (o interesse sucessivo moderno). A DO resulta da confluência de interesses comuns no seio de uma região – produtores e comerciantes de certo produto associam-se em volta de um sinal identificador do seu produto. [74] Com isto pretendem alcançar economias de escala na promoção desse produto, desejam conquistar o consumidor e o mercado com mais facilidade e lutar contra as falsificações e imitações daquilo que é genuíno [75]. *I)* A marca é aplicada a produtos de uma empresa ou de várias empresas que de alguma forma estejam juridicamente ligadas entre si. A DO distingue, em regra, produtos de diversas empresas, sem que entre elas exista qualquer vínculo, mas que produzem com a mesma qualidade [76]. Na verdade, a identidade de características e qualidade permite ao consumidor escolher o produto independentemente da origem empresarial (mas a empresa está sempre presente, desde logo pela aposição da sua marca, mais ou menos famosa).

A relação entre a marca e a DO gera por vezes atritos [77]. Um problema que já causou bastante polémica na cena comunitária e no plano internacional e que promete mais desenvolvimentos prende-se com a questão de saber se uma DO posterior (registada ou reconhecida) pode prevalecer sobre uma marca *anterior* adoptada para produtos idênticos ou semelhantes. Este problema já produziu frutos amargos no âmbito das

---

[74] As DO e as IG podem desempenhar, igualmente, um papel importante na tutela do conhecimento tradicional. Neste sentido, veja-se, entre outros, MICHAEL BLAKENEY, "The Protection of Traditional Knoweledge under Intellectual Property Law", *EIPR*, 2000, n.° 22, pp. 251 e ss. e PETER DRAHOS, "Indigenous Knowledge, Intellectual Property and Biopiracy: Is a Global Bio-Collecting Society the Answer?", *EIPR*, 2000, n.° 22, pp. 245 e ss.

[75] Sobre isto veja-se ALBERTO RIBEIRO DE ALMEIDA, "Os interesses causantes do regime jurídico da denominação de origem" *in Revista Douro – Estudos e Documentos,* vol. IV (7), 1999, (1.°), p. 61-81.

[76] *Vide* G. FLORIDIA, "I marchi di qualità, le denominazioni di origine e le qualificazioni merciologiche nel settore alimentare", *in Rivista di Diritto Industriale*, 1990, p. I, pp. 5 e ss.

[77] Sobre este problema veja-se o documento SCT/5/3, de Setembro de 2000, da WIPO, *Possible Solutions for Conflits Between Trademarks and Geographical Indications and for Conflits Between Homonymous Geographical Indications*, *in* Internet: http://www.wipo.int/. *Vide*, igualmente, ANDREA NERVI, "Le denominazioni di origine protetta ed i marchi: spunti per una ricostruzione sistematica", ob. cit., pp. 986 e ss.; MARIO LIBERTINI, "Indicazioni geografiche e segni distintivi", ob. cit., pp. 1044 e ss.

DO vinícolas e promete conflitos inflamados no domínio do Reg. (CEE) n.° 2081/92, de 14/7.

Na verdade, no domínio da regulamentação vitivinícola comunitária, mais precisamente a propósito do art. 40.° do Reg. (CEE) n.° 2392/89 do Conselho, de 24/7/89, que estabelece as regras gerais para a designação e a apresentação dos vinhos e mostos de uvas, surgiram contendas. Na sua versão inicial, e com a finalidade de proteger os nomes geográficos utilizados na designação de um produto do sector vitivinícola, aquele preceito determinava que deveriam ser *eliminadas* as marcas aplicadas a produtos vitivinícolas, sempre que contivessem palavras idênticas ou confundíveis com um nome geográfico utilizado para designar um vinho, e quando o produto que a marca em causa individualizava não tivesse direito a uma tal designação (art. 40.°/2). Apenas se estabelecia uma excepção, mas por um período transitório (art. 40.°/3). Foi no âmbito desta regulamentação que entre nós surgiu a conhecida questão "Torres". A DO "Torres" foi reconhecida em Portugal pelo DL n.° 331/89, de 27/9. Esta DO era idêntica à marca "Torrès", mundialmente conhecida, propriedade da sociedade espanhola "Torrès". A regulamentação comunitária implicava que a DO passasse à frente da marca e esta última desaparecesse. Face a este conflito, surge o Reg. (CEE) n.° 3897/91 do Conselho, de 16/12/91, que veio alterar o citado art. 40.°, consagrando uma segunda excepção. Com base neste diploma a utilização de marcas na rotulagem de vinhos continua a ser regida pelos n.°s 2 e 3 do art. 40.°. Contudo, este Reg. reconhece que a aplicação destes preceitos revelou existirem *marcas notórias* (registadas para um vinho que contenham palavras idênticas ao nome de uma região determinada e sem que o produto tenha direito a esse nome) que correspondem à identidade do titular originário ou do mandatário originário, registadas e utilizadas sem interrupção desde há pelo menos 25 anos, na data do reconhecimento oficial do nome geográfico, e que nestes casos convém permitir a continuação do uso dessas marcas. Por outro lado, este Reg. alterou ainda o n.° 1 do art. 40.° passando a exigir que o nome geográfico que designa uma região determinada deve ser suficientemente preciso e notoriamente ligado à área de produção para que, atendendo às situações existentes, as confusões possam ser evitadas. Importante é verificar que se a marca se mantém, mas a DO também, pois o 3.° parágrafo do n.° 3 do art. 40.°, de acordo com a nova redacção, estabelece que as marcas que preencham as condições do primeiro e do segundo parágrafos (refere-se às duas situações de excepção) não podem ser opostas ao uso dos nomes das unidades geográficas utilizadas para a designação de um vinho. Mas, repare-se, só se mantém a marca *notória*, e, por isso,

314   *III Curso de Direito Industrial*

o princípio da prevalência da DO posterior continua. Assim, a DO (posterior) pode beneficiar, sem justificação, da notoriedade da marca. Em consequência do referido aditamento ao n.° 1 do art. 40.°, Portugal alterou a sua legislação: a DO "Torres" foi substituída por "Torres Vedras" (DL n.° 375/93, de 5/11). [78]

Fonte conflitos é o art. 14.° do Reg. (CEE) n.° 2081/92, de 14/7. O princípio está consagrado no n.° 1: o registo de uma DO ou IG impede o registo *posterior* de uma marca (para produtos que não têm direito a essa DO ou IG) que corresponda a uma das situações referidas no art. 13.° (por exemplo, e esta será a situação mais grave, a marca ser composta por palavras idênticas à DO ou à IG) e desde que a marca se destine a ser aplicada a produtos do mesmo tipo (respeita-se o princípio da especialidade) [79]. Se é certo que a marca posterior tem que respeitar a DO ou IG anterior, a inversa não é verdadeira. Uma marca que corresponda a uma das situações enumeradas no artigo 13.° (podemos continuar a usar o exemplo referido), registada de *boa fé* antes da data de depósito do pedido de registo de uma DO ou de uma IG, pode continuar a ser utilizada se a marca não incorrer nos motivos de nulidade ou caducidade, previstos na Directiva n.° 89/104/CEE, de 21/12/88, relativa à aproximação das legislações dos Estados membros sobre marcas, designadamente no art. 3.°/1/c) e g), e no art. 12.°/2/b) – art. 14.°/2 [80]; mas, nesta hipótese, *o registo da DO ou da*

---

[78] A regulamentação comunitária referida neste parágrafo continua expressamente em vigor [*vide* o Regulamento (CE) N.° 1608/2000 da Comissão, de 24 de Julho de 2000, que, na pendência das medidas definitivas de execução do Regulamento (CE) n.° 1493/1999 que estabelece a organização comum do mercado vitivinícola, fixa medidas transitórias, com a última redacção que lhe foi dada pelo Regulamento (CE) n.° 1099/2001 da Comissão, de 5 de Junho de 2001]. Todavia, a nova organização comum do mercado vitivinícola – consagrada no citado Regulamento (CE) n.° 1493/1999 – no seu anexo VII, ponto F (Marcas), estabelece um regime idêntico ao disciplinado na regulamentação referida no texto.

[79] Entende-se por marca posterior aquela cujo pedido de registo seja apresentado após a data de publicação prevista no art. 6.°/2 (trata-se da publicação no JOCE de um série de dados que constam do pedido de registo de uma DO ou de uma IG, uma vez superado o exame formal). As marcas que forem registadas, em violação do exposto, serão anuladas. Serão igualmente anuladas as marcas cujo pedido de registo seja apresentado antes da data de publicação do pedido de registo previsto no art. 6.°/2, na condição desta publicação ser feita antes do registo da marca.

[80] O art. 3.°/1 (Motivos de recusa ou de nulidade) determina: "1. Será recusado o registo ou ficarão sujeitos a declaração de nulidade, uma vez efectuados, os registos relativos:(..) c) A marcas constituídas exclusivamente por sinais ou indicações que possam servir, no comércio, para designar a espécie, a qualidade, a quantidade, o destino, o valor, a proveniência geográfica ou a época de produção do produto ou da prestação do serviço,

IG continua a efectuar-se [aliás, da forma como o preceito está redigido – "(..) poderá prosseguir não obstante o registo da denominação de origem ou da indicação geográfica (..)" – a marca (registada de boa fé) é que beneficia de um *"favor"* e não a DO ou a IG]. Uma marca só poderá *impedir* o registo de uma DO ou de uma IG posterior se: a) atendendo à reputação da marca, à sua notoriedade e à duração da sua utilização b) o registo da DO ou da IG for susceptível de induzir em erro o consumidor quanto à verdadeira identidade do produto (art. 14.°/3). [81]

Manifestação desta fonte de conflitos é o acórdão do TJCE de 4/3/1999 [82]. O Tribunal analisou a relação entre a marca "Cambozola" destinada a queijo de pasta azul e a DO "Gorgonzola" para queijo. O TJCE entendeu que o uso de uma denominação como "Cambozola" pode ser qualificado, nos termos do art. 13.°/1/b) do Reg. (CEE) n.° 2081/92, como evocação da DO protegida "Gorgonzola". De seguida, o TJCE estabelece que quando o uso de uma marca como "Cambozola" corresponde a uma das hipóteses em que a protecção das DO registadas se aplica, há que examinar se as condições consagradas no art. 14.°/2 do Reg. (CEE) n.° 2081/92 para permitir a manutenção da utilização de uma *marca anteriormente registada* estão preenchidas. A este propósito o TJCE diz que compete ao órgão jurisdicional nacional determinar se as condições estabelecidas pelo art. 14.°/2 do Reg. (CEE) n.° 2081/92 permitem, neste caso, que o uso da *marca previamente registada* prossiga, *não obstante* o registo da DO protegida "Gorgonzola", fundamentando-se, nomeadamente, no estado do direito em vigor no momento do registo da marca, para apreciar se este pode ter sido feito de boa fé [83], e se não considerar que uma deno-

---

ou outras características dos mesmos;(..) g) A marcas que sejam susceptíveis de enganar o público, por exemplo no que respeita à natureza, à qualidade ou à proveniência geográfica do produto ou do serviço (..)". O art. 12.°/2 (Motivos de caducidade) estabelece: "O registo de uma marca fica igualmente passível de caducidade se, após a data em que o registo foi efectuado: (..) b) No seguimento do uso feito pelo titular da marca, ou com o seu consentimento, para os produtos ou serviços para que foi registada, a marca for propícia a induzir o público em erro, nomeadamente acerca da natureza, qualidade e origem geográfica desses produtos ou serviços".

[81] Veja-se, ainda, o art. 142.° do Reg. (CE) n.° 40/94, sobre a marca comunitária.

[82] Processo C-87/97 (Consorzio per la tutela del formaggio Gorgonzola contra Käserei Champignon Hofmeister GmbH & Co. KG e Eduard Bracharz GmbH), ainda não publicado. Sobre este acórdão leia-se LUIGI COSTATO, "Brevi note a proposito di tre sentenze su circolazione dei prodotti, marchi e protezione dei consumatori", ob. cit.; DAVID KITCHIN e o., *Kerly's Law of Trade Marks and Trade Names*, ob. cit., pp. 313-314.

[83] Refira-se, a este propósito, que aquando do registo na Áustria da marca "Cambozola", a denominação de origem "Gorgonzola" já se encontrava protegida nesse

316　　　　　　　　　*III Curso de Direito Industrial*

minação como "Cambozola" constitui, por si própria, uma forma de induzir em erro o consumidor [84].

Podemos concluir que a DO posterior pode afastar a marca anterior e esta é impotente para impedir o registo de uma DO posterior. Neste confronto a marca perde. No nosso ordenamento jurídico, e sem prejuízo da aplicabilidade das referidas normas comunitárias, o CPI estabelece que será recusado o registo das DO ou das IG quando constitua infracção de direitos de propriedade industrial [art. 253.°/e)]. Nestes termos, julgamos que não podem ser registadas DO ou IG que sejam idênticas ou semelhantes a uma marca registada para produtos idênticos ou afins. [85]

Por fim, vamos estudar a questão da marca ser constituída por um nome geográfico (seja este o único elemento da marca; seja um elemento falso; seja, ainda, uma DO). [86]

A marca pode ser constituída por um nome geográfico. Mas uma marca não pode ser constituída *exclusivamente* por sinais ou indicações que possam servir no comércio para designar a proveniência geográfica do produto ou da prestação do serviço [arts. 166.°/1/b) e 188.°/1/b) do CPI]. [87] Estes preceitos proíbem o registo de marcas constituídas exclusi-

---

país nos termos da Convenção internacional sobre o uso de indicações de origem e de denominações de queijos, assinada em Stresa em 1 de Junho de 1951, e segundo o estipulado no acordo entre a Áustria e a Itália relativo às indicações geográficas de origem e às denominações de determinados produtos, assinado em Roma em 1 de Fevereiro de 1952.

[84] Importa aqui ter em consideração o disposto nos arts. 3.°/1/c) e g) e 12.°/2/b) da Directiva n.° 89/104/CEE, de 21/12/88, relativa à aproximação das legislações dos Estados membros sobre as marcas, acima citados.

[85] No domínio do Acordo TRIP's leia-se o art. 22.°/3 (que consagra a regra) e o art. 24.°/5 (que estabelece o regime excepcional). Confronte-se ainda o art. 24.°/7.

[86] Sobre isto veja-se, entre outros, M. FLORENT GEVERS, "Les Noms Géographiques Utilisés Comme Marques", *in OMPI Symposium sur la Protection Internationale des Indications Géographiques*, Santenay (France) 9 et 10 novembre 1989, pp. 119 e ss.; CAROLINE BUHL, *Le Droit des Noms Géographiques*, Paris, Litec, 1998, pp. 95-319; DONALD S. CHISUM, MICHAEL A. JACOBS, *Understanding Intellectual Property Law*, San Francisco, USA, Matthew Bender & C. Inc., 1999, pp. 5-15 e ss., 5-61 e ss. e 5-95 e ss. NORMA DAWSON, "Locating Geographical Indications – Perspectives From English Law", ob. cit., pp. 594 e ss., a propósito da relação entre a marca e as indicações geográficas diz-nos o seguinte: "Geographical indications flourish or fail in market conditions created in part by trademark law" (p. 594); mais adiante, e referindo-se ao caso da marca APOLLINARIS, escreve: "(..) the story of APOLLINARIS (..) demonstrates how trademark law creates a market place replete with legally protected geographical marks despite public domain concerns."

[87] Cfr. o art. 79.° § 1.° do CPI anterior; o art. 3.°/1/c) da Directiva n.° 89/104/CEE; e o art. 7.°/1/c) do Reg. (CE) n.° 40/94.

Denominações Geográficas   317

vamente por indicações descritivas. Assim, foi recusado entre nós o registo da marca "Encostas da Beira" para vinhos[88]. Em França, Yves Saint Laurent foi condenado[89] pelo facto de ter utilizado a palavra "Paris" isoladamente e não associada à sigla "Y.S.L.", tal como a marca (complexa) tinha sido registada ("Paris YSL"). Como resulta desta decisão, se a marca é complexa o obstáculo legal referido é contornado. Mas, haverá sempre que verificar se a marca no seu conjunto possui eficácia distintiva; se o elemento adicionado é suficiente para que a marca, como um todo, seja capaz de individualizar o produto. Todavia, o nome geográfico que entre na composição da marca não é privativo do titular da marca, apenas o conteúdo original lhe pertence exclusivamente (art. 166.º/2). Se se proíbe que uma marca seja composta exclusivamente por um nome geográfico para impedir que o seu titular monopolize uma palavra que outros comerciantes ou produtores têm igualmente o direito de empregar, não se proíbe o registo de uma marca constituída exclusivamente por um nome geográfico que adquiriu carácter distintivo (arts. 166.º/2 *in fine* e 188.º/3)[90]. As palavras constitutivas de uma marca desta natureza podem--se tornar de facto, pelo uso que dela foi feito, um sinal distintivo dos produtos. O que importa é o valor que as palavras adquiriram no comércio, o seu "secondary meaning". Neste caso os interesses dos comerciantes ou produtores estabelecidos na localidade e que queiram utilizar o nome geográfico ficam prejudicados, por um lado, pelos interesses da pessoa que tornou o nome distintivo devido a um uso exclusivo e certamente longo e, por outro, pelo interesse do público em não ser induzido em erro.

Sobre esta última questão vejamos o acórdão do TJCE, de 4/5/99[91]. Uma das questões prejudiciais colocadas pelo Landgericht München prendia-se com a interpretação do art. 3.º/3, primeiro período, da Directiva 89/104/CEE do Conselho, de 21/12/88. Com esta questão, o órgão jurisdicional de reenvio pergunta que exigências deve satisfazer, para efeitos

---

[88] Sentença de 7/12/92, proferida pelo 16.º Juízo Cível da Comarca de Lisboa no processo de registo da marca nacional n.º 234663, Boletim da Propriedade Industrial, n.º 5, 1993, p. 2364.

[89] Sentença de 19/9/84, do tribunal de "grande instance" de Paris, *Revue Trimestrielle de Droit Commercial et de Droit Économique*, tome xxxvII, Anné 1984, pp. 671-672.

[90] Veja-se, igualmente, o art. 3.º/3 da Directiva n.º 89/104/CEE e o art. 7.º/3 do Reg. (CE) n.º 40/94.

[91] Processos apensos C-108/97 e C-109/97, Windsurfing Chimsee Produktions – und Vertriebs GmbH (WSC) / Boots – und Segelzubehör Walter Huber e Franz Attenberger (Col. Jur. pp. I-2279 e ss.).

daquela disposição, o carácter distintivo de uma marca adquirido pelo uso. Questiona, em particular, se estas exigências diferem em função do grau do imperativo de disponibilidade ("Freihaltebedürfnis") existente e se esta norma fixa exigências quanto ao modo como o carácter distintivo adquirido pelo uso deve ser verificado.

O Tribunal vem estabelecer o seguinte: o carácter distintivo de uma marca obtido através do uso que dela é feito significa – tal como o carácter distintivo para efeitos do art. 3.º/1/b) – que esta seja adequada para identificar o produto para o qual é pedido o registo como proveniente de uma empresa determinada e, portanto, a distinguir esse produto dos das outras empresas. Um nome geográfico pode ser registado como marca se, após o uso que dele tenha sido feito, tiver adquirido aquele sentido. Nesta hipótese, o nome geográfico não é apenas descritivo, tendo adquirido um outro significado. O tribunal esclarece que a noção de carácter distintivo não é diferente consoante o interesse identificado em manter o nome geográfico disponível para uso de outras empresas.

Para decidir se uma marca adquiriu um carácter distintivo após o uso que dela foi feito, a autoridade competente deve apreciar globalmente os elementos necessários. Para este fim, diz o Tribunal, deve ter em atenção o carácter específico do nome geográfico em causa. Se se trata de um nome geográfico muito conhecido, ele só pode adquirir um carácter distintivo na acepção do citado art. 3.º/3 se houver um uso prolongado e intensivo da marca pela empresa que pede o seu registo. Se se trata de um nome já conhecido como indicação de proveniência geográfica de uma certa categoria de produtos, é necessário que a empresa que pede o seu registo para um produto da mesma categoria faça prova de um uso da marca cuja duração e intensidade sejam particularmente notórios.

Com vista a determinar o carácter distintivo da marca pode ser tido em conta "a parte do mercado detida pela marca, a intensidade, a área geográfica e a duração do uso dessa marca, a importância dos investimentos feitos pela empresa para a promover, a proporção dos meios interessados que identificam o produto como proveniente de uma empresa determinada graças à marca e declarações das câmaras de comércio e de indústria ou de outras associações profissionais". Se a autoridade competente considerar, com base nestes factores, que *os meios interessados* ou, pelo menos, uma *fracção significativa* destes, identificam, graças à marca, o produto como proveniente de uma empresa determinada, deve decidir que a condição do art. 3.º/3 para o registo da marca está preenchida. Para avaliar o carácter distintivo da marca cujo registo se pede a autoridade competente pode recorrer a uma sondagem de opinião.

Denominações Geográficas 319

O nosso ordenamento jurídico proíbe não só as marcas geográficas sem capacidade distintiva, mas também as marcas geográficas enganadoras, isto é, que contenham falsas indicações de proveniência. De acordo com o art. 189.°/1/l) será recusado o registo das marcas que contenham "sinais que sejam susceptíveis de induzir em erro o público, nomeadamente sobre (..) a proveniência geográfica do produto ou serviço a que a marca se destina".[92] Enquanto que esta norma pretende assegurar a verdade da marca, nos arts. 166.°/1/b) e 188.°/1/b) estava em causa a distintividade da marca. Delicado é determinar quando é que existe falsa indicação de proveniência.

Por vezes já encontramos uma certa tendência para se admitir que uma indicação de proveniência é falsa quando não é exacta. Neste sentido encontramos o art. 23.°/2 do acordo TRIP's concluído no âmbito da OMC, que estabelece que o registo de uma marca para vinhos ou bebidas espirituosas[93] que inclua ou consista numa IG que identifique vinhos ou bebi-

---

[92] Cfr. o art. 260.°/f do CPI; os arts. 93.°/11.° e 212.°/6.° do CPI anterior; o art. 3.°/1/g) da Directiva n.° 89/104/CEE; e o art. 7.°/1/g) do Reg. (CE) n.° 40/94.

[93] Escrevemos "bebidas espirituosas", mas os textos não são pacíficos na tradução que efectuaram da expressão inglesa "spirits". A versão portuguesa do Acordo TRIP's (*vide* Resolução da Assembleia da República n.° 75-B/94 – aprovação para ratificação – e Decreto do Presidente da República n.° 82-B/94 – ratificação dos acordos resultantes das negociações multilaterais do Uruguay Round) refere-se, no art. 23.°, a vinhos e bebidas alcoólicas. A Decisão do Conselho n.° 94/800/CE, de 22 de Dezembro de 1994, relativa à celebração em nome da Comunidade Europeia e em relação às matérias da sua competência, dos acordos resultantes das negociações multilaterais do Uruguay Round, no citado artigo do Acordo TRIP's menciona (na versão portuguesa), igualmente, vinhos e bebidas alcoólicas. Por fim, o Regulamento (CE) N.° 3288/94 do Conselho, de 22 de Dezembro de 1994, que altera o Regulamento (CE) n.° 40/94 sobre a marca comunitária, com vista à aplicação dos acordos concluídos no âmbito do "Uruguay Round", refere-se no preâmbulo ao art. 23.° do Acordo TRIP's como abrangendo vinhos e bebidas espirituosas e quando altera (no seu art. 1.°/3) o art. 7.°/1, incluindo uma alínea *j*), do Regulamento (CE) n.° 40/94, alude a vinhos e bebidas espirituosas. Ora, não se trata apenas de um problema de tradução, mas da amplitude merceológica da norma. A expressão "bebida alcoólica" tem um sentido muito amplo, abrangendo vinhos, cervejas, aguardentes, etc., mas a expressão bebida espirituosa opõe-se a vinho identificando um conjunto certo de bebidas [rum, whisky, aguardentes, brandy, vodca, licores – *vide* o art. 1.°/4 do Regulamento (CEE) N.° 1576/89 do Conselho, de 29 de Maio de 1989, que estabelece as regras gerais relativas à definição, à designação e à apresentação das bebidas espirituosas; consulte-se, igualmente, o Code International des Pratiques Oenologiques, de l'Office International de la Vigne et du Vin, Nouvelle Édition Recodifiée, 1996, p. 12]. O art. 23.° do Acordo TRIP's engloba apenas vinhos e bebidas espirituosas ou abrange vinhos e outras bebidas alcoólicas? Três argumentos podem ser adiantados no sentido da primeira orientação (vinhos e bebidas espirituosas). *A)* As traduções oficiais do Acordo TRIP's mencionam

320 *III Curso de Direito Industrial*

das espirituosas, *será recusado ou invalidado relativamente aos vinhos ou às bebidas espirituosas que não tenham essa origem.* Esta disposição exigiu que o art. 7.º do Reg. (CE) n.º 40/94 fosse alterado. Na verdade, nos termos do art. 7.º/1/g) deste Reg. o registo de uma marca para vinhos ou bebidas espirituosas que contenha uma errada IG só poderá ser recusado ou anulado com fundamento na *susceptibilidade de engano do público*, enquanto que segundo o art. 23.º/2 do TRIP's é suficiente que objectivamente se estabeleça que a IG é inexacta. Dada a intenção do texto do TRIP's em eliminar o recurso a elementos subjectivos, como seja o carácter enganador das IG para vinhos e bebidas espirituosas, tornou-se necessário alterar o Reg. (CE) n.º 40/94. Assim, o Reg. (CE) n.º 3288/94, de 22/12/94, veio aditar uma alínea *j*) ao art. 7.º do Reg. (CE) n.º 40/94: "Será recusado o registo: De marcas de vinhos que contenham ou consistam em indicações geográficas que identifiquem vinhos, ou de marcas de bebidas

---

"wines and spirits", na versão inglesa; "vins et les spiritueux" na versão francesa; e "vinos y bebidas espirituosas" na versão espanhola. Esta última tradução oficial não deixa dúvidas quando à amplitude merceológica da disposição (sobre estas traduções oficiais veja-se Internet: http://www.wto.org/). *B)* Consultando alguns dicionários da língua inglesa, verificamos que "spirits" significa: "strong alcoholic drink (eg whisky, brandy, gin, rum): *a glass of spirits and water. She drinks no spirits but vodka.*" (*vide* Oxford Advanced Learner's, Dictionary of Current English, A S Hornby, Oxford University Press, 1984, p. 831); "strong distilled alcoholic drink: *I don't drink spirits. Whisky, brandy, gin and rum are all spirits*" (*vide* Oxford Advanced Learner's, Encyclopedic Dictionary, Oxford University Press, p. 879). *C)* Se os elementos atrás expostos não forem suficientes (designadamente a versão oficial do Acordo TRIP's em espanhol) deve-se, por fim, defender que o legislador (pelo menos na versão portuguesa do texto do Acordo TRIP's, já não assim no Regulamento (CE) N.º 3288/94, acima citado) disse mais do que aquilo que pretendia dizer. De facto, da interpretação conjugada dos arts. 22.º, 23.º e 24.º do Acordo TRIP's resulta que os autores do Acordo quiseram consagrar dois níveis de protecção para as IG: um nível de protecção base (regulado no art. 22.º e que abrange todos os produtos) e um nível de protecção adicional (estabelecido no art. 23.º e que engloba apenas alguns produtos). Quanto à amplitude merceológica do art. 23.º, não há dúvidas que se aplica a vinhos e não faz sentido que se aplique também a bebidas alcoólicas, pois o vinho é uma bebida alcoólica. Assim, a contraposição só pode ser vinhos e bebidas espirituosas, o que está de acordo com o pensamento legislativo (*ratio legis*) em consagrar um regime especial apenas para alguns produtos. O legislador adoptou um texto (bebidas alcoólicas) que atraiçoa o seu pensamento (*vide*, J. BAPTISTA MACHADO, ob. cit., p. 186). O legislador não pretende que aquele regime especial se aplique a todas as bebidas alcoólicas, mas apenas a algumas (deve-se "dar o justo valor aos preceitos em causa", *in* JOSÉ DE OLIVEIRA ASCENSÃO, *O Direito...*, ob. cit., p. 421). É considerando o "fundamento teleológico-normativo do regime prescrito" que se impõe que a norma não se aplique genericamente às bebidas alcoólicas, procedendo-se, assim, a uma "redução teleológica" (*in* A. CASTANHEIRA NEVES, *Metodologia..*, ob. cit., pp. 184 e ss.).

Denominações Geográficas

espirituosas que contenham ou consistam em indicações geográficas que identifiquem bebidas espirituosas, em relação a vinhos ou bebidas espirituosas que não tenham essa origem". O afastamento, nestes casos, de elementos subjectivos resulta da natureza dos produtos (vinhos ou bebidas espirituosas) que a IG identifica, ou seja, produtos em que a indicação da sua origem geográfica é um elemento decisivo na escolha do consumidor.

Todavia, o caminho dominante não é este. A maioria da doutrina defende que poderá não existir falsa indicação de proveniência quando o nome geográfico usado como marca é arbitrário e de fantasia em relação aos produtos em causa. São os exemplos clássicos de "Polo Norte" para bananas, de "Alasca" para tabaco ou "Evereste" para leite em pó. Nestes casos, diz-se, não existe qualquer possibilidade do público interpretar o termo geográfico como sendo a verdadeira origem dos produtos. Tais produtos nunca poderiam ser produzidos ou fabricados no local indicado como marca, e para o público tal nome geográfico pode gerar diversas associações, mas nunca a ideia de origem. A maioria da doutrina defende, igualmente, que não existe falsa indicação de proveniência, podendo o nome geográfico ser registado como marca, quando o nome geográfico tem um outro significado sendo este o mais conhecido[94] e quando o nome geográfico é o de uma pequena vila, cidade ou outro local praticamente desconhecido.

No nosso ordenamento jurídico – segundo a jurisprudência dominante[95] – uma marca só contém uma falsa indicação de proveniência, susceptível de provocar a recusa do registo, quando seja composta por sinais que possam induzir o público consumidor em erro quanto à proveniência geográfica do produto ou serviço a que a marca se destina. Ou seja, não é

---

[94] S. LADAS, *Patents.., ob. cit.* pp. 1010 e ss., dá o exemplo de Magnólia. "Magnólia" é o nome de uma árvore e é muito mais conhecido como tal do que como o nome de uma pequena estância de férias em Massachusetts. Os tribunais ingleses protegeram a marca "Magnólia" para produtos de metal [Magnolia Metal Co's Trademarks, 14 RCP (1987), 265, 621].

[95] *Vide*, entre outras decisões, a sentença de 14/4/93, proferida pelo 17.° Juízo Cível da Comarca de Lisboa no processo de registo da marca internacional n.° 565498, Boletim da Propriedade Industrial, n.° 8, 1993, p. 4055, em que se admitiu o registo de uma marca composta pela palavra "Soviet" e com uma estrela por cima, destinada a produtos de papel, cartões, etc. Esta decisão baseou-se no acórdão do Supremo Tribunal de Justiça (S.T.J.), de 20/2/70, B.M.J., n.° 194, p. 261, relativo ao registo da marca "Scotch--Tred", destinada a material decorativo. Esta orientação foi esclarecida no caso "Bristol" (marca destinada a produtos medicinais e farmacêuticos) – S.T.J., acórdão de 30/1/85, B.M.J., n.° 343, p. 347.

suficiente que a marca seja constituída por uma denominação geográfica inexacta, é preciso que o consumidor seja levado a supor que o produto é realmente proveniente do local indicado. Esta circunstância apenas se verifica, segundo a referida jurisprudência, quando existe uma conexão valorativa entre o produto em causa e a localidade ou região cujo nome consta da marca. Por outras palavras, é preciso que a localidade ou região em causa (cujo nome consta da marca) seja conhecida no público consumidor pela produção ou fabrico de mercadorias idênticas ou semelhantes àquelas que a marca distingue (mas estas não provêm daquela localidade ou região).

A posição doutrinal dominante que acima referimos e a orientação da nossa jurisprudência têm merecido diversas críticas.

Assim, em crítica à jurisprudência nacional, encontramos M. NOGUEIRA SERENS [96]. O autor defende que o princípio da verdade, ínsito no art. 93.º/11.º (CPI anterior), deve ser mais abrangente. Não se devem proibir apenas as marcas constituídas por um nome de um lugar, que não é aquele onde o empresário se encontra estabelecido, e que é afamado pela produção dos produtos a que a marca se destina. Deve-se proibir também "o registo de marcas constituídas por nomes de lugares conhecidos (por exemplo, *Champs Elysées, Arc de Triomphe*), e destinados a contradistinguir produtos (por exemplo, *charutos, cigarros, cigarrilhas*) que, dada a sua natureza, os consumidores possam razoavelmente supor ou acreditar terem sido fabricados no lugar que é indicado (Paris e, de um modo geral, a França são, decerto, lugares de produção de charutos, cigarros e cigarrilhas)". Mesmo que o lugar (cujo nome consta da marca) não seja reputado pela produção dos produtos a que a marca se destina, mas seja um lugar conhecido, o consumidor pode ser induzido em erro (porque convencido – pelo impacto do nome geográfico ou pela ilusão criada – que os produtos assim marcados provêm do lugar indicado na marca). Dada a interpretação restritiva que tem sido feita do art. 93.º/11.º, o autor defende que tais marcas deceptivas devem ser proibidas pelo recurso à cláusula geral do art. 212.º do CPI (dado que o art. 212.º/6.º será, provavelmente, interpretado da mesma forma que o art. 93.º/11.º) ou às disposições do Código da Publicidade. O mesmo autor defende [97] (em crítica à doutrina dominante) que quando a marca é constituída por um nome geográfico desconhecido que não é o nome do lugar onde o empresário se encontra estabelecido, o seu registo deve ser recusado se existe necessidade de deixar

---

[96] A 'Vulgarização' da.., ob. cit., pp. 47 e ss., n. 14.
[97] A 'Vulgarização' da..., ob. cit., pp. 34 e 46 e ss.

o nome geográfico na livre disponibilidade dos concorrentes do requerente do registo ("necessidade de preservação"). Essa necessidade verifica-se, diz o autor, se já houver outros concorrentes instalados no lugar em causa (concorrentes actuais) ou, não os havendo, se não se puder liminarmente excluir a possibilidade de eles se virem aí a instalar (concorrentes potenciais).

FERNANDEZ NOVOA [98] cita jurisprudência de diversos países em que se prescinde da conexão valorativa defendida pela nossa jurisprudência. O autor refere, em especial, duas sentenças dos tribunais alemães. Em primeiro lugar, a sentença de 14/1/63, relativa à palavra "Nola" (nome de uma cidade italiana). O tribunal alemão decidiu que este nome geográfico não poderia ser registado como marca para identificar produtos alimentares produzidos na Alemanha. Ainda que esta cidade italiana fosse praticamente desconhecida dos alemães e que nela não se produzissem mercadorias a que a marca se destinava (tratava-se, pois, de uma designação de fantasia), o Tribunal entendeu que não se podem registar como marcas nomes de localidades que no futuro, em virtude do seu desenvolvimento económico, venham a ser indicações de proveniência (indicações do lugar de produção de determinados produtos). Assim, o nome geográfico "Nola" deve manter-se na livre disponibilidade dos (ou reservado para os) meios económicos interessados.[99] A outra sentença é de 7/1/70 relativa ao registo da palavra "Samos" (nome de uma ilha grega) para peças de computador. O Tribunal começa por analisar se "Samos" é uma denominação cujo uso deva ser reservado para os empresários estabelecidos na ilha de Samos. O Tribunal entende que esta questão deve ser analisada não apenas à luz das circunstâncias existentes no momento do pedido de registo da marca, mas também a possível e provável evolução da vida económica, devendo assim negar-se o registo como marca do nome de um local que o público desconhece e considera como uma designação de fantasia. O Tribunal decidiu que o nome Samos deve ficar disponível para ser

---

[98] *La adopción de um nombre geografico extranjero como marca*, Actas de Derecho Industrial, 1975, pp. 1 e ss.

[99] O autor refere (ob. cit., p. 9, n. 34) a este propósito BEIER, dizendo que as denominações geográficas não estão destinadas, pela sua natureza, a converterem-se em marcas de uma empresa; muito pelo contrário, as denominações geográficas devem poder ser livremente utilizadas por todos os empresários estabelecidos na localidade correspondente. Esta mesma orientação deve aplicar-se às denominações geográficas que constituem "indicações de proveniência potenciais"; isto é àquelas denominações geográficas que no momento do seu registo como marca não são indicações de proveniência, mas que poderão adquirir tal carácter num futuro próximo.

324   *III Curso de Direito Industrial*

usado na designação de peças de computador que possam vir a ser aí fabricadas. [100]

NOVOA, mais adiante [101], apresenta a sua posição. Entende que o único requisito que deve exigir-se para recusar o registo como marca de um nome geográfico é que este constitua uma indicação de proveniência. Não é necessário que o nome geográfico seja uma indicação de reputação industrial. O autor defende que se deve ter em conta não só as indicações de proveniência actuais, mas também as indicações de proveniência potenciais. Deve-se ter em consideração se na localidade cujo nome se solicita para registar como marca de certos produtos, existem empresas dedicadas à produção ou fabrico desses produtos. Por outro lado, deve-se analisar se, ainda que nessa localidade não se produzam actualmente mercadorias em relação às quais se pede o registo da marca, existem fundados indícios de que num futuro próximo tais mercadorias serão produzidas nessa localidade (convertendo-se, num futuro previsível, o nome geográfico em indicação de proveniência). Se assim for deve recusar-se o registo de tal marca.

Entendemos que se deverá recusar o registo de uma marca constituída por um nome de um local geográfico (que não é o local onde o empresário se encontra estabelecido) se existir a possibilidade das mercadorias (para as quais a marca foi solicitada) poderem aí ser produzidas (sem necessidade de uma prova efectiva ou real de num breve prazo essas mercadorias poderem ser produzidas nesse local). Não será o consumidor induzido em erro se aos seus olhos for possível que naquele local provavelmente se produzirão mercadorias idênticas ou similares àquelas para as quais a marca se destina? Mas, ainda que o consumidor não efectue tal associação, o nome geográfico deverá ser reservado para os actuais e futuros interessados (comerciantes, produtores, etc.) daquele local. E, mesmo que o público desconheça que o nome com o qual a marca se pretende constituir é um nome geográfico, este deverá, do mesmo modo, ficar reser-

---

[100] No mesmo sentido se orientou a jurisprudência inglesa no caso "York". A Câmara dos Lordes recusou uma marca para reboques constituída com o referido termo com o fundamento de que, por um lado, um nome geográfico não é, à primeira vista, susceptível de registo e, por outro, porque entendeu ser perfeitamente razoável concluir que em York possam ser produzidos no futuro, ou até desde já, reboques e semi-reboques. Sobre esta decisão *vide* M. FLORENT GEVERS, "Les Noms Géographiques Utilisés Comme Marques", ob. cit., p. 126; W. R. CORNISH, *Intellectual Property: Patents, Copyright, Trade Marks and Allied Rights*, ob. cit., p. 680; DAVID KITCHIN e o., *Kerly's Law of Trade Marks and Trade Names*, ob. cit., p. 302.

[101] *Ob. cit.*, pp. 21-22.

Denominações Geográficas

vado para os actuais e futuros interessados daquele local. [102] Esta orientação aproxima-se da "indicação de proveniência inexacta ou não verdadeira", afastando-se da "indicação de proveniência falsa" tal como interpretada pela doutrina e jurisprudência dominantes.

Vejamos, para terminar esta questão, o acórdão do TJCE, de 4/5/99, Windsurfing Chimsee, já citado. É certo que a questão prejudicial colocada pelo Landgericht München prendia-se, essencialmente, com a interpretação do art. 3.º/1/c) da Directiva 89/104/CEE, de 21/12/1988, e não com a alínea g) do mesmo artigo e número. Apesar disso, não deixam de ser relevantes, para este efeito, as conclusões do Tribunal. O órgão jurisdicional de reenvio pergunta em que circunstâncias o art. 3.º/1/c) se opõe ao registo de uma marca composta exclusivamente de um nome geográfico. Questiona, em particular, se a aplicação do art. 3.º/1/c) depende da existência de um imperativo de disponibilidade concreto, actual e sério, e que nexo deve existir entre o lugar geográfico e os produtos para os quais é pedido o registo do nome geográfico desse lugar como marca.

O Tribunal começa por lembrar que, nos termos do art. 3.º/1/c), é recusado o registo de marcas descritivas, ou seja, de marcas compostas exclusivamente de sinais ou de indicações que possam servir para designar as características das categorias de produtos ou de serviços para as quais esse registo é pedido. O Tribunal refere que esta disposição prossegue um fim de interesse geral. De facto as indicações descritivas devem poder ser livremente utilizadas por todos (inseridas em marcas colectivas, ou em marcas complexas ou gráficas) e, por isso, não devem ser reservadas, pela via da marca, a uma única empresa. Quando tais indicações possam servir para designar a proveniência geográfica de categorias de produtos para as quais é pedido o registo da marca "existe um interesse geral em preservar a sua disponibilidade".

O art. 3.º/1/c) não se limita, diz o Tribunal, a proibir o registo de nomes geográficos como marcas quando designam lugares geográficos que sejam já reputados ou conhecidos em relação à categoria do produto

---

[102] Neste sentido veja-se, igualmente, M. Florent Gevers, "Les Noms Géographiques Utilisés Comme Marques", ob. cit., p. 132. Idêntica argumentação (embora com soluções diferentes) tem sido desenvolvida a propósito da marca constituída por uma única cor; sobre isto *vide*, entre outros, Jaume Pellisé Capell/Maria Teresa Solanelles Batlle, "La protección del color único como marca en el derecho comunitario", *in Revista de Derecho Mercantil*, N.º 229, Julio-Septiembre, 1998, pp. 1101 e ss., em especial as pp. 1150 e ss. Com uma aproximação diferente, mas com vista a estabelecer os factores determinativos da necessidade da disponibilidade de certos termos, *vide* Vincent N. Palladino, "Genericism Rationalized: Another View", *in The Trademark Reporter*, vol. 90, 2000, pp. 469 e ss.

em causa e que, por isso, tenham um nexo com este nos meios interessados (o comércio e o consumidor médio desta categoria de produtos). Na medida em que os nomes geográficos devem ficar à disposição das empresas como indicações de proveniência geográfica da categoria de produtos em causa, "a autoridade competente deve apreciar se um nome geográfico cujo registo como marca é pedido designa um lugar que apresenta actualmente, para os meios interessados, uma ligação com a categoria de produtos em causa ou se é razoável pensar que, no futuro, tal nexo possa ser estabelecido" [103]. Para se determinar se um nome geográfico pode constituir uma indicação de proveniência deve-se ter em atenção o conhecimento maior ou menor que os meios interessados têm desse nome, as características do lugar e a categoria dos produtos em causa.

Apesar do exposto, o Tribunal vem dizer, por um lado, que, em princípio, o art. 3.º/1/c), não se opõe ao registo de nomes geográficos que sejam desconhecidos nos meios interessados ou, pelo menos, desconhecidos como designação de um lugar geográfico ou ainda de nomes em relação aos quais, devido às características do lugar designado (por exemplo, uma montanha ou um lago), é inverosímil que os meios interessados possam pensar que a categoria de produtos em causa provenha desse lugar; mas, por outro lado, admite que não se pode excluir que o nome de um lago (Chimsee) possa designar uma proveniência geográfica na acepção do art. 3.º/1/c) mesmo para produtos como os que estão em causa nos processos principais (vestuário desportivo), na condição de esse nome poder ser entendido pelos meios interessados como incluindo as margens do lago ou a região adjacente.

Nestes termos, para o Tribunal, a necessidade de preservar a disponibilidade não é total, ou não existe sempre. O que não é necessário, diz, é que exista (para a aplicação do art. 3.º/1/c) um imperativo de disponibilidade ("Freihaltebedürfnis") concreto, actual ou sério, na acepção da jurisprudência alemã. Na verdade, era preciso decidir se a interpretação do art. 3.º/1/c) seria determinada e limitada por um imperativo de disponibi-

---

[103] W. R. CORNISH, *Intellectual Property: Patents, Copyright, Trade Marks and Allied Rights*, ob. cit., na p. 684 escreve, a este propósito, o seguinte: "(..) if the relevant public, in all the particular circumstances, *would (or could later)* take use of the name to indicate the locality from which goods come, or in which they were conceived or designed, the objection to registration must in principle arise" (itálico nosso); na nota 39 (p. 679) o mesmo autor escreve: "In the context of a geographical name, the E.C.J. has insisted that not only the present, but also the probable future, must be considered (..)". Sobre isto *vide*, igualmente, DAVID KITCHIN e o., *Kerly's Law of Trade Marks and Trade Names*, ob. cit., pp. 163 e ss.

lidade ("Freihaltebedürfnis") que, em conformidade com a jurisprudência alemã, deveria ser concreto, actual ou sério. Se não houvesse que ter em conta um "imperativo sério de disponibilidade", o termo "Chiemsee" seria abrangido pelo art. 3.º/1/c), pois poderia sempre servir para designar a proveniência geográfica de produtos têxteis. Se, pelo contrário, houvesse que encarar um "imperativo sério de disponibilidade", haveria igualmente que ter em conta o facto de não existir indústria têxtil nas margens do Chiemsee (os produtos da recorrida são desenhados neste lago, mas são fabricados no estrangeiro). Também aqui o Tribunal encontrou uma terceira solução, adoptando uma interpretação ampla de indicação geográfica "verdadeira". De facto, o Tribunal diz "embora a indicação de proveniência geográfica do produto a que se refere o art. 3.º/1/c) da directiva seja certamente, nos casos habituais, a indicação do lugar onde o produto foi fabricado ou o poderia ter sido, não se pode excluir que a ligação entre a categoria de produtos e o lugar geográfico depende doutros elementos de conexão, por exemplo, o facto do produto ter sido concebido e desenhado no lugar geográfico em causa". [104]

Por fim, pode uma DO fazer parte de uma marca? Como já vimos, uma DO pode fazer parte de uma marca complexa se o produto a que se aplica tem direito à DO. Todavia, só o elemento adicionado (que acompanha a DO e que lhe confere distintividade) confere um direito privativo. Assim, uma tal marca não impedirá os outros produtores com direito à DO de a fazerem figurar igualmente nas suas marcas. [105]

---

[104] Críticas acentuadas merecem as conclusões do Advogado-Geral GEORGES COSMAS (desde logo no que respeita à sua concepção de indicação de proveniência; à exigência de um nexo causal entre o produto e o local; a inutilidade do nome geográfico continuar disponível; a necessidade do produto ser característico; etc.), mas que deixaremos para um outro local.

[105] O uso de designações de vinhos como componentes de uma marca foi já objecto de uma decisão do TJCE. Trata-se do acórdão de 29/6/95, Proc. n.º C-456/93, Zentrale zur Bekampfung unlauteren Wettbewerbs e V. contra Privatkellerei Franz Wilhelm Langguth Erben GmbH & Co. KG (Col. Jur., p. I-1737), em que estavam em causa as indicações "Kabinett", "Spatlese", "Auslese" e "Weibherbst", utilizadas na composição da marca. Algumas dificuldades têm surgido em França quando o nome da DO é o nome de um domínio privado pertencente a uma única pessoa. Neste caso o proprietário pode adoptar como marca o nome da propriedade, dado que ele não se apropria de um valor colectivo, pois a DO só a ele pertence. A doutrina e a jurisprudência levantam obstáculos a esta possibilidade pelas dificuldades que podem surgir no caso de divisão do domínio privado, caso em que todos os novos proprietários têm direito à DO. O TJCE debruçou-se sobre um problema semelhante no acórdão de 29/6/94, Proc. n.º C-403/92, Claire Lafforgue, de solteira Baux, e François Baux contra Château de Calce SCI e Société coopérative de

Se o nome que constitui a DO fizer parte de uma marca aplicável a produtos idênticos ou semelhantes (àqueles a que a DO se aplica), provenientes da região delimitada, julgamos que tal marca não é admissível, seja com base no disposto no art. 166.°/1/b), já estudado, seja, principalmente, com fundamento no art. 189.°/1/l), dado que se trataria de um sinal que seria susceptível de induzir o público em erro sobre as qualidades do produto. A DO garante não só uma certa proveniência, mas também que o produto contém certas características qualitativas. Isto sem prejuízo da aplicação das normas sobre concorrência desleal (art. 260.°).

Se a marca é constituída por um nome, correspondente a uma DO, e é aplicada a produtos idênticos ou semelhantes aos que têm direito à DO, mas são produtos não provenientes da região delimitada, tal marca não é válida por ser susceptível de induzir o público em erro quanto à proveniência geográfica do produto [art. 189.°/1/l)], dado que aqui haverá a referida conexão valorativa. Conexão que se poderá estender, para consumidor menos atento, às próprias características qualitativas do produto. Para além deste fundamento no direito das marcas, temos o estabelecido no art. 251.°/2 que parece proibir que as palavras constitutivas de uma DO figurem, "de forma alguma", em produtos que não sejam provenientes da região delimitada. Aqui, novamente, sem prejuízo da aplicação das regras sobre concorrência desleal (art. 260.°).

O problema da marca, assim composta, ser aplicada a produtos não idênticos ou afins aos que têm direito à DO, sejam ou não provenientes da região delimitada, já foi estudado. A jurisprudência mais recente pretende afastar do campo da DO o princípio da especialidade, principalmente se se trata de DO com renome. Assim, em França, foi proibida a marca "Champagne" para perfume, como vimos; foram igualmente proibidas as marcas "Champagne", "Champagne meilleurs crus de Virginie" e "Champagne Prestige et Tradition" para tabaco e fósforos [tribunal de "grande instance" de Paris, sentença de 5/3/84 (P.I.B.D., 1984, III, 200)], e as marcas "Chateau Yquem" e "Chateau Margaux" para cigarros (Trib. grande inst. Boudeaux, 30/6/1981, P.I.B.D., 1982, III, 8; Trib. grande inst. Bordeaux, 4/6/1980)[106].

Porto, Junho, 2001.

Calce (Col. Jur., p. I-2961), em que estava em causa a utilização da designação "château" (na DO "Cotês du Roussillon"), em que tinha havido lugar a uma divisão de domínio.

[106] *Vide* a *Revue Trimestrielle de Droit Commercial et de Droit Économique*, t. XXXVII, anné 1984, pp. 671-672.

AS LICENÇAS DE DIREITOS DA PROPRIEDADE INTELECTUAL E A DEFESA DA CONCORRÊNCIA

por MÁRIO CASTRO MARQUES

1. INTRODUÇÃO

O presente trabalho tem por objectivo apresentar de uma forma breve e sintetizada alguns dos aspectos mais relevantes e problemáticos que se colocam em torno do exercício dos chamados direitos da propriedade intelectual.

O tema proposto refere-se a uma realidade extremamente vasta e complexa, abarcando **dois ramos de um direito** cada vez mais designado, internacionalmente, por **Direito da Propriedade Intelectual**[1].

Atenta a natureza desta prelecção – leccionação de uma aula do Curso de pós-graduação em Direito da Propriedade Industrial e Direito da Concorrência – cingir-nos-emos a realçar alguns dos aspectos que julgamos mais importantes, sem o aprofundamento necessário, mas impossível de se efectuar nesta sessão.

O enfoque que irá ser adoptado analisará, de uma forma tanto quanto possível global, os exclusivos que aqui se encontram presentes e que se espelham nos vários direitos intelectuais existentes, relacionando-os com o contexto em que são exercidos e confrontando-os, em certa medida, com os princípios emergentes do direito da concorrência.

Na verdade, antes de nos atermos perante o tema proposto – as Licenças de direitos da propriedade intelectual, de carácter contratual ou de natureza compulsiva –, faremos uma análise, numa perspectiva concorrencial, destes direitos que estão na sua génese, passando-se, então, em seguida, para o campo das Licenças que é o cerne da nossa prelecção.

---

[1] Designação esta, adoptada hodiernamente na maioria dos países, resultante da forte influência exercida pelos países anglo-saxónicos no panorama internacional.

No que concerne às Licenças, referir-nos-emos ao seu conceito, à sua estreita relação com os direitos intelectuais e com a defesa da concorrência, e ao seu tratamento em termos comunitários.

2.
2.1. Os direitos intelectuais como monopólios económicos

A Propriedade Intelectual, entendida latus senso como aquela **superestrutura jurídica** da qual fazem parte, por um lado, a Propriedade Industrial e, por outro, os direitos de autor e os direitos conexos[2], dispõe de um acervo de preceitos normativos que disciplinam a constituição, a existência e a extinção dos direitos subjectivos que recaem sobre determinadas realidades de natureza imaterial, mas cujo valor económico, actualmente, se apresenta cada vez mais inegável. E isto, sem menosprezar as diferenças que existem e subsistem entre os direitos industriais e os direitos de autor e direitos conexos, quer em termos de princípios, quer em termos de regimes jurídicos.

Com efeito, na origem destes direitos subjectivos, em que se decompõem os vários direitos intelectuais existentes, surgem-nos razões de interesse público de vária ordem, sendo que, na maior parte dos casos, estamos perante um certo reconhecimento colectivo de um esforço individual, com maior ou menor mérito, de ordem intelectual.

Veja-se o caso, por exemplo, em termos de direitos industriais, das invenções, protegidas por um direito de patente, como uma forma de recompensar o esforço intelectual (e muitas vezes financeiro) do seu inventor; e ainda, em termos de direitos de autor, da protecção que é conferida ao autor de uma obra literária, pelo seu trabalho intelectual configurado nessa obra.

Qualquer que seja a natureza específica dos vários direitos que integram esta superestrutura, certo é que estes direitos são constituídos por um acervo de faculdades com carácter exclusivo, que conferem ao seu titular um poder sobre uma coisa incorpórea, com exclusão dos demais[3].

---

[2] E os copyrights no âmbito do sistema anglo-saxónico.

[3] Presentemente, é cada vez maior a tendência em se afirmar a existência de uma diferença entre direitos de exclusivo e direitos de monopólio, apontando-se mais para o primeiro caso neste tipo de direitos. Com efeito, se até há pouco tempo confundiam-se os exclusivos e os monopólios, é cada vez mais aceite pela doutrina que se tratam de diferentes conceitos que caracterizam diferentes realidades.

Assim, surgem-nos na esfera jurídica do titular do direito um conjunto de faculdades diversas, atenta a natureza especifica do bem imaterial em questão, que lhe permitem a sua exploração económica, com um carácter de exclusivo, e o poder de proibir que quaisquer terceiros possam fazer uso comercial deste bem imaterial, sem o seu consentimento. Desta forma, é permitida a existência de exclusivos de carácter económico sobre determinados bens imateriais, na titularidade dos particulares.

Mas, não estará isto em contradição com o princípio da liberdade de concorrência, princípio básico de uma economia de mercado como é a nossa?

Não deverão estes exclusivos ser proibidos por constituírem um forte entrave à liberdade de circulação de bens e serviços?

2.2. **Os direitos da propriedade intelectual e a concorrência**

Como acima verificamos, tratam-se de direitos de exclusivo económico e que, à primeira vista, têm um efeito restritivo da concorrência, na medida em que limitam, em maior ou menor medida, as condutas dos restantes agentes económicos, relativamente ao acesso e exploração de determinados bens imateriais, economicamente importantes, impossibilitando-os de os utilizarem na sua actividade comercial.

Se analisarmos o caso, por exemplo, da patente, encontramos claramente neste direito, numa primeira abordagem, uma restrição à livre concorrência. Na verdade, por exemplo, só o titular da patente (ou pessoa por este autorizada) pode explorar a sua invenção, objecto da Patente, exercendo este direito de exclusivo.

Mas, se formos um pouco mais além nesta análise, podemos constatar que este efeito de natureza restritiva, poderá ter o seu reverso e constituir um forte incremento à competitividade entre os diversos agentes económicos.

Efectivamente, os agentes económicos, no desenvolvimento de qualquer actividade económica, procuram, muitas vezes, atingir uma posição ímpar no seu mercado face aos seus concorrentes. Desta forma, tentam produzir ou comercializar bens novos, prestar serviços diferentes, etc. ..., numa palavra: serem diferentes!

Assim, os exclusivos em que se traduzem os direitos que estamos a tratar, são, se assim podemos dizer, um «fruto apetecido», e uma primeira etapa para o início ou lançamento de uma actividade nova ou de um serviço – constituindo, assim e desde logo, uma primeira meta concorrencial, procurada por muitos agentes económicos.

Veja-se, nomeadamente, o caso da Marca, a que as empresas recorrem frequentemente para, depois, lançarem novos produtos ou serviços junto do consumidor.

Mas mais evidente se apresenta o caso da indústria farmacêutica, cujos custos de investigação de novos produtos são de tal forma elevados que, sem a possibilidade da concessão de um direito de exclusivo (com vista à remuneração do capital investido), dificilmente incentivaria as empresas deste ramo a desenvolverem a sua actividade.

Os direitos de exclusivo propiciam, portanto, o lançamento de novas actividades, de novos produtos e a prestação de novos serviços, na medida em que constituem uma plataforma segura, estável e exclusiva para um possível sucesso empresarial; e sendo, deste modo, um factor de extrema importância para a concorrência e uma alavanca importante para o desenvolvimento da sociedade moderna.

Em resposta às perguntas atrás colocadas, constatamos que, em paralelo ao efeito restritivo que qualquer destes direitos comporta, existe também (ou pelo menos poderá existir) um efeito propiciador da concorrência, não existindo, necessariamente, uma contradição absoluta entre este tipo de direitos, de exclusivo, e a liberdade concorrencial subjacente à economia de mercado.

Podemos mesmo afirmar que a existência deste tipo de direitos privativos, de exclusivo, embora temporalmente limitados, é uma inevitável consequência da sociedade moderna, de economia de mercado, fundada em princípios economicistas e de livre concorrência[4].

Para além deste fenómeno, de alguma atracção em termos empresariais, que é a outorga destes direitos de exclusivo, e ainda sob o prisma da concorrência, podemos ainda vislumbrar um certo efeito de reacção por parte dos agentes económicos que não têm direitos de exclusivo.

Com efeito, as empresas desprovidas destes monopólios e legalmente impossibilitadas de explorarem comercialmente os bens imateriais dos concorrentes, ver-se-ão forçadas a adoptar novas estratégias empresariais, sob pena de perderem definitivamente a concorrência. Consoante os casos e a capacidade financeira e de inovação de cada empresa, enveredarão, muitas vezes, por uma das seguintes alternativas:

---

[4] Veja-se que já há algum tempo o Professor José de Oliveira Ascensão referiu que «o direito industrial é um instrumento dos países industrializados na manutenção da subordinação dos países não industrializados» – Lições de Direito Comercial, Direito Industrial, vol. II, 1994, pág. 35.

1. Por forma a ultrapassar o exclusivo do titular do direito, dedicarão mais recursos à investigação, com vista a desenvolver novos conhecimento e a adoptar novas soluções – susceptíveis de, por sua vez, serem objecto da concessão legal de um direito de exclusivo – e resultando, deste modo, uma maior competitividade entre todos os agentes económicos envolvidos.

2. Ou, dadas as circunstâncias concretas e as limitações de cada empresa, seguirão uma estratégia de aproximação negocial ao titular do exclusivo em questão, procedendo-se a contactos e negociações com vista à obtenção de uma autorização contratual para a exploração com fins comerciais de determinado bem imaterial. Esta solução será tanto mais atractiva quanto maior for o potencial económico do exclusivo em questão. Neste último caso, estamos então perante as chamadas Licenças contratuais.

3. DAS LICENÇAS E DA DEFESA DA CONCORRÊNCIA

3.1. Introdução e conceito:

Apenas muito pontualmente o nosso legislador fala em Licença[5], sendo utilizada frequentemente para designar duas realidades distintas, nas suas origens, mas de certa forma coincidentes nos seus efeitos. Na verdade, o conceito de Licença abrange vários tipos de Licenças, destacando-se, pela sua importância, a classificação que, tendo como critério a fonte, distingue as chamadas Licenças voluntárias e as Licenças não voluntárias.

No primeiro caso, encontramos as correntemente designadas Licenças contratuais, e no segundo, surgem-nos as Licenças compulsivas ou compulsórias e ainda as Licenças legais[6].

Conceito:

A Licença, entendida enquanto autorização concedida a determinada pessoa (Licenciado), possibilitando-lhe a utilização de certas faculdades

---

[5] Como refere o Professor José de Oliveira Ascensão – Direito de Autor e Direitos Conexos, Coimbra Editora, 1992, pág. 385, «a lei portuguesa não fala em geral de licença. A palavra vem das Convenções internacionais.»

[6] O Professor José de Oliveira Ascensão considera que não se trata de uma verdadeira licença, mas de um limite ao direito de exclusivo – cfr. Direito de Autor e Direitos Conexos, pág. 214.

sobre um determinado bem imaterial, no exercício da sua actividade, e que, em princípio, lhe estariam vedadas, na medida em que fazem parte de um direito de exclusivo na titularidade de outrém (Licenciante), é um instrumento importante que, em princípio, se traduz numa certa abertura do exclusivo sobre um bem imaterial a outros agentes económicos (mediante uma determinada contrapartida).

Ponto é que, no caso das Licenças contratuais, estas sejam, em cada caso concreto, uma efectiva e verdadeira abertura do exclusivo ao mercado, e não uma forma (contratual) sub-reptícia do titular, licenciante, perpetuar e potenciar ainda mais e de forma ilegítima o seu exclusivo, restringindo injustificadamente o funcionamento do mercado.

3.2. Das licenças contratuais

Como foi já mencionando, as licenças contratuais são, em princípio, um instrumento jurídico que permite que terceiros acedam a um bem imaterial e façam uso deste – mediante contrapartida – e ao qual lhes estava vedado o acesso, proporcionando assim uma maior competitividade entre as empresas.

Na origem deste tipo de licenças, encontramos a vontade das partes, conforme aos princípios da Autonomia Privada e da Liberdade Contratual, também neste domínio presentes.

Na verdade, o titular de um direito de exclusivo tem, em princípio [7], a liberdade de exercê-lo de acordo com a sua vontade, explorando directamente o seu objecto, ou autorizando que alguém o faça por sua vez (licença exclusiva), ou em simultâneo (licença única) – havendo ainda a possibilidade de o transmitir, parcial ou totalmente.

A concessão destas licenças, com recurso a um contrato, constitui assim uma forma normal de exercer este tipo de direitos de exclusivo, respeitando a vontade do seu titular, e mediante a qual este permite a um terceiro, que faça uso de determinadas faculdades, que lhe estavam legalmente proibidas, fabricando, explorando e/ou comercializando o objecto deste direito.

Os efeitos deste tipo de Licenças produzem-se em princípio, na ordem jurídica, por força e em consequência da manifestação de um con-

---

[7] No caso dos direitos da propriedade industrial, não podem ser objecto de licenças os direitos sobre nomes e insígnias de estabelecimento e de logotipos, dado o legislador ter considerado haver, nestes casos, uma relação incindível entre o bem, objecto do direito, e as realidades que lhe subjazem – o estabelecimento e/ou a empresa.

senso de vontades. Assim, o conteúdo de cada licença, dos direitos e obrigações de cada uma das partes, são determinados de acordo com a declaração de vontade comum dos interessados, no respeito do princípio da liberdade contratual[8].

No entanto, esta liberdade de conceder licenças e de modelar o seu conteúdo não é ilimitada. Tal como em qualquer outro instrumento contratual, as licenças contratuais estão sujeitas aos limites gerais da lei – a ordem pública, a licitude do fim e determinação do objecto, os bons costumes –, mas para além destes, encontramos ainda limites específicos directamente relacionados com o contexto em que são concedidas estas licenças: o funcionamento de um mercado em livre concorrência.

Como atrás se observou, não existe, em princípio, uma contradição absoluta entre estas duas realidades: direito de exclusivo/liberdade de concorrência. No entanto, esta relação de coexistência nem sempre é pacífica, podendo mesmo, em determinadas situações, ser posta em causa.

3.2.1. *As licenças contratuais e a defesa da concorrência*

Efectivamente, o relacionamento entre as Licenças contratuais e a defesa da concorrência traduz, de certa forma, uma relação de tensão entre, por um lado, a liberdade de iniciativa económica privada e, por outro, a liberdade de concorrência. Se, à partida, como já foi mencionado, as licenças contratuais podem favorecer uma maior concorrência, também é certo que tudo irá depender de cada caso concreto e do que for estipulado contratualmente, pois estes instrumentos contratuais podem ser utilizados, pelo menos por uma das partes, como uma forma de estender ilegitimamente o exclusivo que lhe foi conferido.

Assim, a questão das Licenças contratuais e a defesa da concorrência, terá que ser frequentemente analisada, ponderando-se, por um lado, os interesses concretos visados com as estipulações contratuais estipuladas pelas partes, e, por outro lado, os interesses mais vastos da concorrência.

Na sequência da Jurisprudência do Tribunal de Justiça das Comunidades(TJCE)[9], é importante observar, desde logo, a distinção que deve

---

[8] Enquanto preceito geral em matéria de contratos e aplicável também às Licenças contratuais, o artigo 405.º do Código Civil dispõe no seu n.º 1 que «*dentro dos limites da lei, as partes têm a faculdade de fixar livremente o conteúdo dos contratos...*». Na sequência deste e no campo dos direitos da propriedade industrial, surge-nos o artigo 30.º do Código da Propriedade Industrial.

[9] Acordão 119/75, Terrapin (Overseas) Ltd v. Terranova Industrie C.ª Kapferer and Co., Col. Jurisp. 1976, pág. 1039.

336   *III Curso de Direito Industrial*

ser realizada entre o direito de exclusivo em si mesmo e o exercício das suas faculdades. Como refere o TJCE, a legislação comunitária não põe em causa a existência dos direitos nacionais em matéria de propriedade intelectual, mas, no que diz respeito ao exercício concreto desses direitos, já se encontram sujeitos aos artigos 28.° e 30.° (proibições aos entraves à liberdade de circulação de mercadorias [10].) e ainda aos artigos 81.° e 82.° (acordos e práticas restritivas, e abuso de posição dominante, respectivamente [11]), todos eles do Tratado da Comunidade Europeia.

---

[10] Artigo 28.° do TCE: *«São proibidas, entre os Estados-membros, as restrições quantitativas à importação, bem como todas as medidas de efeito equivalente»*;
Artigo 31.°: *« As disposições dos artigos 28.° e 29.° são aplicáveis sem prejuízo das proibições ou restrições à importação, exportação ou trânsito, justificadas por razões de moralidade, ordem pública e segurança pública; de protecção da saúde e da vida privada das pessoas e animais ou preservação das plantas; de protecção do património nacional de valor artístico, histórico ou arqueológico; ou de protecção da propriedade industrial e comercial. Todavia tais proibições ou restrições não devem constituir nem um meio de discriminação arbitrária nem qualquer restrição dissimulada ao comércio entre os Estados-membros"*.

[11] *Artigo 81.°: «1. São incompatíveis com o mercado comum e proibidos todos os acordos entre empresas, todas as decisões de associações de empresas e todas as práticas concertadas que sejam susceptíveis de afectar o comércio entre os Estados-membros e que tenham por objectivo ou efeito, restringir ou falsear a concorrência no mercado comum, designadamente as que consistam em:*
a) fixar de forma directa ou indirecta, os preços de compra e venda, ou quaisquer outras condições de transacção.
b) Limitar ou controlar a produção, a distribuição, o desenvolvimento técnico ou os investimentos.
c) Repartir os mercados ou as fontes de abastecimento.
d) Aplicar, relativamente a parceiros comerciais, condições desiguais no caso de prestações equivalentes, colocando-os, por esse facto, em desvantagem na concorrência.
e) Subordinar a celebração de contratos à aceitação, por parte dos outros contraentes, de prestações suplementares que, pela sua natureza, não têm ligação com o objecto desses contratos.
2. São nulos os acordos ou decisões proibidos pelo presente artigo.
3. As disposições do n.° 1 podem, todavia, ser declaradas inaplicáveis:
– a qualquer acordo, ou categoria de acordos, entre empresas;
– a qualquer decisão, ou categoria de decisões, de associações de empresas, e;
– a qualquer prática concertada, ou categoria de práticas concertadas; que contribuam para melhorar a produção ou a distribuição dos produtos ou para promover o progresso técnico ou económico, contanto que aos utilizadores se reserve uma parte equitativa do lucro daí resultante, e que:
a) Não imponham às empresas em causa quaisquer restrições que não sejam indispensáveis à consecução desses objectivos;

É assim o modo como cada titular exerce o seu direito e não o direito em si mesmo, de exclusivo, que é considerado como um factor potencial de atentado às regras da concorrência.

No caso das licenças contratuais, este intuito de defesa da concorrência assume particular relevância na apreciação do clausulado concreto, vertido em cada autorização concedida pelo titular do direito.

Efectivamente e como já foi afirmado, tendo como ponto de partida a liberdade contratual na conformação do conteúdo de cada contrato de licença, surgem no entanto um conjunto de limites específicos – para além dos limites gerais supra mencionados – directamente resultantes da necessidade de coexistência com os interesses de preservação do regular funcionamento do mercado em livre concorrência.

Os limites ao exercício dos direitos da propriedade intelectual têm sido desenvolvidos e especificados na vasta actividade jurisprudencial desenvolvida pelo TJCE, tendo como critérios fundamentais a distinção direito/exercício, o objecto específico do direito e ainda o princípio do esgotamento do direito.

Com efeito, dado o potencial perigo que apresenta a utilização de um qualquer direito da propriedade intelectual – como instrumento para uma repartição dos territórios dos Estados-membros –, e atendendo ao preceituado no Tratado (que aceita que a defesa da propriedade industrial possa constituir uma excepção à livre circulação – desde que não constitua uma restrição dissimulada), o TJCE partiu, na apreciação dos vários casos que lhe têm sido submetidos neste domínio, de uma clara destrinça entre o direito e o seu exercício, submetendo este último a um juízo de avaliação e ponderação, tendo em consideração o conteúdo específico de cada

---

b) Nem dêem a essas empresas a possibilidade de eliminar a concorrência relativamente a uma parte substancial dos produtos em causa.

Artigo 82.°: *É incompatível com o mercado comum e proibido, na medida em que tal seja susceptível de afectar o comércio entre os Estados-membros, o facto de uma ou mais empresas explorarem de forma abusiva uma posição dominante no mercado comum ou numa parte substancial deste.*

Estas práticas abusivas podem, nomeadamente, consistir em: a) impor, de forma directa ou indirecta, preços de compra ou de venda ou outras condições de transacção não equitativas. b) Limitar a produção, a distribuição ou o desenvolvimento técnico em prejuízo dos consumidores. c) Aplicar, relativamente a parceiros comerciais, condições desiguais no caso de prestações equivalentes, colocando-os, por esse facto, em desvantagem na concorrência. d) Subordinar a celebração de contratos à aceitação, por parte dos outros contraentes, de prestações suplementares que, pela sua natureza, não têm ligação com o objecto desses contratos.

direito – surgindo assim a doutrina do objecto especifico que foi aplicada em diversas situações a diversos direitos, sejam eles industriais, sejam direitos de autor.

Em termos práticos: o tribunal verifica o conteúdo particular do direito em questão e depois pondera se, o exercício que em concreto o titular do direito fez desse direito, corresponde ou não àquele conteúdo apurado. Na medida em que não exista essa correspondência, esse exercício deve ser considerado contrário às regras comunitárias [12-13-14].

Por outro lado, surge-nos o princípio do esgotamento de direitos, que foi desenvolvido pelo TJCE para concretizar, de certa forma, os limites a que se encontra sujeito o exercício deste tipo de direitos [15].

No que concerne às Licenças contratuais, o TJCE reconheceu-as como uma forma legítima de exercício deste tipo de direitos, sempre que este seja de acordo com o seu objecto específico.

---

[12] Para as patentes veja-se o caso **Centrafarm BV v. Sterling Drug Inc** Col. Jurisp. 1974, pág. 1147, e que diz respeito à importação de um produto farmacêutico para a Holanda pela Centrafarm sem o consentimento da Sterling Drug. A questão que se colocou era o de saber se esta poderia recorrer ao seu direito, proibindo tal importação, embora tivesse sido ela a introduzi-lo no mercado de onde provinha. O TJCE recusou o exercício deste direito de patente, considerando-o contrário à livre circulação de mercadorias. O objecto específíco de uma patente traduz-se num direito de exclusivo de exploração do invento e de colocação pela primeira vez no mercado do produto resultante desse invento;

[13] Segundo o TJCE, o objecto específico do direito de marca seria o de assegurar ao seu titular o direito de exclusivo na utilização de um determinado sinal para a primeira colocação no mercado nos seus produtos ou serviços, funcionando este como garantia da origem. Elucidativo desta ideia é o caso 102/77, **Hoffmann-La Roche &Co.AG v. Centrafarm,** 1978, Col. Jurisp. Pág. 1139, em que se colocava o problema de saber se a reembalagem do produto por uma empresa não autorizada, constituía por si só um facto susceptível de afectar a função de indicação de origem própria da marca. O TJCE considerou, neste caso, legítima a oposição do titular da marca à importação de um produto da sua marca, mas cuja reembalagem fora efectuada sem a sua autorização.

[14] O TJCE aplicou no Caso **Deutsche Grammophon v. Metro**, 78/70, 1971, Col. Jurisp. 487, o mesmo raciocínio no que diz respeito aos direitos de autor. A Deutsche Grammophon gravou e comercializou um disco na Alemanha, tendo-o vendido também para França, à sua filial Polydor. A empresa Metro adquiriu os discos em França e revendeu-os na Alemanha (a preços inferiores àqueles que eram praticados pela própria Deutsche Grammophon. Esta, tentou opor-se a tal importação, invocando o seu direito de distribuição exclusiva. O TJCE recusou esse exercício, contrário à livre circulação de mercadorias, na medida em que o titular dera o seu consentimento com a primeira colocação do produto no mercado.

[15] EU LAW, Text, Cases, and Materials, Segunda Edição, Paul Craig e Gráinne de Búrca, Ed. Oxford, pág. 1030.

As Licenças de Direitos da Prop. Intelectual e a Defesa da Concor. 339

Assim, aplicou também os mesmos critérios acima já mencionados, distinguindo o direito de concessão de uma licença, do conteúdo contratual de cada uma delas, encontrando-se os direitos e obrigações pactuados pelas partes de uma determinada licença, sujeitos às regras comunitárias e em particular ao actual artigo 81.° do Tratado.

3.3. As licenças compulsivas

No que se refere às Licenças compulsivas, estas têm uma origem totalmente distinta da das Licenças contratuais. Na verdade, este tipo de Licenças compulsivas são independentes de qualquer acto de vontade do titular do direito, podendo mesmo ir contra esta.

A sua concessão resulta de um acto de um terceiro, que produz efeitos na esfera jurídica do titular do direito, possibilitando que alguém possa fazer uso de certas faculdades deste, sem a necessária autorização [16].

A intervenção que este terceiro efectua, seja ele uma entidade administrativa, seja judicial, prossegue a realização de um determinado interesse público relevante e que se sobrepõe ao interesse individual do titular do direito de exclusivo, sendo nessa estrita medida que é concedido este tipo de licenças.

3.3.1. *As licenças compulsivas e a defesa da concorrência*

Deste modo, as Licenças compulsivas constituem um instrumento jurídico do qual se serve o legislador para, em certos casos, impedir um uso abusivo ou excessivo dos direitos de exclusivo conferidos aos particulares. Se assim podemos dizer, são uma válvula de segurança ao serviço dos interesses colectivos, num sistema encerrado num conjunto de direitos que visam realizar, em primeiro lugar, os interesses individuais dos seus titulares[17]. Deste modo, estas Licenças apresentam-se claramente como um instrumento de defesa da concorrência.

Haverá, no entanto, que realçar que o mesmo legislador é particularmente relutante a este tipo de intervenções, em particular, no caso dos direitos de autor e direitos conexos, tendo previsto o caso da repro-

---

[16] A semelhança com a figura de uma servidão coactiva é avançada pelo Professor José de Oliveira Ascensão, cfr Direito de Autor e Direitos Conexos ..., pág. 215.

[17] Assim o Professor José de Oliveira Ascensão refere que «... a licença compulsiva é a manifestação de interesses gerais, tão atendíveis como o interesse individual dos autores»; cfr Direito de Autor e Direitos Conexos ..., pág. 214.

dução das obras esgotadas[18], mas recusado outras figuras de licença compulsiva[19].

De facto, sendo este tipo de direitos (direitos de autor), direitos sobre uma determinada forma de exteriorização de uma criação do espírito (a obra), a ideia subjacente a cada uma destas não é susceptível de qualquer apropriação individual, sendo livre e susceptível de cópia por qualquer um.

Portanto, considera-se que a realização do interesse público não é sentida com tanta acuidade, por forma a serem atribuídas licenças contrárias aos interesses dos titulares destes direitos.

Situação um pouco diferente – pelo menos na forma como é encarada a possibilidade de existência de licenças compulsivas –, passa-se com alguns direitos da propriedade industrial.

Na verdade, dada a importância de certo tipo de bens incorpóreos para o desenvolvimento do conhecimento técnico da sociedade e ainda o carácter fortemente restritivo em que se traduz o respectivo direito privativo, o legislador previu a hipótese de serem atribuídas licenças compulsivas no âmbito de certo tipo de direitos da propriedade industrial.

Note-se que não estão previstas licenças compulsivas no caso das marcas[20] e no caso do nome e insígnia do estabelecimento, do logotipo, das recompensas, nem licenças contratuais nem obrigatórias.

Pelo contrário, as licenças obrigatórias já estão previstas expressamente para o caso das Patentes e dos Modelos de utilidade[21], tendo o legislador fixado expressamente os motivos justificativos da sua atribuição, estabelecendo ainda que este tipo de licenças são obrigatoriamente intransmissíveis (excepto no caso de transmissão da empresa ou do estabelecimento) e não exclusivas (o titular do direito pode conceder também licenças).

Para além disso, considera ainda que a atribuição deste tipo de licenças estará sempre limitada à concessão de uma só licença compulsiva, não podendo o titular da patente ser obrigado «a conceder» outra licença antes de terminar a primeira.

---

[18] Artigos 52.° e 53.° do Código de Direitos de Autor e Direitos Conexos.

[19] Professor José de Oliveira Ascensão, Direito de Autor e Direitos Conexos ..., pág. 215.

[20] O Acordo TRIPS, no seu **artigo 21.**°, impõe aos Estados signatários como limite, em matéria de concessão de licenças, a não concessão de Licenças obrigatórias para o caso das Marcas.

[21] Artigos 105.° e 115.° do CPI, para as patentes e modelos de utilidade, respectivamente.

Em termos de defesa da concorrência, e como já foi avançado, a licença obrigatória constitui um instrumento jurídico que, limitando o exercício do direito de exclusivo que incide sobre determinado bem incorpóreo, favorece, potencialmente e em certa medida, uma maior concorrência no mercado.

No entanto, também aqui já se colocaram problemas em termos comunitários [22], na medida em que pode mesmo aqui haver um conflito de interesses, em termos concorrenciais, entre o titular do direito de exclusivo e o beneficiário da licença compulsiva.

Ainda no âmbito das licenças compulsivas em termos de patentes e de modelos de utilidade, podemos verificar que o interesse da defesa da concorrência está implícito, em maior ou menor grau, nos motivos que o legislador nacional considera atendíveis para a sua atribuição:

1 – falta ou insuficiente exploração (inicial ou superveniente),
2 – na dependência entre patentes,
3 – nas necessidades de exportação,
4 – e ainda nos motivos de interesse público.

A este propósito haverá que referir que, em termos internacionais, há duas tendências importantes sobre o tema das licenças obrigatórias.

Aquela, que é liderada pelos EUA, e que é contra a existência deste tipo de licenças, como princípio, e ainda uma outra que é defendida pelos Estados menos desenvolvidos, no sentido da sua existência.

O problema coloca-se, por um lado, em termos de defesa dos direitos de exclusivos e dos interesses económicos das grandes empresas e, por outro, na transferência de tecnologia e know how para os países menos desenvolvidos com o menor custo possível.

Com efeito, os países industriais consideram que as licenças obrigatórias, em termos de patentes, diminuem o poder de exclusivo conferido e, deste modo, diminuem o incentivo para a inovação e para o investimento em novas tecnologias.

---

[22] No caso 19/84 **Pharmon BV v. Hoechst** AG, Col. Jurisp. 1985, pag. 2281, equacionava-se este problema do esgotamento em termos de Licenças compulsivas, na medida em que a empresa Hoechst, titular de uma patente sobre um produto farmacêutico na Holanda e na Grã-Bretanha, oponha-se à importação deste produto pela empresa Pharmon, na Holanda. Esta última adquirira o produto patenteado à empresa inglesa DDSA, a qual obtivera uma licença compulsiva sobre o mesmo, mas com a proibição de exportação. O Tribunal considerou legítimo o exercício do direito de patente da Hoechst, recusando o seu esgotamento, dado não ter havido qualquer consentimento por parte do seu titular.

Por outro lado, defendem que as licenças sobre estes direitos devem ter um carácter contratual, e ser o resultado de um acordo de vontades entre os interessados no âmbito de um Mercado Livre e em Concorrência. É este, segundo os mesmos, o melhor local para a ocorrência destas Licenças.

Os EUA, por exemplo, só admitem a concessão deste tipo de Licenças, em situações de último recurso, quando o mercado não funciona, ou quando surjam situações de urgência nacional.

Este tipo de perspectiva foi de alguma forma adoptado pelo Acordo TRIPS, no que concerne às marcas, no seu Art. 21.º, prevendo a liberdade de cada Estado Membro para fixar as condições das Licenças sobre Marcas, recusando-se no entanto as licenças compulsivas. E, no que diz respeito às patentes, no artigo 31.º, sob a epígrafe *"outros usos sem o consentimento do titular do direito"*, abrange-se claramente as situações de licenças compulsivas.

Para além disso, atente-se ainda à redacção algo fluída do início deste preceito – sem qualquer carácter vinculativo para aqueles países que rejeitam este tipo de licenças:

> *"No caso em que a legislação de um Estado Membro permita o uso de patente sem a autorização do titular do direito...."*

Por outro lado, verifica-se que este tipo de uso – sem consentimento do titular –, deverá ser autorizado, caso a caso, atendendo ao mérito individual das circunstâncias – salientando-se, mais uma vez, a necessidade de uma ponderação dos vários interesses em questão.

E a terminar, constata-se que, entre as várias condições previstas para estas autorizações, está prevista a necessidade de uma tentativa prévia de obtenção de uma licença contratual (em condições comercialmente admissíveis) – reafirmando-se aqui o interesse e a preferência neste tipo de licenças contratuais em face das compulsivas.

Só não haverá lugar a esta tentativa no caso de uma urgência nacional ou em outras circunstâncias de extrema urgência de carácter público e não comercial.

4. CONCLUSÕES

Os direitos da Propriedade Intelectual enquanto direitos privativos de exclusivo sobre determinadas realidades incorpóreas, com uma relevância económica cada vez mais importante, colocam um importante desafio à política de concorrência.

Com efeito, estando perante direitos conferidos a particulares com uma justificação social e económica relevante, no entanto, encontram-se em rota de colisão com um outro conjunto de interesses colectivos, subjacentes à organização económica de mercado das sociedades contemporâneas.

A liberdade de iniciativa e a liberdade na adopção de estratégias e de comportamentos dos agentes económicos, tendo apenas em conta o regular funcionamento do mercado (as forças da oferta e da procura), são afectadas pela existência de exclusivos nas mãos dos particulares.

Haverá então que recorrer a uma interpretação e análise dos interesses concretos em questão e a um juízo de ponderação (sempre susceptível de criticas) por forma a compatibilizar da melhor forma possível estas duas realidades.

Decisivo para a resolução desta questão, constitui o esforço em determinar o conteúdo económico específico que cada um destes direitos confere, tendo em vista distinguir aquilo que se pode considerar legítimo e admissível em termos de direito da concorrência, daquilo que deve ser sancionado e penalizado, porque abusivo e não abrangido pelos motivos que deram lugar à concessão do exclusivo.

Este trabalho árduo de destrinça tem sido seguido pelo Tribunal de Justiça das Comunidades e apresenta-se como base para uma reflexão crítica em todos os países da Comunidade, muito ainda havendo para desenvolver e construir.

ÍNDICE

As funções da marca e os descritores (*metatags*) na internet — *José de Oliveira Ascensão* 5

Droit exclusifs, concurrence déloyale et défense de la concurrence — *André R. Bertrand* 25

O Direito Penal e a Tutela dos Direitos da Propriedade Industrial e da Concorrência (algumas observações a partir da concorrência) — *José de Faria Costa* 33

Desenhos e modelos: evolução legislativa — *Carlos Olavo* 45

Usos atípicos das marcas (função da marca) — *Américo Silva Carvalho* 77

Patentes de genes humanos? — *J. P. Remédio Marques* 107

O Direito Comunitário, a concorrência e a «distribuição selectiva»: enquadramento e novos desafios — *Miguel Gorjão-Henriques* 149

"E depois do adeus". O "esgotamento" do Direito Industrial e os direitos subsistentes após a colocação no mercado — *Pedro Sousa e Silva* 201

Modelos de utilidade – breves notas sobre a revisão do Código da Propriedade Industrial — *Miguel Moura e Silva* 229

«*Meta-tags*», marca e concorrência desleal — *Alexandre Dias Pereira* 243

Defesa do consumidor e Direito Industrial — *Luís Silveira Rodrigues* 255

Denominações Geográficas — *Alberto Francisco Ribeiro de Almeida* 275

As licenças de direitos da propriedade intelectual e a defesa da concorrência — *Mário Castro Marques* 329